UTB **1349**

Eine Arbeitsgemeinschaft der Verlage

Beltz Verlag Weinheim · Basel
Böhlau Verlag Köln · Weimar · Wien
Wilhelm Fink Verlag München
A. Francke Verlag Tübingen und Basel
Haupt Verlag Bern · Stuttgart · Wien
Verlag Leske + Budrich Opladen
Lucius & Lucius Verlagsgesellschaft Stuttgart
Mohr Siebeck Tübingen
C. F. Müller Verlag Heidelberg
Ernst Reinhardt Verlag München und Basel
Ferdinand Schöningh Verlag Paderborn · München · Wien · Zürich
Eugen Ulmer Verlag Stuttgart
UVK Verlagsgesellschaft Konstanz
Vandenhoeck & Ruprecht Göttingen
Verlag Recht und Wirtschaft Heidelberg
WUV Facultas Wien

Rosemarie Lühr

Neuhochdeutsch

Eine Einführung in die
Sprachwissenschaft

6., durchgesehene Auflage 2000

Wilhelm Fink Verlag München

Die Deutsche Bibliothek – CIP-Einheitsaufnahme

Lühr, Rosemarie:
Neuhochdeutsch: eine Einführung in die Sprachwissenschaft/
Rosemarie Lühr. – 6., durchges. Aufl. – München: Fink, 2000.
(UTB für Wissenschaft: Uni-Taschenbücher; 1349:
Germanistik, Sprachwissenschaft)
Literaturverz. S. 314-332
ISBN 3-7705-2287-7 (Fink)
ISBN 3-8252-1349-8 (UTB)
NE: UTB für Wissenschaft / Uni-Taschenbücher

6., durchgesehene Auflage 2000

© 1986 Wilhelm Fink Verlag GmbH & Co. KG
Ohmstraße 5, 80802 München
ISBN 3-7705–2287–7

Das Werk, einschließlich aller seiner Teile, ist urheberrechtlich geschützt. Jede
Verwertung außerhalb der engen Grenzen des Urheberrechtsgesetzes ist ohne
Zustimmung des Verlages unzulässig und strafbar. Das gilt insbesondere für
Vervielfältigungen, Übersetzungen, Mikroverfilmungen und die Einspeicherung
und Verarbeitung in elektronischen Systemen.

Printed in Germany.
Einbandgestaltung: Atelier Reichert, Stuttgart
Herstellung: Ferdinand Schöningh GmbH, Paderborn

UTB-Bestellnummer: ISBN 3-8252–1349-8

VORWORT

Die vorliegende Einführung in die Sprachwissenschaft hat zum Ziel, Studienanfänger des Faches Deutsche Sprachwissenschaft mit den wichtigsten Methoden und Ergebnissen der Forschung über die heutige deutsche Sprache vertraut zu machen. Zugleich ist sie für Studenten, die sich auf das Examen im Teilfach Deutsche Sprachwissenschaft vorbereiten, gedacht. Schließlich kann das Buch Studenten des Faches Deutsch als Fremdsprache von Nutzen sein. Die Einführung eignet sich nicht nur für die Verwendung im Unterricht; die beigefügten Aufgaben und Lösungen ermöglichen es dem Studenten, sich auch im Selbststudium in die einzelnen Wissensgebiete einzuarbeiten.

Das größte Gewicht wird auf die Syntax gelegt, weil eine systematische Einführung in die Syntax, mit deren Hilfe ein Gesamttext schrittweise syntaktisch analysiert werden kann, fehlt. Die Syntax wird vorwiegend nach einem Modell, nach der Valenzgrammatik, behandelt. Da aber auf die Kenntnis anderer moderner Forschungsrichtungen nicht verzichtet werden kann, sind Exkurse zu diesen in das Syntaxkapitel eingeschoben. Relativ großer Raum wird auch der Morphemik und Wortbildung eingeräumt; denn in diesen Bereichen lassen sich grundlegende sprachwissenschaftliche Analyseverfahren einüben. Die übrigen Forschungsgebiete, das sprachliche Zeichen, Phonemik, Phonetik, Graphemik, Sprache und Sprechen, Semantik, Pragmatik, Textlinguistik, werden weniger ausführlich vorgestellt, weil sie in anderen einführenden Darstellungen bereits behandelt worden sind.

Während man in den meisten Einführungen in die Sprachwissenschaft von den kleinsten Einheiten über die jeweils nächstgrößeren zu den größten Einheiten schreitet – man nimmt die Laute zum Ausgangspunkt und kommt, vereinfacht ausgedrückt, über die Wörter zu den Sätzen –, wird hier der umgekehrte Weg beschritten und von der größten Einheit des Textes, nämlich dem Satz, ausgegangen. Daß der Satz vor dem Text behandelt wird, hat außer sachlichen auch praktische Gründe, die in gleicher Weise für die Darstellung der Syntax vor der Pragmatik, der für viele Linguisten wichtigsten sprachwissenschaftlichen Forschungsdisziplin, gelten. Zu Recht sagt P. Suchsland [101] 6 f., daß man den Studenten erst einmal die Kompliziertheit der Satzstruktur auseinanderlegen müsse, „ehe man sie in die Komplexität der Text- und Sprechhandlungsstruktur einführt."

6 Vorwort

Was die Auswahl des Dargestellten betrifft, so wurde im allgemeinen auf das zurückgegriffen, was in der Forschung bereits anerkannt ist. Die Verweise auf die Fachliteratur konnten daher entsprechend knapp gehalten werden; in vielen Fällen genügte der Hinweis auf zusammenfassende Darstellungen auch einführender Art, in denen weiterführende Literatur in der Regel genannt ist. Nur gelegentlich wurde auf Probleme, die noch in der wissenschaftlichen Diskussion sind, eingegangen (z.B. auf die Thema-Rhema-Gliederung). Die verwendeten sprachlichen Beispiele sind zum größten Teil dem Beispieltext oder − teilweise modifiziert − der angeführten Fachliteratur entnommen.

Da das Buch aus Grundkursen und Übungen für Examenskandidaten, die ich an der Universität Regensburg gehalten habe, hervorgegangen ist, habe ich in erster Linie den Teilnehmern an meinen Lehrveranstaltungen, insbesondere Christian Bauer und Evi Oberndorfer, zu danken. Für kritische Hinweise danke ich weiterhin Frau Privatdozentin Dr. Anne Betten (Regensburg), Frau Dr. Karin Donhauser (Passau), Herrn Privatdozent Dr. Heiner Eichner, Herrn Prof. Dr. Hans-Werner Eroms (Passau) und Frau Dr. Christiane Thim-Mabrey (Regensburg). Vor allem aber gilt mein Dank Herrn Prof. Dr. Klaus Matzel (Regensburg), der mich zu dieser Einführung angeregt und zahlreiche Einzelprobleme bereitwillig mit mir diskutiert hat. Wesentliche Teile des Buches, vor allem die Syntax, gehen auf seinen Unterricht zurück.

VORWORT ZUR ZWEITEN AUFLAGE

Für kritische Hinweise danke ich Herrn Prof. Dr. Klaus Matzel, Dr. Hans-Ulrich Schmid und Frau Dr. Christiane Thim-Mabrey, Regensburg

Regensburg, im November 1987   R. Lühr

VORWORT ZUR DRITTEN AUFLAGE

Für kritische Hinweise danke ich Frau Dr. Christiane Thim-Mabrey, Regensburg.

Jena, im Juli 1995   R. Lühr

INHALTSVERZEICHNIS

Einleitung		15
Unser Text		17
I	**Syntax**	19
0	*Vorbemerkung*	19
1	*Satzarten*	19
2	*Die Unterscheidung der Satztypen nach der Stellung des finiten Verbs*	21
3	*Die Satzglieder der traditionellen Grammatik*	22
4	*Verfahren zur Satzgliedermittlung der nichtverbalen Satzglieder*	23
4.1	Frage- oder Interrogativierungstest	23
4.2	Operationale Satzgliedanalyse	24
4.2.1	Ersatz- oder Kommutationsprobe	24
4.2.2	Verschiebe- oder Permutationsprobe	24
	Exkurs: Zur Geschichte der modernen Sprachwissenschaft I	25
	Ferdinand de Saussure	25
4.3	„Spitzenstellungstest"	27
5	*Die syntaktische Funktion des Prädikatsnomens*	28
6	*Teile des Satzes, die keine Satzglieder oder Attribute sind oder die eine Zwischenstellung einnehmen*	29
6.1	Reflexivpronomen	29
6.2	es	30
6.3	Verbindungswörter	31
6.4	Abtönungspartikeln	31
7	*Form der Satzglieder*	33
8	*Satzformen*	35
	Aufgabe I	38
9	*Zur Bestimmung der Satzgliedfunktionen in der traditionellen Grammatik*	43
10	*Die Prinzipien der Valenzgrammatik*	44
10.1	Lucien Tesnière	44

8 Inhaltsverzeichnis

10.2	Vorrangstellung des Subjekts	48
10.3	Obligatorische, fakultative und freie nicht-verbale Satzglieder	49
10.3.1	Obligatorische Ergänzungen	49
10.3.2	Fakultative Ergänzungen	49
10.3.3	Angaben	50

11	*Zur Klassifizierung der Ergänzungen*	52
11.1	Frage- oder Interrogativierungstest	52
11.2	Pronominalisierung	52

12	*Form der Ergänzungen*	57

13	*Festlegung der Wertigkeit des Verbs*	60
13.1	Wertigkeit der Vollverben	60
13.2	Unterwertiger Gebrauch	60
13.3	Eingeschränkte Verwendung von Verben aufgrund von Valenzreduktion	61

14	*Zur Klassifizierung der Angaben*	61
14.1	Die Klassen im einzelnen	61
14.2	Die Form	64

15	*Der sogenannte freie Dativ*	65
15.1	Dativus ethicus	65
15.2	Dativus iudicantis	65
15.3	Dativus commodi und Dativus incommodi	65
15.4	Pertinenzdativ	66

Aufgabe II		67

16	*Zur Klassifizierung der Ergänzungen nach semantischen Gesichtspunkten*	71
16.1	Kasusgrammatik	71

Exkurs: Zur Geschichte der modernen Sprachwissenschaft II		72
	Leonard Bloomfield	72
	Noam Chomsky	75

16.2	Beispiele zur Satzsemantik der Ergänzungen	83

17	*Feinstruktur*	85
17.1	Ergänzungen beim Adjektiv und Substantiv	85
17.1.1	Adjektiv-Ergänzungen	86
17.1.2	Substantiv-Ergänzungen	87
17.2	Attribute	88
17.2.1	vorangestellt	88
17.2.2	nachgestellt	89
17.2.3	Bemerkungen zum Artikel	91

Inhaltsverzeichnis 9

Aufgabe III 92

17.3 Prädikatsteile 97
17.3.1 Verbale Teile 97
17.3.2 Nichtverbale Teile 102

18   *Tempus* 104
18.1 Die Tempora zur Bezeichnung von Zeitstufen 105
18.1.1 In der Gegenwart des Sprechers ablaufendes
       Geschehen 105
18.1.2 In die Gegenwart des Sprechers hineinreichendes,
       abgeschlossenes Geschehen 106
18.1.3 Vergangenes, der Gegenwart des Sprechers ent-
       rücktes Geschehen 106
18.1.4 Erwartetes Geschehen 108
18.2 Zur Zeitenfolge 109
18.3 Die Tempora zur Bezeichnung von Außerzeitlichem .. 109

19   *Modalfeld* 110
19.1 Modi 110
19.1.1 Indikativ 110
19.1.2 Imperativ 110
19.1.3 Konjunktiv 111
19.2 Weitere sprachliche Mittel, die Modalität ausdrücken .. 114

20   *Genus des Verbs* 115
20.1 Aktiv und Passiv 115
20.2 Einschränkungen der Passivfähigkeit 116
20.3 Varianten des Passivs 116

21   *Die verbale Satzklammer* 117
21.1 Vorfeld und Mittelfeld 117
21.2 Nachfeld 119

22   *Wortarten* 120
22.1 Unterscheidung der Wortarten 120
22.2 Kriterien, die zur Klassifizierung der
       Wortarten führen 125

Aufgabe IV 126

II   **Morphemik und Wortbildung** 131

0   *Vorbemerkung* 131

1   *Die Grundbegriffe „Wort", „Morphem", „Morph",*
    „Allomorph" 131
1.1 Wort 131
1.2 Morphem 132
1.3 Morph 133

1.4	Allomorph	134
2	*Zur Flexion*	135
2.1	Die Bildung der Substantiv- und Adjektivformen	136
2.2	Die Bildung der Verbformen	139
3	*Morphemanalyse*	141
4	*Weitere Klassifizierung der Morpheme und Allomorphe*	143
4.1	Freie – gebundene Morpheme	143
4.2	Lexikalische – grammatische Morpheme	144
4.3	Funktionsklassen	144
4.4	Affix-Allomorphie	146
5	*Motiviertheit und Unmotiviertheit bei Morphemverbindungen*	146
6	*Allgemeines zur Wortbildung*	148
7	*Der Wortbildungstyp Zusammensetzung (Kompositum)*	149
7.1	Definition	149
7.2	Fugenelemente	150
7.3	Zusammenrückung	152
7.4	Der Kompositionstyp Determinativkompositum	153
7.4.1	Definition	153
7.4.2	Paraphrasen	154
7.4.3	Verdeutlichende Zusammensetzungen	161
7.4.4	Analyse	161
7.5	Der Kompositionstyp Possessivkompositum	162
7.6	Der Kompositionstyp präpositionales Rektionskompositum	163
7.7	Der Kompositionstyp Kopulativkompositum	164
8	*Der Wortbildungstyp explizite Ableitung*	165
8.1	Typ *Sand → sand-ig*	165
8.1.1	Substantiv	165
8.1.2	Adjektiv	168
8.1.3	Adverb	170
8.1.4	Verb	170
8.1.5	Analyse	171
8.2	Zusammenbildung	172
8.3	Zirkumfixbildung	172
8.4	Übergang vom Kompositionsglied zum Suffix	173
9	*Der Wortbildungstyp Präfixbildung*	175
9.1	Substantiv	175
9.2	Adjektiv	177
9.3	Verb	178

9.4	Präfixbildung als Form der Ableitung?	181
10	*Ausdruckskürzung*	181
11	*Der Wortbildungstyp implizite Ableitung*	183
12	*Der Wortbildungstyp Konversion*	184
13	*Zur Frage der Produktivität von Wortbildungen*	185
	Aufgabe V	186
III	**Das sprachliche Zeichen**	193
1	*Nichtsprachliche Zeichen*	193
2	*Zeichenmodelle sprachlicher Zeichen*	194
3	*Eigenschaften sprachlicher Zeichen*	197
3.1	Arbitrarität und Konventionalität	197
3.2	Motiviertheit	198
4	*Die Beziehungen der sprachlichen Zeichen*	198
5	*Morphem als kleinstes sprachliches Zeichen*	199
IV	**Phonetik, Phonemik, Graphemik**	201
1	*Die Grundbegriffe „Phon", „Phonem", „Allophon"*	201
1.1	Phon	201
1.2	Phonem	201
1.3	Allophon	203
2	*Suprasegmentale Merkmale*	204
3	*Die Phonetik und ihre Aufgaben*	205
3.1	Die verschiedenen Wissenschaftszweige der Phonetik	205
3.2	Lautschrift	205
3.2.1	Lautschrift des Deutschen	207
3.2.2	Bemerkungen zum Begriff „Silbe"	207
3.2.3	Übersicht über die von den normalen Schreibzeichen abweichenden Lautschriftzeichen	209
	Aufgabe VI	209
4	*Phoneminventar*	210
4.1	Sprechwerkzeuge	210
4.2	Vokale	211
4.2.1	Minimalpaare	211
4.2.2	Artikulatorische Merkmale	212
4.2.3	Phonologisch relevante Merkmale	214
4.3	Konsonanten	215
4.3.1	Minimalpaare	215
4.3.2	Artikulatorische Merkmale	216

4.3.3	Beispiele für die Ermittlung distinktiver Merkmale . . .	217
4.3.4	Oppositionen	217

5	*Die verschiedenen Arten der Allophonie*	218
5.1	Freie Allophone	218
5.2	Komplementäre Distribution	219
5.3	Teilkomplementäre Distribution	219

	Aufgabe VII	220

6	*Phonetische oder phonologische Lautschrift*	221

7	*Die Phoneme und ihre Wiedergabe in der Orthographie*	222
7.1	Geschichtliche Hinweise zur unterschiedlichen Darstellung von Lauten und Buchstaben	222
7.2	Die Grundbegriffe „Graphem", „Graph", „Allograph"	223
7.3	Orthographisches System	224
7.3.1	Vokale	224
7.3.2	Konsonanten	225

8	*Die wichtigsten Orthographie-Prinzipien*	226

	Aufgabe VIII	228

V	**Sprache und Sprechen**	233

1	*Langue und Parole*	233

2	*Synchronie und Diachronie*	234

3	*System, Norm, Rede*	236

4	*Kompetenz und Performanz*	237

5	*Der Begriff „Sprache" mitsamt seinen Subsystemen* . .	238
5.1	Idiolekt	238
5.2	Soziolekt	239
5.2.1	Fachsprache	239
5.2.2	Jargon	240
5.3	Dialekt	241
5.4	Umgangssprache	242
5.5	Hochsprache, Standardsprache	242
5.6	Sprache	243

6	*Gesprochene Sprache – geschriebene Sprache*	244

VI	**Semantik**	247

	Exkurs: Zur Geschichte der modernen Sprachwissenschaft III	247
	Louis Hjelmslev	247

Inhaltsverzeichnis 13

1	*Semanalyse (Komponentenanalyse)*	248
2	*Wortfeld*	250
3	*,,Begriff''; ,,Bedeutung'' versus ,,Bezeichnung''*	252
4	*Die Schichten der Bedeutung*	253
4.1	Begrifflicher Kern	253
4.2	Nebenvorstellung	254
4.3	Begleitgefühl	254
5	*Die Mehrdeutigkeit des Wortes (Polysemie)*	255
6	*Homonymie*	256
7	*Arten des Bedeutungswandels*	257
8	*Synonymie und Verwandtes*	258
9	*Onomasiologische und semasiologische Betrachtungsweise*	260
10	*Die Gliederung des Wortschatzes nach Sachgruppen*	262

VII	**Pragmatik**	265
1	*Deixis*	265
2	*Zum Ursprung der Sprechakttheorie*	266
3	*Explizit und implizit performative Äußerungen*	268
4	*Sprechakte*	269
5	*Illokutionäre Indikatoren*	271
6	*Indirekte Sprechakte*	275
7	*Konversationsmaximen*	277

VIII	**Textlinguistik**	281
0	*Vorbemerkung*	281
1	*Mittel der Textkohärenz*	282
1.1	Thema–Rhema-Gliederung	282
1.1.0	Vorbemerkung	282
1.1.1	Die Dichotomien neu – nicht neu, bekannt – unbekannt	283
1.1.2	Themabereich und Rhemabereich	285
1.1.3	Thema–Rhema–Gliederung und Serialisierung	289
1.1.4	Textanalyse	291
1.1.5	Thematische Progression	295
1.2	Lexikalisch-semantische Verflechtung	296

1.3	Verweisung durch Pronomina, Pronominaladverbien und Artikelwörter	299
1.4	Weitere kataphorische und anaphorische Verflechtungsmittel	302
1.5	Satzkonnektoren	303
1.6	Tempus und Modus	305
2	*Zur Textkonstitution aus pragmatischer Sicht*	307

Anhang: Zur Anlage wissenschaftlicher Arbeiten 309

Bibliographie 314

Sachregister 333

EINLEITUNG

Das Funktionieren des Sprachsystems stellt man sich als Kombination und Ineinandergreifen der einzelnen sprachlichen Einheiten vor. Aus den Lauten setzen sich die Wörter zusammen, aus den Wörtern wiederum die Sätze, und schließlich werden Sätze zu einem Text zusammengefügt ([90] 135; [38] 14). In der vorliegenden Einführung beschäftigen wir uns als erstes mit der größten Analyseeinheit des Textes, mit dem Satz. Der Grund hierfür liegt darin, daß wir uns unterhalb der Textebene beim Sprechen normalerweise in Sätzen und selten in Wörtern oder Lauten verständigen ([38] 15, 21). Wir stellen deshalb nicht den Text als größte Kommunikationseinheit an den Anfang unserer Analysen, weil viele textbildende, also über den Einzelsatz hinausweisende Faktoren innerhalb von Sätzen auftreten (vgl. [244] 21). Bei der Behandlung des Satzbaus oder der SYNTAX (I) wird auf Fragen, welche die Bedeutung betreffen, eingegangen, wenn sie die Bedeutung von Satzteilen oder genauer von Satzgliedern betreffen (Satzsemantik). Zudem werden morphosyntaktische Erscheinungen wie z.B. die Modalverben unter Gesichtspunkten ihrer Bedeutung beschrieben. Die Bedeutung von Einzelwörtern oder von ganzen Sätzen wird dagegen erst später dargestellt (VI SEMANTIK, VII PRAGMATIK). Nachdem die Grundzüge der Syntax mitsamt den Wortarten behandelt worden sind, wird das Wort selbst analysiert und, soweit möglich, in seine Bestandteile zerlegt. Es wird z.B. festgestellt, durch welche Elemente die syntaktischen Beziehungen der Wörter in Sätzen ausgedrückt werden (Flexionsendungen). Auch auf die Wortbildung und die verschiedenen Wortbildungstypen wird eingegangen (II MORPHEMIK UND WORTBILDUNG). Als nächstes wird der Zentralbegriff der modernen Sprachwissenschaft, DAS SPRACHLICHE ZEICHEN (III), vorgestellt. Sprachliche Zeichen bestehen aus Laut- oder Buchstabenfolgen und haben eine semantische Funktion. Es ist zu überlegen, in welcher Weise solche sprachlichen Zeichen auf die außersprachliche Wirklichkeit Bezug nehmen. Auf der nächsten Analyseebene stoßen wir auf die Laute und Schreibungen. Die Laute sind das „Material", aus dem die Zeichen bestehen. Bei den Lauten gibt es wortunterscheidende Laute, wie z.B. *i* und *o* in *dich* und *doch*, und Lautvarianten, z.B. das hd. *a* und das bair. *o*-ähnliche *a*. Die Laute, die Wörter unterscheiden, gehören dabei einer anderen sprachlichen Ebene an als die Laute, die Varianten von wortunterscheidenden Lauten sind (IV PHONETIK, PHONEMIK, GRAPHEMIK). Die je nach Spre-

16 Einleitung

cher unterschiedlichen Lautvarianten führen uns auf das Verhältnis von konkretem Sprechen zu Sprache als Sprachsystem. Obwohl z.b. der kurze *a*-Laut im Süddeutschen anders als im Norddeutschen ausgesprochen wird, liegt dem verschiedenen Sprechen eine gemeinsame Sprache, nämlich die deutsche Sprache, zugrunde. In diesem Zusammenhang werden Begriffe wie ,,Standardsprache", ,,Umgangssprache", ,,Dialekt", ,,Fachsprache" u.a. erläutert und weiterhin das Verhältnis von geschriebener und gesprochener Sprache betrachtet (V SPRACHE UND SPRECHEN). Wie bei der Behandlung der Laute deutlich wird, haben Laute bestimmte Merkmale, z.B. *b* die Merkmale stimmhaft, mit den Lippen artikuliert und verschlußbildend. Auch bei der Bedeutung von Wörtern kann man Merkmale, hier Bedeutungsmerkmale, ermitteln, z.B. *Stuhl* als Möbel zum Sitzen, mit vier Beinen usw. Das leitet über zum nächsten Kapitel, nämlich der Bedeutungslehre oder SEMANTIK (VI). In dem Abschnitt über die Bedeutungslehre werden außer Fragen, die die Wortsemantik betreffen, auch verschiedene Arten von Wörterbüchern besprochen. Nach der Darstellung der Wortsemantik ist die Bedeutung von Sätzen, oder das, was man mit Sätzen meinen kann, zu bestimmen. Wir kommen damit zum sprachlichen Handeln oder zur PRAGMATIK (VII). Im Mittelpunkt der Pragmatik steht die sogenannte Sprechakttheorie. Der Grundgedanke dieser Theorie ist, daß durch Sprechen Handlungen ausgeführt werden; z.B. werden Befehle erteilt, Warnungen ausgesprochen usw. Es ist zu untersuchen, welche sprachlichen Mittel diese Inhalte zum Ausdruck bringen. Wenn wir an dieser Stelle angelangt sind, haben wir das, was innerhalb eines Satzes zu besprechen ist, im großen und ganzen behandelt. Nun stellt sich die Frage, wie aus Sätzen ein Text wird (VIII TEXTLINGUISTIK). Hierbei spielen u.a. die Thema-Rhema-Gliederung, verbindende Elemente wie Konjunktionen, Wiederaufnahme von Wörtern und auch die Tempora ihre Rolle.

Der Text, aus dem wir unsere Fragestellungen zur Syntax, Morphologie und Wortbildung usw. ableiten, folgt.

UNSER TEXT

Schlange im Haus sorgte für Unruhe

Fürth – Jüngst wurde in einem Mietshaus in der Simonstraße
Schlangen-Alarm verkündet. Dafür sorgte ein Frührentner, der
Spaß daran gefunden hatte, in seiner Wohnung eine Mangroven-
5 *Nachtbaumnatter zu halten. Das Reptil befand sich in einem*
ausgedienten Aquarium auf dem Wohnzimmerschrank. Publik wurde
dieser Hausbewohner-Zuwachs durch eine erschreckte Mieterin.
Sie war dem Mann im Hausflur begegnet, als er ein schwarzes
Kabel in der Hand hielt, das plötzlich zu züngeln begann.
10 *Nach dieser Begegnung ist der Schlangenfreund offensichtlich*
ebenfalls unruhig geworden, denn die Natter hatte ihn bereits
in die Hand gebissen, so daß er per Sanka ins Krankenhaus ein-
geliefert werden mußte. Doch soll er ausdrücklich betont ha-
ben bei dieser Gelegenheit, daß die Schlange zu dem Zeitpunkt
15 *nicht unter Hunger gelitten habe, da er sie kurz vorher mit*
einer weißen Maus gefüttert hatte. Schließlich versprach der
gebissene Schlangen-Bändiger, sich von dem Spielzeug zu tren-
nen. Das Zoogeschäft hatte die Schlange als ungiftiges, zu-
trauliches Tier verkauft und lehnte eine Rücknahme ab. Als
20 *die Kunde von der Natter, die in aller Munde war, bis zum*
Nürnberger Tiergarten dringt, ist man dort sofort an dem Tier
interessiert und setzt einen Schlangenfänger nach Fürth in
Marsch, wo er, ausgerüstet mit einem Lederhandschuh, einem
Leinensack, einer Leiter und einem Netz, von der Hausbewohner-
25 *schaft bereits mit Ungeduld erwartet wird. Nachdem die Schlan-*
ge ihren Umzug in den Tiergarten gut überstanden hat, ist
sie dort im Gras, hinter Glas zu besichtigen. Durch das Ent-
fernen der Natter soll laut Polizei der Alltag der restli-
chen Hausbewohner in der Simonstraße in seine geordneten
30 *Bahnen zurückgeführt worden sein. Ob nun die Natter giftig*
war oder nicht? Ein polizeilicher Vermerk gibt an: ,,Bei der
Schlange handelt es sich nicht um eine Giftschlange. Es ist
eine giftige Schlange. Ihr Biß ist nicht tödlich, jedoch gibt
es dagegen noch kein Gegengift." Jetzt wird man's ja ganz
35 *genau wissen ...*

I SYNTAX

0 Vorbemerkung

Nach herkömmlicher Auffassung ist die Syntax oder Satzlehre die Lehre von der Verbindung der Wörter zu Sätzen. Auf die Problematik der Satzdefinition können wir hier nicht eingehen. Intuitiv verstehen wir unter Satz eine durch Gliederungsmerkmale wie Pausen, Interpunktion, Großschreibung am Satzanfang (nach [50] 26), durch Intonation, grammatische Strukturen und inhaltliche Abgeschlossenheit gekennzeichnete selbständige Einheit. Während einige Sprachwissenschaftler nur prädikathaltige Strukturen als Sätze (z.B. *Vater schnarcht.*) gelten lassen ([30] 32), sind für andere auch prädikatlose Äußerungen wie *Feuer!* Sätze (vgl. [16] 24 f.; Weiteres [80] 632 ff.).

1 Satzarten

Je nach Sprecherintention, die mit Unterschieden in regelhaften sprachlichen Ausdrucksmitteln — Verbstellung (I 2), Intonation, Wortwahl (Fragewörter, dazu unten), Modus (Imperativ) — verbunden ist, unterscheidet man drei Satzarten (nach [28] § 1008):

a) Aussagesatz
   Im Aussagesatz wird ein (tatsächlicher, künftiger, möglicher) Sachverhalt mitgeteilt:
   Die Sonne scheint., Peter wird heute kommen., Das kann wahr sein.
b) Aufforderungssatz
   Durch einen Aufforderungssatz soll der Angesprochene zur Verwirklichung eines Sachverhalts veranlaßt werden. Die charakteristische Form ist der Imperativsatz:
   Bring mir das Buch!
c) Fragesatz
   Bei den Fragesätzen gibt es zwei Arten:
   α) Entscheidungs- und Satzfragen
      Aus dem mit der Frage abgesteckten Bereich möglicher Sachverhalte wird in der Antwort einer ausgewählt. Man antwortet mit *ja, nein, wahrscheinlich* usw.
      Kommst du? Ja. / Nein. / Vielleicht.

20   Syntax

β) Ergänzungsfragen

Der Ergänzungsfragen zugrunde liegende Sachverhalt ist nur teilweise bekannt. Ein Teil dieser Fragen wird durch ein Fragewort (Interrogativpronomen, Interrogativadverb, I 22.1) eingeleitet:

Wer ist krank? Otto.

Neben Wortfragen stehen verbale Ergänzungsfragen des Typs *„Was macht/tut x?"* mit einem sogenannten Proverb (einem Verb wie *machen, tun, sein,* das ein anderes vertritt; nach [38] 84). Solche Fragen beziehen sich auf den gesamten Prädikatsverband (Prädikat, Objekte und anderes, I 3; 10.3.3):

Was machte Otto gestern? Er hackte Holz. (nach [23] 99 ff.) Ergänzungsfragen verlangen also die Vervollständigung einer Information.

Der Ausrufesatz wird nicht zu den Satzarten im eigentlichen Sinn gezählt, da er der Form nach meist ein Aussage-, Aufforderungssatz oder (abhängiger) Fragesatz mit starker emotionaler Färbung ist, z.B.

Das hast du aber schön gemacht!

Hilf mir doch!

Hab du mal nur drei Stunden geschlafen!

Verlier deinen Paß im Ausland! [Dann bist du fürs erste geliefert.]
(nach [18] 197)

Hast du das aber schön gemacht!

Wo Inge nur wieder steckt! (nach [76] 32)

Häufig treten Wörter wie *aber, doch* auf.

Ausrufesätze sind auch die Wunschsätze, die manche Forscher als Aufforderungssätze im weiteren Sinn auffassen:

Wärst du doch gekommen!

Gott helfe ihm!

Wenn sie doch käme!

(Zu einer anderen Einteilung als die nach Aussage-, Aufforderungs- und Fragesatz vgl. [75] 768 ff.)

Ohne Kontext werden die Satzarten Aussage-, Aufforderungs-, Fragesatz als Mitteilung, Aufforderung, Frage verstanden (vgl. [66b] 20). In einem bestimmten Kontext kann aber z.B. eine Frage auch durch einen Satz, dessen Elemente wie in Aussagesätzen angeordnet sind, ausgedrückt werden:

Sie haben schon zu Mittag gegessen?
(Weiteres VII 4;5)

Zur Unterscheidung der Satzarten in geschriebener und gesprochener Sprache:

Die Unterscheidung der Satztypen   21

In der geschriebenen Sprache unterscheidet man die Satzarten und ihre Varianten durch die Interpunktion (Punkt, Ausrufezeichen, Fragezeichen) und in der gesprochenen Sprache durch den Tonfall, die Satzintonation. Es ist ein steigender und ein fallender Tonverlauf zu beobachten.

Der Tonverlauf steigt im Aussagesatz zu dem Satzglied (I 3 ff.), das den Satzton (VIII 1.1.2) trägt, und fällt dann ab:
Morgen wollen wir nach Berlin fahren.
Im Normalfall weist die Ergänzungsfrage fallende Intonation auf:
Wann wollt ihr nach Berlin fahren?
Bei Entscheidungsfragen steigt der Tonverlauf in der Regel bis zum Satzende, wodurch die Spannung fortbesteht:
Wollt ihr morgen nach Berlin fahren?
Die Aufforderung zeigt Varianten: Der Tonverlauf kann dem im Aussagesatz entsprechen:
Bring endlich das Buch her!
Die Intonation ist steigend/fallend:
Geht endlich hinaus!

Auch in Ausrufesätzen ist die Intonation unterschiedlich. Z.B. liegt in
Wie schön ist doch das Wetter heute!
ein zum Satzende zu fallender Tonverlauf vor (nach [96] 420; Weiteres [15] 509 ff.).

2 Die Unterscheidung der Satztypen nach der Stellung des finiten Verbs

Die Stellung des finiten Verbs — das ist die Verbform, die gegenüber Infinitiv und Partizip alle fünf der grammatischen Kategorien Person, Numerus, Modus, Tempus, Genus verbi (II 2.2) aufweist — kann in den meisten Fällen zur Unterscheidung der Satztypen „Haupt-" und „Nebensatz" (dazu unter I 1 2) herangezogen werden.

Das finite Verb steht an zweiter Stelle nach dem ersten Satzglied (zum Satzgliedbegriff siehe I 3), z.B. in den meisten Aussagesätzen:
Karl ging um 20 Uhr ins Theater.
in Ergänzungsfragen:
Wann kommt Otto?
Sätze mit Verbzweitstellung nennt man Kernsätze.

Das finite Verb steht am Anfang des Satzes, z.B. in Entscheidungsfragen:
Liebt Otto das Mädchen?,

„Hauptsatz"

22   Syntax

in Imperativsätzen des Typs:
Komm sofort her! (Weiteres [85] 154 ff.), in Aussagesätzen mit
doch, da:
Kommt da gestern ein Mann in meine Stube ...
(nach [37] 119)
Man spricht hier von Stirnsatz.

   Das finite Verb steht am Ende des Satzes vor allem im „Nebensatz" mit Einleitewort. Einleitewörter sind Interrogativ-, Relativpronomina, Interrogativ-, Relativadverbien (I 22.1) und Subjunktionen (I 6.3; 22.1):
Otto weiß, daß Fritz heute nachmittag kommt.
Solche „Nebensätze" mit Verbendstellung bezeichnet man als
Spannsätze.

   Doch können „Nebensätze" auch die Form von Kernsätzen ha-
ben, und zwar als Objekt- und Attributsätze (I 7; 17.2.2) ohne
Einleitewort:
*Ich glaube, Otto kommt morgen.; Ich höre die Nachricht, Otto
kommt morgen.*
Als Stirnsätze kommen Konditional- oder Konzessivsätze (I 14)
vor:
Versagen die Bremsen, dann gibt es einen Unfall.
Ist es auch dunkel, wir fürchten uns nicht.
„Nebensätze" in Form von Stirnsätzen sind fast immer „Vorder-
sätze" (I 8) (nach [27] § 1493 ff.; [28] § 1258 ff.; [38] 65 f.).
Unmittelbar hinter der Subjunktion steht das finite Verb in Ver-
gleichssätzen wie:
Hans benimmt sich, als wäre er betrunken.
(dazu I 19.1.3)

3 Die Satzglieder der traditionellen Grammatik

Die traditionelle Grammatik hat ihren Ursprung in der griechisch-
römischen Antike (Weiteres [4] 6 ff.). Aus der Tradition der ari-
stotelischen Logik und der lateinischen Grammatik entwickelte
sich vom 18. Jh. an die ältere Schulgrammatik (vgl. [18] 549).
Die traditionelle Satzgliedlehre stammt von dem Sprachwissenschaftler Karl Ferdinand Becker (1775–1854) und ist im großen
und ganzen auf die Schulsprachen, also auch auf das Lateinische
und Griechische, übertragen worden ([73] 237 f.; vgl. auch [47]
70 ff.). Weil wir demnach die traditionellen Satzgliedbezeichnungen vom Lateinunterricht her kennen und die Grammatikform, die
wir im folgenden unseren Satzanalysen zugrunde legen, auf diese

Satzgliedbezeichnungen zurückgreift, wollen wir uns die Satzglieder der herkömmlichen Grammatik vergegenwärtigen. Es sind:

Subjekt	Satzgegenstand	
Prädikat	Satzaussage	
Objekt	Satzergänzung	Satzglieder
Adverbiale	Umstandsbestimmung	

Dagegen ist das Attribut (Beifügung) Satzgliedteil und das Prädikatsnomen Satzgliedteil (Prädikatsteil) ([8] 114 ff.).

Das Subjekt steht im Nominativ, dem Casus rectus, die Objekte Akkusativ- (direktes Objekt), Genetiv-, Dativobjekt (indirekte Objekte) in den Casus obliqui. Hinzu kommt noch das Präpositionalobjekt (dazu I 10.3.1,2; 11.2), das wie die anderen Objekte vom Verb regiert wird. (Gegenüber den Casus obliqui erscheint der Nominativ auch außerhalb des Satzes als Vokativ: *Sabine, komm her!)*

4 Verfahren zur Satzgliedermittlung der nichtverbalen Satzglieder

Da das Prädikat selbst die Konstitution des Satzes bedingt (I 9), wird es in der traditionellen Grammatik zu Recht als Satzglied bestimmt. Die übrigen Satzglieder gewinnt man in dieser Grammatik durch den

4.1 Frage- oder Interrogativierungstest

Dabei wird das Prädikat bzw. der Prädikatsverband (gegebenenfalls mit Adverbialia) des Satzes, dessen Satzglieder erfragt werden sollen, verwendet, z.B. *Wer kommt morgen nach München?* in der Frage nach dem Subjekt des Satzes *Hans kommt morgen nach München.*

Fragewörter sind:	Erfragt werden:
wer oder *was?*	Subjekt
wen oder *was?*	Akkusativobjekt
wem?	Dativobjekt
wessen?	Genetivobjekt
für wen oder *was, durch wen* oder *was?*	Präpositionalobjekt

	Adverbialia
woher, wohin, wo ... ?	des Ortes
wann, wie lange ... ?	der Zeit
wie ... ? usw. (I 14)	der Art und Weise usw. ([92] 18 ff.)

24 Syntax

4.2 Operationale Satzgliedanalyse

Zum Fragetest kommen heute weitere Operationen dazu. Operationen sind nachkontrollierbare, nach bestimmten Analyseverfahren vorgenommene Prozeduren; man spricht daher von der operationalen Satzgliedanalyse. Sie wurde von dem Schweizer Hans Glinz in seinem Buch „Die innere Form des Deutschen" 1952 [48] 85 ff. entwickelt.

Sie besteht aus zwei Proben:

4.2.1 Ersatz- oder Kommutationsprobe

(1)	*Otto*		*arbeitet*	*seit 5 Jahren*	*in München.*
(2)	*Wilhelm, der zuerst in*				
	München gewohnt hat, lebt			*schon lange*	*in Frankfurt.*
(3)	*Mein Vater*		*wohnt*	*seit einiger Zeit*	*auf dem Lande.*
(4)	*Er*		*ist*	*schon*	*dort.*

In der 1. Kolonne erscheinen Substantive (gegebenenfalls mit Attributen, I 17.2), ein substantivisches Pronomen im Nominativ (Subjekt), in der 2. Kolonne treten nur Verben (Prädikat) auf, in der 3. und 4. Kolonne stehen Wörter und Fügungen, die etwas über die Zeit bzw. den Raum aussagen. (Ein Teil davon sind Adverbialia, I 9; 10.3.) Bei der Verwendung der Ersatzprobe zur Satzgliedermittlung empfiehlt es sich, wie in (4), aus mehreren Wörtern bestehende Fügungen möglichst durch substantivische Pronomina, Pronominaladverbien oder andere kleinere Wörtchen wie *schon, dort* zu ersetzen; denn die Satzglieder sind so leichter gegeneinander abzugrenzen. Durch die Ersatzprobe ergibt sich, daß das, was an die Stelle der als Subjekt, Prädikat, Adverbiale fungierenden Elemente von (1) tritt, Satzgliedstatus hat.

Die Wörter oder Wortgruppen, die austauschbar sind, stehen in einer bestimmten Beziehung zueinander, nämlich in einer paradigmatischen Beziehung. Wörter oder Wortgruppen, die sich im selben Kontext gegenseitig, also auf vertikaler Ebene, ersetzen können, bilden ein Paradigma.

4.2.2 Verschiebe- oder Permutationsprobe

Wörter oder Wortgruppen werden um das in den meisten Aussagesätzen an zweiter Stelle stehende finite Verb (I 2) wie um eine Achse verschoben. Das finite Verb bleibt fest:

Exkurs: Zur Geschichte der modernen Sprachwissenschaft I   25

(1) *Hans*	*wohnt*	*seit 5 Jahren*	*in Regensburg.*
(2) *Seit 5 Jahren*	*wohnt*	*Hans*	*in Regensburg.*
(3) *In Regensburg*	*wohnt*	*Hans*	*seit 5 Jahren.*

(nach [27] § 1163; [49] 59 f.)

Elemente, die gesamthaft versetzt werden können, sind Satzglieder. Aufgrund der operationalen Satzgliedanalyse läßt sich also folgende Regel formulieren: Was sich gesamthaft verschieben und ersetzen läßt, fungiert als Satzglied ([14] 123; [28] § 1027 ff.).

Die lineare Anordnung von Satzgliedern wird mit den Termini „Satzgliedstellung" oder „Serialisierung" bezeichnet ([84] 83 Anm. 16). (Demgegenüber sollte der Terminus „Wortstellung" nur für die Stellung von Einzelwörtern innerhalb eines Satzglieds verwendet werden, z.B. für *allein* in
Allein Maria kommt. und

Subjekt

Maria allein kommt.)

Subjekt

Untersucht und beschreibt man sprachliche Elemente auf der horizontalen Achse in ihrer linearen (syntaktischen) Aufeinanderfolge in einem Satz, dann betrachtet man die syntagmatischen Beziehungen, in denen sie zueinander stehen.

Auf die syntagmatische und die paradigmatische Beziehung stoßen wir nicht nur in Sätzen, sondern auch in Satzgliedern und Wörtern.

Die Behandlung der paradigmatischen und syntagmatischen Beziehung gibt uns Anlaß, auf den Forscher einzugehen, der zum ersten Mal eine ähnliche Unterscheidung vorgenommen hat.

EXKURS: ZUR GESCHICHTE DER MODERNEN SPRACHWISSEN-
SCHAFT I

Ferdinand de Saussure (1857—1913)

Es war der Genfer Sprachwissenschaftler Ferdinand de Saussure, der als Begründer der modernen Sprachwissenschaft und als Wegbereiter der Forschungsrichtung des Strukturalismus gilt (dazu [10] 77 ff.). In seinem posthum herausgegebenen Werk „Cours de linguistique générale" 1916

26   Syntax

(deutsch: Grundfragen der allgemeinen Sprachwissenschaft) [93b] 147
spricht er von „Anreihungen oder Syntagmen", „die auf dem linearen Charakter der Sprache beruhen". „In eine Anreihung hineingestellt, erhält
ein Glied seinen Wert nur, weil es dem vorausgehenden oder dem folgenden
oder beiden gegenübersteht." Den syntagmatischen Beziehungen stellt er
die assoziativen Beziehungen gegenüber: Außerhalb des gesprochenen Satzes
assoziieren sich die Wörter, die irgend etwas unter sich gemeinsam haben,
im Gedächtnis, z.B. *Belehrung, Erklärung, Beschreibung, Vertreibung* usw.
Gegenüber solchen unbegrenzten Reihen sei die Zahl der Kasus in Flexionsparadigmen (lat. *dominus, dominī, dominō* usw.) begrenzt ([93b] 151).
Anstelle von assoziativ verwendet man heute die Bezeichnung „paradigmatisch" (seit [74a] 36). Entsprechend gilt die Bezeichnung „Paradigma" für
die auf vertikaler Ebene austauschbaren Ausdrücke, andererseits aber wie
in der traditionellen Grammatik für die Flexionsparadigmen ([18] 368).

    Zur Verdeutlichung der strukturalistischen Betrachtungsweise bringt
A. Zarnikov [109] 11 in Anschluß an den Logiker Rudolf Carnap [19] 69 ff.
folgende bildliche Erklärung:

    In einem Eisenbahnnetz werden die einzelnen Stationen nicht beschrie-
ben nach Größe und Beschaffenheit (= inhaltliche Merkmale des einzelnen
Elements), sondern durch ihre Lage innerhalb des Netzes (= des Ganzen).
Station B liegt zwischen Station A und C, C zwischen B und E usw. Im
Strukturalismus werden die Einzelelemente nicht durch das bestimmt, was
sie sind oder nicht sind, sondern durch die Beziehungen, in denen sie zueinander stehen, und durch ihre Umgebungen. Auf sprachliche Elemente
angewandt ergibt sich: „Das Sprachsystem besteht ... aus einem System von
Paradigmen ... Gehört ein Element zu einem bestimmten Paradigma, also
zu einer gegebenen Klasse, so ist damit zugleich festgelegt, welche syntagmatischen Verbindungen es eingehen kann" ([10] 85). So ist in dem Satz
Maria arbeitet. die Beziehung zwischen den beiden Elementen die syntagmatische Verbindung von Subjekt und Prädikat. Gleichzeitig steht jedes
der Wörter in paradigmatischer Beziehung zu anderen Einheiten des Systems,
die im Satz selbst nicht auftreten; z.B. *Mein Vater, er* und *arbeitete, schläft.*
„Erst auf dem Hintergrund dieser Relationen ist der Wert, also auch die Bedeutung des Satzes *[Maria arbeitet.]* determiniert und verstehbar" ([10] 84).

    Grundgedanken der de Saussureschen Sprachwissenschaft sind weiter-
hin die Vorstellung von der Sprache als einem Zeichensystem (III; V 2), die
Unterscheidung von Sprache als System und Sprechen als konkretem Rede-
akt (V 1) und das Gegensatzpaar Diachronie/Synchronie (V 2).

Mit der Rezeption des Strukturalismus in Deutschland seit Ende der 50er Jahre wurde für die moderne (systembezogene, strukturalistische) Sprachwissenschaft die Bezeichnung „Linguistik" eingeführt. Doch wird heute „Linguistik" in Anlehnung an engl. *linguistics* und frz. *la linguistique* auch für den Gesamtbereich der Sprachwissenschaft verwendet (nach [18] 302 f.).

4.3 „Spitzenstellungstest"

Zurück zu den Satzgliedern: Wie wir oben (I 4.2.1,2) gesehen haben, können durch die Ersatzprobe und die Verschiebeprobe die Satzglieder eines Satzes ermittelt werden. Dazu kommt noch:

Was im Aussagesatz (gegebenenfalls nach einer Konjunktion, I 22.1) die Stelle vor dem finiten Verb einnimmt, ist im allgemeinen ein Satzglied (Spitzenstellungskriterium). So ist z.B. die Fügung *seit 5 Jahren* in dem Satz *Seit 5 Jahren wohnt Hans in Regensburg.* ein Satzglied.

Problemfälle bei der Satzgliedermittlung:

a) Zusammengehörige Teile von Satzgliedern können auch getrennt stehen; es handelt sich dann um diskontinuierliche Elemente, z.B.
Was war gestern für ein Mann da?
(gegenüber *Was für ein Mann war gestern da?)*
Die Substitution zeigt, daß die beiden getrennten Bestandteile *was* und *für ein Mann* nur zusammen ersetzbar sind: *welcher Mann.* Dadurch erweisen sich *was* und *für ein Mann* als Bestandteile eines Satzglieds, die unter bestimmten Bedingungen diskontinuierlich im Satz auftreten können (nach [14] 120).

b) In dem Satz *Gestern auf der Straße habe ich ihn getroffen.* stehen offenbar zwei Satzglieder vor dem finiten Verb im Aussagesatz, wie man aufgrund der Verschiebung von *auf der Straße* und *gestern* in dem Satz *Auf der Straße habe ich ihn gestern getroffen.* und Ersetzung von *auf der Straße* bzw. *gestern* durch *im Cafe* bzw. *letzte Woche* in dem Satz *Im Cafe habe ich ihn letzte Woche getroffen.* annehmen könnte.

Formen wir aber *gestern auf der Straße* in *gestern, als ich auf der Straße war,* um, so stellen wir hier eine Häufung von gleichartigen Satzgliedern fest, wobei die Bedeutung von *als ich auf der Straße war* die von *gestern* einschränkt (vgl. [31] 262).

Doch kommen auch verschiedenartige Umstandsbestimmungen vor dem finiten Verb im Aussagesatz vor, z.B.

Mit dem Ball ins Gesicht hat der Fußballer das Kind getroffen.

c) Wie die Umformung des Satzes

(1) *Der Forscher hielt einen Vortrag über seine Reise nach Afrika.*

in

(2) *Über seine Reise nach Afrika hielt der Forscher einen Vortrag.* zeigt, kann man *über seine Reise nach Afrika* in (1) nicht nur als Attribut, d.h. Teil eines Satzglieds (I. 17.2), sondern auch als Präpositionalobjekt (vgl. *Hans spricht über Politik.*) auffassen. Im zweiten Fall wäre die Fügung *einen Vortrag halten* eine feste Verbindung (vgl. [28] § 1068).

5 Die syntaktische Funktion des Prädikatsnomens

Welche syntaktische Funktion ergibt sich aufgrund der Ersatz- und Verschiebeprobe für das Prädikatsnomen?

Wenn man die Ersatz- und die Verschiebeprobe anwendet bei folgenden Sätzen
Karl ist groß.
Karl ist der größte.
Karl ist ein großer Mann. →
Groß ist Karl.
Der größte ist Karl [*, nicht der kleinste*]*.*
Ein großer Mann ist Karl.
Karl nennt Fritz einen Lügner.
Karl nennt Fritz dumm. →
Einen Lügner nennt Fritz den Karl.,
dann ist das Prädikatsnomen (zur Form siehe I 12) verschiebbar und ersetzbar, also nach der operationalen Satzgliedanalyse ein selbständiges Satzglied (nach [48] 161; vgl. [43] 919).

In der traditionellen Grammatik ist das Prädikatsnomen dagegen Teil des Prädikats (I 3).

Verben, die Prädikatsnomina zu sich nehmen, sind z.B. bei nominativischem Prädikatsnomen *sein, werden* (Kopula), *bleiben, scheinen, heißen* (Kopulativverben) und bei akkusativischem Prädikatsnomen *heißen, nennen, schelten*. Bei *werden* kommt zu der Funktion, das Prädikatsnomen anzuschließen, das Bedeutungsmerkmal (VI 1) ‚Zustandsveränderung' hinzu.

Teile des Satzes, die keine Satzglieder oder Attribute sind   29

6 Teile des Satzes, die keine Satzglieder oder Attribute sind oder die eine Zwischenstellung einnehmen

Neben den Satzgliedern oder Attributen, die Teile von Satzgliedern darstellen, gibt es noch andere Elemente im Satz:

6.1 Reflexivpronomen

Bei den Verben mit Reflexivpronomen hat man zunächst zwischen unecht reflexiven und echt reflexiven Verben zu unterscheiden.

Ein unecht reflexives Verb liegt vor, wenn folgende Tests anwendbar sind:
a) Fragetest
   Wen wäscht die Mutter? Die Mutter wäscht sich.
b) Ersatzprobe
   Die Mutter wäscht sich.
   Die Mutter wäscht den Hund.
   Die Mutter wäscht das Kind.
c) Verschiebeprobe
   Die Mutter wäscht nicht das Kind; sich wäscht sie.
Diese drei Proben sind uns schon bekannt (I 4.1; 4.2.1,2).
Neu hinzu kommt:
d) Verbindungs- oder Nektionsprobe
   Die Mutter wäscht sich und das Kind.

Demgegenüber versagen bei den echt reflexiven Verben wie *sich schämen* die genannten Tests:
* *Wen   schämte das Kind?*
* *Das Kind schämte ihn.*
* *sich   schämte das Kind.*
* *Das Kind schämte sich und ihn.*
Während das Reflexivpronomen bei den unecht reflexiven Verben Satzglied ist, fungiert es bei den echt reflexiven Verben als Prädikatsteil.

Die echt reflexiven Verben zerfallen in zwei Gruppen, in Verben, die nur reflexiv vorkommen (*sich schämen, sich beeilen, sich befinden* usw.) und in teilreflexive Verben, Verben, die in einer Bedeutung als echt reflexive Verben und in einer anderen Bedeutung als nicht reflexive Verben auftreten, z.B. *sich verschlucken/ etwas verschlucken, sich ärgern/jemanden ärgern, sich entscheiden/ etwas entscheiden, Z. 17/18 sich trennen/etwas trennen.*

Den reflexiven Verben ähnlich sind die reziproken Verben, z.B. *sich einigen, sich verfeinden, sich anfreunden,* bei denen das Refle-

30 Syntax

xivpronomen ein wechselbezügliches Verhältnis ausdrückt. Manche
Verben können reziprok verwendet werden, z.B. *lieben, treffen (Hans
und Maria lieben/treffen sich).* Da das Reflexivpronomen nur durch
einander, das der gehobenen Sprache angehört, ersetzt werden kann,
ist es wohl Prädikatsteil (nach [27] § 158 ff.; [28] § 172 ff.).

6.2 es

es hat verschiedene Funktionen. Es fungiert als Platzhalter:
Es betraten drei Männer das Lokal.
es ist nicht verschiebbar; *es* vertritt das Subjekt vor dem finiten
Verb, um die Zweitstellung des Verbs im Aussagesatz herzustellen;
bei Umformung innerhalb des „Hauptsatzes" und bei Überführung
des „Hauptsatzes" in einen „Nebensatz" entfällt *es:*
Drei Männer betraten das Lokal.
Als drei Männer das Lokal betraten ...
Da *es* weder verschiebbar noch ersetzbar ist, liegt kein Satzglied
vor (nach [31] 166; vgl. [28] § 1028).

Daneben erscheint *es* als Scheinsubjekt: In den Sätzen *Es regnet heute.* und *Es fehlte an Geld.* ist *es* nicht ersetzbar, aber verschiebbar: *Heute regnet es./ Früher fehlte es an Geld.* Auch im
Nebensatz bleibt *es* erhalten: *Weil es heute regnet .../ Weil es an
Geld fehlte ... es* tritt bei unpersönlichen Verben wie Witterungsimpersonalia (*es regnet, schneit, dämmert*) oder Verben, die einen
Mangel, ein Bedürfnis ausdrücken (*es mangelt, fehlt, bedarf,
braucht*) auf (nach [14] 122 f.).

Nicht ersetzbar, aber verschiebbar, ist *es* weiterhin in unpersönlichen Konstruktionen wie: *Hier schläft es sich angenehm./ Es
schläft sich hier angenehm.* (dazu [106]) Einen anderen Typ von
unpersönlichen Konstruktionen bilden die Fügungen *es handelt
sich um etwas, es gibt etwas* (Akk.): Z. 31/32: *Bei der Schlange
handelt es sich nicht um eine Giftschlange.*
Z. 33/34: *... jedoch gibt es dagegen noch kein Gegengift.* (zu unpersönlichen Konstruktionen, in denen das Scheinsubjekt *es* fehlen kann, siehe I 10.2c).

Das Scheinsubjekt *es* stellt ein Zwischending zwischen Satzglied und Nichtsatzglied dar, weil es nicht ersetzbar, aber verschiebbar ist. (Dagegen ist *es* in Sätzen wie *Es [das Kind] schläft.*
Satzglied.) (Weiteres [35] 80 f.).

6.3 Verbindungswörter

Bei Umformungsproben fallen Verbindungswörter heraus:
Der Ingenieur wohnt in Regensburg und arbeitet in München.
Der Ingenieur wohnt in Regensburg; er arbeitet in München.
(nach [27] § 1164)
Verbindungswörter, die eine Nebenordnung (Parataxe) herstellen,
nennt man Konjunktionen.

Im Gegensatz zu Wörtern wie *und, oder,* die nur die Funktion von
Konjunktionen haben, sind *nur, doch, jedoch* je nach ihrer Position
entweder Konjunktion oder Konjunktionaladverb, das dann Satzglied
(Adverbiale) ist. (*nur* erscheint ferner als Attribut, vgl. *Nur Hans
war da.*) So steht in einer Satzreihe, einer Verbindung von zwei
„Hauptsätzen" (I 8) wie *Er fährt gern Auto, doch er fliegt ungern
mit dem Flugzeug.* nach *doch* vor dem finiten Verb ein Satzglied (*er*);
doch ist Konjunktion. Dagegen folgt in der Satzreihe *Er fährt gern
Auto, doch fliegt er ungern mit dem Flugzeug.* auf das *doch* unmittelbar das finite Verb; vgl. auch Z. 13/14 *Doch soll er ausdrücklich betont haben bei dieser Gelegenheit* ... Gemäß der Definition von I 4.3
fungiert *doch* hier also wie etwa die Konjunktionaladverbien *deshalb,
daher* als Satzglied (nach [28] § 658). Bei Satzreihen, die durch eine
Konjunktion oder ein Konjunktionaladverb verbunden sind, spricht
man von Syndese. Sind keine solchen Verbindungswörter vorhanden,
dann liegt ein asyndetischer Anschluß vor.

Neben den nebenordnenden Verbindungswörtern bestehen sol-
che, die eine Unterordnung (Hypotaxe) herstellen. Man bezeichnet
sie als Subjunktionen. Auch diese Verbindungswörter können bei
Umformungsproben entfallen:
Hans ist froh, weil er in Regensburg wohnt.
Hans ist froh; er wohnt in Regensburg. (VIII 1.5)

6.4 Abtönungspartikeln

Vor allem in der gesprochenen Sprache werden bestimmte Wörter verwendet, um eine Äußerung zu färben oder abzutönen, sogenannte Abtönungspartikeln. Der Sprecher drückt durch sie seine
Verwunderung, seinen Ärger, seinen Zweifel usw. aus (nach [28]
§ 596) :
Ist denn das so wichtig?
Ich habe es ja gleich gewußt.

32　　　　　　　　　　Syntax

Z. 34/35 *Jetzt wird man's ja ganz genau wissen ...*
Es ist schon gut.

In Fragen zeigt die Partikel *doch* an, daß der Sprecher mit einer
Bestätigung des erfragten Sachverhalts rechnet; dagegen verwendet
er die Partikel *etwa* dann, wenn er das Nichtbestehen des erfragten Sachverhalts voraussetzt:

Er ist doch gekommen? vgl. lat. *nonne venit?*
Ist er etwa gekommen?　　　*num venit?*
(nach [244] 172 f.)

Die Abtönungspartikeln sind nicht erfragbar, nicht erststellenfähig und nur selten verschiebbar; vgl. gegenüber dem oben genannten Satz:

Ist das denn so wichtig?
Wörter, die als Abtönungspartikel vorkommen, haben daneben oft andere Bedeutungen; vgl.

(1) *Du bist vielleicht ängstlich.*
(2) *Vielleicht bist du ängstlich.*

Im Gegensatz zu *vielleicht* in (2) kann *vielleicht* in (1) nicht die
erste Stelle im Satz einnehmen und auch nicht die Antwort auf
eine Frage bilden (dagegen: *Bist du ängstlich? Vielleicht.*)

Da Abtönungspartikeln durch andere Abtönungspartikeln ersetzbar (z.B. *Du bist eben ängstlich.*), aber im allgemeinen nicht
verschiebbar sind, nehmen sie wie das Scheinsubjekt *es* eine Zwischenstellung zwischen Satzglied und Nichtsatzglied ein.

Zusammenfassung

Wir kennen nunmehr folgende Satzglieder:

Prädikat
Subjekt
Objekt
Prädikatsnomen
Adverbiale

Von den Satzgliedteilen haben wir erwähnt:

Attribut (dazu I 17.2)
Prädikatsteil (dazu I 17.3)
　　　Keine Satzglieder und Attribute sind:
— das Reflexivpronomen der echt reflexiven und reziproken Ver-
　　ben
— *es* als Platzhalter
　　Als Scheinsubjekt hat *es* eine Zwischenstellung inne.

Form der Satzglieder   33

- Konjunktion
- Subjunktion
Abtönungspartikeln nehmen wie das Scheinsubjekt *es* eine Zwischenstellung zwischen Satzgliedern und Nichtsatzgliedern ein.

Die Ermittlung der Satzglieder ist der erste Schritt zur Bestimmung der Grobstruktur eines Satzes (Genaueres siehe S. 67).

7 Form der Satzglieder

Das Prädikat kann einfach oder zusammengesetzt sein, d.h., es ist einteilig (eingliedrig) oder mehrteilig (mehrgliedrig):
Maria a r b e i t e t. gegenüber *Maria w i r d g e a r b e i t e t h a b e n.*
Auch nichtverbale Prädikatsteile kommen vor, wie *sich* in *sich befinden.* (Weiteres I 17.3.2)

Bei den übrigen Satzgliedern sind folgende Unterscheidungen zu treffen:

a) In dem Satz *Kinder spielen lange dort.* bestehen die Satzglieder aus je einem Wort:
Subjekt   : Subst. *Kinder*
Prädikat   : Verb *spielen*
Adverbiale der Zeit : Adv.   *lange*
Adverbiale des Ortes : Adv.   *dort*
(zu den Wortarten siehe I 22)

Dem Satzgliedbegriff steht also der Wortartbegriff gegenüber (vgl. [35] 153). Die Wortarten Substantiv, Adjektiv (mit Partizip), flektierbares Numerale, Pronomen werden im folgenden unter dem Oberbegriff Nominalform zusammengefaßt (dazu [18] 349). Zu Nominalformen können nähere Bestimmungen (Attribute) treten. z.B. *die kleinen Kinder; sehr freche Kinder; er dort.* Ist der Kern der Fügung ein Substantiv, Adjektiv oder Pronomen, dann wird sie als nominal bezeichnet. Da Adverbien oft durch nominale Fügungen ersetzbar sind, wie z.B. anhand der Erweiterungsprobe (Expansion) *dort* → *in dem Garten* festgestellt werden kann, werden sie bei der formalen Bestimmung der Satzglieder unter die nominalen eingereiht (nach [71] 69 f.; [72] 196 ff.).

b) Satzglieder – außer dem Prädikat – können die Form von „Nebensätzen" haben; sie sind dann satzförmig, d.h. mit finitem Verb, realisiert; vgl. die traditionellen Bezeichnungen „Subjektsatz", „Objektsatz", „Adverbialsatz". Solche Sätze bezeichnet man auch als Gliedsätze ([28] § 1193):

34 Syntax

Subjektsatz
Daß du gekommen bist, freut mich.

~~~~~~~~~~~~~~~~~~~~~~~~~~~~
          Das

Objektsatz
Hans weiß, daß Fritz kommt.

           ~~~~~~~~~~~~~~~~~~~~~
                  das

Adverbialsatz
Nachdem es geregnet hatte, schien die Sonne.

~~~~~~~~~~~~~~~~~~~~~~~~~~~~~~
          Danach

c) Auch als Infinitivkonstruktionen kommen Satzglieder vor; vgl. die
   Bezeichnung „satzwertige Infinitivkonstruktion":

Subjektsinfinitiv
Sich zu beherrschen ist klug.

~~~~~~~~~~~~~~~~~~~~~~~~~~~~
          Das

Objektsinfinitiv
Hans beschloß, nach Haus zu fahren.

               ~~~~~~~~~~~~~~~~~~~~~
                     das

Z. 16—18 ... *versprach der ... Schlangenbändiger,*
sich von dem Spielzeug zu trennen.

~~~~~~~~~~~~~~~~~~~~~~~~~~~~~~~~~~~~
               das

Adverbiale
Der Junge badet, um sich abzukühlen.

                  ~~~~~~~~~~~~~~~~~~~~
                  zu dem Zweck

d) Schließlich treten Partizipialformen oder -gruppen (Partizipial-
   konstruktionen) als Satzglieder auf; vgl. die Bezeichnung „satzwertige Partizipialkonstruktion" ([28] § 1189):
   In *Aufgeschoben ist nicht aufgehoben.* ist *aufgeschoben*
   Subjekt; ebenso *frisch gewagt* in:
   Frisch gewagt ist halb gewonnen. aufgehoben und *halb*
   gewonnen sind Prädikatsnomina (Weiteres I 12).

8 Satzformen

Von der Anzahl der finiten Verben her unterscheidet man folgende Satzformen:

a) Enthält ein Satz nur ein finites Verb, so ist es ein einfacher Satz ([28] § 1012):
   Z. 1 *Schlange im Haus sorgte für Unruhe.*

b) Eine Satzreihe liegt vor, wenn ein Satz aus mehreren einander nebengeordneten „Hauptsätzen" (I 6.3) besteht:
   Frau Chauchat saß zusammengesunken und schlaff, ihr Rücken war rund, sie ließ die Schultern nach vorne hängen, und außerdem hielt sie auch noch den Kopf vorgeschoben. (Thomas Mann) ([28] § 1012)

   Wenn wie in Z. 18/19 *Das Zoogeschäft hatte die Schlange als ungiftiges, zutrauliches Tier verkauft und lehnte eine Rücknahme ab.* das gemeinsame Subjekt der beiden Prädikate beim zweiten Prädikat erspart ist, handelt es sich um eine Koordination eines zweiten Prädikatsverbands. Eine ähnliche Erscheinung begegnet auch in
   Z. 30/31 *Ob nun die Natter giftig war oder nicht [giftig war]?*
   In der Fügung *oder nicht* ist außer dem gemeinsamen Subjekt auch das gemeinsame Prädikat und das gemeinsame Prädikatsnomen erspart. Nehmen wir Z. 30/31 eine Ergänzung zu [*Man fragt sich,*] *ob nun die Natter giftig war oder nicht [giftig war]?* vor (siehe c)), so tritt hier eine Koordination im „Nebensatz" auf. Auch eine Verbindung von gleichwertigen „Nebensätzen" wie in *Ich weiß, daß Fritz kommt und daß dann Hans weggeht.* bezeichnet man als Koordination.

c) Wenn ein Satzglied satzförmig erscheint, so wollen wir von einem komplexen Satz sprechen. Satzkomplexität erster Stufe liegt dann vor, wenn Satzglieder des „Hauptsatzes" satzförmig auftreten. Haben innerhalb von „Nebensätzen" oder Infinitivkonstruktionen Satzglieder Satzform, so handelt es sich um eine Komplexität auf einer tieferliegenden Stufe der Satzhierarchie.

Satzkomplexität erster Stufe begegnet in
(1) Z. 11–13 *... denn die Natter hatte ihn bereits in die Hand gebissen,| so daß er per Sanka ins Krankenhaus eingeliefert werden mußte.*

mit der Folge

36   Syntax

(2) Z. 30/31 [*Man fragt sich,*]
    Ob nun die Natter giftig war oder nicht?

$$\underbrace{}$$

                              das

Anmerkung: *ob* leitet indirekte Fragesätze ein, Sätze, die Un-
gewißheit, Zweifel ausdrücken, z.b. *Ob es wohl regnen wird?*
Man kann ergänzen: *Man fragt sich, ob ...* In diesem Fall ist
Ob ... nicht? mit *das* zu ersetzen (I 12).

(3) Z. 25—27 *Nachdem die Schlange ihren Umzug in den*
    Tiergarten gut überstanden hat,

$$\underbrace{}$$

                           danach
          ist sie dort im Gras, hinter Glas zu besichtigen.

Innerhalb der Gesamtsätze erscheint der Gliedsatz in (1) und
(2) als ,,Nachsatz'' (siehe auch I 21.2) und in (3) als ,,Vordersatz''.
,,Nebensätze'' kommen auch als ,,Zwischensätze'' vor ([28] § 1284 f.):
Hans hat, als er nach Hause gekommen ist, seine Freundin an-
gerufen.

Um feststellen zu können, ob eine Satzkomplexität einer anderen Stufe auftritt, müssen wir zu ,,Nebensätzen'' oder Infinitivkonstruktionen gehörige ,,Nebensätze'' in gleicher Weise wie ,,Ne-
bensätze'' und Infinitivkonstruktionen, die Satzglieder innerhalb
von ,,Hauptsätzen'' sind, durch substantivische Pronomina, Pronominaladverbien oder andere hinweisende Wörter ersetzen.

So handelt es sich um Satzkomplexität erster und zweiter Stufe
in
Z. 13—16 *Doch soll er ausdrücklich betont haben bei dieser Gele-*
genheit,
daß die Schlange zu dem Zeitpunkt nicht unter Hunger
gelitten habe, *da er sie kurz vorher mit einer weißen*
Maus gefüttert hatte.

                          deswegen

                            das

Bei der Beschreibung der Satzkomplexität erster Stufe bleiben Attributsätze (I 17.2.2) unberücksichtigt. Im Rahmen einer Satzanalyse,
die von den Satzgliedern zu den Satzgliedteilen fortschreitet, stehen sie nämlich als Satzgliedteile in der vorgegebenen Einheit Satz
nicht auf einer Stufe mit den Satzgliedern. Es sind Gliedteilsätze, z.B.

Satzformen
37

> Z. 3–5 *Dafür sorgte| ein Frührentner, der Spaß daran gefun-den hatte, in seiner Wohnung eine Mangroven-Nacht-baumnatter zu halten.*

er

Außer der Verschiebeprobe, die hier mit dem „Spitzenstellungstest" identisch ist, zeigt die Ersatzprobe, daß die Fügung *ein Frührentner, der Spaß daran gefunden hatte, in seiner Wohnung eine Mangroven-Nachtbaumnatter zu halten* ein Satzglied bildet; denn sie ist mit *er* ersetzbar. Da die Fügung *der Spaß daran gefunden hatte, in seiner Wohnung eine Mangroven-Nachtbaumnatter zu halten* weggelassen werden kann, ohne daß die Ausdrucksweise ungrammatisch ist, stellt diese Fügung eine nähere Bestimmung, ein Attribut, zu *ein Frührentner* dar. Innerhalb des Attributsatzes sind keine Satzglieder satzförmig realisiert; daher ist keine Satzkomplexität gegeben.

Sind Attributsätze Teile von Satzgliedern oder Satzgliedteilen in Gliedsätzen, so wird durch sie ebensowenig Satzkomplexität bewirkt. Bei dem folgenden Beispiel ist zu beachten, daß Attributsätze von ihrem Bezugswort getrennt stehen können (I 21.2):

> Z. 8/9 *Sie war dem Mann im Hausflur begegnet, als er| ein schwarzes Kabel|in der Hand hielt,| das plötzlich zu züngeln begann.*

das

da (zu der Zeit)

Die Fügung *das plötzlich zu züngeln begann* ist eine nähere Bestimmung zu *ein schwarzes Kabel*, also ein Attribut.

> Z. 19–25 *Als die Kunde von der Natter, die in aller Munde war,*

das

da

bis zum Nürnberger Tiergarten dringt,

ist man dort sofort an dem Tier interessiert

38 Syntax

und setzt einen Schlangenfänger nach Fürth in Marsch,

dorthin

wo er ... bereits mit Ungeduld erwartet wird.

Die „Nebensätze" *die in aller Munde war* und *wo er ... bereits mit Ungeduld erwartet wird* sind Attributsätze. Insgesamt liegt eine Koordination eines zweiten Prädikatsverbands vor, wobei der erste „Hauptsatz" Satzkomplexität erster Stufe aufweist.

Ein besonderer Fall von Satzkomplexität erscheint am Schluß unseres Textes. Ohne die direkte Rede wäre der Satz
Z. 31 *Ein polizeilicher Vermerk gibt an:*
unvollständig. Da die direkte Rede durch *das* ersetzt werden kann *(Ein polizeilicher Vermerk gibt das an.),* herrscht Satzkomplexität erster Stufe. Die direkte Rede Z. 31–34 „*Bei der Schlange ... Gegengift.*" besteht aus zwei Aussagesätzen und einer Reihung von zwei Aussagesätzen.

Eine weitere Besonderheit ist der sogenannte „weiterführende Relativsatz", der einen unterschiedlichen Bezugsbereich haben kann:
(1) *Meine Schwester hat mich gestern besucht, was mich sehr gefreut hat.*
    Mit dieser Konstruktion ist im Lateinischen der relative Satzanschluß zu vergleichen:
    Epaminondae nuntiatum est vicisse Boeotos. Quod postquam audivit ...
    Den deutschen Satz kann man auf folgende Weise umformen:
(2) *Meine Schwester hat mich gestern besucht. Das hat mich sehr gefreut.*
(3) *Daß meine Schwester mich gestern besucht hat, hat mich sehr gefreut.*
    Geht man von der Struktur in (1) aus, so handelt es sich bei *was mich sehr gefreut hat* um eine Fügung, die die Merkmale eines „Nebensatzes", einleitendes Relativpronomen und Verbendstellung, hat, aber inhaltlich einem „Hauptsatz" entspricht (Weiteres [66a] 168 ff.; [38] 57).

AUFGABE I

1) Bestimmen Sie die Satzarten des Textes und unterscheiden Sie einfache, komplexe Sätze und Satzreihen!

2) Geben Sie die Satzglieder in folgender Weise an: Besteht das Satzglied aus einem Wort, so nennen Sie dieses, besteht es aus mehreren Wörtern,

Aufgabe I   39

so nennen Sie das erste und letzte Wort des Satzglieds und setzen gegebenenfalls ... dazwischen!

3) Setzen Sie bei der Ersatzprobe, soweit es möglich ist, substantivische Pronomina, Pronominaladverbien *(dahin, worauf ...)* oder andere hinweisende Wörter *(da, dort, damals, so ...)* ein. Wenn sich bei dem Ersatz von Prädikatsnomina durch Pronomina oder hinweisende Wörter keine sinnvollen Sätze ergeben (vgl. S. 56), behalten wir das Prädikatsnomen unverändert bei. Das gilt auch für Wörter und Fügungen wie *offensichtlich, ausdrücklich, ganz genau, ebenfalls, doch.* (Wenden Sie die Verschiebeprobe
und den „Spitzenstellungstest" nur in Gedanken an!) Prädikate bleiben
unverändert.

Z. 1   *Schlange ... Unruhe:* Aussagesatz, einfach
         Schlange ... Haus: sie
         sorgte
         für Unruhe: dafür

Z. 2/3   *Fürth:* zu *Fürth* siehe VIII 1.1.4
         Jüngst ... verkündet: Aussagesatz, einfach
         jüngst: damals
         wurde verkündet
         in ... Simonstraße: dort

Anmerkung: Die unmittelbare Aufeinanderfolge der beiden präpositionalen
Fügungen *in einem Mietshaus* und *in der Simonstraße* legt nahe, daß die Fü-
gung *in der Simonstraße* den Begriff „Mietshaus" näher bestimmt; *in einem
Mietshaus in der Simonstraße* ist so als ein Satzglied aufzufassen (vgl. zu
Z. 29 *Hausbewohner in der Simonstraße*)

         Schlangen-Alarm: das

Z. 3–5   *Dafür ... halten:* Aussagesatz, einfach
         dafür
         sorgte
         ein ... halten: er (I 8 c)

Z. 5/6   *Das ... Wohnzimmerschrank:* Aussagesatz, einfach
         das Reptil: es
         befand sich

Anmerkung: *sich* ist ein nichtverbaler Prädikatsteil. *sich* ist z.B. nicht ersetzbar *(*befand ihn)*, also kein Satzglied (I 6.1).

         in ... Wohnzimmerschrank: dort

40 Syntax

Z. 6/7 *Publik ... Mieterin:* Aussagesatz, einfach
  publik
Anmerkung: Da *publik* in dem Satz *Publik wurde dieser Hausbewohner-Zu-*
wachs durch eine erschreckte Mieterin. verschoben und ersetzt werden kann
(Dieser Hausbewohner-Zuwachs wurde durch eine erschreckte Mieterin
publik/bekannt.) ist *publik* Satzglied (I 5).

   wurde
   dieser Hausbewohner-Zuwachs: er
   durch ... Mieterin: durch sie (I 11.2)

Z. 8/9 *Sie ... begann:* Aussagesatz, komplex (1. Stufe)
  sie
  war begegnet
  dem Mann: ihm
  im Hausflur: dort
  als ... begann: da (zu der Zeit)

Z. 10–13 *Nach ... geworden* ⎫ Reihung von zwei syndetisch (durch die
    denn ... mußte ⎬ Konjunktion *denn*) verbundenen Aussage-
         ⎭ sätzen, wobei der erste einfach und der
          zweite komplex (1. Stufe) ist.

  nach ... Begegnung: danach
  ist geworden
  der Schlangenfreund: er
  offensichtlich
  ebenfalls
Anmerkung: *ebenfalls* ist nicht verschiebbar, aber ersetzbar (durch *auch*).
ebenfalls besitzt daher eine Zwischenstellung zwischen Satzglied und Nichtsatzglied.

  unruhig
Anmerkung zu *denn:* Weil *denn* nicht die erste Stelle vor dem finiten Verb
im Aussagesatz einnimmt, handelt es sich nicht um ein Satzglied; vgl. I 6.3.

   die Natter: sie
   hatte gebissen
   bereits: da (zu der Zeit)
   ihn in die Hand: dorthin
Anmerkung: Anstelle von *ihn* in *ihn in die Hand* kann auch das Possessivpron. *seine* verwendet werden (I 15.4).

   so ... mußte: mit der Folge

Aufgabe I   41

Z.13–16 *Doch ... hatte:* Aussagesatz, komplex (1. und 2. Stufe) (I 8 c)
  doch: jedoch (I 6.3)
  soll betont haben
  er
  ausdrücklich
  bei dieser Gelegenheit: dabei
  daß ... hatte: das (I 8 c)

Z. 16–18 *Schließlich ... trennen:* Aussagesatz, einfach
Anmerkung: Da nach der Definition von I 8 c ein komplexer Satz nur dann
gegeben ist, wenn ein Satzglied satzförmig, mit finitem Verb, auftritt, liegt
hier ein einfacher Satz vor.
  schließlich: da (zu der Zeit)
  versprach
  der ... Schlangen-Bändiger: er
  sich ... trennen: das

Z. 18/19 *Das ... verkauft* } Aussagesatz mit Koordination
  und lehnte ... ab } eines Prädikatsverbands (I 8 b)
  das Zoogeschäft: es
  hatte verkauft
  die Schlange: sie
  als ... Tier: so (dazu I 14.1)
  (*und*: kein Satzglied; vgl. I 6.3)
  lehnte ab
Anmerkung: *ab* ist ein nichtverbaler Prädikatsteil (I 17.3.2).
  eine Rücknahme: das

Z. 19–25 *Als ... interessiert* } Aussagesatz, komplex (1. Stufe), mit
  und setzt ... wird } Koordination eines Prädikatsverbands
  als ... dringt: da (zu der Zeit)
  ist
  man
  dort
  sofort
  an dem Tier interessiert
Anmerkung: Da *an dem Tier* von dem Adj. *interessiert* abhängt, wollen wir
die ganze Fügung als Einheit betrachten (Genaueres I 17.1.1).
  (*und*: kein Satzglied)
  setzt in Marsch

42 Syntax

Anmerkung: *in Marsch setzen* ist ein Funktionsverbgefüge (I. 17.3.2).
  einen Schlangenfänger: ihn
  nach Fürth ... wo ... wird: dorthin

Z. 25–27 *Nachdem ... besichtigen:* Aussagesatz, komplex (1. Stufe)
  nachdem ... hat: danach
  ist zu besichtigen
Anmerkung: *ist zu besichtigen* kann umschrieben werden mit *kann besichtigt werden* (I 17.3.1).
  sie
  dort ... Glas: dort (S. 70)

Z. 27–30 *Durch ... sein:* Aussagesatz, einfach
  durch ... Natter: dadurch
  soll zurückgeführt worden sein
  laut Polizei: demnach
  der ... Simonstraße: das
Anmerkung: Weil die Fügung *in der Simonstraße* auf das Subst. *Hausbewohner* folgt, handelt es sich bei *in der Simonstraße* um eine Spezifikation des Begriffs „Hausbewohner". *in der Simonstraße* ist also Satzgliedteil.
  in ... Bahnen: dorthin

Z. 30/31 *Ob ... nicht?: das*
Anmerkung: Wie in I 8 c dargestellt, wollen wir hier *Man fragt sich,* ergänzen.

Z. 31–34 *Ein ... Gegengift":* Aussagesatz, Sonderform der Satzkomplexität
                    (1. Stufe) (I 8 c)
  Ein ... Vermerk: er
  gibt an
  „Bei ... Gegengift.": das
Anmerkung: Die direkte Rede gehört als Objekt zu *Ein polizeilicher Vermerk gibt an:* Man fragt *was?*

(„Bei ... Giftschlange.	Aussagesatz, einfach
Es ... Schlange.	Aussagesatz, einfach
Ihr ... tödlich,	Reihung von zwei syndetisch [durch
jedoch ... Gegengift."	das Konjunktionaladverb *jedoch*] verbundenen einfachen Aussagesätzen.)

Z. 34/35 *Jetzt ... wissen:* Aussagesatz, einfach

    jetzt: nun

    wird wissen

    man

    's: es

Anmerkung: Durch den Apostroph wird gekennzeichnet, daß Laute weggefallen sind. Es handelt sich um eine umgangssprachliche Erscheinung (dazu V 5.4).

    ganz genau

Anmerkung: *ganz* bestimmt *genau* näher, also gehört *ganz* zum gleichen Satzglied wie *genau* (I 17.2.1).

    ja: eben

Anmerkung: Abtönungspartikeln stehen zwischen Satzgliedern und Nichtsatzgliedern, I 6.4.

    Zur Satzgliedermittlung der nichtverbalen Satzglieder kann auch der Fragetest angewendet werden (I 4.1):

Wer oder was sorgte für Unruhe?	*Schlange im Haus*
Wofür sorgte die Schlange?	*für Unruhe*
Wer oder was wurde verkündet?	*Schlangen-Alarm*
Wann wurde Schlangen-Alarm verkündet?	*jüngst*
Wo wurde Schlangen-Alarm verkündet?	*in einem Mietshaus in der Simonstraße* usw.

    Von den oben angewendeten Tests zur Satzgliedermittlung bewirkt aber allein die Ersatzprobe, die hier zugleich in einer Reduktion des zu ersetzenden Ausdrucks besteht, daß der Umfang eines Satzglieds leicht überschaubar wird. Das zeigt sich vor allem bei satzförmigen Satzgliedern, z.B. Fragetest:

Wann war sie dem Mann im Hausflur begegnet?

als er ein schwarzes Kabel in der Hand hielt, das plötzlich zu züngeln begann

Ersatzprobe: *da (zu der Zeit)*

9 Zur Bestimmung der Satzgliedfunktionen in der traditionellen Grammatik

a) Die den Satz begründenden Satzglieder

Nach der traditionellen Grammatik begründen Subjekt und Prädikat(sverband) den Satz. Die Objekte sind im Prädikatsverband enthalten, z.B.

44 Syntax

Hans/schläft.
Hans/gibt Maria das Buch.
Es liegt hier eine Zweiteilung vor. Das Subjekt nimmt gegenüber den Objekten eine Sonderstellung ein ([92] 22 ff.).

b) Fehlende Unterscheidung von Satzgliedfunktionen

Bestimmen wir die Funktion der präpositionalen Fügung nach der traditionellen Grammatik in den Sätzen
(1) *Hans arbeitet im Garten.*
(2) *Hans befindet sich im Garten.*
(3) *Das Reptil häutete sich in einem ausgedienten Aquarium auf dem Wohnzimmerschrank.*
(4) Z. 5/6 *Das Reptil befand sich in einem ausgedienten Aqarium auf dem Wohnzimmerschrank.*
im Garten bzw. *in einem ausgedienten Aquarium auf dem Wohnzimmerschrank* wären in (1), (2) bzw. (3), (4) als Umstandsbestimmungen des Ortes zu betrachten ([92] 29). Wenn aber in (2) die Fügung *im Garten* und in (4) die Fügung *in einem ausgedienten Aquarium auf dem Wohnzimmerschrank* weggelassen werden, entstehen ungrammatische Sätze:
(2') **Hans befindet sich.* gegenüber (1) *Hans arbeitet.*
(4') **Das Reptil befand sich.* gegenüber (3) *Das Reptil häutete sich.*

Die Ortsbestimmung hat zwei verschiedene Funktionen; mit der traditionellen Grammatik ist dieser Unterschied nicht beschreibbar, wohl aber mit einer neueren Grammatik, der Valenzgrammatik. Diese Grammatik wollen wir bei unserer syntaktischen Analyse zugrunde legen.

10 Die Prinzipien der Valenzgrammatik

10.1 Lucien Tesnière

Als Begründer der Valenzgrammatik gilt Lucien Tesnière. Seine Theorie ist niedergelegt in „Éléments de syntaxe structurale" 1959 [103a] und „Esquisse d'une syntaxe structurale" 1953 [102]. In der Valenzgrammatik bildet das Verb das strukturelle Zentrum des Satzes. Das Adj. *strukturell* (‚eine bestimmte Struktur aufweisend') ist eine Ableitung von dem Subst. *Struktur*. Wir erinnern uns: In einer Struktur kommen die (paradigmatischen und syntagmatischen) Beziehungen der Systemglieder zum Ausdruck (vgl. S. 26). Betrachten wir die lineare Abfolge von System-

Die Prinzipien der Valenzgrammatik 45

gliedern, so stellen wir fest, daß z.B. ebenso wie der Satz *Hans gibt Maria Bücher.* folgende Sätze gebaut sind:

Der Bundespräsident	verleiht	dem Bürger	einen Orden.
Der Bote	überbringt	der Bank	Geld.
Der Briefträger	übergibt	dem Kunden	ein Päckchen.
Subjekt	Prädikat	Dat.-Objekt	Akk.-Objekt

Wenn eine syntaktische Struktur wie Subjekt-Prädikat-Dativobjekt-Akkusativobjekt gleichbleibend in einer Reihe von Sätzen wiederkehrt, spricht man von Satzbauplan. Der Satzbauplan wird durch das Prädikat begründet (vgl. [28] § 1081 f.). Das Verb (Vollverb, I 13.1) als strukturelles Zentrum des Satzes erfordert in den meisten Sätzen ein Subjekt und kann ein oder mehrere Objekte zu sich nehmen. Das Subjekt verliert bei Tesnière seine Sonderstellung und wird auf die gleiche Stufe wie die vorhandenen Objekte gestellt ([103b] 94 ff.).

Subjekt und Objekt(e) bezeichnet Tesnière als „actants" (deutsch: Aktanten). Wir wollen für Subjekt und Objekt(e) den Terminus „Ergänzung" (E) verwenden, der uns an die bereits bekannte deutsche Bezeichnung „Satzergänzung" für Objekt erinnert (I 3).

Einen Satz wie *Hans gibt Maria Bücher.* würde Tesnière in einem Stemma, wie folgt, darstellen:

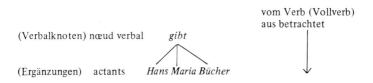

Ein Stemma ist also ein Graph, dessen Knoten hier durch ein Wort belegt ist und dessen nach unten gerichtete Kanten als Abhängigkeitsrelationen, sogenannte Konnexionen, aufgefaßt werden ([70] 44). Für Tesnière besteht der Satz *Hans gibt Maria Bücher.* nicht nur aus vier Wörtern, sondern außerdem aus den Konnexionen zwischen ihnen, also aus sieben Elementen ([103b] 26). Die Fähigkeit der Verben, eine bestimmte Anzahl und Art von actants (= Ergänzungen) zu sich zu nehmen, vergleicht Tesnière mit der Wertigkeit eines Atoms und nennt sie Valenz ([103b] 161).

Anmerkung: Während bei Tesnière nicht deutlich wird, ob er Valenz als eine syntaktische oder semantische Kategorie ansieht, hat man später verschiedene Ebenen der Valenz angenommen. Bei dem Verb *geben* und seinen Ergänzungen wurde so unterschieden zwischen logischer Valenz als zugrundeliegender Bedeutungsstruktur (vereinfacht wiedergegeben als: a [= *Hans*] veranlaßt eine Veränderung, die dazu führt, daß b [= *Maria*] ein c [= *Bücher*] hat), semantischer Valenz (*geben* → Agens, Patiens, Adressat; Weiteres I 16) und syntaktischer Valenz (*geben* → Nom.-E, Akk.-E, Dat.-E). Doch vertritt G. Helbig [65] 71 die Meinung, daß die Valenz „in erster Linie ein syntaktisches Phänomen ist, das nur in indirekter Weise die semantischen Beziehungen im Satz reflektiert." Da noch weitgehend unklar ist, wie semantische Beziehungen durch die Valenz widergespiegelt werden, beschränken wir uns hier auf die Beschreibung der syntaktischen Valenz.

In der oben angegebenen Konstellation werden

als Dependentien (Sg. Dependens) bezeichnet ([31] 32).

Die Beziehung vom abhängenden Glied zum regierenden nennt man Dependenz. Valenz und Dependenz sind in Bezug auf das Verb also zwei verschiedene Aspekte derselben Erscheinung.

Doch können nach Tesnière nicht nur Verben als Knoten, von denen Konnexionen ausgehen, fungieren, sondern auch Wörter anderer Wortarten, nämlich Substantive, Adjektive und Adverbien (zu den Wortarten siehe I 22.1); vgl. die Beispiele

Der Satz *Sehr kleine Bäche ergeben große Flüsse.* würde demnach von Tesnière folgendermaßen wiedergegeben werden:

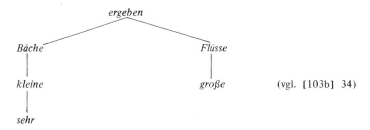

(vgl. [103b] 34)

Dabei verwendet Tesnière die Bezeichnungen „Verb",,,Substantiv", „Adjektiv", „Adverb" zum einen für die Knoten, also die syntaktischen Zentren der Fügungen; zum anderen gebraucht er diese Termini, wenn es ihm um die Bedeutung der Wortarten geht ([6] 62). Z.B. bezeichne das Substantiv eine Substanz und das Verb einen Vorgang (zur Klassifizierung der Wortarten siehe I 22.2).

Tesnières Wortartenlehre ist aber vor allem syntaktisch begründet ([40] 11). So dürfen die Knoten unter den Verben nur von „Substantiven", die Knoten direkt unter den „Substantiven" nur von „Adjektiven" besetzt werden. Bestimmte Wörter wie Präpositionen, die Tesnière Translative nennt, bewirken jedoch, daß auch Wörter anderer Wortarten z.b. an die Stelle von Adjektiven treten können. In der französischen Fügung *le livre de Pierre* verhält sich *de Pierre* syntaktisch wie das Adj. *rouge* in *le livre rouge*. Das wird durch das Translativ *de* ermöglicht (vgl. [103b] 81 f.). Die Überführung eines Wortes in eine andere Funktionsklasse bezeichnet Tesnière als Translation ([103b] 248 ff.; vgl. [100] 169 f.).

Die Grammatik, in der Abhängigkeitsbeziehungen dargestellt werden, nennt man Dependenzgrammatik. Die Untersuchung der Valenz, also der Fähigkeit, nach Anzahl und Art fixierbare Ergänzungen zu fordern, ist ein Teilbereich der Dependenzgrammatik. Bei Tesnière können nur Wörter der Wortart Verb eine oder mehrere Leerstellen um sich eröffnen, die durch Wörter bestimmter anderer Wortarten ausgefüllt werden müssen. Doch gibt es Valenz auch beim Adjektiv und Substantiv (I 17.1). Weiterhin beschränkt Tesnière die valenzabhängigen Glieder des Verbs auf Subjekt und Objekt(e). In der Form der Valenzgrammatik, von der wir bei unseren syntaktischen Analysen ausgehen wollen, gilt aber unter anderem auch das Prädikatsnomen, das wir aufgrund der operationalen Satzgliedanalyse als Satzglied bestimmt haben, als Ergänzung.

Wir haben also bislang folgende vom Verb geforderte Ergänzungen. (Das Subjekt wird als Nominativ-Ergänzung bezeichnet):

48 Syntax

Nominativ-Ergänzung
Genetiv-Ergänzung
Dativ-Ergänzung
Akkusativ-Ergänzung
Präpositional-Ergänzung
Prädikatsnomen-Ergänzung
und die Ergänzung des Typs *im Garten* in dem Satz *Hans befindet sich im Garten.* (dazu und zu einer weiteren Ergänzung siehe I 11.2).

10.2 Vorrangstellung des Subjekts

Abweichend von Tesnière betrachten wir jedoch das Subjekt zwar als Ergänzung, aber nicht als eine den übrigen Ergänzungen vollkommen gleich gestellte Ergänzung. Dafür lassen sich einige Gründe anführen:

a) Zwischen Subjekt und Prädikat herrscht Kongruenz. Mit Kongruenz bezeichnet man die Übereinstimmung nach Genus, Numerus, Kasus, Person zur Sicherung der syntaktischen Zusammengehörigkeit. Z.B. herrscht in dem Satz *Das Kind lacht.* Kongruenz hinsichtlich Numerus und Person (vgl. [28] § 1158 f.).

b) Das Subjekt kann im Gegensatz zu den anderen Ergänzungen allenfalls bei elliptischem Gebrauch (dazu [239] 72 f.) weggelassen werden.

c) Durch den Zusammentritt von Subjekt und Prädikat(sverband) erfolgt in den meisten Fällen die Satzgründung im Aussage- und Fragesatz (I 9). (Gegenüber diesen beiden Satzarten ist im Aufforderungssatz das Fehlen des Subjektspronomens die Regel, I 19.1.2). Ausnahmen sind Sätze mit

α) Impersonalia, d.h. unpersönlich verwendeten Verben, die teils körperliche, teils seelische Zustände und Gemütsbewegungen ausdrücken. Sie haben den Akkusativ oder Dativ einer Personenbezeichnung bei sich, z.B.

Akkusativ *mich friert*
mich dürstet
Dativ *mir graut*
mir träumt

Diese Verben können auch mit dem Scheinsubjekt *es* verbunden werden, das wir z.B. von den Witterungsimpersonalia (*es regnet, schneit*; vgl. I 6.2) her kennen: *Es friert mich.* usw.

β) Unpersönliche Passivformen, z.B.
Hier wird getanzt.

Die Prinzipien der Valenzgrammatik 49

Ebenso wie bei der ersten Gruppe ist hier das Scheinsubjekt
es verwendbar:
Es wird getanzt.
Bei Umformung in einen „Nebensatz" muß *es* aber entfallen:
weil getanzt wird. gegenüber *weil es mich friert.* (nach [25]
166 ff.; vgl. auch [28] § 1005).

Die Sätze, in denen das Scheinsubjekt *es* weggelassen werden
kann, sind im Rahmen der Valenzgrammatik schwer zu beschreiben (vgl. [51] 124 ff.).

10.3 Obligatorische, fakultative und freie nicht vom Prädikat geforderte Satzglieder

10.3.1 Obligatorische Ergänzungen

Welche nichtverbalen Satzglieder sind im syntaktischen Sinn notwendig, d.h., welche Glieder des Satzes müssen vorhanden sein,
damit der Satz nicht ungrammatisch ist? (Vgl. **Hans befindet
sich.*)

Wir bedienen uns der Weglaßprobe (Eliminierungstest): Wir eli-
minieren ein Satzglied und beobachten, ob der verbleibende Satz-
rest noch grammatisch oder bereits ungrammatisch ist. Ist der Satz
ungrammatisch, dann ist das eliminierte Satzglied für den Bestand
des Satzes strukturell notwendig (= obligatorisch). Z.B. ist gegenüber dem Satz *Hans lacht.* der Satz **Hans begegnet.*, in dem die
Fügung *seinem Freund* weggelassen wurde, ungrammatisch. Durch
den Eliminierungstest kommt man zum strukturellen Minimum
eines Satzes:
Hans wohnt in Regensburg. gegenüber
Hans wohnt seit 10 Jahren in Regensburg.
in Regensburg ist ebenso wie *Hans* eine notwendige Ergänzung.

10.3.2 Fakultative Ergänzungen

Von den obligatorischen Ergänzungen, die nicht weglaßbar sind,
unterscheidet man die fakultativen Ergänzungen; das sind weglaß-
bare Ergänzungen, die aber im sogenannten Stellenplan des Verbs
verankert sind. Wie der Satz
(1) *Hans wartet.* gegenüber
(2) *Hans wartet auf seinen Freund.*
zeigt, kann die präpositionale Fügung *auf seinen Freund* weglassen werden, ohne daß der Satz ungrammatisch wird. Wenn *warten*
ein Objekt bei sich hat, fordert es eine präpositionale Fügung mit

50   Syntax

der Präp. *auf* (zu der Funktion von *auf seinen Freund* als Objekt
vgl. die veraltete Verbindung mit dem Genetiv *wir warten aber
eines neuen Himmels und einer neuen Erde,* Martin Luther;
siehe auch I 11.2); die Fügung *auf seinen Freund* in (2) ist also
eine fakultative Ergänzung. Dagegen kommen fakultative Ergänzungen z.b. mit den Präpositionen *in* und *zu* bei *warten* nicht vor.
Fügungen wie *in seinem Haus* bzw. *in Rom* in den Sätzen *Hans
wartet in seinem Haus.* bzw. *Der Gesandte wartet zu Rom.*
sind Umstandsbestimmungen des Ortes, I 10.3.3; vgl. die Sätze
*Hans wartet in seinem Haus auf seinen Freund., Der Gesandte
wartet zu Rom auf den Papst.* Das gilt auch für *auf dem Marktplatz* in *Hans wartet auf dem Marktplatz [auf seinen Freund].*

10.3.3 Angaben

Den obligatorischen und fakultativen Ergänzungen stehen die traditionell als Umstandsbestimmungen oder Adverbialia bezeichneten Satzglieder gegenüber. Tesnière gebraucht dafür den Terminus
,,circonstants'' (deutsch: Zirkumstanten). Wir wollen diese Satzglieder als Angaben (A) bezeichnen. Angaben sind immer frei.
Die Bedingung für die Möglichkeit des Auftretens von Angaben in
einem Satz ist, daß das Prädikat und die obligatorischen Ergänzungen vorhanden sind. Wie aus dem Satz *Hans wohnt seit 10 Jahren in Regensburg.* hervorgeht, führt das Auftreten der Angabe
seit zehn Jahren (Umstandsbestimmung der Zeit) nur dann zu
einem grammatischen Satz, wenn neben dem Prädikat die notwen-
digen Ergänzungen *Hans* und *in Regensburg* realisiert sind.

Die Angaben beziehen sich im allgemeinen auf den Prädikatsverband, das Prädikat mit Ergänzungen, die Nominativ-Ergänzung
ausgenommen (I 1; zu Ausnahmen siehe I 14.1). Das zeigt die sogenannte Infinitivprobe (dazu [28] § 125). Wenn man einen einfachen Satz in eine Infinitivkonstruktion ohne *zu* überführt, fällt
das Subjekt heraus:
Hans geht gerne in die Schule. →
gerne in die Schule gehen.

Zur Unterscheidung von fakultativen Ergänzungen und Angaben — obligatorische Ergänzungen werden durch den Eliminierungstest (I 10.3.1) ermittelt — verwendet man verschiedene Tests. Betrachten wir das Satzglied *in der Schule* des Satzes *Hans aß sein
Brot in der Schule.*

1) Man versucht, das zu klassifizierende Satzglied in einen Adverbialsatz überzuführen (Adverbialsatztest):
Hans aß sein Brot, als er in der Schule war.

2) Man versucht, das zu klassifizierende Satzglied in einen Satz mit dem Verb *geschehen* überzuführen (Geschehenstest):
Hans aß sein Brot, und das geschah in der Schule.

Wenn solche Umformungen möglich sind, handelt es sich um Angaben (nach [61] 36 ff.; [68] 31 ff.; [40] 34 ff.). Allerdings ist oft allein die zweite Umformung, der sogenannte Geschehenstest, durchführbar. Neben dem Geschehenstest gibt es Testverfahren mit anderen Verben, z.B.:
Hans wohnt in Regensburg, und das ist so seit 10 Jahren.

3) Wenn das zu klassifizierende Satzglied in einer verbalen Ergänzungsfrage des Typs „Was macht x?" (I 1) enthalten ist, fungiert es in dem entsprechenden Antwortsatz als Angabe (Ergänzungsfragentest), z.B.
Was macht Hans heute?
Hans geht heute in die Stadt.
heute ist eine Angabe. Doch können solche Fragen mit *machen* nur gebildet werden, wenn x die Funktion eines Agens hat, also den Handlungsurheber bezeichnet. In einigen anderen Fällen sind Fragen mit dem Verb *geschehen (sein)* möglich:
Was geschah mit x (war mit x) in München?
x verunglückte in München.
in München ist eine Angabe (nach [65] 81).

Die Tests 1–3 ergeben bei fakultativen Ergänzungen ungrammatische Sätze; vgl. die Anwendung auf das Satzglied *auf seinen Freund* in dem Satz *Hans wartet auf seinen Freund:*
*Hans wartet, als er auf seinen Freund ist.
*Hans wartet, und das geschieht auf seinen Freund.
*Was macht Hans auf seinen Freund? Er wartet auf seinen Freund.

Auch bei obligatorischen Ergänzungen entstehen durch die Umformungen 1–3 ungrammatische Sätze:
*Hans wohnt, als er in Regensburg ist.
*Hans wohnt, und das geschieht in Regensburg.
*Was geschieht (ist) mit Hans in Regensburg? Er wohnt in Regensburg.

Zur Unterscheidung von fakultativen Ergänzungen und Angaben wurde ferner ein Ergänzungstest, nämlich die *und-zwar*-Probe, verwendet:
Hans aß sein Brot, und zwar in der Schule.
Die *und-zwar*-Probe ist aber zur Unterscheidung von fakultativen Ergänzungen und Angaben ungeeignet, weil sie auch bei fakultativen Ergänzungen anwendbar ist:

Ich esse Fleisch. → *Ich esse, und zwar Fleisch.* (vgl. [40] 45)
Man kann diese Probe allenfalls benutzen, um obligatorische Ergänzungen einerseits und fakultative Ergänzungen und Angaben andererseits zu unterscheiden. Doch ist der Eliminierungstest einfacher zu handhaben.

Wir gebrauchen also den Eliminierungstest	zur Unterscheidung von obligatorischen Ergänzungen einerseits und fakultativen Ergänzungen und Angaben andererseits
und den Adverbialsatztest, den Geschehenstest, und den Ergänzungsfragentest	zur Unterscheidung von fakultativen Ergänzungen und Angaben.

11 Zur Klassifizierung der Ergänzungen

11.1 Frage- oder Interrogativierungstest

Es gibt zwei Verfahren, um die Ergänzungen zu klassifizieren. Uns bereits bekannt ist der Frage- oder Interrogativierungstest (I 4.1) mit den Fragewörtern *wer oder was* usw., durch den wir zunächst folgende Ergänzungen ermitteln können:

Nominativ-Ergänzung
Akkusativ-Ergänzung
Genetiv-Ergänzung
Dativ-Ergänzung
Präpositional-Ergänzung

Auch bei den Prädikatsnomina, die verschiedene Formen haben (siehe I 11.2), ist dieser Test anwendbar, z.B.
Hans ist Arbeiter. → *Wer oder was ist Hans?*
Wir nennen unseren Nachbarn einen Lügner.
→ *Was nennen wir unseren Nachbarn?*
Hans ist fleißig. → *Wie ist Hans?*

11.2 Pronominalisierung

Wir ersetzen ein Satzglied durch ein substantivisches Pronomen, ein Pronominaladverb (wie *dahin, worauf*) oder andere hinweisende Wörter (z.B. *da, dort, dorthin, so*), wie wir es bereits bei

Zur Klassifizierung der Ergänzungen 53

der Ermittlung der Satzglieder unseres Textes getan haben (I 4.2.1).
Diese Elemente verweisen auf etwas; man nennt sie Zeigewörter
oder Anaphern. (Anapher bedeutet eigentlich ,Beziehung auf
etwas'). Für Pronominalisierung sagt U. Engel [31] 176 ff. daher
Anaphorisierung.

Mit Hilfe der Pronominalisierung können die meisten Ergänzungsformen klassifiziert werden. Wenn die Pronominalisierung
etwa bei Fügungen wie *so lange* nicht anwendbar ist, besteht die
Möglichkeit, die Ergänzung nach dem Kasus, den die Ergänzung
bei substantivischer Füllung hätte, zu klassifizieren. Auf diese
Weise werden die Ergänzungen mit einer Ausnahme im folgenden
nach formalen Kriterien klassifiziert. Allein bei der Prädikatsnomen-Ergänzung werden wegen der Vielfalt der Formen der Einfachheit halber unterschiedliche formale Ausprägungen unter
einem Oberbegriff vereint.

Der Klassifizierung der Ergänzungen nach formalen Gesichtspunkten steht die nach inhaltlichen Kriterien gegenüber, wie sie
z.B. in Termini wie „Zuwend-Größe" oder „Ziel-Größe" für die
Dativ- bzw. Akkusativ-Ergänzung zum Ausdruck kommt. Doch
läßt sich in vielen Fällen ein bestimmter Inhaltswert der einzelnen (morphologischen) Kasus nicht nachweisen; vgl. *Ich helfe dir.*
gegenüber *Ich unterstütze dich.* (nach [63] 159; siehe auch [28]
§ 1052) (Weiteres I 16.2)

Zu den Anaphern für die einzelnen Ergänzungen:

1. Nominativ-Ergänzung: Anapher: Pronomen im Nominativ
2. Akkusativ-Ergänzung: Anapher: Pronomen im Akkusativ

Anmerkung: Außer dem Akkusativobjekt treten z.B. auch
temporale Fügungen als Akkusativ-Ergänzung auf, wie in: *Die Tagung dauert einen Tag.* (vgl. [38] 32) Obwohl hier als Anapher
kein Pronomen im Akkusativ möglich ist, sondern nur Ausdrücke
wie *so lange*, kann man die Fügung *einen Tag* wegen ihrer Form
dennoch als obligatorische Akkusativ-Ergänzung, die auf die
Frage *Wie lange dauert die Tagung?* antwortet, betrachten (nach
[71] 44); vgl. oben.

3. Dativ-Ergänzung: Anapher: Pronomen im Dativ
4. Genetiv-Ergänzung: Anapher: Pronomen im Genetiv, z.B.
   *Hans erinnert sich ihrer. (dessen, derer, meiner, deiner,
   Ihrer, seiner, ihrer* usw.).
5. Präpositional-Ergänzung mit fester Präposition

In dem Satz *Hans wartet auf seinen Freund.* ist die Fügung
auf seinen Freund eine Präpositional-Ergänzung mit fester Präpo

sition. Die Präposition hat keine eigene Bedeutung und ist hier nicht austauschbar. Das Nebeneinander von Ergänzungen mit Präposition und einem „reinen" Kasus (Genetiv, Dativ, Akkusativ), das bei *warten* früher gegeben war (Genetiv, I 10.3.2), zeigt sich heute noch in der normalsprachlichen Verwendung *Hans erinnert sich an das Mädchen.* und der gehobenen Ausdrucksweise *Hans erinnert sich des Mädchens.*

Auch das Verb *sein* kann eine Präpositional-Ergänzung mit fester Präposition fordern, wenn es im Sinne von *bestehen*, also als Vollverb (I 17.3) (Verbum substantivum), gebraucht wird: *Der Handschuh ist aus Leder.* (II 7.4.2a)

In wenigen aufzählbaren Fällen besteht die Möglichkeit, die Präposition ohne Bedeutungsveränderung auszutauschen, z.B. *Hans schimpft auf/über Fritz.*; Z. 14/15 ... *daß die Schlange ... nicht unter/an Hunger gelitten habe* ... Da die Präposition wie in den übrigen Beispielen die Funktion eines bloßen Anschlußmittels hat, handelt es sich um Sonderformen der Präpositional-Ergänzung mit fester Präposition. Zumeist ergeben sich aber mit dem Wechsel der Präpositionen unterschiedliche Bedeutungen, wie folgendes Beispiel zeigt:
Hans freut sich über den Besuch.
Hans freut sich auf den Besuch.

Bei Personen oder personifiziert Gedachtem besteht die Anapher aus Präposition und Pronomen (z.B. *durch ihn, über ihn*), bei Sachen dagegen aus einem Pronominaladverb (z.B. *dadurch, darüber*). Während hier eine Unterscheidung zwischen belebt und unbelebt gemacht wird, können *dazwischen* und *darunter* sowohl bei Sach- als auch bei Personenbezeichnungen (Bezeichnungen für eine Gruppe) verwendet werden (nach [38] 84).

6. Präpositional-Ergänzung mit unfester Präposition

Bei der Präpositional-Ergänzung mit unfester Präposition hat die Präposition eine eigene Bedeutung und ist austauschbar.

a) *Hans wohnt in München* andere Bezeichnungen:
  am Starnberger See Situativ-Ergänzung/Orts-
  auf Sylt Ergänzung
  Anapher: *da, dort* (Frage: *wo*)
  Als Vollverb erscheint *sein* in *Hans ist (befindet sich) dort.*
b) *Hans fährt nach Amerika.* andere Bezeichnungen:
  Hans kommt aus Regensburg. Direktiv-Ergänzung/Rich-
  tungs-Ergänzung
  Anapher: *dahin, von da/dort* (Fragen: *wohin, woher*)

Bezeichnungen wie „Situativ-Ergänzung" und „Direktiv-Ergänzung" berücksichtigen inhaltliche Gesichtspunkte. Der Einheitlichkeit wegen wird jedoch im folgenden auf eine Unterteilung der Ergänzungen mit unfester Präposition nach semantischen Kriterien verzichtet.

7. Prädikatsnomen-Ergänzung

Mit der Prädikatsnomen-Ergänzung wird z.T. eine Gleichsetzung oder eine Einordnung in eine Menge vorgenommen ([28] § 1058). Diese Funktion (Leistung) des Prädikatsnomens wird durch die Bezeichnungen „Gleichgröße", „Gleichsetzungsnominativ", „-akkusativ", „Subsumptiv-Ergänzung" (*Subsumption* ‚Einordnung in eine Menge') zum Ausdruck gebracht. Obwohl wir, wie bemerkt, die verschiedenen Formen des Prädikatsnomens aufgrund ihrer übereinstimmenden Funktion unter einer Ergänzungsklasse zusammenfassen, behalten wir die traditionelle Bezeichnung „Prädikatsnomen" (auch „Prädikativ") bei, weil wir uns in unserer Terminologie an die traditionelle Grammatik anlehnen.

Die Prädikatsnomen-Ergänzung hat als Nomen verschiedene Formen:

7.1 substantivisch
im Nominativ oder Akkusativ:
Nominativ: *Hans ist Arbeiter.*
        Anapher: *es*
Anmerkung: In der Verbindung *es sein* vertritt *es* eine Prädikatsnomen-Ergänzung: Z. 32/33 *Es ist eine giftige Schlange.*; vgl. *Du bist es.* Daß *es* Prädikatsnomen-Ergänzung ist, zeigt sich hier an der Kongruenz zwischen Subjekt (*du*) und Prädikat (*bist*). Auch Substantive mit *als*- oder *wie*-Anschluß gehören hierher:
Hans gilt als Lügner.
Hans verhält sich wie ein Lump.
Er fühlte sich wie ein Gott.
Akkusativ: *Man nennt diese Stoffe Drogen.*
Wie bei der Prädikatsnomen-Ergänzung im Nominativ gibt es bei der Prädikatsnomen-Ergänzung im Akkusativ den *als*-Anschluß:
Hans bezeichnet Fritz als seinen Freund.
Anapher: *so, als solch-*

Während der Genetiv als Objektgenetiv in der deutschen Sprache der Gegenwart immer mehr zurückgeht, breitet er sich in seinem Gebrauch als Prädikatsnomen-Ergänzung aus:
Hans ist guter Laune.
Hans ist der Meinung/ der Überzeugung /der Auffassung ...
(nach [95] 142, 147)

56   Syntax

Weiterhin erscheinen bei der substantivischen Prädikatsnomen-Ergänzung präpositionale Fügungen:
Hans ist bei Kräften.
Die Sache ist von Bedeutung.
Er wurde zum Verbrecher.
Wir halten Herrn Meier für einen guten Lehrer.

Die Fügungen mit Präposition oder einem Wort, das aus einer Präposition + Artikel verschmolzen ist, sind formal den Präpositional-Ergänzungen mit fester Präposition zuzurechnen; unter funktionalem Aspekt gehören sie zur Prädikatsnomen-Ergänzung.

7.2 unflektiertes Adjektiv
Die Schülerin ist arbeitsam.
Anapher: *es, so*
Auch bei der adjektivischen Prädikatsnomen-Ergänzung kommen *als*-Anschlüsse vor:
Das Buch gilt als lesbar.
Das Adjektiv nimmt in diesen Beispielen die Stelle einer substantivischen Fügung im Nominativ ein. Anstelle von Fügungen im Akkusativ, gegebenenfalls mit *als*-Anschluß, treten ebenfalls unflektierte Adjektive auf:
Der Lehrer nennt den Schüler faul.
Der Nachhilfelehrer bezeichnet den Schüler als dumm.
Hans betrachtet ihn als feige.
Da aber in der Gegenwartssprache prädikative Adjektive, das sind hier Adjektive in der Funktion von Prädikatsnomen-Ergänzungen, unflektiert sind, braucht keine Unterscheidung nach den Kasus Nominativ und Akkusativ vorgenommen zu werden.
Anapher: *so, als solch-*

Andere Bezeichnungen: Qualitativ-Ergänzung } nach inhaltli-
                       Art-Ergänzung   } chen Kriterien

Auch mit Präposition erscheinen unflektierte Adjektive:
Wir halten Fritz für dumm. (dazu oben)

7.3 Bestimmter Artikel + Adjektiv im Superlativ im Nominativ oder Akkusativ:
Nominativ: *Hans ist der beste.*
Akkusativ: *Der Lehrer nennt Fritz den besten der Klasse.*
Anapher: *es* bzw. *so, als solch-*

Zur Anaphorisierung von Prädikatsnomina ist grundsätzlich zu sagen, daß der Ersatz von Prädikatsnomina durch Wörter wie *so, es* in vielen Fällen zu wenig sinnvollen Sätzen führt:
Z. 10/11 *Nach dieser Begegnung ist der Schlangenfreund offensichtlich so geworden.* (vgl. S. 39)

Form der Ergänzungen   57

8. „Verbativergänzung"

Die sogenannte „Verbativergänzung" findet sich in Sätzen folgenden Typs:

Der Lehrer läßt die Kinder e i n   L i e d   s i n g e n .

Ihre Anapher lautet: *es tun*
                 es machen

Die Infinitiv-Fügung *ein Lied singen* kann nicht durch eine einfache Anapher ersetzt werden: **Der Lehrer läßt die Kinder das.* Es handelt sich um eine verbabhängige Infinitiv-Konstruktion ([31]) 187). Die „Verbativergänzung" ist noch genauer zu erforschen.

12 Form der Ergänzungen

Anstelle der Infinitivkonstruktion, die unter den „Verbativergänzungen" aufgeführt wurde, kommen keine nominalen Objekte vor; dagegen können die übrigen Ergänzungen, wie wir bereits in I 7 festgestellt haben, nominal, auch als Adverb, satzförmig (mit finitem Verb), als Infinitivkonstruktion und als Partizipialform, -gruppe auftreten.

Problem:

Die Begriffe „Hauptsatz" und „Nebensatz" sind nicht immer verwendbar, wie folgendes Beispiel zeigt:

          Nominativ-Ergänzung

Daß der Student den Vortrag kritisiert, beweist,

          Akkusativ-Ergänzung

daß er etwas von der Sache versteht.

Geht man von der Valenzgrammatik aus, so kann das, was nach Abstrich der „Nebensätze" übrigbleibt, nicht die Bezeichnung „Hauptsatz" beanspruchen. Für das Prädikat, dessen valenzgeforderte Satzglieder, hier die Nominativ-Ergänzung (Subjekt) und die Akkusativ-Ergänzung (Objekt), in Form von „Nebensätzen" vertreten sind, verwendet man daher besser die Bezeichnung „Trägerstruktur". Daneben findet sich die Bezeichnung „Obersatz" und entsprechend für den „Nebensatz" die Bezeichnung „Untersatz".

58 Syntax

Die Bezeichnungen „Haupt-" und „Nebensatz" sind nur dann angebracht, wenn ein „Nebensatz" weglaßbar ist, ohne daß die Struktur des „Hauptsatzes" ungrammatisch wird, z.b.
Hans geht zum Baden, wenn das Wetter schön ist.

Zu den verschiedenen Formen der Ergänzungen:
Die Leerstellen, die satzförmige Ergänzungen, Ergänzungen als Infinitivkonstruktionen und Partizipialformen, -gruppen oder andere Ergänzungs-Formen einnehmen, werden durch Kommutation mit entsprechenden substantivischen Pronomina, Pronominaladverbien oder weiteren hinweisenden Wörtern ermittelt und nach deren Kasus bzw. Funktion bezeichnet. Das gleiche gilt für Adverbien, wenn sie z.b. mit präpositionalen Fügungen austauschbar sind (nach [71] 68; [72] 194 f.).

Nominativ-Ergänzung
Wer lügt, ist ein Lügner. (Subjektsatz)
Daß du wieder da bist, tut gut.
Es ist gut, daß du gekommen bist. (Subjektsatz mit *es* als
Platzhalter)
Dich zu sehen tut gut. (Subjektsinfinitiv)
Frisch gewagt ist halb gewonnen.
Oben ist nicht unten.
Das tut gut.

Akkusativ-Ergänzung
Ich erwarte, daß du am Ball bleibst. (Objektsatz)
Zu beachten ist, daß wie in I 2 bemerkt, „Ergänzungssätze" auch als Kernsätze, d.h. mit dem finiten Verb an zweiter Stelle, vorkommen können:

Akkusativ-Ergänzung

Hans sagt, er habe von Fritz gehört.
Ich erwarte, eingeladen zu werden. (Objektsinfinitiv)
Ich erwarte das.

In einigen Fällen sind Objektsätze nur durch Wörter wie *das, es* und *nichts* ersetzbar, nicht aber durch substantivische Fügungen wie im Falle von
Ich verspreche dir, daß ich dir ein Eis kaufe.
Ich verspreche dir ein Eis.:
Hans sagte sich, daß er seine Arbeit getan habe.

das

Form der Ergänzungen   59

Die Angehörigen meinen, daß Hans bald wieder gesund sei.

das

Hans fragt sich, ob das Problem richtig gelöst ist.

das

Anstelle der *daß*-Sätze können auch Kernsätze und teilweise Infinitivkonstruktionen auftreten:

Die Angehörigen meinen, Hans sei bald wieder gesund.
Hans bedeutete ihr, nach Hause zu gehen.
(Weiteres [108] 42 ff.)

Dativ-Ergänzung
Er hilft, wem er will.   (Objektsatz)
Er hilft ihm.

Genetiv-Ergänzung (selten)
Der Boxer rühmt sich, daß er   (Objektsatz)
unschlagbar sei.
Der Gelehrte konnte sich nicht ent-   (Objektsinfinitiv)
halten zu lachen.
Der Gelehrte konnte sich des Lachens nicht enthalten.

Präpositional-Ergänzung mit fester Präposition
Ich warte, daß du redest.   (Objektsatz)
Hans bittet ihn zu bleiben.   (Objektsinfinitiv)
Hans bittet ihn darum.

Bei dieser Ergänzung treten meist Korrelate (Ausdrücke, die syntaktisch und semantisch auf andere Ausdrücke bezogen sind) auf:
Ich warte darauf, daß du redest.
Ich habe mich darauf verlassen, daß du kommst. (vgl. [38] 65)
Das Korrelat ist in bestimmten Fällen weglaßbar (nach [31] 183).

Präpositional-Ergänzung mit unfester Präposition
Wo du wohnst, will auch ich wohnen.
Er wohnt dort.
Und führe mich, wohin auch du gehst.
Der Herr führt mich dorthin.

Prädikatsnomen-Ergänzung
Nominativ:
Hans bleibt, was er immer war.   (Prädikativsatz)
Sein Ziel war, Politiker zu werden.   (Prädikativinfinitiv)
Aufgeschoben ist nicht aufgehoben.

60 Syntax

Akkusativ:
Ich nenne ihn auch heute, was ich ihn (Prädikativsatz)
schon früher genannt habe.
Das nenne ich arbeiten. (nach [28] § 1031 ff., § 1193; vgl. auch
[31] 189)

Anmerkung: In Sätzen des Typs *Ich warte darauf, daß du
redest.* wird der „Nebensatz" auch als Attributsatz, dessen Bezugswort das Pronominaladverb ist, aufgefaßt (so etwa [71] 94).
In gleicher Weise kann man Infinitivkonstruktionen wie z.B. in
Er denkt nicht daran, nach Hause zu gehen. als Attribut bestimmen. Nimmt man an, daß in Sätzen wie *Und führe mich, wohin auch du gehst.* das Pronominaladv. *dorthin* im „Hauptsatz"
getilgt ist, so ist auch der „Nebensatz" *wohin auch du gehst* Attributsatz (Relativsatz) (vgl. [38] 64).

13 Festlegung der Wertigkeit des Verbs

13.1 Wertigkeit der Vollverben

Wenn die Anzahl der Ergänzungen ermittelt worden ist, kann man
die Wertigkeit der Verben festlegen. Es geht dabei allein um die
Wertigkeit der Vollverben. Vollverben sind Verben wie *arbeiten,
tanzen, lachen, springen* usw. Ihnen stehen Hilfsverben (wie *werden*), Modalverben (wie *sollen*) usw. gegenüber, die zur Bildung zu-
sammengesetzter Verbformen dienen (Genaueres I 17.3.1). Je nachdem, wieviele Ergänzungen ein Verb hat, spricht man von ein-, zwei-,
drei-, vierwertigen Verben; die Nominativ-Ergänzung wird mitgezählt;
vierwertig ist z.B.
*Die Schulbusse transportieren die Schüler von der Schule
nach Hause.*

13.2 Unterwertiger Gebrauch

Verben werden auch unterwertig gebraucht; z.B. ist *warten* zweiwertig; doch die fakultative Ergänzung ist weglaßbar, z.B. *Fritz
kommt mit dem Zug. Hans wartet am Bahnhof [auf Fritz].
[auf Fritz]* kann aus dem Kontext erschlossen werden. Bei der
Wertigkeitsbestimmung des Verbs sind fehlende fakultative Ergänzungen mit zu berücksichtigen. Man geht von der vollen Anzahl der Ergänzungen aus und gibt an, ob sogenannte kontextspe-
zifische Ellipsen vorliegen.

13.3 Semantische Spezialisierung aufgrund von Valenzreduktion

Anders zu beurteilen als der Typ *Hans wartet.* sind Fälle wie
Die Henne legt [*Eier*].
Otto sitzt, weil er gestanden hat.; zu ergänzen ist hier [*im Gefängnis*] gegenüber *Hans sitzt auf dem Sofa/unter dem Baum ...* Durch die Valenzreduzierung nimmt das Verb eine „milieutypische" Bedeutung an; vgl. ferner:

Hans gibt. : Karten beim Kartenspiel
Der Rentner hat viele Jahre geklebt. : Marken in das Versicherungsheft

Solche Ellipsen sind häufig in der Fachsprache und in der Umgangssprache (dazu V 5.2.1; 5.4) (nach [36] 97 ff.).

Bei der Wertigkeitsbestimmung von Verben des Typs *gibt* in *Hans gibt.* geht man dennoch von einem dreiwertigen Verb aus (vgl. *Hans gibt den Spielern die Karten.*), bei dem die Akkusativ- und die Dativ-Ergänzung fehlen (nach [68] 313). Der Realisierungsgrad der Valenz hängt hier also davon ab, ob eine verkürzte Ausdrucksweise in einem bestimmten Milieu verständlich ist (vgl. [38] 76 f.).

14 Zur Klassifizierung der Angaben

Wir haben die Ergänzungen hauptsächlich nach formalen Gesichtspunkten klassifiziert, die Angaben werden dagegen allein nach bedeutungsmäßigen (semantischen) Gesichtspunkten klassifiziert. Die hier behandelten Angaben sind zum größten Teil mit den Umstandsbestimmungen oder den Adverbialia der traditionellen Grammatik identisch. Wir besprechen die am häufigsten vorkommenden Angaben.

14.1 Die Klassen im einzelnen

Nach dem zu klassifizierenden Satzglied wird mit Hilfe einer Wort-/Ergänzungsfrage gefragt, z.B. nach *im Garten* in dem Satz *Das Kind spielt im Garten.* mit der Wort-/Ergänzungsfrage *Wo spielt das Kind?* Man verwendet folgende frageeinleitende Wörter oder Fügungen zur Klassifizierung der Angaben:

1) Lokal-Angabe (Raum-Angabe)
   wo, wohin, woher, wie weit ... ?

62 Syntax

2) Temporal-Angabe (Zeit-Angabe)
wann, wie lange, seit wann, bis wann, wie oft ... ?

3) Kausal-Angabe (Begründungs-Angabe)
warum, weshalb, weswegen, aus welchem Grunde ... ?

4) Konditional-Angabe (Bedingungs-Angabe)
unter welcher Bedingung, in welchem Fall?
Wenn es regnet , kommt Hans nicht.

5) Konzessiv-Angabe (Einräumungs-Angabe)
trotz welchen Umstands?
Trotz des Regens geht Hans spazieren.

6) Final-Angabe (Zweck-Angabe)
wozu, in welcher Absicht, mit welchem Ziel?
Die Familie fährt zur Erholung an die See.

7) Konsekutiv-Angabe (Folge-Angabe)
mit welcher Folge, mit welchem Ergebnis?
Anna ist so froh, daß sie weint.
Die Kinder schrieen, daß sie heiser wurden.

8) Instrumental-Angabe
Ein Mittel oder Werkzeug wird angegeben:
womit, wodurch?
Der Einbrecher zerbricht das Fenster mit einem Hammer.
Die Instrumental-Angabe bezeichnet auch eine Begleitung oder
das Fehlen einer Begleitung:
mit wem?, ohne wen?
Hans fährt mit (ohne) seinen (seine) Eltern in die Ferien.

9) Modal-Angabe (Art-Angabe)
wie, wie viel, wie sehr, um wieviel ... ?
Der Marathonläufer läuft die Strecke ohne Ermüdung.
Die Mutter trug den Punsch schnell herein.
In diesen Beispielen bezieht sich die Modal-Angabe auf den
Prädikatsverband. Anders verhält es sich in folgenden Sätzen,
in denen prädikativ verwendete unflektierte Adjektive vorlie-
gen:

	Beziehung auf das
Die Mutter trug den Punsch heiß herein.	Objekt
Die Mutter trug den Punsch fröhlich	Subjekt (dazu [37]
herein.	179; [29] 82 ff.)

Nach *heiß* fragt man mit ‚als welchen' und nach *fröhlich* mit
‚in welcher Verfassung'. Man spricht hier von Objekts- und
Subjektsattribuierung. Die objekts- und subjektsbezüglichen
Adjektive nehmen eine Zwischenstellung zwischen den Angaben und den Attributen ein (vgl. [62] 96).

Zu den Modaladverbien rechnet man sehr unterschiedliche Gruppen von Adverbien. Während die eben genannten Modaladverbien erfragbar sind, ist bei den folgenden Adverbien kein Fragetest möglich. Hierher gehören z.B. Wörter, die einen Gegensatz oder eine Einschränkung bezeichnen wie *doch, jedoch, dagegen, zwar:*
Z. 13/14 *Doch soll er ... betont haben ...*
Das Haus ist zwar neu; allerdings funktioniert die Heizung nicht richtig.
Unter die nicht erfragbaren Modal-Angaben fallen weiterhin Wörter, die eine Stellungnahme des Sprechers ausdrücken, die sogenannten Modalwörter ([1] 207 ff.):
Wahrscheinlich / glücklicherweise/ offensichtlich kommt Hans. Z. 10/11 *Nach dieser Begegnung ist der Schlangenfreund offensichtlich ebenfalls unruhig geworden ... wahrscheinlich/offensichtlich* ist dabei in einen Matrixsatz (übergeordneten Satz) umformbar:
Es ist wahrscheinlich/offensichtlich, daß Hans kommt.
Dagegen ist bei *glücklicherweise* wie bei *wohl* in *Hans kommt wohl.* keine Umformung in einen Matrixsatz möglich.

Einige Adjektive werden unter bestimmten kommunikativen Bedingungen sowohl als Adjektivadverbien als auch als Modalwörter verwendet:
Er fährt sicher.
(1. ‚Seine Fahrweise ist sicher')
(2. ‚Es ist sicher, daß er fährt, fahren wird')
Der Funktionsunterschied zeigt sich an Unterschieden in Betonung und Stellung:
Sicher fährt er. (Modalwort)
Er fährt nicht sicher. gegenüber: *Er fährt sicher nicht.* (Modalwort) (nach [38] 82).
Die Modalwörter müssen noch genauer untersucht werden.

10) Restriktiv-Angabe (Einschränkungs-Angabe)
Finanziell / in finanzieller Hinsicht geht es dem Verein wieder besser.

11) Negations-Angaben
Die Negations-Angaben bestehen aus Wörtern oder Wortgruppen wie *nicht, keineswegs, nie, in keiner Weise* ([31] 198). Sie beziehen sich wie die Modalwörter auf den ganzen Satz und fungieren so als Satznegation:
Hans kommt nicht/wahrscheinlich nach Hause. (Es ist nicht der Fall, daß Hans nach Hause kommt.)
Daß aber die Satznegation nicht in eine Klasse mit den Modalwörtern gestellt werden kann, zeigt der folgende Satz, in dem

neben der Satznegation auch ein Modalwort auftritt:
Hans kommt wahrscheinlich nicht nach Hause.
wahrscheinlich schränkt den Geltungsbereich der Negation ein (vgl. [35] 120). Ferner kann die Satznegation *nicht* im Unterschied zu den Modalwörtern in kontextlosen Sätzen nicht an die Satzspitze treten:
Wahrscheinlich kommt Hans. gegenüber **Nicht kommt Hans.*
Ebenso wie einige der oben genannten Modaladverbien und ferner wie die Modalwörter und Abtönungspartikeln (I 6.4) sind die Negations-Angaben nicht erfragbar.

Von der Satznegation unterscheidet man gewöhnlich die Wortnegation (Sondernegation), bei der das verneinte Wort zusammen mit der Verneinung ersetzbar ist ([67] 455; [37] 179 f.); vgl.
Hans tanzt nicht. gegenüber *Hans tanzt nicht gerne (= ungern).*
Doch ist auch bei der Wortnegation Bezug auf den ganzen Satz möglich: *Kein Mensch war da. (Es ist nicht der Fall, daß jemand war.)* Auf dieses schwierige Problem kann hier nicht weiter eingegangen werden (vgl. dazu [28] § 1155).

14.2 Die Form

Wie die Ergänzungen kommen die Angaben in verschiedenen Formen, nominal (auch als Adverb), satzförmig, als Infinitivkonstruktion und als Partizipialform, -gruppe, vor.

Bei Infinitiv-Konstruktionen mit *um zu, ohne zu, (an)statt zu* handelt es sich stets um Angaben.

Beispielsatz für verschiedene Angaben:

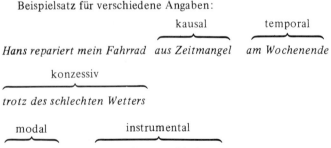

	lokal		final	

auf der Terrasse, *um es wieder gebrauchsfähig zu machen.*
(nach [71] 110)

15 Der sogenannte freie Dativ

Von der Dativ-Ergänzung unterscheidet sich der sogenannte freie
Dativ in syntaktischer und semantischer Hinsicht:

15.1 Dativus ethicus

Mit einem Dativus ethicus bezieht der Sprecher emotional Stellung zum Inhalt der Aufforderung:
Geh mir nicht ins Bad!
   Durch *mir* bringt der Sprecher Besorgnis zum Ausdruck. Der
Dativus ethicus kommt vor allem in der Umgangssprache vor. Er
kann nicht an der ersten Stelle im Satz stehen und ist nicht erfragbar; er erscheint nur pronominal in der 1., 2. Person Singular/Plural;
ferner ist er stets weglaßbar. Während die Dativ-Ergänzung z.B.
den Dativus commodi (dazu unten) in ein und demselben Satz
ausschließt, wird der Dativus ethicus nicht ausgeschlossen:
*Und daß du mir jeden Morgen deinen Geschwistern das Früh-
stück machst!* ([34] 123)

15.2 Dativus iudicantis

Beim Dativus iudicantis wird der Standpunkt einer Person bezüg-
lich eines geäußerten Sachverhalts durch den Dativ wiedergegeben:
*Deutschland, das wurde ihm in diesem Alter wesentlich eine Frage
der Weine.*
Im heutigen Deutsch wirkt der Dativus iudicantis archaisch. Er
wird heute oft durch eine *für*-Fügung ersetzt:
Wüste – das war für uns Europäer die Sahara. ([94] 156 f.)

   Sowohl beim Dativus ethicus als auch beim Dativus iudicantis
ist der Geschehenstest nicht anwendbar. Doch stehen diese Dative
auch nicht auf einer Stufe mit dem Dativobjekt (vgl. [34] 116).

15.3 Dativus commodi und Dativus incommodi

Der Dativus commodi und der Dativus incommodi sind erststellenfähig. Beide Dative sind nur möglich bei Verben, die keine Da-

tiv-Ergänzung fordern. Der Dativus commodi ist durch eine *für*-Fügung ersetzbar:

Wir bauen unseren Kindern ein Gartenhaus.
Wir bauen für unsere Kinder ein Gartenhaus.

In gleicher Weise kann die Dativ-Ergänzung durch eine *für*-Fügung ausgetauscht werden:

Sie wollen der Frau etwas besorgen.
Sie wollen für die Frau etwas besorgen.

Doch ist bei der Dativ-Ergänzung der Geschehenstest nicht möglich, sondern nur beim Dativus commodi und Dativus incommodi; daher sind der Dativus commodi und der Dativus incommodi nicht als Ergänzungen bestimmbar. Da der Dativus commodi und der Dativus incommodi aber nur bei bestimmten Verben auftreten können, rechnet man diese Dative auch nicht zu den Angaben.

Beim Dativus incommodi wird die Veränderung durch den Verbalvorgang als negativ bewertet:

Mir ist Großmutters Vase kaputtgegangen.
Der Schlüssel fiel mir ins Wasser. ([31] 178 f.)

15.4 Pertinenzdativ

Im Gegensatz zu den übrigen hier aufgezählten Dativen ist der Pertinenzdativ nicht weglaßbar, weshalb er eigentlich nicht, wie allgemein üblich, als freier Dativ bezeichnet werden kann.

Hans blickte der Frau ins Gesicht.

Der Pertinenzdativ wird aber nicht vom Verb des Satzes gefordert, sondern es besteht ein Abhängigkeitsverhältnis zwischen einem nominalen Glied und dem Dativ. Das zeigt die Umformung der Fügung *der Frau ins Gesicht* in *in das Gesicht der Frau*. *der Frau* ist hier Attribut (dazu I 17.2), wobei der Pertinenzdativ in einen Genetivus possessivus überführt worden ist; für *der Frau* kann auch das adjektivische Possessivpronomen (I 22.1) eintreten:

Hans blickte in ihr Gesicht.

Wie der Satz *Der Frau blickte Hans ins Gesicht.* zeigt, ist der Pertinenzdativ erststellenfähig.

Der Pertinenzdativ erscheint außer bei Körperteilbezeichnungen auch bei anderen Bezeichnungen, die zu der im Pertinenzdativ genannten Größe in einer Teil-Ganzes-Beziehung stehen:

So verhindern wir, daß der Uni bald wieder die Wände erzittern.
Der Mann schlug/sägte den Bäumen die Äste ab.
([94] 151 f.)

Aufgabe II   67

In einigen Fällen ist der Pertinenzdativ mit einem Pertinenzakkusativ austauschbar ([28] § 1133):
Z. 11/12 *denn die Natter hatte ihm / ihn bereits in die Hand
gebissen.*

AUFGABE II

Um die folgende Aufgabe lösen zu können, vergegenwärtigen wir uns noch
einmal die für die valenzgrammatische Beschreibung eines Satzes notwendi-
gen Analyseschritte, die zur Festlegung der Grobstruktur eines Satzes führen:

1   Ermittlung der Satzglieder (3 Tests)

2.1 Unterscheidung von obligatorischen Ergänzungen gegenüber fakulta-
     tiven Ergänzungen und Angaben durch Eliminierungstest

2.2 Unterscheidung von fakultativen Ergänzungen gegenüber Angaben
     durch
     Adverbialsatztest
     Geschehenstest
     Ergänzungsfragentest

3   Bestimmung der Wertigkeit des Verbs

4   Klassifizierung der Ergänzungen und Angaben

5   Bestimmung der Form von Ergänzungen und Angaben: nominal (auch
     als Adverb), satzförmig, Infinitivkonstruktion, Partizipialform, -gruppe

     Ergänzungen und Angaben, auf die die Punkte 1–5 angewandt sind, er-
geben zusammen mit dem (einfachen [einteiligen] oder komplexen [mehr-
teiligen]) Prädikat die Grobstruktur des Satzes. Der Analyse der Grobstruktur folgt später die Analyse der Feinstruktur, d.h. der Satzgliedteile. Dazu
I 17!

Die Aufgabe lautet nun:
Bestimmen Sie die Grobstruktur der Sätze des Textes! Unterscheiden Sie
dabei obligatorische von fakultativen Ergänzungen und geben Sie an, wo
unterwertiger Gebrauch des Verbs vorliegt! Beim Prädikat soll hier nur danach unterschieden werden, ob es sich um ein einfaches Prädikat (finites
Verb) oder um ein zusammengesetztes (komplexes) verbales Gefüge handelt.

68   Syntax

Z. 1   *Schlange ... Haus:* Nom.-E, obligatorisch, nominal
         sorgte: Prädikat, einfach, zweiwertig
         für Unruhe: Präpositional-E mit fester Präp., obligatorisch, no-
                minal

Z. 2/3   *Fürth:* zu *Fürth* siehe VIII 1.1.4
         Jüngst: Temporal-A, nominal (+ Adv.); vgl. I 7
         wurde verkündet: Prädikat, zusammengesetzt, *verkünden* drei-
                        wertig, hier aufgrund des Fehlens des Agens
                        (dazu I 16.2) in der Passivkonstruktion und der
                        fakultativen Dat.-E unterwertig, einwertig.
         in ... Simonstraße: Lokal-A, nominal
         Schlangen-Alarm: Nom.-E, obligatorisch, nominal

Z. 3–5   *Dafür:* Präpositional-E mit fester Präp., obligatorisch, nominal
                (+ Adv.)
         sorgte: vgl. oben
         ein ... halten: Nom.-E, obligatorisch, nominal
Anmerkung: Der Kern der Fügung ist ein Nomen *(Frührentner).*

Z. 5/6   *Das Reptil:* Nom.-E, obligatorisch, nominal
         befand sich: Prädikat, zusammengesetzt (I 17.3.2),
                      sich befinden zweiwertig
         in ... Wohnzimmerschrank: Präpositional-E mit unfester Präp., ob-
                             ligatorisch, nominal

Z. 6/7   *Publik:* Prädikatsnomen-E, obligatorisch, nominal (unflektiertes
                Adj.)
         wurde: Prädikat (Kopula), einfach, zweiwertig
Anmerkung: Da der Satz eine passivische Bedeutung hat und die Fügung
durch eine erschreckte Mieterin den Agens bezeichnet (S. 82), kann man hier
von einem dreiwertigen Verb sprechen.
         dieser Hausbewohner-Zuwachs: Nom.-E, obligatorisch, nominal
         durch ... Mieterin: Instrumental-A, nominal

Z. 8/9   *Sie:* Nom.-E, obligatorisch, nominal
         war begegnet: Prädikat, zusammengesetzt, *begegnen* zweiwertig
         dem Mann: Dat.-E, obligatorisch, nominal
         im Hausflur: Lokal-A, nominal
         als ... begann: Temporal-A, satzförmig

Z. 10–13 *Nach ... Begegnung:* Temporal-A, nominal
ist geworden: Prädikat (Kopula), zusammengesetzt, *sein* zweiwertig
der Schlangenfreund: Nom.-E, obligatorisch, nominal
offensichtlich: Modal-A, nominal (+ Adv.)
ebenfalls: Modal-A, nominal (+ Adv.)
unruhig: Prädikatsnomen-E, obligatorisch, nominal (unflektiertes Adj.)

die Natter: Nom.-E, obligatorisch, nominal
hatte gebissen: Prädikat, zusammengesetzt, *beißen* zweiwertig
ihn ... Hand: Präpositional-E mit unfester Präp., fakultativ, nominal
Anmerkung: *ihn* ist hier Pertinenzakkusativ (I 15.4). Zur Bestimmung von *in* als unfester Präposition vgl. *Hans hat sich auf die Zunge gebissen.*
bereits: Temporal-A, nominal (+ Adv.)
so ... mußte: Konsekutiv-A, satzförmig

Z. 13–16 *Doch:* Modal-A (adversativ), nominal (+ Adv.) (I 14.1)
soll betont haben: Prädikat, zusammengesetzt, *betonen* zweiwertig
er: Nom.-E, obligatorisch, nominal
ausdrücklich: Modal-A, nominal (+ Adv.)
bei dieser Gelegenheit: Temporal-A, nominal
daß ... hatte: in der Funktion einer Akk.-E, obligatorisch, satzförmig

Z. 16–18 *Schließlich:* Temporal-A, nominal (+ Adv.)
versprach: Prädikat, einfach, dreiwertig, hier unterwertig, zweiwertig, weil die Dat.-E fehlt.
der ... Schlangen-Bändiger: Nom.-E, obligatorisch, nominal
sich ... trennen: in der Funktion einer Akk.-E, obligatorisch, satzförmig

Z. 18/19 *Das Zoogeschäft:* Nom.-E, obligatorisch, nominal
hatte verkauft: Prädikat, zusammengesetzt, *verkaufen* dreiwertig, hier unterwertig, zweiwertig, weil die Dat.-E fehlt.
die Schlange: Akk.-E, obligatorisch, nominal
als ... Tier: Objektsattribuierung, nominal
lehnte ab: Prädikat, zusammengesetzt (I 17.3.2), *ablehnen* zweiwertig
eine Rücknahme: Akk.-E, obligatorisch ([32] 117), nominal
Anmerkung: Die Nominativ-Ergänzung ist nur im ersten Satz der Satzreihe ausgedrückt.

70   Syntax

Z. 19–25 *Als ... dringt:* Temporal-A, satzförmig

   ist: Prädikat (Kopula), einfach, zweiwertig

   man: Nom.-E, obligatorisch, nominal

   dort: Lokal-A, nominal (+ Adv.)

   sofort: Temporal-A, nominal (+ Adv.)

   an dem Tier interessiert: Prädikatsnomen-E, obligatorisch, nominal (unflektiertes Adj. + Adj.-E, I 17.1.1)

   setzt in Marsch: Prädikat, zusammengesetzt, *in Marsch setzen* dreiwertig

Anmerkung: Die feste Verbindung *in Marsch setzen* ist mit *schicken* austauschbar (I 17.3.2).

   einen Schlangenfänger: Akk.-E, obligatorisch, nominal

   nach Fürth, wo ... wird: Präpositional-E mit unfester Präp., fakultativ, nominal

Z. 25–27 *Nachdem ... hat:* Temporal-A, satzförmig

   ist zu besichtigen: Prädikat, zusammengesetzt, *besichtigen* zweiwertig

Anmerkung: Hier liegt eine Variante des Passivs vor: *... kann besichtigt werden.* Der Agens (wer besichtigt) ist nicht genannt; *besichtigen* ist also unterwertig, einwertig, verwendet.

   sie: Nom.-E, obligatorisch, nominal

   dort ... Gras: Lokal-A, nominal (+ Adv.)

   hinter Glas: Lokal-A, nominal (+ Adv.)

Anmerkung: In Fügungen wie *dort im Gras, hinter Glas* handelt es sich um zwei gleichartige Satzglieder (vgl. S. 27).

Z. 27–30 *Durch ... Natter:* Präpositional-E mit fester Präp., fakultativ, nominal

Anmerkung: Die Präpositional-Ergänzung hat hier die Funktion eines Agens.

   soll zurückgeführt worden sein: Prädikat, zusammengesetzt, *zurückführen* dreiwertig

   laut Polizei: Modal-A, nominal

Anmerkung: Wenn man *laut Polizei* semantisch in die Nähe von Wörtern wie *angeblich* stellt, kann man die Bestimmung als Modal-Angabe vertreten. In diesem Fall bezieht sich *laut Polizei* auf den ganzen Satz; vgl. folgende Umformung *Die Polizei teilte mit, daß durch das Entfernen der Natter der Alltag der restlichen Hausbewohner in der Simonstraße in seine geordneten Bahnen zurückgeführt worden sei.*

   der ... Simonstraße: Nom.-E, obligatorisch, nominal

   in ... Bahnen: Präpositional-E mit unfester Präp., obligatorisch, nominal

Z. 30/31 *[Man fragt sich,]*
   Ob ... nicht?: in der Funktion einer Akk.-E, obligatorisch, satzförmig

Z. 31–34 *Ein ... Vermerk:* Nom.-E, obligatorisch, nominal
   gibt an: Prädikat, zusammengesetzt, *angeben* zweiwertig
Anmerkung: In der Regel wird *angeben* nicht in Verbindung mit einer Dativ-
Ergänzung verwendet.
   „Bei ... Gegengift.": in der Funktion einer Akk.-E, obligatorisch,
                          satzförmig

Z. 34/35 *Jetzt:* Temporal-A, nominal (+ Adv.)
   wird wissen: Prädikat, zusammengesetzt, *wissen* zweiwertig
   man: Nom.-E, obligatorisch, nominal
   's: Akk.-E, obligatorisch, nominal
   ja: Abtönungspartikel, I 6.4
   ganz genau: Modal-A, nominal (+ Adv.)

16 Zur Klassifizierung der Ergänzungen nach semantischen Gesichtspunkten

16.1 Kasusgrammatik

Von den Satzgliedern, die neben dem Prädikat im Satz auftreten,
sind bislang vorwiegend nur die Adverbialia semantisch bestimmt
worden. Anders verfährt die sogenannte Kasusgrammatik, die von
Charles Fillmore („The Case for Case" 1968 [41a]) entwickelt worden ist. Fillmore [41b] 26 beruft sich auf die Auffassung, daß verschiedene Sprachen zwar verschiedene Kasus haben können, daß
aber die Kasusverwendungen als vergleichbar anzusehen sind. Solchen Fragestellungen ist besonders die Universalienforschung nachgegangen. Diese Forschungsrichtung sucht nach Regeln, Begriffen,
Kategorien usw., von denen man annimmt, daß sie allen menschlichen Sprachen gemein sind; z.B. geht man davon aus, daß in jeder
menschlichen Sprache Vokale vorkommen ([54] XIX; Weiteres
[52] 9 ff.; [4] 703 ff.). Eine solche Erscheinung nennt man ein
Universale (Pl. [die] Universalien).

   Verschiedene Kasusformen, aber eine gleiche Verwendungsweise
von Kasus kann man z.B. bei dem lateinischen Lokativ *Romae*
gegenüber dt. *in Rom* beobachten (vgl. [53] 98).

72 Syntax

Nach Fillmore [41b] 30 besteht nun der Satz in seiner grundlegenden Struktur (wie nach der Auffassung der Valenzgrammatiker) aus einem Verb und einer oder mehreren Nominalphrasen (Fügungen aus Substantiven, Adjektiven oder substantivischen Pronomina nebst ihren Attributen). Er nimmt an, daß die Nominalphrasen in semantisch bestimmbaren Beziehungen, die er „Kasusrollen"nennt, zum Verb stehen und daß diese Beziehungen in allen Sprachen dieselben sind, also Universalien darstellen. Demgegenüber seien die traditionell als Kasus bezeichneten grammatischen Kategorien die morphologischen Realisierungen der zugrunde liegenden „Kasusrollen".

So bezeichnet z.B. der sogenannte Agentiv den Verursacher eines durch das Prädikat ausgedrückten Geschehens:
Das Kind zerbrach den Spiegel.
oder der sogenannte Experiencer ein belebtes Wesen, das eine im Verb ausgedrückte Erfahrung durchlebt:
Der Angeklagte schwitzte Blut und Wasser. (nach [57] 112)

Mit dieser Auffassung wendet sich Fillmore gegen eine bestimmte Forschungsrichtung, nämlich die Generative Transformationsgrammatik. Um Fillmores Einwände gegen diese Grammatikform plausibel machen zu können, müssen die Grundzüge der Generativen Transformationsgrammatik mitsamt ihrer Vorstufe vorgestellt werden.

EXKURS: ZUR GESCHICHTE DER MODERNEN SPRACHWISSENSCHAFT II

Wie S. 25 ff. erwähnt, werden im Strukturalismus die Einzelelemente nicht durch das bestimmt, was sie sind, sondern durch ihre Umgebung und Beziehungen zueinander (paradigmatische und syntagmatische Beziehung!).

Leonard Bloomfield

Auch in Amerika gab es Vertreter des Strukturalismus. Als Begründer des „eigentlichen" amerikanischen Strukturalismus gilt Leonard Bloomfield mit seinem Hauptwerk „Language" 1933. Eine der wissenschaftsgeschichtlichen Voraussetzungen für das Aufkommen dieser Forschungsrichtung in Amerika war das zunehmende Interesse an aussterbenden Indianersprachen, die nur mündlich existierten. Zum anderen gingen Bloomfield und seine Schüler nach der Methode des Behaviorismus vor, das ist die streng an den Naturwis-

Exkurs: Zur Geschichte der modernen Sprachwissenschaft II   73

senschaften orientierte Richtung der Psychologie, die sich auf das empirisch beobachtbare, physikalisch quantifizierbare Verhalten beschränkt. Allein der Zusammenhang von Stimulus und Reaktion wird hier für das Verhalten von Menschen (und Tieren) als wesentlich betrachtet.

Demzufolge versteht Bloomfield [12] 22 ff. Sprache als eine besondere Form des menschlichen Verhaltens, die auf Reiz-Reaktions-Mechanismen beruht. Das macht er an folgendem Beispiel deutlich:
Jack und Jill gehen auf der Straße; Jill hat Hunger, sieht einen Apfel auf dem Baum und bittet Jack, ihr den Apfel herunterzuholen. Hätte Jill den Apfel selbst vom Baum heruntergeholt, wäre die Abfolge von Stimulus und Reaktion (S → R) die gleiche, die man beim Verhalten von Tieren beobachten kann. Im ersten Fall folgt aber auf den praktischen Reiz nicht sofort eine praktische Reaktion, sondern beim Sprecher zunächst eine sprachliche Ersatzreaktion (r), die auf den Hörer als sprachlicher Ersatzstimulus (s) wirkt. Erst dieser sprachliche Ersatzstimulus (s) löst beim Hörer die praktische Reaktion (R) aus; also: S → r ... s → R (nach [63] 74 f.).

Was den Sprachwissenschaftler betrifft, so hat dieser es nur mit dem Sprechsignal (r ... s) zu tun. Für die Behandlung von Problemen der Physiologie und Psychologie ist er dagegen nicht zuständig ([12] 32). Ferner sind für den Sprachwissenschaftler allein diejenigen akustischen Erscheinungen und Reiz-Reaktions-Elemente von Belang, die in Äußerungen gleich sind, z.B. *das Buch* in *Das Buch ist interessant.* und *Leg das Buch weg!* Die gleichen oder teilweise gleichen Äußerungen gemeinsamer akustischer Erscheinungen bezeichnet Bloomfield [11] 27 als Formen, die entsprechenden Reiz-Reaktions-Elemente als Bedeutungen, wobei jedoch nicht auf den Unterschied zwischen der lexikalischen Bedeutung (der im Lexikon festgehaltenen Bedeutung, II 5; VI 5) und der Bedeutung von Äußerungen (Redesequenzen in bestimmten Situationen, VII 2) eingegangen wird. (Jills sprachliche Ersatzreaktion (r) ist eine Äußerung.) (nach [198b] 139 f.)

Für die vom Behaviorismus geprägte Sprachwissenschaft ist weiterhin kennzeichnend, daß sie die Methode der Selbstbeobachtung (Introspektion), wie wir sie z.B. bei der Bestimmung der Wertigkeit der Verben anwenden, nicht zuläßt; es wurden nur Äußerungen in einem Korpus untersucht. So ist z.B. für Bloomfields Schüler Zellig S. Harris [59] 12 Gegenstand der sprachwissenschaftlichen Untersuchung eine finite Menge von phonetisch aufgezeichneten Äußerungen; allein die gesprochene Sprache von Menschen, die ihre Muttersprache sprechen („native speakers"), wurde erforscht.

Die exakte Analyse und Beschreibung von Sprachen war also das Forschungsziel des amerikanischen Strukturalismus, weshalb diese Forschungs-

74   Syntax

richtung auch als deskriptive Linguistik bezeichnet wird. Eine andere Bezeichnung ist „taxonomischer Strukturalismus" (Ableitung von griech.
táxis ‚Ordnung'). Diese Bezeichnung geht aus von den zwei Grundopera-
tionen des amerikanischen Strukturalismus, der Segmentierung, der schritt-
weisen Zerlegung eines sprachlichen Kontinuums, und der Klassifizierung.
Beim Segmentieren wird jede sprachliche Einheit, angefangen beim Satz,
mit Hilfe der Ersatzprobe (vgl. I 4.2.1) binär (d.h. in zwei Untereinheiten)
zerteilt. Die jeweiligen Untereinheiten bezeichnet Bloomfield [12] 161 als
„immediate constituents" („unmittelbare Konstituenten"), abgekürzt IC.
Das ganze Verfahren heißt daher auch IC-Analyse. Anschließend werden die
durch die Segmentierung gewonnenen Grundeinheiten je nach Umgebung,
Position und Verteilung Klassen sich gleich verhaltender Einheiten zugeordnet, also Wörter wie *Mann, Hund, Tisch* den Substantiven usw.

   Man kommt so zu der Gesamtheit der Umgebungen, in denen ein sprachliches Element im Verhältnis zu den Umgebungen anderer Elemente im Satz
vorkommen kann, nämlich zu seiner Distribution ([59] 15 f.) (siehe auch
IV 1.2).

   Segmentieren wir den Satz *Schöne blonde Mädchen haben blaue Augen.!*
Um die unmittelbaren Konstituenten dieses Satzes ermitteln zu können,
müssen wir die Fügung *haben blaue Augen,* die aus einem transitiven Verb
(Vollverb *haben* ‚besitzen') und einem Akkusativobjekt besteht, durch ein
intransitives Verb ohne Objekt ersetzen. Ein transitives Verb ist ein Verb, das
die Fähigkeit hat, ein Akkusativobjekt zu sich zu nehmen, während ein intransitives Verb ohne Objekt (absolut, I 22.1), mit Genetiv-, Dativ- oder
Präpositionalobjekt auftreten kann. Für *haben blaue Augen* können wir so
z.B. das Verb *wandern* einsetzen. Die nominale Fügung *schöne blonde Mädchen* (wie die Fügung *blaue Augen,* siehe unten) ersetzen wir durch das Pron.
sie. In einem nächsten Analyseschritt trennen wir von der nominalen Fügung
schöne blonde Mädchen das Adj. *schöne* ab; denn die Fügung *schöne blonde
Mädchen* hat syntaktisch dieselbe Funktion wie *blonde Mädchen.* Bloomfield
[12] 194 spricht in solchen Fällen von einer endozentrischen Konstruktion.
Das ist eine Konstruktion, die zur gleichen Formklasse wie ihr Nukleus gehört. *Mädchen* ist ein Nomen, *blonde Mädchen* ein Nominalkomplex. Auch
schöne blonde Mädchen ist demnach ein Nominalkomplex und wie *blonde
Mädchen* eine endozentrische Konstruktion. Dagegen versteht Bloomfield
unter einer exozentrischen Konstruktion eine Konstruktion, die zu einer
anderen Formklasse als ihre Bestandteile gehört, z.B. ist *Hans läuft.* weder
ein nominativischer Ausdruck wie *Hans*, noch ein Ausdruck, der einem finiten Verb wie *läuft*, entspricht.

Exkurs: Zur Geschichte der modernen Sprachwissenschaft II   75

Wenn wir in der Segmentierung unseres Satzes fortfahren, so erhalten wir als nächstes die Konstituente *blaue Augen,* da in der Fügung *haben blaue Augen* für *blaue Augen* das Pron. *sie* einsetzbar ist (vgl. oben). Schließlich werden von den endozentrischen Konstruktionen *blonde Mädchen* und *blaue Augen* die Adjektive *blonde* und *blaue* abgetrennt.

	Nominalphrase			Verbalphrase	
4		*Mädchen*			*Augen*
3		*blonde Mädchen*		*blaue*	*Augen*
2	*Schöne blonde*	*Mädchen*	*haben*	*blaue*	*Augen*
1	*Schöne blonde*	*Mädchen*	*haben*	*blaue*	*Augen.* (vgl. [109] 27 f.;

[63] 73 ff., 96)

Die unmittelbaren Konstituenten des Satzes sind also eine Nominal- und eine Verbalphrase. Man nennt diese Form der Grammatik auch Phrasenstrukturgrammatik. Wenn es sich um die unmittelbaren Konstituenten des Satzes handelt, entsprechen der Nominal- und der Verbalphrase die Einheiten Subjekt und Prädikat(sverband) der traditionellen Grammatik. In der Phrasenstrukturgrammatik findet sich also die gleiche Zweiteilung des Satzes wie in der traditionellen Grammatik (siehe I 9), während nach der Auffassung der Valenzgrammatik neben dem Subjekt und dem Prädikat ebenso Objekte und anderes notwendige Bestandteile des Satzes sein können (vgl. den Satz *Hans befindet sich im Garten.,* I 10.1). (Das Prinzip der binären Unterteilung, wie es bei dem oben gegebenen Beispiel angewendet wurde, wird uns auch bei der Wortbildung begegnen, siehe II 3.)

Noam Chomsky

Die statisch-beschreibende Phrasenstrukturgrammatik mit ihrer IC-Analyse wurde durch die sogenannte Generative Transformationsgrammatik (= GTG) abgelöst. Der Begründer ist Noam Chomsky mit seinen ersten beiden Hauptwerken „Syntactic Structures" 1957 und „Aspects of the Theory of Syntax" 1965. Ein drittes Hauptwerk: „Lectures on Government and Binding" ist 1981 erschienen.

Auch wenn sich, wie S. 80 f ausgeführt wird, die jetzige Phase der GTG von den Anfangsstadien wesentlich unterscheidet, erscheint eine Darstellung der früheren Stufen dieser Grammatik noch sinnvoll. Sieht man einmal davon ab, daß ein Überblick über die Entwicklungsstufen der GTG von forschungsgeschichtlichem Interesse ist, so ist auch darauf Rücksicht zu nehmen, daß in zahlreichen neueren Lehrbüchern noch immer die frühere Form der GTG bei der Satzanalyse deutscher Sätze zugrunde gelegt wird. Um solche syntaktischen Analysen verstehen zu können, muß man mit den Grundzügen der

76   Syntax

frühen GTG vertraut sein. Allerdings ist im folgenden nur eine Behandlung
der elementarsten Begriffe möglich.

Die GTG unterscheidet sich wesentlich von den präskriptiven (vorschrei-
benden, normativen) und deskriptiven (beschreibenden) Grammatiken,
durch die immer nur ein Teil der möglichen Sätze einer Sprache erfaßt wird.
Während z.B. die Art der Valenzgrammatik, die wir unseren syntaktischen
Analysen zugrunde legen, den Sprachzustand des heutigen Deutsch zu beschreiben versucht, betrachtet Chomsky in seinem ersten Hauptwerk die
Grammatik einer Sprache als ein Mittel, das alle grammatischen Sätze — und
nur diese — erzeugt, oder wie Chomsky sagt, generiert ([20b] 15). Die GTG
„beschreibt die intuitiven Auffassungen der Sprecher über die Form von
grammatisch richtigen Sätzen". Sie muß nicht nur in der Lage sein, „bestimmte Sätze eines gegebenen Textes zu interpretieren, sondern alle Sätze
einer Sprache zu generieren, einschließlich derer, die bisher nicht geäußert
worden sind, aber geäußert werden können" ([63] 280 f.).

Was ein grammatischer Satz ist, wobei grammatisch nicht gleichbedeu-
tend mit sinnvoll ist, weiß der Muttersprachler („native speaker") intuitiv.
So erkennt er, daß *Das Buch scheint interessant zu sein.* ein grammatischer
und zugleich ein sinnvoller Satz ist, daß *Farblose grüne Ideen schlafen rasend.*
zwar ein grammatischer, aber kein sinnvoller Satz ist und daß *Zornig schlafen
Ideen grüne farblos.* weder ein grammatischer noch ein sinnvoller Satz ist
([20b] 17 f.). Die „Kenntnis des Sprechers/Hörers von seiner Sprache"
nennt Chomsky in den „Aspects" [21b] 14 „Sprachkompetenz" (dazu V 4).

Bei der Darstellung der GTG bedient sich Chomsky der Schreibweise
der Mathematik und der Logik. Der Pfeil → bedeutet: Ersetze das links vom
Pfeil Stehende durch das rechts Stehende, also x → y + z = Ersetze x durch
y + z. Die oberste Einheit der Grammatik ist der Satz. Chomsky verwendet
folgende Symbole:

S   = Satz
NP   = Nominalphrase (substantivische Gruppe)
VP   = Verbalphrase (Verbgruppe)
N   = Nomen
V   = Verb
T   = Artikel im weiteren Sinn

Die Grammatik besteht aus „Formationsregeln" in Form von „Ersetzungsregeln" und enthält für ein sehr einfaches Beispiel folgende Regeln:

S   → NP + VP   ⎫
NP   → T   + N   ⎬ Formationsregeln (Ersetzungsregeln)
VP   → V   + NP   ⎭

Exkurs: Zur Geschichte der modernen Sprachwissenschaft II   77

Nun werden mit Hilfe von Lexikonregeln den grammatischen Kategorien
Klassen von Wörtern zugeordnet:

T → *der, die, das, den*
N → *Mann, Frau, Kind* } Lexikonregeln
V → *beobachtet*

z.B.

S
NP + VP
T + N + VP
T + N + V + NP
die + N + V + NP
die + *Frau* + V + NP
die + *Frau* + *beobachtet* + NP
die + *Frau* + *beobachtet* + T + N
die + *Frau* + *beobachtet* + *den* + N
die + *Frau* + *beobachtet* + *den* + *Mann*

Die Reihenfolge der Ersetzung ist dabei frei ([20b] 30 f.).

Mit diesen Regeln läßt sich also der Satz *Die Frau beobachtet den*
Mann. herleiten, weiterhin Sätze wie *Das Kind beobachtet den Mann., Der*
Mann beobachtet die Frau. usw. Hier wird ein Grundprinzip der GTG deutlich: Mit wenigen überschaubaren Regeln werden verschiedene Sätze − es
sind 9 möglich − abgeleitet oder generiert. Eine Sprache besteht aus einer
endlichen Anzahl von sprachlichen Mitteln wie z.B. Substantiven oder Verben. Nach Chomsky ist ein kompetenter Sprecher in der Lage, mit endlichen Mitteln unendlich viele Sätze zu bilden ([21b] 81).

Der Satz *Die Frau beobachtet den Mann.* kann auch als Strukturbaum
dargestellt werden (S. 78):
Dabei gilt: Diejenige NP, die unmittelbar von S beherrscht oder dominiert
wird, ist das Subjekt, und diejenige NP, die von VP dominiert wird, ist das
Objekt ([21b] 95 f.).

Anmerkung: Im englischen Aussagesatz ist die Satzgliedfolge Subjekt-Prä-
dikat-Objekt die normale; z.B. *The woman watches the man.* Im Deutschen
können wir jedoch auch sagen: *Den Mann beobachtet die Frau.* Das Objekt
nimmt in diesem Satz die erste Stelle vor dem finiten Verb ein. Das Engli-
sche und das Deutsche unterscheiden sich vor allem hinsichtlich der Satzgliedstellung, der Serialisierung. Im Englischen hat die Serialisierung die
Aufgabe, die grammatische Funktion der Satzglieder zu bezeichnen, z.B. die
NP vor dem Prädikat im Aussagesatz als das Subjekt. Die grammatische
Funktion der Satzglieder kann dabei nicht durch die Kasusendungen angezeigt werden, weil diese bei den Nomina zum großen Teil verloren gegan-

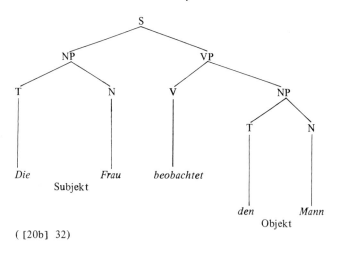

([20b] 32)

gen sind. Dagegen sind im Deutschen die Kasusendungen bei den Nomina teils noch erhalten, teils kommen sie durch den Artikel zum Ausdruck, so daß in dem Satz *Den Mann beobachtet die Frau.* die NP *den Mann* eindeutig als Akkusativobjekt identifizierbar ist. Da die Serialisierung im Deutschen hier nicht die Funktion hat, das Subjekt vom Objekt zu unterscheiden, kann sie für andere Aufgaben genutzt werden. In dem Satz *Den Mann beobachtet die Frau.* wird *den Mann* besonders hervorgehoben. Die Serialisierung dient in diesem Satz, dem in einem bestimmten Kontext etwa ein Satz *Ein Mann und ein Kind waren anwesend.* vorangeht, einem kommunikativen Zweck. Anders verhält es sich bei artikellos gebrauchten Eigennamen, z.B. in einem Satz wie *Hans trifft das Mädchen.* Bei normaler Betonung kann *Hans* nichts anderes als das Subjekt des Satzes sein.

Wenn wir die Grundzüge der GTG weiter verfolgen, so ist zunächst festzustellen, daß der Strukturbaum für den Satz *Die Frau beobachtet den Mann.* nach den Prinzipien der Phrasenstrukturgrammatik aufgestellt worden ist. Durch binäre Analyseschritte wurde der Satz in Untereinheiten zerteilt. Chomsky weist nun auf die Grenzen des Phrasenstrukturmodells (zum Begriff „Modell" siehe III 2) hin. Z.B. werde durch dieses Modell die Aktiv-Passivbeziehung (dazu I 20) nicht angemessen dargestellt. Der strukturelle Unterschied von Sätzen wie
(1) *Der Polizist wird von dem Verbrecher erschossen.* und
(2) *Der Polizist wird von hinten erschossen.*

Exkurs: Zur Geschichte der modernen Sprachwissenschaft II   79

sei durch die Phrasenstrukturgrammatik nicht erklärbar (nach [20b] 106). Während der Passivsatz durch eine Umformung, eine Transformation, aus dem Aktivsatz abgeleitet werden kann, also *Der Verbrecher erschießt den Polizisten.* → *Der Polizist wird von dem Verbrecher erschossen.*, ist eine solche Umformung, durch die die *von*-Phrase zum Subjekt wird, bei (2) nicht möglich.

In den „Aspects" nennt Chomsky [21b] 30 ff. die dem Passivsatz zugrunde liegende Struktur Tiefenstruktur. Die Tiefenstruktur ist die Ebene der Darstellung eines Satzes, die sämtliche relevanten syntaktischen Informationen enthält (vgl. [5] 139). Obwohl die syntaktischen Informationen die semantische Interpretation des Satzes bestimmen sollen ([21b] 30), werden wir sehen, daß durch Chomskys Tiefenstrukturbegriff die Bedeutungsbeziehungen zwischen den Elementen dieser Ebene nicht genügend zum Ausdruck kommen. Nach Chomsky gilt weiterhin, daß die Einheit „Satz" in der Tiefenstruktur abstrakter Art ist. In unserem Beispiel hat die Tiefenstruktur die Form des Aktivsatzes. Der Aktivsatz wird deswegen als Tiefenstruktur gewählt, weil er „einfachere" Strukturen als der Passivsatz aufweist (vgl. [5] 164). Mittels einer Transformation ergibt sich der Satz, wie er auf der sprachlich erscheinenden „Oberfläche" realisiert ist; diese Strukturebene bezeichnet Chomsky als Oberflächenstruktur.

Durch folgende vereinfachte Transformation kann der Satz *Der Polizist wird von dem Verbrecher erschossen.* aus dem Satz *Der Verbrecher erschießt den Polizisten.* hergeleitet werden:

NP (Subjekt)   → PP (Präpositionalphrase) mit der Präp. *von*
NP (Akkusativobjekt) → NP (Subjekt)
V   (Vollverb)   → Hilfsverb + Partizip 2 des Vollverbs
                         (Weiteres [82b] 260 ff.; [107] 679 ff.)

In der Frühphase der GTG wurde der durch die Passivtransformation entstandene Satz ebenfalls als Strukturbaum dargestellt. Durch eine Transformation wurde also ein Strukturbaum in einen anderen überführt.

Die Transformationen, die in der GTG vorgenommen werden, sind nicht mit den bislang behandelten Umformungen wie Umstellungsprobe, Ersatzprobe, Adverbialsatztest zu verwechseln. Diese Umformungen werden sozusagen auf die oberste Strukturebene des Satzes angewandt; sie dienen der Klassifizierung der sprachlichen Einheiten des Satzes, während durch die Transformationen der ersten Phase der GTG die angenommenen, nicht real vorhandenen, abstrakten Tiefenstrukturen in die tatsächlich realisierten Oberflächenstrukturen umgewandelt werden.

80   Syntax

Nach Auffassung der GTG liegt also einem Aktivsatz und einem entsprechenden Passivsatz eine gemeinsame abstrakte Tiefenstruktur zugrunde. Dieser Tiefenstruktur entsprechen zwei verschiedene Realisationen auf der Oberflächenstruktur.

Das umgekehrte Verhältnis findet sich z.B. bei der ambigen (mehrdeutigen) Fügung *die Eroberung der Filmdiva;* vgl.

(1) *Die Eroberung der Filmdiva war ein junger Mann.*
(2) *Die Eroberung der Filmdiva gelang einem Komparsen.*
In (1) ist die NP *die Eroberung der Filmdiva* wiederzugeben durch *Die Filmdiva erobert jemanden.* und in (2) kann die NP in *Jemand erobert die Filmdiva.* umgeformt werden. Einmal ist *die Filmdiva* Subjekt, das andere Mal Objekt. Bei den Genetiv-Fügungen spricht man daher in der traditionellen Grammatik von Genetivus subjectivus und Genetivus objectivus. Das Subst. *Eroberung,* ein Verbalabstraktum (ein von einem transitiven Verb abgeleitetes Substantiv mit einer abstrakten Bedeutung), hat also je nach Kontext aktivischen oder passivischen Sinn (II 8.1.1 c). Bei der NP *die Eroberung der Filmdiva* entsprechen einer Oberflächenstruktur folglich zwei verschiedene Tiefenstrukturen (vgl. [90] 152).

Die GTG hat sich im Laufe der Zeit stark gewandelt. Nachdem die Anzahl der Transformationen immer mehr zugenommen hat, läßt Chomsky in seinem neuesten Hauptwerk, den „Lectures", nur noch zwei Arten von Transformationen zu. Durch das Zusammenwirken von mehreren Prinzipien wird gewährleistet, daß die Transformationen richtig ausgeführt werden. In dieser Phase der GTG geht es z.B. um Sätze wie
Who (m) did John speak to?
Chomsky [22] 292 nimmt an, daß hinter *to* das Objekt gestanden hat und durch eine Transformation an die Spitze des Satzes bewegt worden ist, wobei eine Spur hinterlassen wurde. Die neueste Grammatikform der GTG heißt daher auch Spurentheorie (Trace-Theory).

Die GTG ist anhand des Englischen entwickelt worden. Die Prinzipien dieser Grammatik sollen aber sprachuniversell sein, d.h., man sollte erwarten, daß solche Prinzipien zumindest auf einige Sprachen anwendbar sind. Im Deutschen gibt es aber keinen dem Satz *Who (m) did John speak to?* entsprechenden Fragesatztyp. Vergleichbar sind höchstens die vor allem im Norddeutschen verwendeten Sätze wie *Da habe ich keine Lust zu.* Geht man von einem Satz *Ich habe keine Lust dazu.* aus, so scheint auch hier ein Element vom Schluß des Satzes *(da)* an die Satzspitze bewegt zu sein.

Die GTG kann hier nicht weiter behandelt werden. Es sei nur folgendes bemerkt: Chomskys Formalisierungen in der Syntax leisten einen beträcht-

Exkurs: Zur Geschichte der modernen Sprachwissenschaft II   81

lichen Beitrag zur wissenschaftlichen Erforschung der Sprache. Chomsky hat damit ein Forschungsgebiet umrissen, das nicht nur für Sprachwissenschaftler, sondern auch für Mathematiker und Logiker, die sich mit der Konstruktion und Erforschung formaler Systeme beschäftigen, von großer Bedeutung ist. Man denke etwa an die Computerlinguistik ([81 b] 136 f.).

Zudem hatte Chomskys Grammatiktheorie einen großen Anstieg des Interesses an sprachpsychologischer Forschung zur Folge. Man interessierte sich nämlich in verstärktem Maße dafür, wie die Verarbeitung von Sätzen vor sich geht und wie Kinder ihre Muttersprache erlernen (Spracherwerb) ([55] 113). Chomskys [21b] 40 ff. Äußerungen über den Vorgang der Spracherlernung sind jedoch auch auf Kritik gestoßen. Anknüpfend an die philosophische Richtung des Rationalismus, erweitert Chomsky das Konzept von den „angeborenen Ideen" zu einer Theorie des Spracherwerbs, die im scharfen Gegensatz zu der behavioristischen Sprachauffassung des amerikanischen Strukturalismus steht (vgl. [18] 553). Er behauptet, daß alle Kinder unabhängig von Rasse und Abstammung die gleiche angeborene Fähigkeit zur Spracherlernung besitzen. Normalerweise erlernen die Kinder diejenige Sprache als ihre Muttersprache, die sie während ihrer ersten Lebensjahre in ihrer Umgebung hören. Doch kann das Kind bald nie zuvor gehörte Sätze hervorbringen und verstehen. Nach Chomsky ist der Prozeß der Spracherlernung nur erfaßbar, wenn man annimmt, daß dem Kind die Prinzipien der universellen Grammatik, die ja in allen menschlichen Sprachen auftreten, angeboren sind. Das Kind werde mit der Bereitschaft geboren, diese Prinzipien anzuwenden, wenn es Äußerungen hört. Doch ist noch weitgehend unklar, wie ein solcher „Spracherwerbsmechanismus" funktioniert ([81b] 132 f., 139 f.).

Eine weitere Wertung der GTG ist an dieser Stelle nicht zweckmäßig. Wir müssen uns mit der Behauptung begnügen, daß die Valenzgrammatik für unsere Zwecke, für die syntaktische Analyse deutscher Sätze, geeigneter ist als die GTG.

Wir halten fest, daß „Oberflächenstruktur", „Tiefenstruktur", „Transformation" Begriffe der GTG sind. Für das Folgende wichtig ist, daß durch die Kategorie Kasus in der Tiefenstruktur nur bestimmte syntaktische Beziehungen ausgedrückt werden (vgl. [41b] 19).

Zurück zur Kasusgrammatik Fillmores: Fillmore [41b] 31 wendet sich nun gegen Chomskys Konzept der Tiefenstruktur und bringt folgende Beispiele:

(1) *Ein Hammer zerbrach das Fenster.*
(2) *Hans zerbrach das Fenster mit einem Hammer.*

Syntax

Nach Chomsky sind *Hammer* und *Hans* die tiefenstrukturellen Subjekte;
doch sind die Subjekte in (1) und (2) grammatisch verschieden, wie aus der
ungrammatischen Koordination der beiden Subjekte hervorgeht **Hans und
ein Hammer zerbrachen das Fenster.* Das Wort *Hammer* bezeichnet das
Instrument, mit dem der Akt des Zerbrechens vollführt wird; dagegen ist
Hans derjenige, der das Zerbrechen des Fensters verursacht. In (1) ist der
Täter nicht genannt.

Aus der Auseinandersetzung mit der GTG wird Fillmores Auffassung
verständlich, daß die semantischen Funktionen, in denen die Nominalphrasen zum Verb stehen, berücksichtigt werden müssen (vgl. [57] 108 f.).

Ein Textbeispiel für einen Agentiv, einen Verursacher, findet sich Z. 6/7
*Publik wurde dieser Hausbewohner-Zuwachs durch eine erschreckte
Mieterin.*

Neben den „Kasus" Agentiv, Experiencer und Instrument nennt Fillmore [42] 252 noch die Kasus

Objekt   was „bewegt wird" oder was eine im Prädikat ausgedrückte Veränderung erfährt, wird bezeichnet:
Hans schließt das Fenster.

Source   der Ausgangspunkt eines im Prädikat ausgedrückten Geschehens
wird bezeichnet:
Hans kam von Regensburg.

Goal   der Zielpunkt eines im Prädikat ausgedrückten Geschehens wird
bezeichnet:
Hans fuhr nach München.

Place   der Ort eines im Prädikat ausgedrückten Geschehens wird bezeichnet:
Hans arbeitet in Regensburg.

Time   Der Zeitpunkt oder der Zeitabschnitt eines im Prädikat ausgedrückten Geschehens wird bezeichnet:
Hans arbeitet acht Stunden.
(nach [57] 112 f.)

Auf die tiefenstrukturellen Kasus Fillmores soll hier nicht weiter eingegangen werden.

Zum Forschungsüberblick:

Wir wollen die uns bereits bekannten sprachwissenschaftlichen Forschungsrichtungen mitsamt ihren Hauptvertretern in einem Baumdiagramm darstellen. Die Phonologie und die Glossematik werden später behandelt.

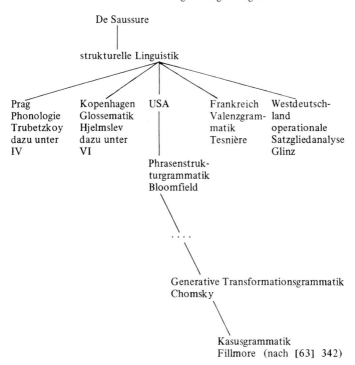

16.2 Beispiele zur Satzsemantik der Ergänzungen

Bei der Klassifizierung der Angaben und der Besprechung der Fillmoreschen „Kasusrollen" sind wir bereits auf semantische Beziehungen innerhalb von Sätzen gestoßen. Man spricht von Satzsemantik, wenn die inhaltliche Struktur von Sätzen untersucht wird, wenn die bedeutungsmäßigen Beziehungen beschrieben werden, die zwischen den Satzgliedern und zwischen den Wörtern und Wortgruppen als Teilen von Satzgliedern bestehen müssen, damit ein sinnvoller Satz entsteht ([13] 47 f.). (Gegenüber der Satzsemantik bezieht sich die Wortsemantik auf die Bedeutung von Einzelwörtern, dazu VI.)

Die Beobachtung, daß auch Ergänzungen (Subjekt und Objekte) einen Beitrag zur Satzsemantik liefern können, hat man längst vor

84   Syntax

dem Aufkommen der Kasusgrammatik in der traditionellen Grammatik gemacht. Im folgenden werden einige Beispiele gegeben:

a) In welcher semantischen Beziehung stehen Subjekt und Präposi-
tional-/Dativobjekt zum Prädikat in (1) und (2)?

Empfänger als Subjekt (Nom.-E)

Agens als Präpo-
sitionalobjekt
(Präpositional-E)

(1) *Die kleine Schwester bekommt die Bücher von Fritz
geschenkt.* (dazu [39] 359 ff.)

erhält

kriegt

Es handelt sich um eine Variante des Passivs, nämlich um das
sogenannte Adressatenpassiv, wie folgende Umformung zeigt
(I 20.3):
*Der kleinen Schwester werden die Bücher von Fritz ge-
schenkt.*
Durch Umformung in einen Aktivsatz ergibt sich:

Agens als   Empfänger als
Subjekt   Dativobjekt
(Nom.-E)   (Dat.-E)

(2) *Fritz schenkt der kleinen Schwester die Bücher.*
Das Subjekt bezeichnet in (1) den Empfänger und in (2) den
Agens (Weiteres [28] § 1059; [38] 92).

b) In diesem Zusammenhang sind auch bestimmte umkehrbare Relationen zu nennen:
*Hans unterhält sich mit Emil./Emil unterhält sich mit Hans.
Emil und Hans unterhalten sich.*
Die Nomina (Nominalphrasen) sind hier syntaktisch verschieden
realisiert. Die ersten beiden Sätze sind aber nicht bedeutungs-
gleich. Das Subjekt bezeichnet denjenigen, der das Gespräch
führt (vgl. [28] § 176).

c) Zum Akkusativ:
α) Der Akkusativ bezeichnet etwas, das durch die Verbalhandlung hervorgebracht wird (effiziertes/inneres Objekt):
(1) *Hans dreht eine Zigarette.*
Der Akkusativ bezeichnet hier das Ergebnis, das Resultat
der Verbalhandlung.
(2) *Hans schläft einen tiefen Schlaf.*

Dieser Akkusativ gibt als sogenannter Akkusativ des Inhalts, meist in der Form eines mit dem Verb stammgleichen oder sinnverwandten Substantivs, den Inhalt des Tätigkeitsbegriffs an.

β) Der Akkusativ bezeichnet etwas, das von der Verbalhandlung betroffen oder erfaßt wird (affiziertes/äußeres Objekt):
(3) *Hans trägt die Tasche.* (nach [95] 148 f.; [28] § 1060)

d) Zum Dativ:
casus datīvus ist die Übersetzung von griech. *dotikē ptōsis* ‚Gebe-Fall'; vgl. *Hans gibt Fritz das Buch.*
Aber auch die Person oder Sache, von der etwas entfernt oder etwas weggenommen wird, steht im Dativ, z.B.
Der Junge nimmt Fritz Geld weg.
Der Wirt raubt dem Fremden die Waren. (nach [83] 181)

Fazit: Die Elemente einer Ergänzungs-Klasse können in ganz verschiedener bedeutungsmäßiger Beziehung zum Prädikat stehen, auch wenn sie formal gleich klassifiziert werden. Eine Eins-zu-Eins-Entsprechung zwischen Form und Inhalt besteht hier nicht (vgl. I 11.2).

17 Feinstruktur

Während sich die Grobstruktur auf die Satzglieder bezieht, bezieht sich die Feinstruktur auf Teile von Satzgliedern. Zu den bereits genannten Satzgliedteilklassen Attribut und Prädikatsteil kommt noch eine weitere Satzgliedteilklasse:

17.1 Ergänzungen beim Adjektiv und Substantiv

Vergleichbar der Valenz beim Verb gibt es auch beim Adjektiv und Substantiv Valenzen. Die Substantiv- und Adjektiv-Ergänzungen stehen aber auf einer anderen Stufe als die Verb-Ergänzungen, weil durch sie keine neuen Satzbaupläne konstituiert werden (so [27] § 1267 zur Substantiv-Valenz). Sie sind satzgliedkonstituierend und nicht satzkonstituierend (vgl. [108] 54). Innerhalb der Hierarchie sprachlicher Einheiten stehen die Substantiv- und Adjektiv-Ergänzungen zwischen den Satzgliedern und den Attributen; in vielen Fällen sind sie weglaßbar, ohne daß der Satz ungrammatisch wird.

86 Syntax

17.1.1 Adjektiv-Ergänzungen

Prädikatsnomen-E

Gen.-E: *Er ist aller Sorgen ledig.*

Dat.-E: *Er ist dem Gegner unterlegen.*

Akk.-E: *Das Zimmer ist zwei Meter hoch.*

Präpositio- *Selig sind, die da arm an Geist sind.*
nal-E mit *Meine Freundin ist böse auf mich.*
fester Präp.

Adjektiv-Ergänzungen finden sich nicht nur beim prädikativ verwendeten, sondern auch beim attributiv verwendeten Adjektiv (I 17.2.1) (nach [99] 28 f.). Beim prädikativ verwendeten Adjektiv wird die Nominativ-Ergänzung nicht als eine vom Adjektiv geforderte Ergänzung gewertet, denn die Nominativ-Ergänzung ist vom Verb, hier der Kopula, abhängig. Ebensowenig wird beim attributiven Adjektiv das Bezugswort als Adjektiv-Ergänzung betrachtet (vgl. dazu [77] 42).

Die Adjektiv-Ergänzungen können auch satzförmig oder als Infinitivkonstruktion auftreten:

Der Schüler ist der Auszeichnung würdig.
Der Schüler ist würdig, daß er ausgezeichnet wird.
Der Schüler ist würdig, ausgezeichnet zu werden.

In einigen Fällen ergibt sich eine andere Bedeutung, wenn die Adjektiv-Ergänzung weggelassen wird; vgl. das Beispiel mit Genetiv-Ergänzung: *Er ist aller Sorgen ledig.* gegenüber *Er ist ledig.* Bei bestimmten Adjektiven muß eine Adjektiv-Ergänzung vorhanden sein, damit kein ungrammatischer Satz entsteht:

Der Schüler ist des Arbeitens überdrüssig.

Problem: Notwendige Modal-Bestimmungen?

Gegenüber *Mein Nachbar ist heute schlecht gelaunt.* ist der Satz **Mein Nachbar ist heute gelaunt.* ungrammatisch. (In der Umgangssprache scheint aber möglich zu sein: *Du bist heute vielleicht gelaunt!* mit *gelaunt* im Sinne von ‚schlecht gelaunt'.) Diese Erscheinung findet sich ebenso bei der Verbvalenz, z.B.:

Mein Freund verhält sich richtig.
*Mein Freund verhält sich.
In diesem Hotel schläft es sich angenehm.
*In diesem Hotel schläft es sich. (nach [106] 45, 245)

Feinstruktur 87

Von der Bedeutung her stehen die „Artbestimmungen" den Modal-Angaben nahe. Doch sind Angaben nach der üblichen Definition (I 10.3.3) frei.

17.1.2 Substantiv-Ergänzungen

Unter den Substantiven erscheinen vor allem bei Verbalabstrakta und bestimmten Adjektivabstrakta den Verb- bzw. Adjektiv-Ergänzungen vergleichbare Ergänzungen ([98] 16 ff.), z.B. *auf Frieden* in der Fügung *der Bürger Hoffnung auf Frieden* bzw. *auf ihre Rosen* in der Fügung *Mamas Stolz auf ihre Rosen*. Diese nominalen Fügungen kann man in einen Satz überführen ([27] § 1268ff.): *Die Bürger hoffen auf Frieden.* und *Mama ist stolz auf ihre Rosen. auf Frieden* und *auf ihre Rosen* sind hier Präpositional-Ergänzungen mit fester Präposition, die in gleicher Weise bei dem Verbalabstraktum *Hoffnung* bzw. dem Adjektivabstraktum *Stolz* auftreten.

Neben der nominalen Füllung der Substantiv-Ergänzungen sind auch Infinitivkonstruktionen möglich:
die Hoffnung, dich bald zu sehen,
ferner „Nebensätze":
a) durch ein Interrogativpronomen, -adverb eingeleitet
   die Frage, wer am Kongreß teilnimmt
   die Frage, wann der Sohn zurückkehren werde
b) durch Subjunktion eingeleitet
   die Frage, ob Hans kommt
   die Hoffnung (darauf), daß du kommst
c) ohne Subjunktion
   die Aussage, der Verdächtige sei zu Hause gewesen
   (vgl. [76] 109).
In diesen Beispielen haben Nominalisierungen von Verben und Adjektiven syntaktische Valenz, weil die Bedeutung des entsprechenden Verbs oder Adjektivs in den Abstrakta erhalten ist (nach [64] 42; vgl. auch [38] 70 f.).

Doch gibt es Substantiv-Valenz auch bei Substantiven, die nicht aus Verben oder Adjektiven hervorgegangen sind. So enthält die Fügung Z. 4 *Spaß daran ...*, deren Subst. *Spaß* aus ital. *spasso* entlehnt ist, eine Substantiv-Ergänzung in Form einer Präpositional-Ergänzung mit fester Präposition: *daran ...* (vgl. *Vergnügen an etwas*). (Dieser Typ der Substantiv-Ergänzung ist noch genauer zu erforschen.)

In Z. 20 *die Kunde von der Natter, die ... war* ist *von der Natter, die ... war* ebenfalls eine Präpositional-Ergänzung. Die Präp. *von*

88   Syntax

kann aber bei *Kunde* durch *über* ausgetauscht werden. Weil die Präpositionen nur als Anschlußmittel fungieren, handelt es sich hier
um eine Sonderform der Präpositional-Ergänzung mit fester Präposition (I 11.2).

Ein Textbeispiel für eine Substantiv-Ergänzung in der Funktion
eines Genetivus objectivus begegnet in Z. 27/28 ... *das Entfernen
der Natter.*

Anmerkung: Was die syntaktische Funktion der Genetive *der
Bürger* und *Mamas* in den nominalen Fügungen *der Bürger Hoffnung auf Frieden* und *Mamas Stolz auf ihre Rosen* anbelangt, so
werden diese Genetive bei der Umformung in einen Satz zwar in
beiden Fällen zum Subjekt (Genetivus subjectivus), doch steht das
Subjekt in dem Satz *Mama ist stolz auf ihre Rosen.* syntaktisch
nicht auf derselben Stufe wie die präpositionale Fügung (I 17.1.1),
während in dem Satz *Die Bürger hoffen auf Frieden.* die Ergänzungen *die Bürger* und *auf Frieden* derselben Ebene angehören.

17.2 Attribute

Attribute bestimmen Nomina und Adverbien (zu den Wortarten siehe
I 22.1) näher. Sie haben ein Bezugswort und sind häufig weglaßbar,
wenn das Attribut nicht die Funktion eines Artikels hat (dazu unten).
Attribute unterscheidet man nach der Stellung:

17.2.1 vorangestellt

attributives Adj.:	*schöne Gärten;*
	Z. 8/9 *schwarzes Kabel*

Das attributive Adjektiv kann auch eine Ergänzung fordern, z.B.
der zum Kollektiv gehörige Mitarbeiter.

Part. 1 als Adj.:	*leuchtende Farben*
Part. 2 als Adj.:	*verbotene Früchte;*
	Z. 7 ... *erschreckte Mieterin*
Numerale (Zahlwort):	*sieben Kugeln*
Artikelwort (I 22.1):	
attributivisches	
Interrogativpron.:	*welcher Mann*
attributivisches	
Demonstrativpron.:	*dieser Mann;*
	Z. 10 ... *dieser Begegnung*
attributivisches	
Indefinitpron.:	*irgendein Mann*

Feinstruktur 89

attributivisches
Possessivpron.: *mein Freund;*
Z. 26 *ihren Umzug*
Subst. im Gen.: *Mutters Küche;* vgl. den sächsischen
Genetiv engl. *mother's kitchen*
(zur Entstehung siehe unten)
Gegenüber der sonst üblichen Genetiv-Form *(der) Mutter* weist
der vorangestellte Genetiv der Feminina die Endung *-(e)s* der Maskulina und Neutra auf. Die Voranstellung des Genetivattributs
findet sich vor allem bei Namen oder namenähnlichen Substantiven und in festen Redewendungen (zur Funktion des Genetivs
siehe I 7.2.2).

substantivisches
Pron. im Gen.: Z. 20 *aller Munde*
Dat.-Fügung *dem Peter sein Fahrrad*
Diese Fügung gilt als umgangssprachlich. Aus entsprechenden Wen-
dungen ist im Englischen der sächsische Genetiv hervorgegangen:
John his book → *John's book*

Anmerkung: Zu den Attributstrukturen rechnen wir auch den Pertinenzdativ und den Pertinenzakkusativ, obwohl sich diese Attribute
bei der Permutationsprobe wie Satzglieder verhalten (I 15.4).

präpositionale
Fügung: *aus Holland der Käse* ([17] 25)

Adv. *dort die Brücke* (dazu [104] 267 ff.)
Z. 27 *dort im Gras*
In Z. 34 *dagegen ... Gegengift (jedoch gibt es dagegen noch
kein Gegengift)* ist die Fügung *gegen den Schlangenbiß* durch das
Pronominaladv. *dagegen* ersetzt. Das Attribut steht von seinem
Bezugswort getrennt.

Apposition
Die Apposition ist ein substantivisches Attribut, das im allgemei-
nen im gleichen Kasus steht wie das Bezugswort, z.B.
Fräulein Meier Anrede
Regierungsrat Kraus Titel
Durch Umformung der nominalen Fügung in einen Satz wird die
Apposition zur Prädikatsnomen-Ergänzung: *Kraus ist Regierungs-
rat.*

17.2.2 nachgestellt

Adj.: *Röslein rot, Hänschen klein*
Diese Gebrauchsweise ist altertümlich.

koordinierte unflektierte Adjektive:	*ein Haus, groß und geräumig*
Partizipialgruppe	
mit Part. 1:	*das Gesetz, die Einwanderung betreffend*
mit Part. 2:	*der Beamte, aus seiner Stellung entfernt*
	Z. 23/24 er, ausgerüstet mit einem Lederhandschuh, einem Leinensack, einer Leiter und einem Netz
Gen.-Fügung	*Die Bücher meines Freundes*

Neben dem Genetivus possessivus und dem unter I 16.1; 17.1.2 behandelten Genetivus subjectivus und objectivus gibt es weitere Typen von Genetiven:

Genetivus definitivus/explicativus	*das Laster der Trunksucht*
Genetivus partitivus	*die Hälfte seines Vermögens*
Genetivus qualitatis:	*Stoffe feinster Qualität*
Genetivus auctoris:	*die Dramen Schillers* (Weiteres [35] 131 ff.)
Akk.-Fügung:	*das Schwimmen letzten Mittwoch*
präpositionale Fügung:	*das Haus in der Sonne;*
	Z. 1 Schlange im Haus
Adv.:	*die Brücke dort*
	das Konzert gestern
Apposition:	*Herr Meier, der Präsident*
	er, der Schauspieler
	(vgl. [38] 79)
Apposition mit *als/wie:*	*Dummheit als Verbrechen*
	Leute wie Müller
Inf. mit *zu:*	*die Art zu leben*
Attributsätze	
a) Relativsätze Einleitewörter sind:	*Waren, die stets preiswert sind*

1. *der, die, das*
2. *welcher, welche, welches*
3. *wer, was*
4. Relativadverbien wie *wo, wohin, womit, worauf; wo* bezieht sich auf Ort und Zeit (nach [27] § 1343 ff.).

Bei den Relativsätzen unterscheidet man restriktive und nicht-restriktive Relativsätze; vgl. *Hier ist das Kleid, das ich gekauft habe (und kein anderes Kleid als dieses).; Ich kenne einen Uhrmacher, der solche Uhren repariert.* gegenüber *Maria Callas, die bekanntlich eine der größten Opernsängerinnen war, starb an gebrochenem Herzen.* In restriktiven Relativsätzen kann das Bezugswort entweder durch ein adjektivisches Demonstrativpronomen hervorgehoben werden *(dasjenige Kleid, das)* oder es bezieht sich auf etwas dem Hörer noch nicht Bekanntes; demgegenüber sind in nichtrestriktiven Relativsätzen Zusätze wie *bekanntlich, offenbar, übrigens* einfügbar (vgl. [18] 435 f.; [75] 831).

b) durch Subjunktion ein-
geleitete „Nebensätze": *zu der Zeit, als man noch keine*
Atombomben kannte
Früchte, wie man sie in Italien
kennt

17.2.3 Bemerkungen zum Artikel

Der bestimmte und unbestimmte Artikel wird in einigen Grammatiken zu den Attributen gerechnet (z.B. ist nach der Duden-Grammatik [28] § 351 der Artikel Begleiter des Substantivs). Der Artikel markiert aber vielfach die Flexion des zugehörigen Substantivs, d.h. Genus-, Numerus- und entscheidende Kasusunterschiede werden durch den Artikel ausgedrückt (nach [25] 90) und nicht durch das Substantiv, bei dem die Flexionsendungen zum Teil beseitigt oder vereinheitlicht sind. (Zu den anderen Artikelwörtern und Begleitern des Substantivs in dieser Funktion siehe unten.) Man sagt daher, das Deutsche habe eine Artikelflexion ([89]1171). Weil dem Artikel neben anderen Funktionen (I 22.1; VIII 1.3) somit auch eine morphologische Funktion zukommt, rechnet man ihn so besser nicht zu den Attributen.

Daß das Deutsche den Artikel zur Kennzeichnung der Kasus benötigt, zeigt deutlich der Vergleich der Deklination von dt. *Mann* mit lat. *dominus.* Im Deutschen sind gegenüber dem Lateinischen im Singular und Plural je drei Wortformen gleich:

(der) Mann	*dominus*
(des) Mannes	*dominī*
(dem) Mann	*dominō*
(den) Mann	*dominum*
(die) Männer	*dominī*
(der) Männer	*dominōrum*
(den) Männern	*dominīs*
(die) Männer	*dominōs*

92 Syntax

Problem:

Auch die anderen Artikelwörter und „Begleiter" des Substantivs (stark flektierende Adjektive) haben diese morphologische Funktion. Doch es besteht ein semantischer Unterschied zwischen dem Artikel und den übrigen Artikelwörtern und „Begleitern". Bei *dieser, meiner, jener* usw. und den übrigen „Begleitern" kommt ein spezifischer Bedeutungsgehalt hinzu (vgl. [28] § 351). So könnte man die Klassifizierung dieser Wörter als Attribut rechtfertigen (vgl. auch II 2.1).

AUFGABE III

Bestimmen Sie die Grobstruktur der „Nebensätze" und Infinitivkonstruktionen!

Nachdem wir nun die Einleitewörter von Relativsätzen kennen, können wir die Grobstruktur auch von „Nebensätzen" angeben. Relativpronomina und Relativadverbien haben innerhalb von Relativsätzen die Funktion von Satzgliedern; dagegen besitzen Subjunktionen keinen Satzgliedwert (I 6.3) (vgl. [9] 122).

Z. 3–5 *der ... halten:* Attributsatz: Relativsatz (restriktiv)

    der: Nom.-E, obligatorisch, nominal

    Spaß daran, in ... halten: Akk.-E, obligatorisch, nominal

Anmerkung: Es stellt sich die Frage, ob *Spaß ... finden* eine feste Verbindung ist oder nicht. Wenn man diese Fügung wegen der Sinnentleerung des Verbs als feste Verbindung betrachtet, ist *(daran) in ... halten* eine Präpositional-Ergänzung mit fester Präposition (Weiteres unten). Weil aber *Spaß an etwas* mit *Freude an etwas, Vergnügen an etwas* kommutiert, kann *Spaß daran, in ... halten* auch als Akkusativ-Ergänzung zu *finden* aufgefaßt werden. In diesem Fall ist *daran, in ... halten* Substantiv-Ergänzung zu *Spaß* (I 17.1.2). Was *daran* in der Fügung *daran, in ... halten* betrifft, so ist dieses Wort je nach Auffassung Korrelat oder Bezugswort zu der Infinitivkonstruktion *in ... halten,* die demnach entweder als (Teil der) Präpositional-Ergänzung oder als Attribut fungiert (I 12).

Aufgabe III

gefunden hatte: Prädikat, zusammengesetzt, *finden* zweiwertig
 in ... halten: Inf.-Konstruktion
  in ... Wohnung: Lokal-A, nominal
  eine Mangroven-Nachtbaumnatter: Akk.-E, obligatorisch,
               nominal
   zu halten: strukturelles Zentrum (im Inf.) einfach, zweiwertig

Z. 8/9 *als ... begann:* Gliedsatz
  (*als:* Subjunktion)
  er: Nom.-E, obligatorisch, nominal
  ein ... Kabel, das ... begann: Akk.-E, obligatorisch, nominal
  in der Hand: Präpositional-E mit unfester Präp., fakultativ, no-
     minal

Anmerkung: *in der Hand* in der Fügung *in der Hand halten* ist austauschbar,
z.B. mit *unterm Arm.* Der Geschehenstest ist nicht möglich, also liegt eine
Ergänzung vor.
   hielt: Prädikat, einfach, dreiwertig
    das ... begann: Attributsatz: Relativsatz (restriktiv)
     das: Nom.-E, obligatorisch, nominal
     plötzlich: Temporal-A, nominal (+ Adv.)

Anmerkung: Die semantische Funktion von *plötzlich* ist schwer zu bestimmen. Im Sinne von *unerwartet* wäre es Modal-Angabe.
     zu züngeln begann: Prädikat, zusammengesetzt,
     züngeln einwertig

Z. 12/13 *so daß ... mußte:* Gliedsatz
  (*so daß:* Subjunktion)

Anmerkung: Die Fügung *so daß* gilt als eine Einheit.
   er: Nom.-E, obligatorisch, nominal
   per Sanka: Instrumental-A, nominal
   ins Krankenhaus: Präpositional-E mit unfester Präp., obligato-
      risch, nominal

Anmerkung: Man kann jemanden ins Krankenhaus, etwas auf der Post usw.
einliefern.
    eingeliefert werden mußte: Prädikat, zusammengesetzt, *einlie-*
       fern dreiwertig, hier aufgrund des
       Fehlens des Agens in der Passivkon-
       struktion, zweiwertig.

94 Syntax

Z. 14—16 *daß ... hatte:* Gliedsatz

(daß: Subjunktion)

die Schlange: Nom.-E, obligatorisch, nominal

zu dem Zeitpunkt: Temporal-A, nominal

nicht: Negations-A, nominal (+ Adv.)

unter Hunger: Präpositional-E mit fester Präp., fakultativ, nominal

Anmerkung: Bei der Fügung *unter Hunger leiden* ist die Präp. *unter* durch *an* austauschbar. Doch fungieren die Präpositionen als Anschlußmittel ohne eigene Bedeutung (I 11.2), wie die bedeutungsgleiche Fügung *Ich leide Hunger.* zeigt.

gelitten habe: Prädikat, zusammengesetzt, *leiden* zweiwertig

da ... hatte: Kausal-A, satzförmig/Gliedsatz

(da: Subjunktion)

er: Nom.-E, obligatorisch, nominal

sie: Akk.-E, obligatorisch, nominal

kurz vorher: Temporal-A, nominal (+ Adv.)

mit einer weißen Maus: Instrumental-A, nominal

Anmerkung: Da in dem Satz *Der Rentner füttert die Schlange mit einer weißen Maus.* die Fügung *mit einer weißen Maus* Bestandteil eines Satzes mit dem Verb *geschehen* sein kann *(und das geschieht mit einer weißen Maus)*, ist *mit einer weißen Maus* als Angabe zu bestimmen. Es handelt sich wohl um eine Instrumental-Angabe; doch wird nicht das Mittel wie in dem Satz *Die Mutter füttert das Kind mit dem Löffel.* bezeichnet, sondern das, was verfüttert wird. Man könnte hier demnach von einem „Objektsinstrumental" sprechen.

gefüttert hatte: Prädikat, zusammengesetzt, *füttern* zweiwertig

Z. 17/18 *sich ... trennen:* Inf.-Konstruktion, satzwertig

sich ... zu trennen: Prädikat, zusammengesetzt, *sich trennen,* zweiwertig

Anmerkung: *sich trennen* gehört zur Gruppe der teilreflexiven Verben, die in einer Bedeutungsvariante als echt reflexive Verben auftreten (I 6.1)

von dem Spielzeug: Präpositional-E mit fester Präp., obligatorisch, nominal

Z. 19—21 *Als ... dringt:* Gliedsatz

(als: Subjunktion)

die ... Natter, die ... war: Nom.-E, obligatorisch, nominal

Aufgabe III   95

die ... war: Attributsatz: Relativsatz (nichtrestriktiv)

die: Nom.-E, obligatorisch, nominal

in ... Munde: Präpositional-E mit unfester Präp., obligatorisch, nominal

war: Prädikat, einfach, zweiwertig

Anmerkung: *sein* steht hier als Vollverb im Sinne von *sich befinden.*

bis zum Nürnberger Tiergarten: Präpositional-E mit unfester Präp., obligatorisch, nominal

Anmerkung: Zur Austauschbarkeit der Präposition vgl. *Das Gerücht dringt in meine Ohren.*

dringt: Prädikat, einfach, zweiwertig

Z. 23—25 *wo ... wird:* Attributsatz: Relativsatz (nichtrestriktiv)

wo: Lokal-A, nominal (+ Adv.)

er ... Netz: Nom.-E, obligatorisch, nominal

von der Hausbewohnerschaft: Präpositional-E mit fester Präp., fakultativ, nominal

Anmerkung: Neben der Präp. *von* zur Bezeichnung des Agens in Passivkonstruktionen verwendet man auch *durch* (I 20.1). Die Präpositionen sind hier Anschlußmittel. Das Subjekt des Aktivsatzes wird im Passivsatz zur Präpositional-Ergänzung mit fester Präposition.

bereits: Temporal-A, nominal (+ Adv.)

mit Ungeduld: Modal-A, nominal

erwartet wird: Prädikat, zusammengesetzt, *erwarten* zweiwertig

Z. 25/26 *Nachdem ... hat:* Gliedsatz

(*Nachdem:* Subjunktion)

die Schlange: Nom.-E, obligatorisch, nominal

ihren ... Tiergarten: Akk.-E, obligatorisch, nominal

gut: Modal-A, nominal (+ Adv.)

überstanden hat: Prädikat, zusammengesetzt, *überstehen* zweiwertig

An dieser Stelle ist auch der Satz

Z. 30/31 *Ob nun die Natter giftig war oder nicht?* zu behandeln. Wir haben diesen Satz als einen von einem gedachten Verb des Fragens abhängigen Satz aufgefaßt.

Ob ... nicht?: Gliedsatz mit Koordination eines zweiten elliptischen Prädikatsverbands

Anmerkung: Wie in I 8 bemerkt, sind hier gemeinsame Redeteile erspart: *Ob nun die Natter giftig war oder nicht [giftig war]?*

96 Syntax

(*Ob:* Subjunktion)
nun: Partikel
Anmerkung: *nun* hat hier resümierende Funktion.

    die Natter: Nom.-E, obligatorisch, nominal
    giftig: Prädikatsnomen-E, obligatorisch, nominal (unflektiertes Adj.)
    war: Prädikat (Kopula), einfach, zweiwertig
    (*oder:* Konjunktion)
    nicht: Negations-A, nominal (+ Adv.) (oder Attribut: Wortnegation)

Anmerkung: Bei dem Prädikat *sein* fallen Wort- und Satznegation häufig zusammen (vgl. [28] § 1152): *Die Natter war ungiftig.; Es ist nicht der Fall, daß die Natter giftig war.*

Der Vollständigkeit halber geben wir hier noch die Grobstruktur der Sätze der direkten Rede Z. 31–34 an, die insgesamt als Akkusativ-Ergänzung fungiert:

Bei ... Schlange: Präpositional-E mit fester Präp., fakultativ, nominal
handelt sich: Prädikat, zusammengesetzt, *sich handeln* dreiwertig mit Scheinsubjekt *es*
es: Scheinsubjekt, obligatorisch
nicht: Negations-A, nominal (+ Adv.)
um ... Giftschlange: Präpositional-E mit fester Präp., obligatorisch, nominal

Es: Prädikatsnomen-E, obligatorisch (I 11.2)
ist: Prädikat (Kopula), einfach, zweiwertig
eine ... Schlange: Nom.-E, obligatorisch, nominal

Ihr Biß: Nom.-E, obligatorisch, nominal
ist: Prädikat (Kopula), einfach, zweiwertig
nicht: Negations-A, nominal (+ Adv.) (oder Attribut: Wortnegation; vgl. oben)
tödlich: Prädikatsnomen-E, obligatorisch, nominal (unflektiertes Adj.)
jedoch: Modal-A (adversativ), nominal (+ Adv.)
gibt: Prädikat, einfach, zweiwertig, mit Scheinsubjekt *es*
es: Scheinsubjekt, obligatorich
noch: Temporal-A, nominal (+ Adv.)
dagegen kein Gegengift: Akk.-E, obligatorisch, nominal

Feinstruktur   97

17.3 Prädikatsteile

Wir fahren mit der Besprechung der Satzgliedteile fort. Zu den Satzgliedteilen gehören schließlich die Prädikatsteile. Es geht also um das zusammengesetzte (komplexe) Prädikat. (Dagegen besteht das einfache Prädikat aus einem finiten Vollverb wie die 3. Sg.Ind. Präs.Aktiv *arbeitet, lacht.*)

17.3.1 Verbale Teile

a) Hilfsverb + Partizip 2/reiner Infinitiv
Hilfsverben (= Auxiliarverben) sind *haben, sein, werden:*
Hans hat meinen Freund gesehen.
Hans wird um 4 Uhr kommen.
Das Prädikat kann auch mehr als zwei Teile haben:
Karl wird um diese Zeit seine Arbeit begonnen haben.

b) Modalverb + reiner Infinitiv
Als Modalverben bezeichnet man *sollen, können, müssen, mögen, dürfen, wollen.* Hinzu kommen *werden* in bestimmten Verwendungsweisen und verneintes *brauchen* in der gesprochenen Sprache (dazu I 17.3.1 c).

Bei den Modalverben ist ein objektiver und ein subjektiver Gebrauch zu unterscheiden:
(1) *Die Studenten haben in Amerika studieren müssen, um sich zur Prüfung melden zu dürfen.* (Objektiver deontischer Gebrauch)

Anmerkung: Den Infinitiv von Modalverben in einem zusammengesetzten Tempus bezeichnet man als „Ersatzinfinitiv", da an die Stelle des Partizips 2 ein Infinitiv getreten ist; vgl. demgegenüber: *Er hat schon sehr früh Japanisch gekonnt.* mit *können* als Vollverb. Der „Ersatzinfinitiv" ist obligatorisch bei Modalverben und *brauchen,* häufig bei *heißen, lassen, sehen, fühlen* u.a.: z.B. *Er hat das Fieber kommen fühlen/gefühlt.* ([28] § 318)
(2) *Die Studenten müssen in Amerika studiert haben, weil sie so gut Englisch können.* (Subjektiver/epistemischer Gebrauch; vgl. [38] 52 f.)
Gegenüber (1) und (2) kann das Modalverb in
(3) *Die Studenten müssen in Amerika studieren.* (Präsens) subjektiv oder objektiv verwendet sein.
Auch der Infinitiv Perfekt kommt im objektiven Gebrauch vor:
Bevor ein Kind ein Wort sagen kann, muß es dieses schon oft vorher gehört haben. (Weiteres [79] 219 ff.)

Dagegen herrscht bei der sogenannten „Doppelmarkierung" der epistemische Gebrauch:

Hans muß doch dort haben wohnen wollen. (Weiteres [38] 54)

Zum objektiven Gebrauch:

α) Die allgemeinste Bedeutung des Verbs *können* läßt sich mit dem Bedeutungsmerkmal ‚Möglichkeit' umschreiben, wobei die Gründe für die Möglichkeit ganz verschieden sein können:

Möwen können schwimmen. (Fähigkeit)

Das Schneebrett kann jeden Moment zu Tal gehen. (Beschaffenheit der Welt)

In bestimmten Fällen ist *können* mit *dürfen* austauschbar:

Darauf kannst/darfst du dir etwas einbilden. (Berechtigung)

Aufgrund eines Gesetzes können/dürfen Spenden von der Steuer abgesetzt werden. (Erlaubnis)

β) Das wichtigste Bedeutungsmerkmal von *müssen* ist ‚Notwendigkeit':

Der Vater muß jeden Morgen um 5 Uhr aufstehen.

Eine Notwendigkeit kommt auch zum Ausdruck durch *wollen* + Partizip 2:

Dieses Gerät will gut gepflegt sein.

Daneben besitzt *müssen* das Bedeutungsmerkmal ‚(Auf-)Forderung':

Du mußt mich lieben!

γ) *dürfen* drückt eine Erlaubnis aus, wobei das „erlaubende" Subjekt nicht mit dem grammatischen Subjekt identisch ist:

Hans darf mit seiner Freundin verreisen.

Neben dem Bedeutungsmerkmal ‚Berechtigung' (vgl. α)) kann *dürfen* im objektiven Gebrauch auch das Bedeutungsmerkmal ‚Notwendigkeit' haben:

Wir dürfen nicht vergessen, die Bücher abzugeben.

δ) Das Bedeutungsmerkmal ‚(Auf-)Forderung' ist bei *sollen* Hauptbedeutung (dazu VI 5):

Du sollst deinen Nächsten lieben wie dich selbst.

Weitere Bedeutungsmerkmale von *sollen* im objektiven Gebrauch sind ‚Ratschlag, Empfehlung' (Konjunktiv 2), ‚Zukunft in der Vergangenheit' (Präteritum) und ‚Bedingung' (Konjunktiv 2):

Du solltest einmal deinen alten Lehrer aufsuchen.
Seine Rücksichtslosigkeit sollte ihm später leid tun.
Falls es morgen schneien sollte, bleiben wir zu Hause.

ε) Die Hauptbedeutung von *wollen* ist ‚Wille, Absicht‘:
Wir wollen nach Florenz fahren.
Daneben hat *wollen* das Bedeutungsmerkmal ‚Zukunft‘. In
der 1. Person konkurriert *wollen* so mit dem *werden*-Futur.
Wir wollen / werden uns alle Mühe geben, um unsere Auf-
gabe zu erfüllen.
Der Konjunktiv 2 von *wollen* erscheint in „Nebensätzen“,
die mit *als, als ob* eingeleitet sind, und in Konditionalsätzen:
Es sieht so aus, als wollte er alleine verreisen.
Wenn wir das Problem in allen Einzelheiten besprechen
wollten, ...

ζ) *mögen* drückt in erster Linie aus, daß jemand etwas wünscht
(‚Wunsch‘). Das Modalverb hat hier die Form des Konjunk-
tivs 2:
Der Baron möchte (wünscht) nach Italien (zu) reisen.
Im Wunschsatz steht *mögen* an der Spitze des Satzes:
Mögen Sie bald gesund werden!
In der Bedeutung ‚Lust zu etwas haben‘ wird *mögen* häufig
mit *gern* verknüpft:
Ich mag gern spazieren gehen.
Da *mögen* höflicher als *sollen* oder *wollen* klingt, wird es
diesen Verben meistens vorgezogen:
Sagen Sie ihm bitte, er möchte /möge (statt solle) in
bar bezahlen.
Die Schwimmer mögen (statt *sollen*) *das Sprungbecken*
verlassen.
Weiterhin steht *mögen* zum Ausdruck einer Einräumung:
Mag er auch noch so klug sein, sympathisch ist er mir nicht.

Zum subjektiven Gebrauch:
Der Sprecher drückt eine persönliche Stellungnahme aus:

α) Vermutung, Annahme

Das kann	*wahr sein.*	unterschiedliche Grade der
könnte		Sicherheit
mag		
dürfte		
muß		
müßte		

β) Stellungnahme zu einer Äußerung
Der Sprecher kennzeichnet die Äußerung als nicht bewiesene
Behauptung:

Hans will dort gewesen sein.
Der Sprecher distanziert sich von der Aussage über das Subjekt des Satzes:
Hans soll dort gewesen sein. Der Sprecher bringt hier zum Ausdruck, daß er sich nicht für die Aussage *(Hans ist dort gewesen.)* verbürgt (nach [27] § 127 ff.; [28] § 130 ff.).
Auch *werden* + Infinitiv Präsens/Perfekt kann zum Ausdruck einer Vermutung verwendet werden (I 18.1.1,3).

c) Modalitätsverben
Modalitätsverben sind Verben, die ebenso wie die Modalverben die im Infinitiv ausgedrückte Verbalhandlung modifizieren; anders als die Modalverben fordern sie aber einen Infinitiv mit *zu:*

Maria vermag/weiß/versteht zu kochen	*: Maria kann kochen.*
Hans hat zu arbeiten.	*: Hans muß arbeiten.*
vgl. engl. *John has to work.*	
Die Aufgabe ist zu bearbeiten.	*: Die Aufgabe muß/ kann bearbeitet werden.*
Seine Arbeit ist nicht zu unterschätzen.	*: Seine Arbeit darf nicht unterschätzt werden.*
Das Ergebnis bleibt abzuwarten.	*: Das Ergebnis muß abgewartet werden.*

Zum Teil handelt es sich um Varianten des Passivs (I 20.3), wie in Z. 26/27   *... ist sie dort ... zu besichtigen :*
... kann sie dort ... besichtigt werden.
(Weiteres [28] § 164 f.)

Zu den Modalitätsverben gehört auch verneintes oder eingeschränktes *brauchen* mit *zu:*

Hans braucht nicht zu kommen.	*: Hans muß nicht kommen.*
Du brauchst es nur zu sagen.	*: Du mußt es nur sagen.*

Doch wird im heutigen Deutsch *brauchen* bereits vielfach ohne *zu* verwenden (nach [28] § 1025). *brauchen* in solchen Fällen Modalverb.

Weitere Modalitätsverben sind etwa *pflegen zu, scheinen zu, sich trauen zu, belieben zu, anfangen zu, beginnen zu* usw.; vgl. Z. 9 *... das ... zu züngeln begann.*
Im Gegensatz zu den zuerst genannten Modalitätsverben sind diese Verben nicht durch Modalverben austauschbar (nach [87] 69 ff.).

Im Deutschen können einige Verben sowohl als Modalitätsverben als auch als Vollverben verwendet und in beiden Fällen mit einem Infinitiv mit *zu* verbunden werden. Eine Entscheidung,

Feinstruktur 101

welche Gebrauchsweise beim erweiterten Infinitiv vorliegt, ergibt sich in der geschriebenen Sprache durch die Interpunktion.
(1) *Der Verbündete drohte den Plan zu verraten.*
(1') *Der Verbündete drohte, den Plan zu verraten.*
(2) *Hans verspricht ein tüchtiger Arbeiter zu werden.*
(2') *Hans verspricht, ein tüchtiger Arbeiter zu werden.*
In den Sätzen (1) und (2) ohne Komma liegen Modalitätsverben
vor. *drohen* bedeutet ‚im Begriff sein, etwas zu tun‘ und *versprechen* ‚Veranlassung zu einer bestimmten Hoffnung geben‘ (nach
[34] 71; [35] 102).

Bemerkungen zum syntaktischen Status von Modal- und Modalitätsverben:

Warum bestimmt man in Sätzen wie
*Der Bergführer kann/wird/soll/versteht den Berg (zu) bestei-
gen.*
die Fügung *den Berg (zu) besteigen* nicht als Akkusativ-Ergänzung? Das Modalverb/Modalitätsverb ist tilgbar, ohne daß sich
die Struktur des Satzes ändert, wenn der Infinitiv in ein finites
Verb überführt wird: *Der Bergführer besteigt den Berg. besteigen*
ist ein zweiwertiges Verb; es fordert eine Nominativ- und eine
Akkusativ- Ergänzung. Da also Modal- und Modalitätsverben auf
die Wertigkeit des Vollverbs keinen Einfluß haben, werden sie
als Bestandteile des komplexen Prädikats betrachtet ([87] 67).

Anders verhält es sich bei der sogenannten „Verbativergänzung"
nach *lassen, heißen, machen.* Wenn in dem Satz *Der Lehrer läßt
die Kinder singen.* das Verb *lassen* fehlt, ergibt sich ein ungrammatischer Satz: **Der Lehrer die Kinder singen.* Das gibt
uns die Berechtigung, hier eine eigene Ergänzungs-Klasse anzu-
setzen (S. 57).

Weiteres zu den Prädikatsteilen:

An verbalen Teilen sind weiterhin zu nennen
d) Verbverknüpfungen mit aktivischer Bedeutung: z.B. *kommen*
+ Part. 2: *Ein Vogel kommt geflogen* (nach [27] § 1250). Die
für uns merkwürdige Verwendung eines Partizips 2 zum Ausdruck eines gegenwärtigen Geschehens im Aktiv ist historisch
zu erklären. Ursprünglich lag in solchen Fügungen ein Infinitiv
mit dem Präfix (dazu II 4.3) *ge-* vor, wie es heute noch bei einigen Verben, z.B. bei *gebrauchen*, auftritt. Dieser Infinitiv wurde
zum Partizip 2 umgedeutet (nach [24] 489 ff.).

e) Verbverknüpfungen mit passivischer Bedeutung:
Die kleine Schwester bekommt die Bücher geschenkt.
Die kleine Schwester erhält die Bücher geschenkt. (vgl. I 16.2)

102   Syntax

Die kleine Schwester kriegt die Bücher geschenkt.⎫ Umgangs-
Die Wäsche gehört gewaschen.   ⎬ sprachliche
Was bringst du da angeschleppt?   ⎭ Fügungen
Sie finden/haben die Beispiele im Anhang angegeben.

Als Passivvarianten gelten auch die unter I 17.3.1 c genannten
Verbverknüpfungen mit den Modalitätsverben *sein, bleiben* +
Infinitiv mit *zu* (nach [27] § 1248 f.).

17.3.2 Nichtverbale Teile

a) Verbzusätze
Zu den Verbzusätzen zählt man trennbare Präfixe (dazu II 9.3)
wie *ab* in *abfahren (Der Zug fährt ab.)* und adjektivische Ele-
mente wie in *übelnehmen, totschlagen, feilbieten* (nach [27]
§ 1251):
Hans schlägt die Ratte tot.
Zur Abgrenzung von Ergänzungen dienen bei den adjektivischen
Elementen folgende Tests: Ist das adjektivische Element ana-
phorisierbar (durch ein Pronomen ersetzbar) und erfragbar?
*Hans schlägt die Ratte das. *Wie schlägt Hans die Ratte?
Da dies nicht der Fall ist, ist *tot-* in *totschlagen* ein Verbzusatz
und kein Satzglied ([78] 77 ff.).

b) Reflexivpronomen der echt reflexiven und reziproken Verben
wie *sich* in *sich schämen,* Z. 5 *sich befinden,* Z. 17/18 *sich trennen,* Z. 32 *sich handeln; sich lieben;* vgl. I 6.1.

c) *es* in festen Verbindungen:
es auf jemanden absehen (nach [27] § 1252 f.)

d) Funktionsverbgefüge
Ein Funktionsverbgefüge (FVG) setzt sich aus einem Verb und
einem Substantiv, und zwar häufig einem Verbalabstraktum
(dazu II 8.1.1 c), zusammen; vgl. Z. 22/23 *in Marsch setzen.* In
der Forschung beschäftigt man sich hauptsächlich mit dem hier
vorliegenden Typ, der aus Verb + Präposition (+ damit ver-
schmolzenen Artikel, z.B. *zum, zur*) + Substantiv besteht. Die Fügung hat Prädikatsfunktion und bildet als ganze den Valenzträger.
So kann das Funktionsverbgefüge oft durch ein Verb ersetzt werden, z.B.
zur Vollendung bringen   : *vollenden*
in Anspruch nehmen   : *beanspruchen*
Nach H.-J. Heringer [69] 51 f. bildet das Funktionsverbgefüge
„eine Ganzheit mit einem eigenen semantischen Gehalt, den kei-
nes [seiner] Glieder einzeln hat". Der Inhalt des Funktionsverb-

gefüges liegt „fast ausschließlich im nominalen Teil desselben", während „der Inhalt des entsprechenden Vollverbs durch den nominalen Teil weitgehend aufgehoben" ist ([33] 289). Das Verb wird als eine Art Funktionselement betrachtet, das die syntaktische Funktion des in ein Verbalabstraktum überführten Grundverbs übernimmt. Das Verb innerhalb eines Funktionsverbgefüges bezeichnet man als Funktionsverb ([91a] 11). Es leistet auch einen semantischen Beitrag, indem es z.B. unterschiedliche Aktionsarten der Verbalhandlung kennzeichnet. Die Aktionsart ist die Art und Weise, wie eine Verbalhandlung vor sich geht, vor allem unter dem Gesichtspunkt der Zeitdauer. Mit Hilfe eines Funktionsverbs wird eine (theoretisch unbegrenzte) Zeitdauer (durative Aktionsart), ein Eintreten eines Zustands, ein Übergang von einem Zustand zu einem anderen (inchoative Aktionsart) oder eine Zeitdauer mit Anfangs- oder Endpunkt (terminative Aktionsart) ausgedrückt (dazu [28] § 119 ff.); vgl. *in Verbindung stehen* gegenüber *zu Gehör kommen* gegenüber *zum Stillstand kommen.*) Außer der Aktionsart kann das Funktionsverb auch eine kausative oder eine passivische Bedeutung in das Funktionsverbgefüge einbringen. Eine kausative Bedeutung hat z.B. *in Gang setzen* (‚bewirken, das x geht') gegenüber *in Gang kommen* (inchoativ). Eine passivische Bedeutung liegt z.B. in *zur Anwendung kommen* vor (dazu [91b] 172–174).

Für Funktionsverbgefüge gilt:
1. Der substantivische Bestandteil kann nicht erfragt und nicht pronominalisiert werden. *Die Kommission brachte die Arbeit zum Abschluß. *Wohin brachte sie die Arbeit? *Dorthin.*
2. Das Funktionsverb hat nicht dieselbe Bedeutung wie das entsprechende Vollverb (vgl. *zum Abschluß bringen* und *bringen*).
3. Das Verb kann in der Regel durch ein anderes Funktionsverb ersetzt werden, die Bedeutung des Gefüges ändert sich dabei: *zum Abschluß bringen/kommen, in Bewegung bringen/kommen /sein/bleiben/halten.*
4. Das Verb kann in der Regel mit anderen substantivischen Ausdrücken zu einem Funktionsverbgefüge verbunden werden: *zum Abschluß/zur Ausführung/in Bewegung kommen.*

Ferner können die Möglichkeiten, den substantivischen Teil abzuwandeln (z.B. in den Plural zu setzen, ihn zu attribuieren oder einen anderen Artikel zu verwenden), eingeschränkt sein.

Von den Funktionsverbgefügen sind andere Nominalisierungsverbgefüge zu unterscheiden, deren Verben nicht, wie für die Funktionsverben beschrieben, einen spezifischen Beitrag zur Bedeutung des Gefüges leisten, z.b. *einen Besuch machen*. Entfällt überdies die Ersetzbarkeit des Verbs bzw. des substantivischen Teils (vgl. 3. und 4.), so handelt es sich um eine feste Verbindung mit idiomatisierter Bedeutung, z.b. bei *in Brand stecken* und *Stellung beziehen* (nach [91b]).

Zur Bedeutung der Funktionsverbgefüge:

Funktionsverbgefüge haben in hohem Maß das Mißfallen der Sprachkritiker erregt. Man spricht in diesem Zusammenhang z.B. von „Substantivitis" oder Bürokratenstil. Doch bewirkt die Verwendung von Nominalisierungsverbgefügen, daß das Substantiv dieser Fügung am Ende des Satzes, und so an einer vom Mitteilungswert (VIII 1.1.0) her ausgezeichneten Position erscheint; vgl.
Er gab ungern seine Einwilligung. gegenüber
Er willigte ungern ein.

Außerdem füllen die Nominalisierungsverbgefüge und die Funktionsverbgefüge im besonderen Lücken im Verbalsystem aus.

Nominalisierungsverbgefüge treten vor allem in Fachsprachen auf (dazu V 5.2.1) (nach [56] 92 ff.; [18] 155; vgl. auch [28] § 182 f.).

18 Tempus

An den unter I 17.3.1 gegebenen Beispielen
Hans hat meinen Freund gesehen.
Hans wird um 4 Uhr kommen.
wird deutlich, daß komplexe Prädikate zur Unterscheidung von verschiedenen Zeitstufen, hier Vergangenheit und Zukunft, eingesetzt werden können.

Wenn wir uns nun den Tempora des Deutschen zuwenden, werden wir sehen, daß die Bedeutungskategorien Gegenwart, Vergangenheit, Zukunft mit Hilfe unterschiedlicher (formal-)grammatischer Kategorien, die mit den lateinischen Termini bezeichnet werden (Präsens, Präteritum [auch: Imperfekt], Perfekt, Plusquamperfekt, Futur 1, Futur 2) zum Ausdruck kommen (vgl. [28] § 222). Durch die grammatische Kategorie Tempus wird ein in einem Satz angesprochenes Ereignis in den Zeitablauf eingeordnet. Als wichtigste Bezugspunkte ergeben sich so die Zeitintervalle Sprechzeit und Ereigniszeit. Die Ereigniszeit kann vor, nach der Sprechzeit liegen, sich mit der Sprechzeit überlappen oder unabhängig von der Sprechzeit sein; weiterhin kann ein Geschehen als verlaufend oder geschehen dargestellt werden. In einigen Fällen spielt auch noch ein drittes Zeitintervall, nämlich die Betrachtzeit, eine Rolle. In dem Satz:

Gestern hatte Karl die Reise schon seit drei Tagen beendet.

wird das Ereignis der Beendigung der Reise von einem gedachten Punkt in der Vergangenheit *(gestern)* aus gesehen. Die Betrachtzeit *(gestern)* liegt hier nach der Aktzeit und vor der Sprechzeit. Da das Präteritum zu einem ungrammatischen Satz führen würde *(*Gestern beendete Karl schon seit drei Tagen die Reise.)*, ist hier die Betrachtzeit für die Wahl des Tempus bedeutsam.

Ein Beispiel dafür, daß die Betrachtzeit auch in der Zukunft liegen kann, bilden die beiden folgenden Sätze mit Futur 2 bzw. Perfekt:

Er wird morgen seine Prüfung bestanden haben.
Er hat morgen seine Prüfung bestanden.

Das Geschehen ist zu einem in der Zukunft gedachten Punkt vollendet (nach [7] 36 f.; [105] 78 f.).

Die Betrachtzeit lassen wir im folgenden unberücksichtigt, weil dieses Zeitintervall bei der Mehrzahl der übrigen Tempora entweder mit der Sprech- oder mit der Ereigniszeit zusammenfällt und so sowohl für den Sprecher als auch für den Hörer schwer zu identifizieren ist. Bei der Gliederung des Tempussystems unterscheiden wir also nur nach Sprechzeit und Ereigniszeit. Wir gehen dabei vom Standpunkt des Sprechers aus.

18.1 Die Tempora zur Bezeichnung von Zeitstufen

18.1.1 In der Gegenwart des Sprechers ablaufendes Geschehen: Ereigniszeit in Sprechzeit

Ein zum Sprechzeitpunkt ablaufendes Geschehen wird durch das Präsens ausgedrückt:

Jetzt strecke ich das Bein aus. Ereignis und Redemoment fallen zusammen.

Erstreckt sich das Geschehen über eine längere Zeitspanne, so fällt nur ein Zeitpunkt mit dem Redemoment zusammen:

Seit fünf Stunden schneit es.

Weiterhin erscheint das Präsens, wenn die Illusion erweckt werden soll, eine Autorität vergangener Zeiten spreche unmittelbar zu uns:

Aristoteles lehrt, daß ... (resultatives Präsens).

106 Syntax

Das Präsens kann auch, häufig in Verbindung mit Modalwörtern, eine Bedeutungskomponente Vermutung tragen:
Das sehen Sie doch wohl ein.
In dieser Bedeutung ist das Präsens mit dem Futur 1 austauschbar:
Das werden Sie doch wohl einsehen.
Auch wenn kein Modalwort wie *wohl* im Satz vorhanden ist, kann das Futur 1 zur Bezeichnung einer Vermutung stehen:
Z. 34 f. Jetzt wird man's ja ganz genau wissen...
Das entsprechende Präsens *(Jetzt weiß man's ja ganz genau ...)* bezeichnet dagegen keine Vermutung (vgl. [28] § 233).

18.1.2 In die Gegenwart des Sprechers hineinreichendes, abgeschlossenes Geschehen: Ereigniszeit vor Sprechzeit

Wenn das Geschehen als vor dem Redemoment vollzogen betrachtet wird und keine Distanz zwischen dem Redezeitpunkt und dem Zeitpunkt, an dem sich das Geschehen vollzogen hat, zum Ausdruck gebracht werden soll, gebraucht man das Perfekt (Gebrauchsnorm):
Es hat getaut. (Der Schnee ist geschmolzen.)
Sie haben mich nachdenklich gemacht.
Der Bezug auf die Gegenwart des Sprechers findet sich auch bei längst vergangenen Ereignissen, deren Folgezustand anhält:
Kolumbus hat Amerika entdeckt.

Hinzu kommt, daß das, was in einer Darlegung im Präsens vorzeitig ist, in der Regel im Perfekt steht. Hier liegt ein relatives Tempus vor. Das Geschehen wird auf den Zeitpunkt eines anderen Geschehens bezogen:
Z. 25–27 Nachdem die Schlange ihren Umzug in den Tiergarten gut überstanden hat, ist sie dort ... zu besichtigen.

18.1.3 Vergangenes, der Gegenwart des Sprechers entrücktes Geschehen: Ereigniszeit vor Sprechzeit

Man hat hier ablaufendes und abgeschlossenes Geschehen zu unterscheiden, die beide durch mehrere verschiedene Tempora ausgedrückt werden können.

a) ablaufendes Geschehen
Das eigentliche Tempus der erzählenden und berichtenden Darstellung ist das Präteritum (Erzähltempus):
Es regnete. (siehe Text). Zwischen Redemoment und dem Verlauf des geäußerten Sachverhalts liegt deutlich ein zeitlicher Abstand.

In den oberdeutschen Mundarten, in denen das Präteritum geschwunden ist, verwendet man das Perfekt als Erzähltempus. Nur vom Verb *sein* ist das Präteritum (*war* usw.) in Gebrauch.

Aber auch in der Hochsprache ist das Präteritum mit dem Perfekt austauschbar:
Als wir vor 3 Jahren in Finnland waren, hat es unaufhörlich geregnet (= regnete es unaufhörlich).
Z. 10/11 *Nach dieser Begegnung ist der Schlangenfreund offensichtlich ebenfalls unruhig geworden ...*
(Genaueres zur Verwendung des Perfekts siehe VIII 1.6).

Zur Bezeichnung von vergangenem Geschehen dient ferner das sogenannte historische Präsens. Es tritt vor allem in Chroniken und geschichtlichen Darstellungen auf:
Caesar überschreitet den Rubikon.
Das historische Präsens wird jedoch auch gebraucht, wenn sich der Sprecher vergangene Ereignisse (lebhaft) vor Augen hält:
Ich war in München. Stell' dir vor, ich gehe gestern aus und treffe meine alte Freundin.
Dieses Präsens wird in der geschriebenen Sprache als Stilmittel eingesetzt. Man nennt es dann ,,szenisches Präsens''; vgl. auch
Z. 19—25 *Als die Kunde von der Natter ... bis zum Nürnberger Tiergarten dringt , ist man dort sofort an dem Tier interessiert und setzt einen Schlangenfänger nach Fürth in Marsch, wo er ... erwartet wird.*

b) abgeschlossenes Geschehen
Wenn sich ein Geschehen, vom Standpunkt des Sprechers aus gesehen, vor einem anderen vergangenen Geschehen vollendet hat, verwendet man in der Hochsprache zumeist das Plusquamperfekt (relatives Tempus):
Wir hatten die Arbeit bereits erledigt, als er uns besuchte.
Z. 11—13 *... die Natter hatte ihn bereits in die Hand gebissen, so daß er ... ins Krankenhaus eingeliefert werden mußte. ...*
Z. 14—16 *... daß die Schlange zu dem Zeitpunkt nicht unter Hunger gelitten habe, da er sie kurz vorher ... gefüttert hatte.*
Z. 18/19 *Das Zoogeschäft hatte die Schlange ... verkauft und lehnte eine Rücknahme ab.*

Im Oberdeutschen hat sich eine neue Form für die Vorvergangenheit herausgebildet, z.B.
Ich hab's ganz vergessen gehabt. (für hochsprachlich:
Ich hatte es ganz vergessen.)
Ich bin eingeschlafen gewesen. (für hochsprachlich:
Ich war eingeschlafen.)

108   Syntax

Wenn in der Hochsprache in längeren Rückschaupassagen ge-
häufte Vorvergangenheitsformen auftreten, wählt man aus stilistischen Gründen zuweilen das Präteritum.

Bei Verben mit punktueller Aktionsart (zur Aktionsart siehe
I 17.3.2 d) — die Verbalhandlung hat dann keine zeitliche Aus-
dehnung — bezeichnet das Plusquamperfekt die Abgeschlossen-
heit auf der Ebene der Vergangenheit:
Wir gingen damals so lange, bis wir Wasser gefunden hatten.
Z. 8/9 *Sie war dem Mann im Hausflur begegnet, als er ein schwar-
zes Kabel in der Hand hielt ...*
Auch das Perfekt kann hier stehen:
Es war gut, daß wir uns getroffen haben. (für: *hatten*).
Dagegen fordern Zustandsverben (durative Verben) wie *liegen,
sitzen, bleiben* auch bei Abgeschlossenheit auf dieser Zeitstufe
das Präteritum:
Als ich wußte, daß alles hinter mir lag, ging ich nach Hause.

In Verbindung mit Wörtern wie *schon* wird das Plusquamperfekt auch in folgendem Fall gebraucht:
*Sie kam herein, lächelte süß, und schon hatte sie das Herz des
alten Herrn erobert.*

Handelt es sich um eine Vermutung, so kann das Futur 2 stehen, um ein vom Standpunkt des Sprechers abgeschlossenes, vergangenes Geschehen zu kennzeichnen:
Er wird (wohl) schon gekommen sein.
Hier treten häufig Modalwörter auf. Das *werden*-Gefüge ist dabei durch ein Gefüge mit *dürfte* + Partizip 2 + *sein/haben* ersetzbar:
Er dürfte schon gekommen sein.

18.1.4 Erwartetes Geschehen: Ereigniszeit nach Sprechzeit

Auch hier sind mehrere Arten von Geschehen zu trennen:
a) nicht abgeschlossen, noch nicht begonnen
   Das Futur 1 bezeichnet die Zukunft:
   Ich werde Sonntag nach Berlin fahren.
   Hier ist das Futur 1 mit dem Präsens austauschbar:
   Ich fahre Sonntag nach Berlin.

   Beide Tempora finden sich auch bei modaler Bedeutungskompo-
   nente:
   Hans wird wohl kommen.
   Hans kommt wohl.
   Zum Präsens mit Zukunftsbezug und modaler Komponente tre-
   ten des öfteren Modalwörter.

Tempus 109

b) abgeschlossen, noch nicht begonnen

Eine Abgeschlossenheit, die in der Zukunft liegt, kann, wie in I 18 bemerkt, durch das Futur 2 und durch das Perfekt zum Ausdruck kommen:

In einer halben Stunde werde ich den Brief geschrieben haben.

In einer halben Stunde habe ich den Brief geschrieben.

(Der Schreiber hat mit dem Schreiben des Briefes noch nicht begonnen.) (nach [27] § 164 ff.; [44] 507 ff.; [35] 88 f.; vgl. auch [28] § 221 ff.; [86] 303 ff.)

18.2 Zur Zeitenfolge

Die uns aus dem Lateinunterricht bekannte Zeitenfolge in zusammengesetzten Sätzen *(consecutio temporum)* ist im Deutschen nur begrenzt wirksam. Wegen der unterschiedlichen Verwendungsmöglichkeiten der Tempora kann der Sprecher fast jedes Tempus mit jedem anderen kombinieren. Einschränkungen treten in Temporal- und Konditionalsätzen auf. In Temporalsätzen können nur solche Tempora miteinander verwendet werden, die von den Zeitstufen her zusammenpassen, und in Konditionalsätzen muß die im abhängigen Satz genannte Bedingung auf der gleichen Zeitstufe wie das bedingte Geschehen, das im Trägersatz ausgedrückt wird, stehen. Daher ist es z.B. unmöglich zu sagen:

*Falls es regnete, bleiben wir zu Hause. (nach [27] § 192; Weiteres [28] § 246 ff.)

Beziehen wir den als Satzglied, Substantiv-, Adjektivergänzung oder Attribut verwendeten Infinitiv in die Betrachtung der Zeitenfolge mit ein, so kommt dem Infinitiv Perfekt das Merkmal ‚Vorzeitigkeit‘ und dem Infinitiv Präsens die Merkmale ‚Gleichzeitigkeit‘ und ‚Nachzeitigkeit‘ zu:

Er gestand mir, die Unterlagen verlegt zu haben.

Er wagte, ihm zu widersprechen.

Ich verspreche dir, morgen zu kommen.

die Hoffnung, dich bald wiederzusehen. (nach [35] 89 f.)

18.3 Die Tempora zur Bezeichnung von Außerzeitlichem

Zeitindifferent sind das „Allzeitpräsens“, das „Allzeitperfekt“ und das „Allzeitfutur“, Tempora, die zum Ausdruck von Allgemeingültigem verwendet werden:

Ein guter Mann wählt stets das Bessere.

110   Syntax

(Außer in Sprichwörtern findet sich das zeitlose Präsens z.B. auch
in Kochrezepten, mathematisch-logischen Aussagen, wie *2 x 2 = 4.*)
Der einfache Mann ist stets mit seinem Geld ausgekommen.
Ein guter Mann wird stets das Bessere wählen.
Es gibt wohl auch ein „Allzeitpräteritum":
Des Lebens ungemischte Freude ward keinem Irdischen zuteil.

Da die Tempora, wie gezeigt, mehrere Bedeutungen haben, kann
in vielen Fällen nur mit Hilfe des Kontexts, der Situation oder der
Weltkenntnis die Bedeutung eines Tempus ermittelt werden.

19 Modalfeld

Bei der Besprechung der komplexen Verben und der Tempora des
Deutschen sind wir bereits auf modale Bedeutungskomponenten
wie ‚Vermutung' gestoßen. Das Verhältnis des Sprechers zum Aussage-
gehalt wird durch verschiedene sprachliche Mittel zum Ausdruck gebracht. Diese Mittel sind Bestandteile des Modalfelds im Deutschen.

19.1 Modi

Zum Modalfeld gehören in erster Linie die traditionell als Modi
bezeichneten Kategorien Indikativ, Imperativ, Konjunktiv.

19.1.1 Indikativ

Da im Indikativ häufig sachliche Feststellungen, die als tatsächlich dargestellt und ohne Bedenken anerkannt sind, stehen, nennt
man den Indikativ auch Wirklichkeitsform. Doch kann der Indikativ auch zum Ausdruck einer Möglichkeit, einer Vermutung, einer
Aufforderung usw. verwendet werden *(Er hat das wahrscheinlich
vergessen.; Du kommst sofort her!)* Wegen seines uneinge-
schränkten modalen Geltungsbereichs bezeichnet man den Indikativ im Deutschen so besser als Normalmodus. Vom Normalmodus
weicht der Sprecher ab, wenn die Geltung einer Äußerung eingeschränkt werden soll.

19.1.2 Imperativ

So ist der in einem Aufforderungssatz ausgedrückte Sachverhalt als
noch zu verwirklichen gedacht. Im Deutschen weist der Imperativ

kein vollständiges Formenparadigma auf. Wenn keine Temporalbestimmungen, die sich auf die Zukunft beziehen, im Aufforderungssatz vorhanden sind *(Gebt morgen die Bücher ab!)*, gilt die Äußerung im Imperativ zum Sprechzeitpunkt. Das Genus des Imperativs ist das Aktiv. Das Passiv erscheint nur in formelhaften Wendungen, z.B. *Sei gegrüßt!* (Der Imperativ von *sein* wird aus der Konjunktivform gebildet.) Mit den Formen des Imperativs wendet sich der Sprecher direkt an eine oder mehrere anwesende oder als erreichbar gedachte Personen. Der Imperativ dient dem Ausdruck eines Befehls, einer Aufforderung, aber auch einer Bitte, eines Wunsches, einer Mahnung:

Gib das Buch her!
Komm herein!
Komm doch mit!
Helfen Sie uns doch!
Gib mir nun endlich das Buch her!

Soll die Person des Angesprochenen besonders hervorgehoben werden, so steht der Imperativ in Verbindung mit dem Personalpronomen:

Kümmere du dich um deine eigenen Angelegenheiten!

19.1.3 Konjunktiv

Durch die Konjunktive wird die Geltung einer Äußerung in der Weise eingeschränkt, daß deren Inhalt als nur unter einer bestimmten Bedingung geltend zu verstehen ist. Ebensowenig wie der Imperativ hat der Konjunktiv im heutigen Deutsch eine temporale Funktion. Die Bezeichnungen „Konjunktiv Präsens" und „Konjunktiv Präteritum" beziehen sich allein auf die Bildung der Formen. Man gebraucht dafür heute die Bezeichnungen „Konjunktiv 1" und „Konjunktiv 2" (nach [44] 522 f.).

a) Konjunktiv 1
   α) Der Gebrauchsbereich des Konjunktivs 1 ist im heutigen Deutsch vor allem die indirekte Rede. Durch den Konjunktiv 1 (oder die Ersatzformen, dazu unten) gibt der Sprecher zu verstehen, daß er eine Aussage nur vermittelnd wiedergibt, ohne die Gewähr für die Richtigkeit der Aussage zu übernehmen; außerdem wird in uneingeleiteten Ergänzungssätzen durch den Konjunktiv 1 die grammatische Abhängigkeit des Ausgesagten von dem Verb des Sagens, Vermutens zum Ausdruck gebracht:
   Stephan hat gesagt, Karl habe heute keine Zeit.
   Er vermutet, es gebe Ärger.
   Fehlt ein solches Verb, so ist der Konjunktiv obligatorisch:

Man hat ihn gefragt, wie es ihm geht. Er sei zufrieden. (nach [38] 61)

Als Ersatzform für nicht eindeutige Formen des Konjunktivs 1 in der indirekten Rede verwendet man den Konjunktiv 2:
Sie sagen, sie kämen (für *kommen* = Indikativ) *heute.*
Doch wird in der Umgangssprache der Konjunktiv 2 auch dann gesetzt, wenn eine vom Konjunktiv 2 unterscheidbare Form des Konjunktivs 1 vorhanden ist.
Er sagt, er käme (für *komme*) *heute.*
Vor allem in der Umgangssprache steht in der indirekten Rede auch der Indikativ:
Herr Meier sagt, er hat heute keine Zeit.

Der Zeitpunkt der in die indirekte Rede gesetzten Aussage geht aus dem Kontext hervor. Es ist zu unterscheiden zwischen dem, was vom Berichter (Sprecher 2) wiedergegeben wird, und dem Zeitpunkt, zu dem der Urheber (Sprecher 1) seine Aussage macht oder gemacht hat. Ein vergangenes und abgeschlossenes Geschehen wird z.B. bei Vollverben durch den Konjunktiv 1 von *haben* oder *sein* + Partizip 2 des Vollverbs zum Ausdruck gebracht und ein noch nicht begonnenes Geschehen wie ein Geschehen, das zur gleichen Zeit wie die Äußerung von Sprecher 2 stattfindet, durch den Konjunktiv 1 des Vollverbs:

Hans sagt, er sei damals nach München gefahren.
Z. 13—15 Doch soll er betont haben ..., daß die Schlange ... nicht unter Hunger gelitten habe...
Hans hat gesagt, er fahre bald nach München.
Hans sagt, er sei in Köln. (nach [27] § 251; vgl. auch [35] 13)

β) Weiterhin erscheint der Konjunktiv 1 wie auch der Konjunktiv 2 in Vergleichssätzen, die etwas nur Vorgestelltes ausdrükken; sie werden mit *als (ob)* (selten *als wenn, wie wenn*) eingeleitet, wobei der Konjunktiv 2 in solchen Sätzen zweimal so häufig wie der Konjunktiv 1 vorkommt. *Sie tat, als verlese/ verläse sie ein Kommuniqué.* Ein Bedeutungsunterschied ist nicht erkennbar (nach [28] § 270).

γ) Außerhalb der indirekten Rede und der Vergleichssätze spielt der Konjunktiv 1 nur eine geringe Rolle. Man verwendet ihn in Aufforderungssätzen, zum Ausdruck eines Wunsches, in feststehenden Wendungen, Anweisungen und Anleitungen auf Rezepten:
Man bringe ihn her!
Er lebe hoch!
Gott sei bei uns!

Man nehme täglich eine Tablette!
Man nehme fünf Eier, ein halbes Pfund Mehl!
Bei den vor allem in Fachtexten auftretenden Sätzen der Art
Gegeben sei ein gleichseitiges Dreieck! ist *Man stelle sich
vor ...* zu ergänzen.

b) Konjunktiv 2
α) Neben dem Gebrauch in Vergleichssätzen und als Ersatzform
des Konjunktivs 1 in der indirekten Rede kommt der Konjunktiv 2 vor allem in hypothetischen Äußerungen, und zwar
auch in der Umgangssprache, vor. Es sind bedingende und bedingte, auf Voraussetzungen beruhende Äußerungen. Im
Konditionalgefüge stehen Bedingendes und Bedingtes im
Konjunktiv 2, wenn die Sachverhalte als nur vorgestellt aufgefaßt werden:
*Wenn ich ein Vöglein wär und auch zwei Flüglein hätt',
flög' ich zu dir.*
Eine Abwandlung des irrealen Konditionalsatzes stellt der
irreale Konzessivsatz dar:
*Auch wenn man mir mehr Geld anböte, würde ich keinen
anderen Job übernehmen.*
Manchmal sind Bedingungen und Voraussetzungen dem Kon-
text oder der Situationskenntnis zu entnehmen:
Die Brücke wäre in einiger Zeit eingestürzt [*wenn man sie
nicht repariert hätte.*]
Für den Konjunktiv 2 ist die Verbindung mit bestimmten Ad-
verbien typisch:
Fast wäre euer Unternehmen gescheitert.

Der Konjunktiv 2 wird ferner zum Ausdruck der Höflichkeit
oder Unverbindlichkeit gewählt:
Ich würde Ihnen empfehlen, dieses Buch zu kaufen!
Ich hätte Sie gern einmal gesprochen.
Auch hier ist die Äußerung mit einer vorausgesetzten Bedin-
gung verbunden *(wenn Sie mich fragen würden; wenn es
Ihnen recht wäre).*

Als formelhaft gilt der Gebrauch des Konjunktivs 2 in Sätzen
wie:
Könnten Sie mir sagen, wie spät es ist?
Ich möchte jetzt aufbrechen.

Feststehende Wendungen sind weiterhin Äußerungen wie:
Da wären wir endlich!
Das hätten wir geschafft! (nach [50] 116)

114   Syntax

β) Auch der Konjunktiv 2 erscheint in Wunschsätzen. Ob ein
Wunsch als erfüllbar oder unerfüllbar gedacht ist, hängt von
der Situation ab.
erfüllbar:
Wäre er doch bald da!, Wenn er doch da wäre!
Hätten wir die Prüfung doch schon bestanden!
unerfüllbar:
Hätte ich doch noch meine natürlichen Zähne!
Wärst du doch neulich vorsichtiger gewesen!
(nach [44] 533 f.)

γ) Wenn der Konjunktiv 2 in der indirekten Rede kein Ersatz
für den Konjunktiv 1 ist, kann der Sprecher durch die Verwendung des Konjunktivs 2 ausdrücken, daß er der Äußerung
eine geringere Geltung beimißt:
Einige sagen, er wäre 120 Jahre alt [aber ich glaube es nicht].
Durch den Konjunktiv 2 wird hier Zweifel oder Skepsis ge-
gegenüber der berichteten Aussage wiedergegeben (nach [27]
§ 216 ff.; [44] 522 ff.; vgl. auch [28] § 249 ff.).

Die Modi sind in Sätzen mit Prädikat obligatorisch. Denn es gibt
keinen prädikathaltigen Satz, in dem der Sprecher nicht einen bestimmten Modus auswählen müßte. Der Einsatz der übrigen zum
Modalfeld gehörigen sprachlichen Mittel ist dagegen fakultativ.

19.2 Weitere sprachliche Mittel, die Modalität ausdrücken

Mehrere hierhergehörige Elemente wurden bereits erwähnt. Es sind
Modalverben einschließlich des Verbs *werden* in modaler Verwendung (I 17.3.1; 18.1.1,4), Modalitätsverben (I 17.3.1), Modalwörter wie *wahrscheinlich, wohl* (I 14.1), Abtönungspartikeln wie *ja,
doch* (I 6.4), die freien Dative Dativus ethicus und Dativus iudicantis (I 15.1,2). Weiterhin drücken substantivische Fügungen wie
meines Erachtens eine Sprecherstellungnahme aus. Zu nennen sind
ferner bestimmte Verben im übergeordneten Satz und in parenthe-
tischen Sätzen:
Hans vermutet, daß Fritz morgen kommt.
Sie wünschen, daß wir kommen.
Fritz kommt – wie Hans vermutet/so vermutet Hans – morgen.
Auch die Betonung kann zum Ausdruck von Modalität eingesetzt
werden:
Du wirst jedenfalls mit uns gehen. (Weiteres VII 5) (vgl. [28]
§ 252)

20 Genus des Verbs

20.1 Aktiv und Passiv (Diathese)

Das Genus des Verbs, das im Deutschen aus Aktiv und Passiv besteht, ermöglicht es dem Sprecher, einen Sachverhalt als täterbezogen (agensbezogen) oder nichttäterbezogen (nichtagensbezogen) darzustellen.

Eine Darstellung im Aktiv ist im allgemeinen agensbezogen. Der Täter wird genannt und durch das Subjekt repräsentiert (Gebrauchsnorm):
Hans hilft seinem Freund.
Im Aktiv können aber auch nichtagensbezogene Sachverhaltsbeschreibungen zum Ausdruck kommen:
Das Glas zerbricht.

Durch den Gebrauch des Passivs wird angezeigt, daß ein Geschehen nichtagensbezogen ist. Wird ein Agens genannt, so verwendet man hierfür eine präpositionale Fügung mit den Präpositionen *durch, von,* wodurch Urheber, Ursache oder auch das Mittel bezeichnet werden.
Das Kind wurde von einem Auto angefahren.
Das Haus wurde durch Bomben zerstört.
Das Gelände wurde durch Polizisten gesichert.

Häufig bleibt der Täter ungenannt:
Z. 2/3 Jüngst wurde in einem Mietshaus in der Simonstraße Schlangen-Alarm verkündet.
Vor allem in unpersönlichen Passivkonstruktionen wie *Es wird getanzt.* (I 10.2) fehlt die Agensbezeichnung.

Je nachdem, wie ein Geschehen oder Sein im Passiv ausgedrückt wird, unterscheidet man zwischen Vorgangs- und Zustandspassiv. Das Vorgangspassiv bezeichnet einen Vorgang:
Die Straße wird ausgebaut.
und das Zustandspassiv einen Zustand als Ergebnis eines Vorgangs:
(Das Schwein ist geschlachtet worden. →) Das Schwein ist geschlachtet.
Der Bedeutungsunterschied zwischen Vorgangs- und Zustandspassiv kommt durch die unterschiedliche Bedeutung der Hilfsverben *werden* und *sein* zustande, weshalb man auch von *werden*- und *sein*-Passiv spricht.

116 Syntax

20.2 Einschränkungen der Passivfähigkeit

Nicht alle Verben verfügen über ein (gleichmäßig ausgebildetes) Genusparadigma. Es gibt passivfähige und nichtpassivfähige Verben. Unter den passivfähigen Verben wiederum weist nur ein Teil ein Zustandspassiv auf.

Die wichtigsten Regeln sind folgende:
Passivfähig sind in erster Linie die transitiven Verben (z.B. *drücken, essen, kaufen*). Wird ein Zustand ausgedrückt oder bezeichnet das Akkusativobjekt einen Körperteil, so ist keine Passivbildung möglich (z.B. bei *haben, besitzen, umfassen; den Kopf schütteln*). Auch von Verben mit innerem Objekt *(einen sanften Tod sterben)* oder von unpersönlichen Ausdrücken wie *es gibt jemanden/etwas* existiert kein Passiv.

Bei den intransitiven Verben hängt die Passivfähigkeit zunächst davon ab, ob die Perfektformen mit *sein* oder *haben* gebildet werden. Die Verben mit einem *sein*-Perfekt sind nicht passivierbar (z.B. *altern, fallen, laufen;* aber salopp *er wird gegangen* für ‚er wird zum Gehen veranlaßt'). Intransitive Verben mit *haben*-Perfekt können ins Passiv gesetzt werden, wenn die Verben Tätigkeiten bezeichnen und ein persönlich tätiger Agens vorstellbar erscheint: *Ihm wurde gratuliert. Es wurde viel getanzt.*
Bei den nicht passivierbaren Verben mit *haben*-Perfekt handelt es sich dagegen um Vorgangs- und Zustandsverben, wie z.B. *schwitzen, gehören, gleichen, beruhen auf.* Ebensowenig kann von Witterungsverben *(es regnet/schneit)*, Geschehensverben *(etwas ereignet sich/findet statt)*, Verben, deren Vorgangsbeteiligter nicht durch das Subjekt wiedergegeben wird *(etwas schmeckt mir, mich ekelt, mir träumt)*, reflexiven Verben *(sich schämen)* ein Passiv gebildet werden.

Ein Zustandspassiv ist im allgemeinen nur dann bildbar, wenn von einem Verb auch ein Vorgangspassiv gebildet werden kann. Doch kommt es bei dieser Verbgruppe zusätzlich auf den resultativen Charakter der Verbbedeutung innerhalb des Kontexts an, d.h., der Vorgang muß derart sein, daß ein Zustand hinterlassen wird:
Der Baum ist gefällt., Der Brief ist geschrieben.
Ein Vorgangspassiv fehlt, wenn kein Agens angegeben werden kann:
Die Bücher sind mit Staub bedeckt. (*Die Bücher sind mit Staub bedeckt worden.)

20.3 Varianten des Passivs

Im Deutschen gibt es neben der Kategorie Genus verbale Strukturen mit Passiv- oder passivähnlichem Charakter, deren grammati-

Die verbale Satzklammer 117

sches Subjekt nicht mit dem Agens identisch ist. Hierzu zählt man
a) Aktivstrukturen, in denen das grammatische Subjekt den Patiens bezeichnet:
Das Glas zerbricht. (Das Glas wird zerbrochen.) (vgl. I 20.1)
b) Reflexivkonstruktionen, deren grammatisches Subjekt nicht zum Ausdruck des Agens dient:
Die Tür öffnet sich.
(Gegenüber der Passivkonstruktion *Die Tür wird geöffnet.*, die einen absichtlich Handelnden impliziert, hat die Reflexivkonstruktion das Merkmal ‚Unabsichtlichkeit‘, [38] 37).
Oft liegt eine modale Komponente vor:
Das Buch verkauft sich gut. (Das Buch kann gut verkauft werden.)
Die Modal-Angabe ist notwendig in:
Hier wohnt es sich gut. (I 17.1.1)
Modale Bedeutung haben auch Fügungen mit *sich lassen* + Infinitiv: *Das Problem ließ sich leicht lösen. (Das Problem konnte leicht gelöst werden.)*
c) Vom sogenannten Adressatenpassiv spricht man bei den Fügungen *erhalten/bekommen/kriegen* + Partizip 2 (I 16.2; 17.3.1e).
d) Weitere passivähnliche Fügungen mit Partizip 2 sind *gehören, bringen, finden, haben* + Partizip 2 (I 17.3.1e).
e) Passivischen Charakter haben auch die Fügungen *sein, bleiben, stehen, geben, gehen* + Infinitiv mit *zu*, wobei eine modale Bedeutungskomponente hinzukommt; umgangssprachlich: *Das geht zu reparieren. (Das kann repariert werden.)* (I 17.3.1c,e).
f) Ferner dienen Funktionsverbgefüge der Passivumschreibung (I 17.3.2 d).
g) Schließlich haben Wortbildungen z.B. mit den Suffixen *-bar* und *-wert* passivische Bedeutung:
Die Waren sind lieferbar. (Die Waren können geliefert werden.)
Die Ausstellung ist sehenswert. (Die Ausstellung sollte gesehen werden.) (nach [28] § 294 ff.; [44] 541 ff.)

21 Die verbale Satzklammer

21.1 Vorfeld und Mittelfeld

Der Satz wird durch die Stellung der Prädikatsteile in bestimmte Abschnitte gegliedert. In Kern- und Stirnsätzen (I 2) bilden die Prädikatsteile mit Ausnahme der Reflexivpronomina und *es* (S. 102) eine Klammer (Satzklammer, verbale Klammer, Umklammerung, Rahmen). In dieser Klammer sind in Stirnsätzen alle übrigen Satzglieder eingeschlossen, sofern keine Ausklammerung (I 21.2) vorliegt.

Hat Hans seine Aufgaben ordentlich gemacht?

Mit Ausnahme des Satzglieds, das vor dem finiten Verb steht, gilt das auch für Kernsätze:

Hans hat seine Aufgaben ordentlich gemacht.

Wenn ein anderes Satzglied als das Subjekt im Vorfeld steht, rückt das grammatische Subjekt hinter das finite Verb. Dieser Fall wird von einigen als Inversion bezeichnet.

Seine Aufgaben hat Hans ordentlich gemacht.

Klammerformen begegnen auch bei substantivischen Fügungen (nominale Klammer):

der gestern von einem zufällig vorbeikommenden Passanten aufgedeckte Diebstahl

Der Artikel und das substantivische Bezugswort schließen hier ein erweitertes Attribut ein.

Aufgrund der Stellung der Prädikatsteile unterscheidet man im Satz drei Felder. Das Feld vor dem ersten Klammerteil bezeichnet man als Vorfeld, das Feld zwischen den Klammerteilen wird Mittelfeld genannt (nach [26] 18) (zum Nachfeld siehe I 21.2):

	Vorfeld		Mittelfeld	
	Hans	*hat*	*seine Aufgaben ordentlich*	*gemacht.*
Z. 8	*Sie*	*war*	*dem Mann im Hausflur*	*begegnet.*

Z.21–23...*man ...setzt einen Schlangenfänger nach Fürth in Marsch*

In Stirnsätzen bleibt das Vorfeld unbesetzt:

Hat Hans seine Aufgaben ordentlich gemacht? (nach [28] § 1263 ff.) Die verbale Satzklammer gehört „zu den wesentlichen Merkmalen des deutschen Satzbaus" ([26] 38).

Auch Elemente, die nicht zu den Prädikatsteilen (I 17.3) gehören, tendieren dazu, mit dem finiten Verb eine Klammer zu bilden. Man spricht hier von einem Aussagerahmen im weiteren Sinn. So strebt unter anderem die Satznegation nach dem Ende des Satzes und bildet mit dem finiten Verb eine Negationsklammer:

Der Abiturient besuchte seinen Lehrer trotz der engen Bindungen nicht.

Enthält aber der Satz z.B. eine infinite Verbform oder ein trennbares Präfix, so stehen diese Formen am Ende des Satzes, weil ihre Verbindung mit dem Verb enger ist als die der Negation:

Hans wird morgen nicht abreisen.

Hans reist heute nicht ab. (nach [67] 460; Weiteres [28] § 1154)

Im allgemeinen gilt: Je enger ein Element zum finiten Verb gehört, desto weiter strebt es im Kern- und Stirnsatz in der Stellung vom

finiten Verb weg und dem Satzende zu (nach [58] 709). Eine Ausnahme bilden die Reflexivpronomina; vgl. den Satz
Hans begibt sich jeden Morgen um 8 Uhr zur Arbeit.

21.2 Nachfeld

Werden Teile des Satzes aus der Klammer herausgenommen und hinter dem letzten Klammerteil angeordnet, handelt es sich um eine Ausklammerung (Ausrahmung). Das Feld rechts von dem letzten Klammerteil ist das Nachfeld:

		Nach-
Vorfeld	Mittelfeld	feld
	Hans hat seine Aufgaben ordentlicher gemacht als Fritz.	
Z.13/14 *Doch soll*	*er ausdrücklich*	*betont haben bei die-*
		ser Gelegenheit ...

Gliedsätze, Attributsätze (auch mit Bezugswort), satzwertige Infinitive, Vergleiche werden häufig ausgeklammert. Ein „Nachsatz" (I 8) begegnet in
Hans wird in die Schule gehen, wenn er wieder gesund ist.
Z. 8/9 *Sie war dem Mann im Hausflur begegnet,*
als er ein schwarzes Kabel in der Hand hielt,| das plötz-
lich zu züngeln begann.

        Attributsatz

     Gliedsatz

und eine Infinitivkonstruktion in
Joachim geht in den Garten, um sich zu erholen.
Darüber hinaus werden sehr umfangreiche Satzglieder zumeist ins Nachfeld gestellt, wodurch ein „Nachklappen" des zweiten Klammerteils verhindert wird:
Ich drang ein in die Musik, in die Architekturen der Fuge, in die verschlungenen Labyrinthe der Symphonien, in die harten Gefüge des Jazz.
Doch klammert man auch weniger umfangreiche Satzglieder aus, entweder weil sie als unwichtig nachgetragen oder umgekehrt besonders hervorgehoben werden:
Ich möchte nicht verreisen in diesem Sommer.
Z. 13/14 *Doch soll er ausdrücklich betont haben bei dieser Gelegenheit...*
Er wird sich rächen für den eigenen Verrat. (nach [28] § 1267)

120   Syntax

22 Wortarten

In unserer sprachwissenschaftlichen Analyse der Elemente von
Sätzen sind wir von den Satzgliedern zu den Satzgliedteilen gelangt. Die nächste Analyseeinheit ist das Wort. Innerhalb der Syntax behandeln wir die Wortarten. Die Wortarten sind deshalb Gegenstand der Syntax, weil sie unterschiedliche Funktionen beim
Aufbau von Sätzen haben.

22.1 Unterscheidung der Wortarten

Wir unterscheiden drei Hauptwortarten: Substantive, Verben, Adjektive

1) Substantiv
   Unter semantischem Aspekt teilt man die Substantive ein in
   Konkreta, Substantive mit gegenständlicher Bedeutung (Gegen-
   standswörter) und Abstrakta, Substantive mit nichtgegen-
   ständlicher, begrifflicher Bedeutung (Begriffswörter).

   Die Konkreta werden differenziert nach
   Eigennamen: *Hans*
   Gattungsnamen (Appellativa):   *Mensch*
   Gattungsnamen bezeichnen eine ganze Gattung gleichgearteter
   Dinge oder Lebewesen und zugleich jedes einzelne Wesen oder
   Ding dieser Gattung.
   Sammelbezeichnungen (Kollektiva): *Gebirge, Herde*
   Stoffbezeichnungen: *Holz, Gold*

   Abstrakta geben z.B. Eigenschaften *(Ehrlichkeit)*, Beziehungen
   (Verwandtschaft), Tätigkeiten *(Schnitt)*, Vorgänge *(Sterben)*,
   Zustände *(Friede)* wieder.

2) Verb
   Bei den Verben unterscheidet man Tätigkeitsverben *(spielen)*,
   Vorgangsverben *(wachsen)*, Zustandsverben *(liegen)*. Je nachdem, ob Verben ohne oder mit valenzgeforderten Objekten,
   Prädikatsnomina, Richtungs- und Ortsbestimmungen gebraucht
   werden, gliedert man ferner nach absoluten und relativen Verben (vgl. *schlafen* gegenüber *lieben*). Zu weiteren Untergliede-
   rungen der Verben, wie der Unterscheidung nach persönlichen
   und unpersönlichen Verben (vgl. *laufen* gegenüber *schneien*),
   reflexiven und reziproken Verben und nach der Aktionsart
   siehe I 6.1,2; 10.2; 17.3.2d.

Wortarten 121

3) Adjektiv
Bei den Adjektiven begegnen uns solche mit eingeschränkter syntaktischer Verwendung.

a) nur attributiv (Satzgliedteil):

	Bezug auf
hiesig, heutig, damalig usw.	Raum/Zeit
schulisch usw.	Bereich
gesamt usw., Z. 28/29 *restlich*	Quantität

b) nur prädikativ (Satzglied):
fit, quitt usw., Z. 6 *publik*
Ursprüngliche Substantive sind z.B. *schuld (Hans ist schuld.), angst (Mir ist angst.), not (Ihm tut es not).*

c) attributiv + prädikativ (nicht adverbial; dazu unten):

	Bezug auf
neblig usw.	Wetterlage
viereckig, stachlig usw.	Form, Beschaffenheit
tauglich usw. ⎫	körperliche, seelische
launenhaft usw. ⎭	Eigenschaften

d) attributiv und adverbial (nicht prädikativ):

	Bezug auf
wöchentlich, täglich usw.	sich wiederholende Zeitabstände
ungefähr	Sonstiges

unverzüglich, völlig usw.,
Z. 31 *polizeilich* (nach [28] § 448 ff.)

Anmerkung: Auch bei Partizipien sind die Verwendungsmöglichkeiten eingeschränkt: Das Partizip 1 (z.B. *lachend, weinend*) ist keine Form des Konjugationssystems. Im Gegensatz zum Englischen ist eine Verlaufsform vom Typ *writing* in *John is writing.* im heutigen Deutsch nicht üblich. (Der englischen Verlaufsform vergleichbar sind Fügungen wie *am Schreiben sein [Hans ist den Brief am Schreiben.];* wie im Englischen wird hier die im Verb bezeichnete Verbalhandlung unter dem Aspekt der Zeitdauer [durative Aktionsart] betrachtet [I 17.3.2 d].) Dagegen fungiert das Partizip 2 als Prädikatsteil (I 17.3.1).

Partizipien 2 der transitiven Verben können attributivisch verwendet werden; z.B. *der gesuchte Verbrecher.* Auch von einigen Partizipien 2 der intransitiven Verben, den Vorgangsverben, ist attributivischer Gebrauch möglich, z.B. *das untergegangene Schiff* (gegenüber **die geschlafene Katze* mit dem Partizip 2 eines Zustandsverbs). Wenn Partizipien 1 und 2 durch Bedeutungsdifferenzierung oder durch das Absterben der übrigen Konjugationsformen des entsprechenden Verbs isoliert, vor allem wenn sie komparierbar sind und mit dem Verb *sein* verbunden werden können, handelt es sich um Adjektive, z.b. *reizend, gelegen, verrückt, Z.* 6 *ausgedient, Z.* 22 *interessiert* (nach [28] § 316 ff.).

4) Numerale
Subst.: *Hunderte von Menschen, mit einem, zweien, fünf der Ausbrecher*
Adj.: *das zweite Mal*
Adv.: *Otto kam dreimal dorthin.* ([1] 147 f.)

5) Artikelwörter
Beim bestimmten und unbestimmten Artikel unterscheidet man mehrere, sich teils überlagernde Bedeutungsaspekte:
a) Bestimmtheit gegenüber Unbestimmtheit: *das Buch/ ein Buch*
b) Generalisierung gegenüber Individualisierung:
Ein Buch/ Das Buch ist ein nützliches Geschenk.
c) Nichtbekanntheit gegenüber Bekanntheit:
Ein Mädchen und ein Junge kamen herein. Das Mädchen war etwas älter als der Junge.
d) Gesamtheit gegenüber Nichtgesamtheit:
Die Schüler gingen in den Schulhof. Ein Schüler blieb im Klassenzimmer. (nach [18] 43)

Der bestimmte und unbestimmte Artikel wie auch die übrigen Artikelwörter stehen vor dem Substantiv: *der, derjenige, ein,* Nullartikel (z.B. bei Abstrakta: *Schönheit vergeht.*), *dieser, jener, welch/welcher, welch ein, jeder, jedweder, mancher, manch ein, mein* usw. Die einzelnen Elemente können nur in ganz beschränktem Umfang miteinander kombiniert werden, z.B. *diese meine Bücher.* Die meisten Artikelwörter haben pronominale Entsprechungen (vgl. unten). Da andere Termini fehlen, verwendet man in der traditionellen Grammatik für solche Artikelwörter bei einer genaueren Unterscheidung die gleichen Bezeichnungen wie für die entsprechenden Pronomina. Man spricht vom

attributivischen Interrogativpron.	(z.B. *welcher* Mann),
attributivischen Demonstrativpron.	(z.B. *dieser* Mann),
attributivischen Indefinitpron.	(z.B. *irgendein* Mann),
attributivischen Possessivpron.	(z.B. *mein* Mann).

Auch die Artikelwörter, die nur als Artikelwörter vorkommen, werden diesen Gruppen zugerechnet, z.B. *welch* (in: *Welch brutaler Mann!*) den adjektivischen Interrogativpronomina (nach [67] 314 ff.; [35] 44, 46 ff.).

Wortarten   123

6) Pronomen
   Personalpron.
   der 1., 2., 3. P.   *ich, wir, du, ihr, Sie, er, sie, es, sie*
   Reflexivpron.   *mich, dich, sich* usw.
   Interrogativpron.   *wer, was*
                        welcher
   Demonstrativpron. *der, dieser, derjenige* usw. } auch als Artikel-
   Indefinitpron.   *jeder, einige, mehrere*   wort verwendbar
                        niemand, nichts usw.
   Possessivpron.
   z.B.   *Ich nehme meines, ich brauche* } auch als Artikel-
                        kein Heft.   } wort verwendbar
   Relativpron.   *der*   } auch in anderen
                        welcher   } Funktionen
                        wer, was   } verwendbar
   Pronominaladv.   *da(r)-, wo(r)-, (hier-)* + Präposition
                        dahin, wohin (hieran) daran, woran usw.

Wörter wie *wohin, woran* bezeichnet man je nach Funktion als
Interrogativ- oder Relativadverbien. Die Pronominaladverbien
nehmen eine Zwischenstellung zwischen den Pronomina und
den Adverbien ein (nach [67] 218 ff.).

7) Adverb
Adverbien kommen als Satzglieder oder Attribute vor (dazu unten). Adverbien, die der Form nach mit Adjektiven übereinstim-
men, nennt man Adjektivadverbien (z.B. *fleißig*). Adjektivadverbien, auch manche anderen Adverbien (*oft, sehr*), sind steigerbar.

Lat. *ad-verbium* ist nach griech. *èpírrēma* ,Nebenwort' gebildet,
d.h., ,Verb' ist hier als ,Wort' zu verstehen. In der Tat beziehen
sich die Adverbien auf Wörter verschiedener Wortarten und
nicht nur auf das Verb. Die folgende Gliederung geht vom
Skopus (,Reichweite') der Adverbien aus:

Adverbien beziehen sich auf

		Satzgliedteil
a) ein Subst.:	*das Haus dort*	ad-substantivisch
b) ein Adj. (attributiv):	*der sehr kranke Mann*	ad-adjektivisch
(prädikativ):	*Hans ist schwer betroffen*	
c) ein Adv.:	*Hans läuft sehr schnell*	ad-adverbial

	Satzglied
d) auf ein finites Verb: *Hans läuft schnell*	ad-verbal
e) auf einen Prädikatsverband: *Hans sagt ungern ein Gedicht auf.* Die Infinitiv-Probe *ungern ein Gedicht aufsagen* zeigt, daß sich das Adverb auf den Prädikatsverband bezieht.	(ein geeigneter Terminus fehlt)
f) und schließlich als Satzadverb auf den ganzen Satz: *Wahrscheinlich lief Hans die Strecke zu schnell.* (nach [29] 83 Anm. 4)	ad-sentential

Anmerkung: Wörter, die eine Stellungnahme des Sprechers zur Aussage ausdrücken, finden sich auch beim attributiven Adjektiv, z.b. *ein angeblich kluges Mädchen.* (vgl. [38] 81)

8) Konjunktion/Subjunktion/weitere Funktionswörter (II 1.1)
Bei den Konjunktionen unterscheidet man kopulative *(und)*, disjunktive *(oder)*, restriktive und adversative *(nur, (je)doch)* und kausale *(denn)*.

Die Subjunktionen teilen sich in solche mit Eigenbedeutung (temporal: *während, als, seitdem* u.a.; kausal: *weil, da* u.a.; konditional: *wenn, falls* u.a.; konzessiv: *obwohl, wenn auch* u.a.; modal: *wie* u.a.) und solche ohne Eigenbedeutung *(daß, ob, wie)*.

Hierher gehören ferner: *(um, ohne, (an)statt, als) zu* beim Infinitiv, *wie, als* beim Vergleich, *desto, umso* beim Komparativ, *am* beim Superlativ, *am, beim, im* beim substantivierten Infinitiv u.a. Diese Wörter sind weder Satzglieder noch Attribute.

9) Adposition
Man unterscheidet Präpositionen *(auf, in ...)*, die auch als Doppelmarkierungen vorkommen können (Z. 20 *bis zum*), Postpositionen *(nach, gegenüber)*, Zirkumpositionen *(von ... ab, von ... wegen*, in: *von Rechts wegen)*. Adpositionen treten nur in Verbindung mit Nomina auf, sie sind weder Satzglieder noch Attribute (nach [28] § 581).

10) Interjektion und andere Satzäquivalente
Interjektionen haben eine satzbildende Funktion, z.B.
Oh, es regnet.
Weitere Satzäquivalente sind *ja, nein, doch* als Antworten auf Entscheidungsfragen und *bitte, danke* (nach [27] 468 ff.).

Wortarten 125

22.2 Kriterien, die zur Klassifizierung der Wortarten führen

a) Die Wortarten als Vertreter der Hauptkategorien der Wirklichkeit

Man hat angenommen, daß den drei Hauptwortarten und den übrigen Wortarten vier Fundamentalkategorien (Hauptkategorien) der Wirklichkeit entsprechen, daß nämlich

Substantive	Gegenstände im weitesten Sinn,
Verben	Tätigkeiten, Vorgänge, Zustände
Adjektive	Eigenschaften bezeichnen und
Relationswörter	die Beziehungen zwischen den Hauptwortarten herstellen ([88] 33 f.).

Eine solche Klassifizierung erfolgt nach inhaltlichen Gesichtspunkten (siehe dazu [31] 86 f.; [35] 64). Für unsere Zwecke ist sie zu ungenau, weil die Relationswörter noch weiter klassifizierbar sind ([95] 57 f.).

b) Die Verschiedenheit der Kriterien bei der Wortartbestimmung

Die Wortart Nr. 4 besteht aus der Sachgruppe Zahlwort. Die Zusammenfassung von verschiedenen Wortarten zu einer Gruppe geht von inhaltlichen Kriterien aus.

Die Wortarten Nr. 1–6 (mit Ausnahme der Zahl- und Pronominaladverbien) sind flektierbar (d.h. deklinier-/konjugierbar), Nr. 7–10 dagegen unflektierbar.

Die Wortarten Nr. 7–10 werden mit Hilfe syntaktischer Kriterien voneinander abgegrenzt.

Bei der Bestimmung der Wortarten werden also unterschiedliche Kriterien angewandt, nämlich semantische, morphologische und syntaktische ([1] 65 f.).

Eine Unterscheidung der Wortarten nach syntaktischen und morphologischen Kriterien ergibt sich im Anschluß an H. Bergenholtz/J. Mugdan [110] 131 (hier S. 126):

Da die Wortart *Numerale* mithilfe inhaltlicher Kriterien gewonnen wird, fehlt sie hier. Die verschiedenen Wortarten dieser Wortartgruppe werden den Wortarten Substantiv, Adjektiv, Adverb zugeordnet. Problematisch ist die Zuordnung der Abtönungspartikeln (S. 31f.).

126 Syntax

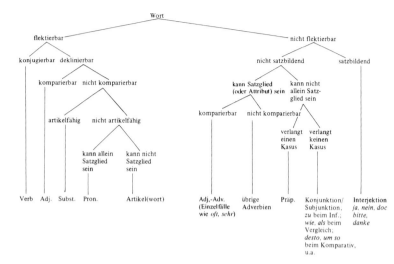

AUFGABE IV

Bestimmen Sie in „Haupt-", „Nebensätzen" und Infinitivkonstruktionen des Textes folgende Feinstrukturen: Adjektiv-Ergänzungen, Substantiv-Ergänzungen, Attribute und sämtliche Teile des komplexen Prädikats! Geben Sie dabei die in diesen Satzgliedteilen auftretenden Wortarten an!

Z.1 *im Haus:* nachgestelltes Attribut: präpositionale Fügung: Präp. mit Artikelverschmelzung (d.h. mit eingeschlossenem enklitischen Artikel, II 1.2), Subst.

Z.2/3 *wurde verkündet:* (Hilfsverb, Vollverb: Part. 2) 3. Sg. Ind. Prät. Passiv

Z.2 *in der Simonstraße:* nachgestelltes Attribut: präpositionale Fügung: Präp., Artikelwort (bestimmter Artikel), Subst.

Z.3–5 *der Spaß ... halten:* nachgestelltes Attribut: Relativsatz: Relativpron., Subst.; Subst.-E: Korrelat (S. 92): Pronominaladv., (Vollverb: Part. 2, Hilfsverb) 3. Sg.Ind. Plusquamperf.Aktiv; Inf.-Konstruktion mit *zu:* Präp., Artikelwort (attributivisches Possessivpron.), Subst., Artikelwort (unbestimmter Artikel), Subst.; Funktionswort (Vollverb: Inf.) Inf.Präs.Aktiv

Z. 4/5   *daran, in ... halten:* Subst.-E; vgl. oben Z. 4/5

Z. 4   *gefunden hatte:* vgl. oben Z. 4

Z. 4   *seiner:* vorangestelltes Attribut; vgl. oben Z. 4

Z. 5   *befand sich:* (Vollverb) 3.Sg.Ind.Prät.Aktiv, Reflexivpron.

Z. 6   *ausgedienten:* vorangestelltes Attribut: Adj.

Anmerkung: Von dem Verb *ausdienen* ist nur noch das Partizip 2 gebräuchlich (I 22.1).

Z. 6   *auf dem Wohnzimmerschrank:* vgl. oben zu Z. 2 *in der Simonstraße*

Z. 7   *dieser:* vorangestelltes Attribut: Artikelwort (attributivisches Demonstrativpron.)

Z. 7   *erschreckte:* vorangestelltes Attribut: Adj. (Part. 2)

Z. 8   *war begegnet:* (Hilfsverb, Vollverb: Part. 2) 3.Sg.Ind. Plusquamperf. Aktiv

Z. 8   *schwarzes:* vorangestelltes Attribut: Adj.

Z. 9   *das ... begann:* nachgestelltes Attribut: Relativsatz: Relativpron., Adv., Funktionswort (Vollverb: Inf.) Inf.Präs.Aktiv, (Modalitätsverb) 3.Sg.Ind.Prät.Aktiv

Z. 9   *zu züngeln begann:* vgl. oben Z. 9

Z. 10   *dieser:* vgl. oben Z. 7

Z. 10/11 *ist geworden:* (Hilfsverb, Kopulaverb: Part 2) Kopula: 3.Sg.Ind.Perf. Aktiv

Z. 11/12 *hatte gebissen:* (Hilfsverb, Vollverb: Part. 2) 3.Sg.Ind.Plusquamperf. Aktiv

Z. 11   *ihn:* Pertinenzakkusativ: Personalpron.

Z. 12/13 *eingeliefert werden mußte:* (Vollverb mit trennbarem Präfix: Part. 2, Hilfsverb: Inf.) Inf. Präs.Passiv, (Modalverb, objektiver Gebrauch) 3.Sg.Ind.Prät.Aktiv

Anmerkung: Durch Umsetzung ins Perfekt ergibt sich:
Er hat ins Krankenhaus eingeliefert werden müssen. (gegenüber
Er muß ins Krankenhaus eingeliefert worden sein: subjektiver Gebrauch).

128 Syntax

Z. 13/14 *soll betont haben:* (Modalverb, subjektiver Gebrauch)
3.Sg.Ind.Präs.Aktiv, (Vollverb: Part. 2, Hilfsverb: Inf.)
Inf.Perf.Aktiv

Anmerkung: Objektiver Gebrauch dagegen z.B. in: *Der Abgeordnete hat auf der Versammlung betonen sollen, daß ..., aber ...*

Z. 14   *Dieser:* vgl. oben Z. 7
Z. 15   *gelitten habe:* (Vollverb: Part. 2, Hilfsverb) 3. Sg. Konj. 1 von *haben* + Part. 2

(zum Gebrauch des Konjunktivs siehe I 19.1.3)

Z. 15   *kurz:* vorangestelltes Attribut: Adv., ad-adverbialer Gebrauch
Z. 16   *weißen:* vgl. oben zu *schwarzes* Z. 8
Z. 16   *gefüttert hatte:* vgl. oben Z. 4 zu *gefunden hatte*
Z. 17   *gebissene:* vgl. oben Z. 7 zu *erschreckte*
Z. 17/18 *sich zu trennen:* Reflexivpron. (I 6.1; 17.3.2), Funktionswort (Vollverb: Inf.) Inf.Präs.Aktiv

Z. 18/19 *hatte verkauft:* vgl. oben Z. 11/12 zu *hatte gebissen*
Z. 18/19 *ungiftiges, zutrauliches:* vorangestelltes Attribut: zwei asyndetisch (d.h. ohne Konjunktion) verbundene Adjektive
Z. 19   *lehnte ab:* (Vollverb, trennbares Präfix) 3.Sg.Ind.Prät. Aktiv

Z. 20   *von der Natter, die...war:* Subst.-E: Präpositional-E mit fester Präp.: Präp., Artikelwort (bestimmter Artikel), Subst.; Relativsatz: Relativpron., Präp., substantivisches Indefinitpron. im Gen., Subst., Vollverb
Z. 20   *die ... war:* nachgestelltes Attribut; vgl. oben Z. 20
Z. 20   *aller:* vorangestelltes Attribut; vgl. oben Z. 20
Z. 21   *Nürnberger:* vorangestelltes Attribut: Adj.
Z. 21   *an dem Tier:* Adj.-E: Präpositional-E mit fester Präp.: Präp., Artikelwort (bestimmter Artikel), Subst.
Z. 22/23 *setzt in Marsch:* Funktionsverbgefüge: (Funktionsverb) 3.Sg.Ind. Präs.Aktiv, Präp., Subst. (I 17.3.2 d)
Z. 23–25 *wo ... wird:* nachgestelltes Attribut: Relativsatz: Relativadv., Personalpron.; Partizipialgruppe: Part. 2, Präp., Artikelwort (unbestimmter Artikel), Subst., Artikelwort (unbestimmter Artikel), Subst., Artikelwort (unbestimmter Artikel), Subst., Konjunktion, Artikelwort (unbestimmter Artikel), Subst.; Präp., Artikelwort (bestimmter Artikel), Subst., Adv., Präp., Subst., (Part. 2: Vollverb, Hilfsverb) 3.Sg.Ind.Präs.Passiv

Aufgabe IV 129

Z. 23/24 **ausgerüstet ... Netz:** nachgestelltes Attribut; vgl. oben Z. 23/24
Z. 25 **erwartet wird:** vgl. oben Z. 25

Z. 26 **ihren:** vorangestelltes Attribut: Artikelwort (attributivisches Posses-
sivpron.)
Z. 26 **in den Tiergarten:** Subst.-E: Präpositional-E mit unfester Präp.:
Präp., Artikelwort (bestimmter Artikel), Subst.
Anmerkung: Vgl. **Hans zieht in eine größere Wohnung/nach München um.**
Z. 26 **überstanden hat:** (Vollverb: Part. 2, Hilfsverb) 3. Sg. Ind.Perf.
Aktiv
Z. 26/27 **ist zu besichtigen:** (Modalitätsverb) 3. Sg.Ind.Präs. Aktiv, Funk-
tionswort (Vollverb: Inf.) Inf.Präs.Aktiv
Z. 27 **dort:** vorangestelltes Attribut: Adv.

Z. 28 **der Natter:** Subst.-E: Gen.-E (Genetivus objectivus); Artikelwort
(bestimmter Artikel), Subst.
Z. 28–30 **soll zurückgeführt worden sein:** (Modalverb, subjektiver Gebrauch)
3.Sg.Ind.Präs.Aktiv, (Vollverb: Part. 2, Hilfsverb:
Part. 2, Hilfsverb: Inf.) Inf.Perf.Passiv
Anmerkung: Beim Passiv hat das Partizip 2 von **werden** die Form **worden.**
Die Variante **geworden** findet sich in der Verbindung mit Adjektiven, z.B.
Z. 10/11 ... ist ... unruhig **geworden** ...
Z. 28/29 **der restlichen Hausbewohner in der Simonstraße:** nachgestelltes
Attribut: Gen.-Fügung: Artikelwort (bestimmter Ar-
tikel), Adj., Subst.; präpositionale Fügung; vgl. oben
Z. 2
Z. 28/29 **restlichen:** vgl. oben zu Z. 8 **schwarzes**
Anmerkung: Das Adj. **restlich** wird nur attributiv verwendet.
Z. 29 **in der Simonstraße:** vgl. oben Z. 2
Z. 29/30 **seine geordneten:** vorangestelltes Attribut: Artikelwort (attributivi-
sches Possessivpron.), Adj. (Part.2)
Z. 29 **seine:** vgl. oben Z. 29
Z. 29 **geordneten:** vgl. oben Z. 29

Z. 31 **polizeilicher:** vgl. oben zu Z. 8 **schwarzes**
Anmerkung: Das Adj. **polizeilich** kann nur attributiv und adverbial (z.B. **Es
wurde polizeilich vermerkt.**) verwendet werden.
Z. 31 **gibt an:** (Vollverb, trennbares Präfix) 3.Sg.Ind.Präs. Aktiv
Z. 32 **handelt sich:** (Vollverb) 3.Sg.Ind.Präs.Aktiv, Reflexivpron.
Z. 33 **giftige:** vgl. oben zu Z. 8 **schwarzes**

130   Syntax

Z. 33   *Ihr:* vgl. oben zu Z. 26 *ihren*

Z. 34   *dagegen:* vorangestelltes Attribut: Pronominaladv.

Z. 34   *kein:* vorangestelltes Attribut: Artikelwort (attributivisches Indefinit-
        pron.)

Z. 34   *ganz:* vgl. oben zu Z. 15 *kurz*

II MORPHEMIK UND WORTBILDUNG

0 Vorbemerkung

Bei der Unterscheidung der Wortarten sind wir auf flektierbare und unflektierbare Wörter gestoßen. Das führt uns zu unserem nächsten Themenkreis, zur Morphemik. In der traditionellen Grammatik spricht man von Morphologie. Sie umfaßt die Formenlehre, d.h. die Flexionslehre und die (hier schon innerhalb der Syntax dargestellte) Wortartenlehre, teilweise auch die Wortbildungslehre (vgl. [18] 334). Flexionslehre und Wortbildungslehre unterscheiden sich dabei auf folgende Weise: In der Flexionslehre werden die Formen der Wörter beschrieben. Dagegen untersucht die Wortbildungslehre, wie aus vorhandenen sprachlichen Mitteln neue Wörter hervorgehen, z.B. *häuslich, Hausbau*. Während also die Flexion verschiedene Formen desselben Wortes konstituiert (also *Haus/Haus-es* usw.), entstehen durch Wortbildung neue Wörter (nach [129] 159 f.).

Gegenüber der traditionellen Grammatik steht in der strukturalistisch ausgerichteten Morphemik das Morphem (dazu II 1.2) im Mittelpunkt. Da wir dieser Forschungsrichtung weitgehend folgen und bei der Analyse von anderen als die Flexion betreffenden Morphemen auf solche der Wortbildung stoßen, behandeln wir Flexionslehre und Wortbildungslehre im Zusammenhang.

1 Die Grundbegriffe „Wort", „Morphem", „Morph", „Allomorph"

1.1 Wort

Als erste Analyseeinheit beschäftigt uns das Wort. Je nach Beschreibungsebene ergeben sich für das Wort unterschiedliche Definitionen. Das Wort erweist sich so
– auf phonetisch-phonologischer Ebene (IV 1.2; 3) als kleinste durch Wortakzent und Grenzsignale wie Pausen (IV 2) isolierbare Einheit,
– auf orthographisch-graphemischer Ebene (IV 7) als durch Leerstellen im Schriftbild isolierbare Einheit,
– auf morphemischer Ebene als aus einem oder mehreren Morphemen (II 1.2) bestehende Einheit – flektierbare Wörter weisen paradigmatisch (auch mittels Suppletion wie *bin/war/gewesen*) zu-

sammengehörige Wortformen auf, wobei eine dieser Wortformen je nach Sprache als Nennform erscheint —,
— auf syntaktischer Ebene als Einheit mit syntaktischer Funktion,
— auf semantisch-lexikalischer Ebene als kleinster, selbständiger sprachlicher Bedeutungsträger — bei flektierbaren Wörtern hat der Stamm (II 4.1) die lexikalische und die Flexionsendung die grammatische Bedeutung (vgl. II 4.2); unter lexikalischem Aspekt werden Wortstämme ebenso wie unflektierbare Wörter so auch als Lexeme bezeichnet (II 5) — (nach [18] 585; [80] 1065 f.; [117] 31; Weiteres [28] § 961).

Hinsichtlich der Wortbedeutung ist darauf hinzuweisen, daß es Wörter ohne „Eigenbedeutung" gibt. Sie haben die Aufgabe, die Beziehungen zwischen Wörtern mit „Eigenbedeutung" zu regeln (vgl. [72] 173), z.B. *auf* in der Fügung *Der alte Mann wartet auf Nachricht.* Wörter wie *auf* (also Adpositionen, ferner Pronomina, Artikelwörter, Konjunktionen, Subjunktionen u.a., I 21.1) nennt man Funktionswörter. Sie überschneiden sich teilweise mit den sogenannten Synsemantika (Konjunktionen, Subjunktionen u.a., Adpositionen, Flexions-, Steigerungs-, Wortbildungsmorphemen, II 4.3). Die Funktionswörter stehen den Inhalts- (Voll-)wörtern oder Autosemantika gegenüber (Weiteres [35] 25 ff.).

1.2 Morphem

Was heißt selbständig in der unter semantisch-lexikalischem Aspekt gegebenen Wortdefinition? Vergleichen wir das Wort *Schiff* mit dem Element *-bar* in *schiffbar!*

Durch *-bar* in der Verbindung *schiff-bar* erhält dieses Wort eine passivische Bedeutung; zugleich ist ein Bedeutungsmerkmal (VI 1) ‚Möglichkeit' vorhanden, z.B. *Der Fluß ist schiffbar.*, d.h., *Der Fluß kann mit einem Schiff befahren werden.* (I 20.3) Die Bedeutung von *-bar* wird allerdings erst greifbar, wenn *-bar* mit einem anderen Morphem oder einer Morphemverbindung (II 8.1.2) kombiniert wird. Denn *-bar* kommt nicht als selbständiges Wort vor; es ist nicht identisch mit dem Adj. *bar* 1) ‚in Geldscheinen oder Münzen', 2) ‚rein, pur', 3) ‚nackt, unbedeckt'.

Grundbegriffe „Wort", „Morphem", „Morph", „Allomorph"   133

Die kleinsten bedeutungstragenden Bausteine des Wortes bezeichnet man als Morpheme — Morpheme werden in geschweifte Klammern { } gesetzt. Wie wir gesehen haben, können Morpheme frei/selbständig oder gebunden/unselbständig vorkommen. Es können auch zwei Wörter zu einem Wort verschmolzen sein, z.B. *zur* < *zu der, am* < *an dem, im* < *in dem.* Solche Wortverschmelzungen werden Portemanteau-Morpheme genannt.

Betrachten wir nun das Wort *Haustüren!* Hier können wir folgende bedeutungstragende Bestandteile feststellen: { *haus* }, { *tür* }, -*en*; das Element -*en* hat auch eine Bedeutung, und zwar eine grammatische (dazu [82b] 445 ff.); es bezeichnet Nominativ, Genetiv, Dativ, Akkusativ Plural des Fem. *Haustür*; das gleiche Element begegnet weiterhin z.B. in *Frau-en* und anderen Substantiven (paradigmatische Beziehung).

1.3 Morph

Das Element -*en* findet sich ferner im Infinitiv. Dabei gewinnt man -*en* im Infinitiv ebenso wie im Plural der Substantive durch Segmentierung: { *lieb* } -*en*, { *reis* } -*en*. Jedes Vorkommnis von -*en* bezeichnet man als Morph. Morphe sind hier Elemente, die man durch Segmentierung erhalten hat und die noch nicht klassifiziert sind. Da -*en* in *Haustür-en* und -*en* in *lieb-en* nicht die gleiche Distribution haben, aber lautlich identisch sind, liegen homonyme Morphe vor (zur Homonymie siehe VI 6). Der Bedeutungsunterschied (‚Plural‘ und ‚Infinitiv‘) zeigt aber, daß es sich um Realisierungen verschiedener Morpheme handelt.

Die Bedeutung ‚Plural‘, z.B. beim Nominativ, Genetiv, Akkusativ femininum, wird auch durch andere Morphe zum Ausdruck gebracht, und zwar durch -*e (Trübsal-e)*, Umlaut + -*e (Händ-e)*, -*n (Gabe-n)*, -*s (Mutti-s)* und Umlaut + Ø (S. 134) *(Mütter)*. Die Morphe -*en*, -*e*, Umlaut + -*e*, -*n*, -*s*, Ø + Umlaut unterscheiden sich also nur in ihrer Form voneinander, nicht in ihrer Bedeutung.

An dem Morphem mit der Bedeutung ‚Plural‘ sehen wir, daß ein Morphem etwas Abstraktes ist, das durch (verschiedenartige) Morphe repräsentiert wird. Die Unterscheidung von Morph und Morphem entspricht der in Kapitel V 1 dargestellten Unterscheidung von Langue als abstraktem System von Zeichen und Regeln und Parole als konkreter Realisierung der Langue in der Sprachverwendung. Ein Morph ist das kleinste bedeutungstragende Segment einer Äußerung auf der Ebene der Parole, während das Morphem eine abstrakte Einheit auf der Ebene der Langue darstellt.

134   Morphemik und Wortbildung

1.4 Allomorph

Morphe, die zum gleichen Morphem, wie zum Plural-Morphem des Nominativ, Genetiv, Akkusativ des Femininums, gehören, nennt man Allomorphe (griech. *állo-* ‚ein anderer‘), ‚Varianten eines Morphems‘. Von der Lautstruktur des vorausgehenden Morphems ist die Wahl des Allomorphs *-en* oder *-n* abhängig: *-en* steht nach Konsonant und anderen Vokalen als *-e*, *-n* nach *-e*. Man sagt, *-en* und *-e* sind lautlich, phonologisch (dazu IV 1) determiniert (nach [112] 76 f., 81). Dagegen sind die übrigen Allomorphe nicht aus der Lautstruktur des vorausgehenden Morphems zu erschließen. Bei *Mütter* kommt der Plural durch den Ersatz des Vokals *u* durch *ü* und bei Maskulina wie *Lehrer* durch ein sogenanntes Null-Allomorph ∅ zum Ausdruck. Ein Null-Allomorph liegt dann vor, wenn die gleiche Funktion daneben durch Elemente, die lautlich realisiert sind, zum Ausdruck gebracht wird, z.B. Umlaut + *-e* in *Köche* gegenüber ∅ in *Lehrer* ([112] 83 f.); vgl. ferner das Adv. *lang* in *Hans wartet lang.* gegenüber *lang-e* in dem gleichen Satz.

Nur in Fällen, in denen das Null-Element eine andere Funktion als lautlich realisierte Flexionsendungen hat (Nom. Sg.m. *Mensch* gegenüber Gen.Sg. m. *Mensch-en* — der Nominativ Singular ist bei allen Deklinationstypen endungslos), wollen wir ein Nullmorphem annehmen. Null-Allomorphe und Nullmorpheme sind demnach funktionstüchtige Allomorphe bzw. Morpheme, weil sie zu anderen Elementen in Opposition (dazu IV 1.2) stehen.

Wenn Morphe mit gleicher Bedeutung eine unterschiedliche Form haben, die nicht phonologisch determiniert ist, sind sie unter folgender Bedingung morphologisch determinierte Allomorphe eines Morphems: Das eine Morph tritt in einer Umgebung eines Morphems auf, in der das andere nicht erscheinen kann und umgekehrt. Sie sind komplementär verteilt. Z.B. sind in *(ich) denk-e, (ich) dach-t-e* das Morphem bzw. Morph {*e*} bzw. *-t-* und die Morphe *denk-* und *dach-* enthalten. Zusammen mit dem Präsens-Morphem {*e*} tritt *denk-* auf, zusammen mit dem Imperfekt-Zeichen *-t-e* erscheint *dach-*. *denk-* und *dach-* kommen nicht in gleicher Umgebung vor (nach [112] 81 f.).

Eine andere Form von Determiniertheit begegnet z.B. in der Endung von *ausgedienten* in der Fügung Z. 5/6 *in einem ausgedienten Aquarium*. Nach dem unbestimmten Artikel steht *-en* im Dativ Singular neutrum und bei artikellosem Gebrauch *-em* (z.B. *schwarzem* in der Fügung *aus schwarzem Holz*). *-en* und *-em* sind Allomorphe, deren Auftreten durch den syntaktischen Zusammenhang bedingt ist (zur Flexion siehe II 2.1).

Während in diesen Beispielen verschiedene Allomorphe ein Morphem bilden, haben alle Morphe z.B. des Morphems {*lieb*} *(lieb-en, lieb-e, lieb-t-e, ge-lieb-t)* die gleiche Lautgestalt. (Den Begriff Silbe behandeln wir in Zusammenhang mit den silbebildenden Lauten, IV 3.2.2).

2 Zur Flexion

Morpheme wie das Dat.Pl.fem.-Morphem *-en* und seine Allomorphe werden Flexionsmorpheme genannt. Flexionsmorpheme sind dann Relationsmorpheme, wenn sie die syntaktische Beziehung der Wörter im Satzzusammenhang signalisieren (nach [28] § 688). So ist z.B. das Morphem {*e*} Relationsmorphem, wenn es die Funktion hat, eine mit einem Personalpronomen der 1. Person (Subjekt) kongruierende 1. Person Singular zu bezeichnen *(ich lach-e)*. Aufgrund seiner Polyfunktionalität bezeichnet {*e*} aber auch z.B. das Tempus Präsens gegenüber {*e*} im Präteritum *(ich lach-t-e)* (vgl. II 2.2).

Bei den Flexionsmorphemen handelt es sich immer um unselbständige/gebundene Morpheme. Wie in II 1.4 erwähnt, können Flexionsmorpheme auch als Null-Elemente auftreten:

(Hans) fand 3.Sg.Ind.Prät.Aktiv gegenüber *(Hans) such-t-e.*
(der) Frau   Gen.Sg.fem.   gegenüber *(der) Frau-en*
                                               Gen.Pl.fem.

Die Wörter sind, wie wir schon festgestellt haben, danach zu unterscheiden, ob sie flektierbar sind oder nicht (I 22.1). Vgl. folgende Tabelle:

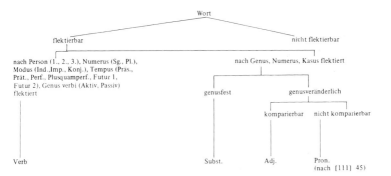

136 Morphemik und Wortbildung

2.1 Die Bildung der Substantiv- und Adjektivformen

Die wichtigste Unterscheidung bei der nominalen Flexion ist die Unterscheidung zwischen starker, schwacher und gemischter Deklination beim Substantiv und Adjektiv. In den Vorstufen des Neuhochdeutschen, dem Alt- und Mittelhochdeutschen, hebt sich eine Flexionsklasse, deren Endungen zumeist ein *n* enthalten, von den übrigen Flexionsklassen ab. Wir unterscheiden die Flexion von drei neuhochdeutschen maskulinen Substantiven, die stark, schwach oder gemischt flektiert werden:

	schwache Flexion			starke Flexion	
Neuhochdeutsch	Althochdeutsch	Althochdeutsch		Neuhochdeutsch	
Bär	*Hase*	*han-o*	*tag*	*Tag*	*(Hahn* flek-
Bär-en	*Hase-n*	*han-en* (vgl. *Hahnenfuß*)	*tag-es*	*Tag-es*	tiert im
Bär-en	*Hase-n*	*han-en*	*tag-e*	*Tag(-e)*	Neuhoch-
Bär-en	*Hase-n*	*han-on*	*tag*	*Tag*	deutschen
Bär-en	*Hase-n*	*han-on*	*tag-a*	*Tag-e*	wie *Tag)*
Bär-en	*Hase-n*	*han-ōno*	*tag-o*	*Tag-e*	
Bär-en	*Hase-n*	*han-ōm*	*tag-um*	*Tag-en*	
Bär-en	*Hase-n*	*han-on*	*tag-a*	*Tag-e*	
schwach				stark	

gemischte Flexion

Staat	*See*
Staat-es	*See-s*
Staat(-e)	*See*
Staat	*See*
Staat-en	*See-n*
Staat-en	*See-n*
Staat-en	*See-n*
Staat-en	*See-n*

Bei den Neutra gibt es stark *(Fenster)* und gemischt *(Ohr, Ende)* flektierende. Dagegen nimmt man bei den Feminina keine Unterscheidung nach starker, schwacher und gemischter Flexion vor.

Das Deutsche besitzt nur einen geringen Bestand an verschiedenen Flexionsendungen. Beim Substantiv und Adjektiv ergeben sich für die Maskulina, Neutra und Feminina im einzelnen folgende Kasusendungen:

Zur Flexion

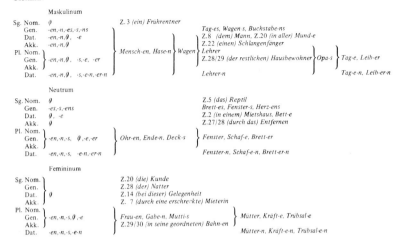

Die Deklinationsendungen des Substantivs dienen dazu, die Funktion des Substantivs im Satz zu signalisieren. Betrachtet man Morpheme in ihrer syntaktischen Funktion, so sieht man sie unter morphosyntaktischem Aspekt ([80] 506). Die Deklinationsformen sind oft nicht eindeutig. An den angegebenen Textbeispielen sehen wir, daß, wie in I 17.2.3 bemerkt, der Artikel, weitere Artikelwörter und Adjektive die Kasusunterschiede bei den Substantiven verdeutlichen (nach [27] § 399 ff.; Weiteres [28] § 378 ff.).

Adjektiv
Im Deutschen gilt die Regel, daß das Adjektiv ohne Artikel, nach endungslosen Zahladjektiven, nach endungslosen Formen wie *manch, viel, wenig* stark, nach dem bestimmten Artikel *der*, nach *dieser, derselbe, jeder, jener* u.a. schwach und nach dem unbestimmten Artikel *ein*, nach *kein, mein, unser* u.a. gemischt flektiert wird (vgl. auch [35] 48 f.).

Morphemik und Wortbildung

Maskulinum

	stark	schwach	gemischt
Sg. Nom.	-er	-e	-er
	schwarz-er Stoff	Z.16/17 der gebissen-e Schlangen-Bändiger	Z.31 ein polizeilich-er Vermerk
Gen.	-en	-en	-en
	statt schwarz-en Stoffes	des hoh-en Berges	keines groß-en Gartens
Dat.	-em	-en	-en
	aus schwarz-em Stoff	dem hoh-en Berg	keinem groß-en Garten
Akk.	-en	-en	-en
	für schwarz-en Stoff	den hoh-en Berg	keinen groß-en Garten
Pl. Nom.	-e	-en	-en
	schwarz-e Stoffe	die hoh-en Berge	keine groß-en Gärten
Gen.	-er	-en	-en
	statt schwarz-er Stoffe	Z.28/29 der restlich-en Hausbewohner	keiner groß-en Gärten
Dat.	-en	-en	-en
	mit schwarz-en Stoffen	den hoh-en Bergen	keinen groß-en Gärten
Akk.	-e	-en	-en
	für schwarz-e Stoffe	die hoh-en Berge	keine groß-en Gärten

Femininum

	stark	schwach ↔	gemischt
Sg. Nom.	-e	-e	-e
	gut-e Ware	die gut-e Köchin	Z.33 eine giftig-e Schlange
Gen.	-er	-en	-en
	statt gut-er Ware	der gut-en Köchin	einer saur-en Gurke
Dat.	-er	-en	-en
	mit gut-er Ware	der gut-en Köchin	Z.15/16 (mit) einer weiß-en M.
Akk.	-e	-e	-e
	für gut-e Ware	die gut-e Köchin	Z. 7 (durch) eine erschreckt-e Mieterin
Pl. Nom.	-e	-en	-en
	gut-e Waren	die gut-en Köchinnen	keine schnell-en Läuferinnen
Gen.	-er	-en	-en
	statt gut-er Waren	der gut-en Köchinnen	keiner schnell-en Läuferinnen
Dat.	-en	-en	-en
	mit gut-en Waren	den gut-en Köchinnen	keinen schnell-en Läuferinnen
Akk.	-e	-en	-en
	für gut-e Waren	die gut-en Köchinnen	Z.29/30 (in) seine geordnet-en Bahnen

Neutrum

	stark	schwach	gemischt
Sg. Nom.	-es	-e	-es
	hart-es Blech	das schnell-e Auto	ein klug-es Kind
Gen.	-en	-en	-en
	statt hart-en Blechs	des schnell-en Autos	eines klug-en Kindes
Dat.	-em	-en	-en
	mit hart-em Blech	dem schnell-en Auto	Z.5/6 (in) einem ausgedient-en Aquarium
Akk.	-es	-e	-es
	Z.18/19 (als) ungiftig-es zutraulich-es Tier	das schnell-e Auto	Z.8/9 ein schwarz-es Kabel
Pl. Nom.	-e	-en	-en
	hart-e Bleche	die schnell-en Autos	keine klug-en Kinder
Gen.	-er	-en	-en
	statt hart-er Bleche	der schnell-en Autos	keiner klug-en Kinder
Dat.	-en	-en	-en
	mit hart-en Blechen	den schnell-en Autos	keinen klug-en Kindern
Akk.	-e	-en	-en
	für hart-e Bleche	die schnell-en Autos	keine klug-en Kinder

(nach [28] § 475 ff.)

Zur Flexion kommt bei den Adjektiven (wie bei den Adjektivadverbien) die Möglichkeit der Komparation hinzu. Komparationsmorpheme sind -er-(+ Umlaut) (Komparativ): *ein fleißig-er-er Schüler, der ält-er-e Mann; -st-/-est-* (+ Umlaut) (Superlativ): *der fleißigst-e Schüler, der läng-st-e Tag* (Z. 2 *jüng-st,* Adjektivadverb, I 22.1), *der dreist-est-e Verbrecher* (nach [28] § 513, § 518 f.). Die Komparationsmorpheme rechnet man zu den Flexionsmorphemen und nicht zur Wortbildung (nach [129] 165).

2.2 Die Bildung der Verbformen

Beim Verb unterscheidet man drei Stammformen:

Infinitiv	1. Stammform Präsens	2. Stammform Imperfekt	3. Stammform Partizip 2
singen	*(ich) singe*	*(ich) sang*	*(ich habe) gesungen*
tanzen	*(ich) tanze*	*(ich) tanzte*	*(ich habe) getanzt*

Es gibt starke, schwache und unregelmäßige Verben. Ein starkes Verb ist ein Verb, dessen Stammvokal in der 2. Stammform (Präteritum) von dem der 1. Stammform (Präsens) aufgrund von Ablaut — damit bezeichnet man den regelmäßigen Wechsel des Stammvokals — verschieden und dessen 3. Stammform (Partizip 2) mit *(ge-...) -en* gebildet ist. Sofern der betreffende Stamm einen umlautfähigen Vokal ($[a]$, $[o{:}]$, $[a\underline{u}]$ bzw. $[a]$, $[\mathfrak{o}]$, $[\upsilon]$) aufweist, tritt in der 2., 3. Person Indikativ Singular Präsens bzw. im Konjunktiv 2 im allgemeinen Umlaut auf ($[\varepsilon]$, $[\phi{:}]$, $[\mathfrak{o}y]$ bzw. $[\varepsilon]$, $[\oe]$, $[y]$, IV 3.2). Bei schwachen Verben bleibt der Stammvokal gleich; die 2. Stammform (Präteritum) wird mit *-t-, -et-,* und die 3. Stammform (Partizip 2) mit *(ge- ...) -t-, -et-* gebildet *(sage, sag-t-e, ge-sag-t; rede, red-et-e, ge-red-et; errette, errett-et-e, errett-et,* dazu unten).

Zu den unregelmäßigen Verben zählt man Verben, deren 2. und 3. Stammform ein *t* wie bei den schwachen Verben und Wechsel des Stammvokals wie bei den starken Verben aufweisen: *nennen, nannte, genannt.*
Unregelmäßige Verben sind weiterhin Verben mit Konsonantenwechsel:
denken, dachte, gedacht; sitzen, saß, gesessen; ferner die Verben *werden, haben, wissen, können, dürfen, sollen, wollen, müssen, mögen, sein, tun* (nach [27] § 285 ff.; vgl. auch [28] § 185 Anm. 1; § 203 ff.).

Bei den finiten Konjugationsformen gibt es einfache (einteilige) und umschriebene (mehrteilige). Einteilig sind die Formen des Präsens und Präteritums Aktiv, des Konjunktivs 1 und 2 Aktiv und des Imperativs.

140 Morphemik und Wortbildung

Dagegen sind die anderen finiten Vollverbformen mehrteilig; sie werden mit *haben, sein* oder *werden* und dem Infinitiv oder Partizip 2 des Vollverbs gebildet. Da es uns hier um die Flexionsmorpheme geht, geben wir im folgenden nur die Flexionsmorpheme der einteiligen finiten Konjugationsformen an. Wir beschränken uns auf die regelmäßigen Flexionsmorpheme.

1. Stammform (Präsens)　　　Konjunktiv 1

					Konjunktiv 1	
Sg. 1.	*-e:*	*ich lieb-e,*	*fahr-e*	*(-e):*	*(ich lieb-e),*	*(fahr-e)*
2.	*-st:*	*du lieb-st,*	*fähr-st*	*(-est):*	*(du lieb-est),*	*(fahr-est)*
3.	*-t:*	*er* ⎫ *sie* ⎬ *lieb-t,* *es* ⎭	*fähr-t*	*-e:*	*er* ⎫ *sie* ⎬ *lieb-e,* *es* ⎭	*fahr-e*
Pl. 1.	*-en:*	*wir lieb-en,*	*fahr-en*	*(-en):*	*(wir lieb-en),*	*(fahr-en)*
2.	*-t:*	*ihr lieb-t,*	*fahr-t*	*(-et):*	*(ihr lieb-et),*	*(fahr-et)*
3.	*-en:*	*sie lieb-en,*	*fahr-en*	*(-en):*	*(sie lieb-en),*	*(fahr-en)*

2. Stammform (Präteritum)　　　Konjunktiv 2

				Konjunktiv 2	
Sg. 1.	*-e/∅:*	*ich lieb-t-e,* *fuhr*	*-e:*	*ich lieb-t-e,*	*führ-e*
2.	*-est/-st:*	*du lieb-t-est,* *fuhr-st*	*-est/-(e)st:*	*du lieb-t-est,*	*führ(e)st*
3.	*-e/∅:*	*er* ⎫ *sie* ⎬ *lieb-t-e,* *fuhr* *es* ⎭	*-e:*	*er* ⎫ *sie* ⎬ *lieb-t-e,* *es* ⎭	*führ-e*
Pl. 1.	*-en:*	*wir lieb-t-en,* *fuhr-en*	*-en:*	*wir lieb-t-en,*	*führ-en*
2.	*-et/-t:*	*ihr lieb-t-et,* *fuhr-t*	*-et/-(e)t:*	*ihr lieb-t-et,*	*führ-(e)t*
3.	*-en:*	*sie lieb-t-en,* *fuhr-en*	*-en:*	*sie lieb-t-en,*	*führ-en*

Imperativ
Sg. *-e/∅ : lauf-e, komm!*
Pl. *-t:*　*lauf-t, komm-t!* (nach [27] § 291 f.; Weiteres [28] § 184 ff.)

　　Neben den finiten Verbformen stehen drei infinite Verbformen:
Infinitiv
-en/-n: hab-en, klapper-n, lächel-n

Partizip 1
-d: brems-en-d
Das Partizip 1 wird aus der Infinitiv-Form + *d* gebildet.

Partizip 2
(ge-)...-en/-t/-et: ge-bund-en, ge-lob-t, ge-red-et, errett-et

　　Textbeispiele für Partizipien 2 mit *ge-* und Stammsilbenbetonung sind Z. 4 *ge'funden,* Z.11 *ge'worden,* Z.12 *ge'bissen,* Z. 15 *ge'litten,* Z.16 *ge'füttert,* Z. 29 *ge'ordnet.*

　　Präfixverben (II 9.3), die mit einem anderen untrennbaren Präfix (gebundenem Morphem) als *ge-* gebildet sind *(er-, zer-, be-, ent-, ver-, miß-)*, weisen im Partizip 2 kein *ge-* auf; der Wortakzent liegt auf der Stammsilbe, also *(er-'schlagen, er-'schlug) er-'schlagen, (zer-'fetzen, zer-'fetzte) zer-'fetzt*, Z. 7 *er'schreckt*, Z. 25 *er'wartet*, Z. 8 *be'gegnet*, Z. 13 *be'tont*, Z. 3 *ver'kündet*, Z. 19 *ver'kauft* (zu *'miß-* siehe II 9.3a) (nach [28] § 314 ff.).

Bei Verben mit trennbaren Präfixen oder Kompositionsgliedern wird *-ge-* im Partizip 2 inseriert (eingefügt). Das trennbare Element trägt den Wortakzent: *'auf-ge-gessen, zu'rück-ge-kommen*, Z. 6 *'aus-ge-dient* (I 22.1), Z. 12/13 *'ein-ge-liefert*, Z. 23 *'aus-ge-rüstet*.

Die Partizipien 2, die ein *(-)ge-* enthalten, erscheinen zwar als Zirkumfixbildungen (II 8.3) mit dem Zirkumfix { *ge* ... *-en/(e)t* }. Weil aber die Partizipien 2 Bestandteile des Verbalparadigmas sind und durch die Zirkumfixbildung keine neuen Wörter gebildet werden, gehören sie nicht in den Bereich der Wortbildung, sondern in den Bereich der Flexion. Es sind Wortformen eines Wortes, nämlich eines Verbs. Bei den Partizipien 2 des Typs *ge-lieb-t* sprechen wir folglich nicht von einer expliziten Ableitung in Form einer Zirkumfixbildung wie im Falle von *be-herz-t* (II 8.3), sondern von einer Zirkumfigierung als Flexionsform. Einen Sonderfall stellt der Typ *erschreck-t* dar (S. 189).

3 Morphemanalyse

Wenn wir ein Wort wie *Hauptbahnhöfen* in dem Satz *Auf Hauptbahnhöfen ist es zugig.* analysieren, dann gehen wir bei der Morphemanalyse in binären Analyseschritten vor, d.h., jede sprachliche Einheit wird — soweit möglich — in zwei Untereinheiten zerlegt, so wie wir es beim amerikanischen Strukturalismus kennengelernt haben (siehe unter I 16.1). Als erstes trennen wir demnach die Flexionsmorpheme, zu denen, wie bemerkt, auch Null-Elemente gehören können, ab, also

Der Vergleich mit dem Nom., Gen., Akk. Pl. *Hauptbahnhöf-e* zeigt, daß in *-e-n* abzuteilen ist. *-e* ist ein Allomorph des Plural-Morphems und *-n* ein Allomorph des Dativ-Plural-Morphems; vgl. II 2.1. Durch die Schreibweise *-e-n* bringen wir die Segmentierung zum Ausdruck.

Nun stoßen wir darauf, daß *Hauptbahnhöf-* mit Umlaut eine Variante von *Hauptbahnhof* ist; die Variante *Hauptbahnhöf-* ist durch das Plural-Morphem bedingt. Weil die Variante *Hauptbahnhöf-* in Kombination mit bestimmten Flexionsmorphemen erscheint, liegt bei dem Element *höf-* eine morphologisch determinierte Allomorphie vor. Anders als bei einigen Flexionsmorphemen sind die Allomorphe hier geringfügig differenzierte Formen des gleichen Morphems, die die Zusammengehörigkeit auch noch formal erkennen lassen (nach [117] 43 f.).

Nachdem wir im ersten Analyseschritt das Flexionsmorphem und den dadurch bedingten Umlaut beseitigt haben, gehen wir bei der nun folgenden Wortbildungsanalyse von *Hauptbahnhof* aus. Wir versuchen, die einzelnen Elemente bei der Zweiteilung durch andere Morpheme oder Morphemverbindungen zu ersetzen und so wie oben paradigmatische Beziehungen herzustellen, also z.B.
Haupt-bahnhof
Haupt-stadt.
Gleichzeitig sind die syntagmatischen Beziehungen der umgebenden Elemente zu beachten. Die Abtrennung ist nur dann sinnvoll, wenn die verbleibenden Bestandteile auch in anderen Umgebungen erscheinen (siehe aber II 5 zum unikalen Morphem und Pseudomorphem). Das trifft nicht nur für *Haupt-*, sondern auch für *-bahnhof* zu, da es z.B. in *Sackbahnhof* oder als Wort vorkommt (nach [111] 42).

Demnach unterteilen wir:

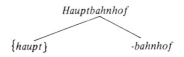

Durch weitere Teilung erhalten wir schließlich:

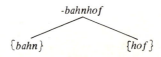

Die hierarchische Struktur von Wörtern, die aus Morphemverbindungen bestehen, ist in den allermeisten Fällen binär. Eine Ausnahme stellen Bildungen wie *schwarz-rot-golden* oder *Rühr-mich-nicht-an* (II 7.3) dar.

4 Weitere Klassifizierung der Morpheme und Allomorphe

4.1 Freie – gebundene Morpheme

Wir haben bereits freie Morpheme von gebundenen Morphemen unterschieden: Freie Morpheme sind Morpheme, die in Isolierung auftreten können, z.B. *Mann, Haus, schön*. Die dem Pl. *Männer* zugrunde liegende Lautung *männ-* kann ebenso als freies Morphem aufgefaßt werden, wenn die Definition von frei folgendermaßen erweitert wird: Ein Morphem ist frei, wenn eines seiner Allomorphe ohne zusätzliche Morpheme isolierbar ist ([110] 118). Eine weitere Differenzierung ergibt sich, wenn wir das Verb *erarbeiten* betrachten. Das Morphem {*arbeit*} ist hier nicht dem Subst. *Arbeit* zuzuordnen, sondern dem Verb *arbeiten*; denn das Morphem *er-* ist ein verbales Präfix (II 9.3 a). Bei den Stämmen, das sind Morpheme oder Morphemverbindungen, an die ein Flexionsmorphem treten kann (z.B. *haus-, freundlich-, schöngeistig-*), hat man also zwischen Verbal- und Nominalstämmen zu unterscheiden. Der Verbalstamm *arbeit-* ergibt nur in Verbindung mit Flexionsmorphemen ein Wort; daher stellt *arbeit-* ein gebundenes Morphem dar.

Ein Problem ist, ob z.B. {*komm*} in *kommt* ein freies Morphem ist, weil es dem Imp. *komm!* entspricht. Da es aber auch Imperative mit dem Allomorph *-e* wie *arbeit-e* (II 2.2) gibt und in diesem Fall {*arbeit*}, wie eben bemerkt, ein gebundenes Morphem ist, betrachtet man der Einheitlichkeit wegen auch {*komm*} als gebundenes Morphem (nach [110] 119); also

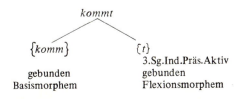

144   Morphemik und Wortbildung

Gegenüber den freien Morphemen treten gebundene Morpheme nur als Teile von Wörtern auf.

4.2 Lexikalische – grammatische Morpheme

Weiterhin wird zwischen lexikalischen und grammatischen Morphemen unterschieden. Lexikalische Morpheme sind solche wie {*mann*}, {*komm*}. Sie tragen die lexikalische Bedeutung, also den im Lexikon festgehaltenen Teil von Bedeutung, der zusammen mit der grammatischen Bedeutung die Gesamtbedeutung eines sprachlichen Ausdrucks ergibt (vgl. [18] 295) (Weiteres zur lexikalischen Bedeutung siehe VI 5). Demgegenüber stellen grammatische Morpheme Beziehungen zwischen den lexikalischen Morphemen her. Zu den grammatischen Morphemen zählt man aus einem Morphem bestehende, unflektierbare Funktionswörter und Funktionswortstämme (II 1.1), ferner Flexionsmorpheme und einige auch die Wortbildungsmorpheme. Wortbildung wird bei dieser Klassifizierung also als grammatischer Prozeß verstanden. Doch haben die Wortbildungsmorpheme an der Begründung der lexikalischen Bedeutung eines neuen Wortes Anteil. Während die lexikalischen Morpheme eine offene Klasse bilden, kommen grammatische Morpheme nur in begrenzter Anzahl vor (geschlossene Klasse) (nach [112] 90; [110] 119; Weiteres [35] 107 ff.).

4.3 Funktionsklassen

Außer der Klassifizierung der Morpheme nach freien/gebundenen und lexikalischen/grammatischen teilt man die Morpheme ein in:
a) die uns schon bekannten nur gebunden vorkommenden Flexionsmorpheme; ferner in
b) Grund-, Basismorpheme. Wie wir z.B. bei den Morphemverbindungen *Haustüren* und *schiffbar* gesehen haben, kommt bestimmten Morphemen beim Aufbau der lexikalischen Bedeutung eines Wortes besondere Bedeutung zu. Basismorpheme kommen gebunden oder frei vor:

{*haus*}
{*tür*}
{*schiff*}   (in *schiffbar*; die Basis ist das Subst. *Schiff*)
            {*arbeit*}   (in *arbeiten*)

   frei   gebunden

Weitere Klassifizierung der Morpheme und Allomorphe   145

Basismorpheme werden in der Stammform angegeben, wobei Umlaut oder anderer Vokalwechsel, wie *hilf-/helf-*, beseitigt wird. (Als Verbalstamm wird aus sprachhistorischen Gründen *helf-* angesetzt. Der Nominalstamm lautet dagegen {*hilf*}; vgl. *Hilfsmittel* mit {*hilf*}-*s* zu *Hilfe.*) Basismorpheme können mit anderen Basismorphemen/Basismorphemverbindungen oder mit den unter c) genannten Wortbildungsmorphemen zur Bildung neuer Wörter kombiniert werden.

c) Wortbildungs-, Formationsmorpheme
   Wie bemerkt, machen diese Morpheme aus Wörtern neue Wörter. Wortbildungs-, Formationsmorpheme treten im Deutschen vor, hinter und um einen Stamm herum. Der Oberbegriff dafür ist Affix. Wir unterscheiden

   α) Präfix: Morphem vor einem Stamm
                  be-fragen, un-schön

   β) Suffix: ein an einen Stamm angehängtes Morphem
                  gift-ig: Gift
                  alt-er(-n): alt

   γ) Zirkumfix: Gleichzeitig treten ein Morph vor und ein Morph
                  hinter einen Stamm
                  be-schön-ig(-en)
                  be-absicht-ig(-en)
                  be-herz-t

Hier begegnet uns eine diskontinuierliche Anordnung zusammengehöriger Elemente (I 4.3). Im ersten Wortbildungsanalyseschritt sind *be-* und *-ig, be-* und *-t* vom Stamm *(schön-, absicht-, herz-)* zu trennen. Bei Partizipien 2 wie *ge-liebt-t, ge-bund-en* gilt {*ge-...-en/ (e)t*} nicht als Wortbildungs-, sondern als Flexionsmorphem (II 2.2).

   δ) Infix: Ein Infix ist ein Element, das innerhalb des Basismorphems steht. Solche Fälle sind uns aus dem Lateinischen bekannt, z.B. *ru-m-p-o* ‚ich breche' gegenüber *rūpī* ‚ich habe gebrochen'.

Wortbildungsmorpheme sind gebundene Morpheme (nach [110] 59 f.) (zu weiteren Morphemen siehe II 5).

Wenn wir nun die Morpheme der Überschrift unseres Textes nach den angegebenen Kriterien klassifizieren, so ergibt sich (Null-Elemente lassen wir hier außer Betracht):

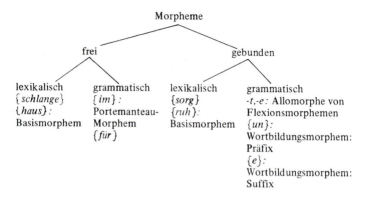

4.4 Affix-Allomorphie

Wie bei den Basis- und Flexionsmorphemen finden sich auch bei den Affixen Allomorphe. Die Diminutivsuffixe *-chen* und *-lein* sind in bestimmten Fällen durch die lautliche Umgebung determiniert: Bei einem auf *-l(e)* endenden Basismorphem wird die Diminutivform mit *-chen* gebildet *(Röllchen, Spielchen, Seelchen)*. Dagegen tritt das Diminutivsuffix *-lein* auf, wenn der sogenannte Wortkern auf *-ch*, *-g* oder *-ng* auslautet, z.B. *Bächlein, Zweiglein, Ringlein;* lautlich determiniert ist auch die Verwendung des Lehnpräfixes *de-/des-*. *des-* erscheint vor Vokal *(des-organisieren)* und *de-* vor Konsonant *(de-mobilisieren)* (nach [125] 173; [117] 178 ff.).

Als morphologisch determinierte Allomorphe werden *-keit* und *-heit* aufgefaßt. *-keit* findet sich bei Substantiven, die von Adjektiven mit den Suffixen *-ig, -lich, -sam, -bar (Schäbig-keit, Häßlich-keit, Wachsam-keit, Trennbar-keit)* abgeleitet sind, sonst steht — von regellosen Fällen abgesehen — *-heit*. Die hier behandelten Allomorphe sind also zum großen Teil kombinatorische Varianten (nach [117] 150 f.).

5 Motiviertheit und Unmotiviertheit bei Morphemverbindungen

Morphemverbindungen wie *Haustür*, denen jeder Deutschsprechende die richtige Bedeutung zuordnen kann, nennt man motiviert, d.h. in der formalen und inhaltlichen Beschaffenheit durch-

Motiviertheit und Unmotiviertheit bei Morphemverbindungen 147

schaubar, aus sich selbst verständlich; unmotiviert sind dagegen *Haus* und *Tür*; denn die Bedeutungen dieser Wörter muß man entweder wissen oder im Lexikon nachschlagen (nach [117] 11) (Weiteres III 3.2).

Doch können auch Wörter, deren Silbenzahl auf eine Zusammensetzung (II 7) deutet, in keinem Teil durch ein anderes Wort oder einen anderen Wortteil motiviert sein, z.B. *Nuckelpinne* ‚kleines (nicht mehr ganz intaktes) Fahrzeug mit schwachem Motor'.

Von Teilmotivation spricht man bei grammatikalisierten Bildungen wie *-fälle* in *Regenfälle*, wo *-fälle* die Funktion eines Pluralzeichens hat, oder bei Zusammensetzungen mit den Wortelementen *Auer-, Brom-, Butzen-, Dam-, Fleder-, Hage-, Hift-, Him-, Paus-, Schorn-* in *Auerhahn, Brombeere, Butzenscheibe, Damhirsch, Fledermaus, Hagestolz, Hifthorn* (eine Art Jagdhorn), *Himbeere, Pausbacken, Schornstein* oder *-fried, -gam, -ecker, -fott, -igall* in *Bergfried, Bräutigam, Buchecker, Hundsfott, Nachtigall*. Weiterhin gelten Bildungen, deren Bedeutung sich geändert hat, als teilmotiviert, z.B. *Jungfrau, Brustwehr* (nach [28] § 690).

Morpheme wie *Brom-* in *Brombeere*, die nur in einer einzigen Verbindung, und zwar in Zusammensetzungen mit einem freien Morphem erscheinen, sind unikale Morpheme.

Tritt ein solches Morphem, das immer ein gebundenes Morphem ist, in expliziten Ableitungen oder Präfixbildungen (II 8; 9) auf, so nennt man es Pseudomorphem, z.B. { *ginn* } in Z. 9 *beginnen*, { *reit* } in Z. 11 *bereits*, Z. 9 *plötz-* als Allomorph zu *plotz-* in *plötzlich*. Auch Elemente, die allein auf der Ausdrucksseite (III 2) mit wirklichen Morphemen identisch sind, gehören zu den Pseudomorphemen (nach [125] 172), z.B. { *steh* } in *verstehen*. Da { *hand* } in Z. 32 *handeln* heute kaum mehr mit dem Wort *Hand* in Verbindung gebracht wird, ist es ebenfalls als Pseudomorphem zu klassifizieren. Was *-schäft-* als Allomorph zu *-schaft-* in Z. 18 *-geschäft* betrifft, so erscheint ein *-schäft-* zwar noch in *beschäftigen*. Da dessen Bedeutung aber wie die von *Geschäft* aus den einzelnen Morphemen nicht erschließbar ist, dürfte ferner *-schaft-* den Pseudomorphemen zuzurechnen sein.

Wörter, deren Gesamtbedeutung sich nicht (mehr) aus der Bedeutung der einzelnen Bestandteile ergibt, bezeichnet man als lexikalisiert oder idiomatisiert (vgl. [117] 13; [18] 196, 297).

Das Stichwort Lexikon führt uns zu einem weiteren, mit dem Vorigen in Zusammenhang stehenden Begriff, dem Lexem: Während das Morphem ein Bauelement des Wortes ist, ist das Lexem eine lexikalische Einheit, ein Bauelement des Wortschatzes oder Lexikons. Es kann nach W. Fleischer [117] 51 f. aus einem oder mehreren Basismorphemen und aus Basismorphemen, die mit Wortbildungsmorphemen kombiniert sind, sowie aus mehreren Wörtern (Wortgruppenlexem) bestehen. Lexeme sind nach seiner Auffassung alle nicht regelmäßig semantisch motivierten lexikalischen Einheiten, also nicht ohne weiteres in ihrer Bedeutung durchschaubare Morpheme oder Morphemverbindungen, wie etwa *Haus, hausier(en), Haushalt, Weißes Haus* ‚Regierungsgebäude, Amts- und Wohnsitz des Präsidenten in Washington', *aus dem Häuschen sein* ‚in großer Erregung sein'. Bei regelmäßig motivierten Zusammensetzungen wie *Haus/tür, Haus/vorstand* rechnet Fleischer dagegen mit zwei Lexemen.

Im Gegensatz zu Fleischer betrachten andere Forscher allein unflektierbare Wörter oder Wortstämme als Lexeme (II 1.1). Die Lexeme, die in verschiedenen Wortformen auftreten, werden dabei in der (1.) Stammform (beim Verb) (Abzug der Flexionsmorpheme; II 2; 4.1) + Bindestrich angesetzt; vgl. das Lexem *reib-* in *reiben, riebst.*

In diesem Kapitel sind wir an die Grenzen der von der Gegenwartssprache ausgehenden Morphemanalyse gestoßen. Zur Aufhellung der ursprünglichen Bedeutungsverhältnisse in lexikalisierten/idiomatisierten Wortbildungen helfen nur sprachgeschichtliche Analysen weiter. So findet sich z.B. für *Brom-* in *Brombeere,* dessen Bedeutung im Duden: Das große Wörterbuch [113] als ‚schwarzrote bis schwarze, eßbare Beere' angegeben wird, im Althochdeutschen die Erklärung. Das erste Glied der althochdeutschen Entsprechung *bramberi* gehört zu *brama* ‚Dorn'. *bramberi* ist also die Beere des Dornstrauchs ([119] 102). Wir sind bei dem Morphem *Brom-* der Frage der Grundbedeutung oder, wie man in sprachwissenschaftlicher Terminologie sagt, der Etymologie (wahren Bedeutung) nachgegangen, wobei das Wort Etymologie gleichzeitig die Wissenschaft von der Herkunft der Wörter nach Form und Bedeutung bezeichnet ([126] 15; Weiteres [127] 261 ff.).

6 Allgemeines zur Wortbildung

Die häufigste Art der Wortbildung ist die Erweiterung von Wörtern, wodurch ein neues Wort entsteht. Dieses steht dann dem Simplex, dem nicht zusammengesetzten, abgeleiteten oder mit Präfix versehenen Wort, gegenüber. Weniger häufig als die Erweiterung begegnen (die Kürzung von Wörtern), die implizite Ableitung und die Überführung eines Wortes in eine andere Wortart.

Bei der Ausdruckserweiterung unterscheidet man folgende Wortbildungstypen: Zusammensetzung, explizite Ableitung, Präfixbildung, wobei sich die Zusammensetzungen wiederum in Determinativkomposita, Possessivkomposita, präpositionale Rektionskomposita und Kopulativkomposita gliedern. In Anschluß an H. Wellmann [28] § 691 ergeben sich so folgende Arten der Wortbildung:

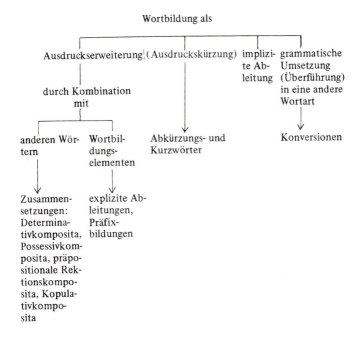

Wir beginnen mit einer Form der Ausdruckserweiterung, der Zusammensetzung.

7 Der Wortbildungstyp Zusammensetzung (Kompositum)

7.1 Definition

Der Terminus Zusammensetzung bezeichnet außer dem Resultat auch den Vorgang der Zusammensetzung. Entsprechend meint

Komposition den Vorgang, Kompositum das Resultat der Zusammensetzung. Unter dem Wortbildungstyp Zusammensetzung versteht man eine Morphemverbindung, deren unmittelbare (durch Zweiteilung gewonnene) Konstituenten, die Kompositionsglieder, auch als freie Morpheme oder Morphemverbindungen vorkommen können. Die unmittelbaren Konstituenten werden unter einem Hauptakzent vereint, der gewöhnlich auf der ersten unmittelbaren Konstituente liegt; vgl. 'Hauptstraßen-,bauplan. (Trägt Haupt- einen Nebenton, also ‚Haupt-'straßenbauplan, so ergibt sich eine andere Bedeutung: ‚wichtigster Straßenbauplan', nach [125] 174. Der erste Analyseschritt erweist dieses Wort als Präfixbildung, II 9.1.) Nur das zweite Element der Zusammensetzung wird flektiert. Die zweite Konstituente bestimmt in der Regel Genus und Wortart der Zusammensetzung. So ist *Hochhaus* ein Substantiv, *haushoch* ein Adjektiv und *mähdreschen* ein Verb (zu den verbalen Zusammensetzungen siehe II 9.3a); vgl. etwa

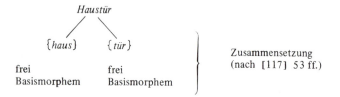

7.2 Fugenelemente

Bei der Analyse der Zusammensetzung *Arbeitsjacke* stoßen wir auf ein Fugenelement:

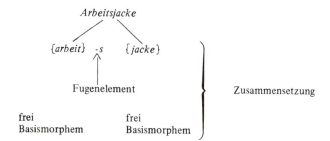

Das Fugenelement *-s-* ist von Zusammensetzungen mit einem vorangestellten Genetiv Singular maskulinum, neutrum ausgegangen, z.B. ahd. *tageszīt*. Es wurde dann auch an Feminina, deren Genetiv Singular nicht auf *-(e)s* auslautet, angefügt.

Andere Fugenelemente finden sich in *Mond-en-schein* (gegenüber *Mondschein*), *Scheune-n-tor* — der Ursprung dieser Fugenelemente liegt in den Flexionsendungen der schwachen Substantive im Singular und Plural; vgl. II 2.1 *Hahnenfuß —; Frau-ens-person* — der Ausgangspunkt sind Wörter wie *Herz-ens-angst; Herz-ens* ist eine Flexionsform des Wortes *Herz —; Hund-e-marke, Hühn-er-ei* — das Fugenelement *-er-* ist aus dem Plural-Morphem *-er* hervorgegangen; es tritt nur auf, wenn die erste Konstituente den Plural auf *-er* bildet; vgl. *Hühn-er-stange, Kälb-er-stall, Büch-er-stube*. Während in diesen Komposita die erste Konstituente für die Mehrzahl steht, bezeichnet die erste Konstituente in *Hühn-er-ei* und *Ei-er-schale* die Einzahl.

Die Setzung oder Unterlassung von Fugenelementen ist eine Frage des Sprachgebrauchs, der Konvention; vgl. das Nebeneinander von *Rind-s-filet, Rind-er-braten, Rindfleisch*. Ob eine Zusammensetzung ein Fugenelement aufweist und welche Form es hat, ist weitgehend von der Beschaffenheit des Erstglieds abhängig. So erscheint z.B. das Fugenelement *-s-* regelmäßig nach den Suffixen *-ling* und *-tum* und nach dem *-en* substantivierter Infinitive *(Säugling-s-pflege, Altertum-s-forschung, Schaffen-s-kraft)*; vgl. auch oben zu *-er-*.

Hat eine aus mehreren Morphemen bestehende erste unmittelbare Konstituente eines Kompositums wie *Schiffahrt-s-weg* ein Fugenelement, so trennen wir bei dieser Konstituente zuerst *s* ab:

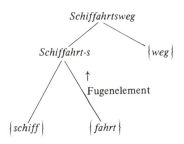

Auch wenn die Lautform einer ersten unmittelbaren Konstituente mit der Wortform eines entsprechenden freien Morphems identisch ist, wie in *Hund-e-futter* (‚der Hunde Futter' → ‚Futter für Hunde'), *Wald-es-rand* (‚des Waldes Rand' → ‚Rand des Waldes'), fassen wir *-e-, -es-* nicht als Flexionsmorpheme, sondern als Fugenelemente auf. Der Grund hierfür liegt darin, daß die Flexion innerhalb eines Kompositums gelöscht ist. Da dem Fugenelement außerhalb von Zusammenrückungen (II 7.3) heute nicht mehr die Funktion eines Flexionsmorphems zukommt, hat es nicht den Status eines Morphems. Z.B. *Waldes-* in *Waldesrand* ist daher als

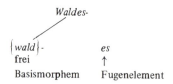

zu analysieren. *Waldesrand* bedeutet das gleiche wie die Lautung ohne Fugenelement, *Waldrand*. Doch gehört *Waldesrand* wohl einer höheren Stilschicht an.

In einigen Fällen haben Wörter mit Fugenelement auch eine andere Bedeutung als die entsprechenden Wörter ohne Fugenelement, z.B. *Land-s-mann* gegenüber *Landmann* (nach [117] 121 ff.; Weiteres [28] § 811 ff.). Im allgemeinen fungieren Fugenelemente aber nur als Grenzsignale.

7.3 Zusammenrückung

Ein Sonderfall der Zusammensetzung ist die Zusammenrückung. Sie steht zwischen syntaktischen Fügungen und Zusammensetzungen ([27] § 1069). Aus einer syntaktischen Gruppe wird unter Beibehaltung der Wortfolge und gegebenenfalls der Flexion ein Neuwort gebildet, das auch zur unmittelbaren Konstituente eines Kompositums werden kann, z.B. *Sauregurkenzeit, Sauregurkenzeit-Report*. Wie der Genetiv *der Saure-n-gurkenzeit* zeigt, wird *sauer* innerhalb der Zusammenrückung flektiert (nach [114] 31 f.). Auch in den Zusammenrückungen *ein Dummerjungenstreich* ‚Streich dummer Jungen', und *ein Hoher-, der Hohepriester* (Pl. *die Hohenpriester*) haben die Adjektive die gleiche Flexion wie in den entsprechenden syntaktischen Fügungen. Ein anderer Typ von Zusammenrückung begegnet in dem substantivierten „Bindestrichinfinitiv" *Von-der-Hand-in-den-Mund-Leben*.

Der Wortbildungstyp Zusammensetzung 153

Zu den Zusammenrückungen zählt man weiterhin Bildungen, deren Wortart und Genus nicht durch die letzte Konstituente bestimmt werden kann, wie *Rührmichnichtan, Vergißmeinnicht* (Pflanzenbezeichnungen), *Tunichtgut, Taugenichts* (Personenbezeichnungen), sogenannte Satzwörter. Die Verbform steht hier an erster Stelle und ist vielfach als ursprünglicher Imperativ oder 1. Person Singular Indikativ Präsens Aktiv erklärbar. Bildungen ohne Verbform wie *Dreikäsehoch, Nimmersatt* erscheinen seltener. Es sind Substantivierungen von Satzgliedern oder Wortgruppen (nach [117] 62) (siehe II 1 2).

Im Unterschied zur Wortbildung der Nomina kommt der Zusammenrückung bei der Wortbildung der Adverbien viel mehr Bedeutung zu. Bildungen mit einem nicht adverbiellen/präpositionalen zweiten Element gelten als Zusammenrückungen wie *jederzeit, zugunsten, zeitlebens, trotzdem, zudem,* Z. 25 *nachdem.* Ihnen stehen die Zusammensetzungen, deren zweite Konstituente im freien Gebrauch ein Adverb oder eine Präposition ist, gegenüber, Z. 3 *dafür,* Z. 4 *daran,* Z. 34 *dagegen,* Z. 15 *vorher.* Z. 33 *jedoch* und Z. 21 *sofort* sind idiomatisierte Zusammensetzungen (nach [117] 297 ff.).

Wir wenden uns nun den eigentlichen Zusammensetzungen zu.

7.4 Der Kompositionstyp Determinativkompositum

7.4.1 Definition

Die Bedeutung der oben (II 1.2) genannten Zusammensetzung *Haustür* wird im Duden: Das große Wörterbuch [113] paraphrasiert durch ‚Tür am Eingang eines Hauses'. Wenn die zweite unmittelbare Konstituente durch die erste näher bestimmt, determiniert wird, liegt ein Determinativkompositum vor, der häufigste Typ unter den Zusammensetzungen. Die erste Konstituente bezeichnet man als Bestimmungswort und die zweite als Grundwort. Als zweite Konstituente tritt zumeist ein Substantiv oder ein Adjektiv auf. Auch Adverbien kommen als zweite Konstituenten von Determinativkomposita vor, z.B. in *immerfort.* Doch ist bei den adverbiellen Zusammensetzungen nur noch vereinzelt ein Determinationsverhältnis zwischen den beiden Konstituenten faßbar; zumeist handelt es sich wie bei den in II 7.3 aufgeführten Bildungen um eine kopulative Bedeutungsbeziehung, z.B. *dabei* < *da + bei* (vgl. [28] § 940).

Die erste Konstituente eines Determinativkompositums kann aus einem Basismorphem bestehen. Dieses Basismorphem ist ent-

154   Morphemik und Wortbildung

weder ein freies Morphem oder ein gebundenes Morphem, das in verschiedenen Funktionen – z.B. in der eines Nominal- oder eines Verbalstamms – verwendbar ist. Ein Nominalstamm begegnet beispielsweise in *Dankgebet,* ein Verbalstamm in *Waschmaschine, Treibjagd, Schreibmaschine, Lebewesen, Sendbote, Rasierapparat, Landebahn, Waschtag* (Weiteres [28] § 807 ff.). Gelegentlich erscheinen daneben Adverbien und Präpositionen als erste Konstituenten von Determinativkomposita, z.B. *Außentemperatur* ,Temperatur außen', *Vorjahr* (dazu II 9.1 b). Die unmittelbaren Konstituenten können weiterhin Verbindungen aus Basis- und Wortbildungsmorphemen sein, z.B. *Fußboden-belag, Lebensmittel-großhandlung.* Die Akzentuierung der zweiten unmittelbaren Konstituente macht in diesen Wörtern deutlich, wie die Zweiteilung der Zusammensetzung vorzunehmen ist. Da *-be,lag* und ,*großhandlung* und nicht *-boden-* und *-mittel-* betont sind, ist in *Fußboden-belag* und *Lebensmittel-großhandlung* abzuteilen.

Die semantischen Beziehungen zwischen Bestimmungswort und Grundwort können ganz unterschiedlicher Natur sein; vgl. *Kellertheater* (,Theater im Keller') mit *Kindertheater* (,Theater für Kinder'). Dennoch muß zwischen Bestimmungs- und Grundwort semantische Verträglichkeit (Kompatibilität) herrschen. Ungewöhnlich, aber in der Poesie möglich, ist z.B. *Eßsarg* (,Sarg zum Essen') ([117] 81 ff.); Weiteres VIII 1.2.

7.4.2 Paraphrasen

Wie eben bemerkt, werden Determinativkomposita zur Wiedergabe verschiedener Beziehungen zwischen Bestimmungswort und Grundwort gebraucht; das gilt vor allem für den Typ Substantiv(stamm) + Substantiv. J. Erben [114] 62 sagt: ,,Das grundwörtlich Genannte hat (enthält)/tut/betrifft/schafft das vom Bestimmungswort Genannte, es entsteht/besteht daraus/geschieht dadurch/ist ein Teil davon/ist wie dieses/ist darin (wirksam) / ist bestimmt dafür/dient dazu oder schützt davor u.ä.''

Vgl. z.B.

Pferdewagen	,Wagen, den ein Pferd zieht'
Bienenhonig	,Honig, den die Biene erzeugt'
Wurstfabrik	,Fabrik, in der man Wurst erzeugt'
Automotor	,Motor, der ein Teil eines Autos ist'
Wandbild	,Bild, das sich auf einer Wand befindet'

a) nach syntaktischen Kriterien vorgenommene Paraphrasen

Die angeführten Paraphrasen, die aus einem Substantiv in Verbindung mit einem Relativsatz bestehen, sogenannte Relativsatz-

Der Wortbildungstyp Zusammensetzung   155

Paraphrasen, sind ein übliches Verfahren, die Bedeutung von Komposita zu umschreiben. Relativsatz-Paraphrasen führt man weiterhin auf vollständige, selbständige Sätze zurück. Diese Art der Paraphrasierung geht auf den Einfluß der Generativen Transformations-Grammatik zurück, nach der Relativsätze von „Hauptsätzen" in der Tiefenstruktur herzuleiten sind. Man verwendet möglichst Sätze im Aktiv, um die syntaktischen Beziehungen leichter überschaubar zu machen. Ein Subjekt, das nicht mit einem Bestandteil des Kompositums identisch ist, wird mit x bezeichnet. Personifizierungen wie *Werbeslogan = Der Slogan wirbt.* vermeidet man dabei (dafür: *x wirbt mit dem Slogan.*). Bei der Paraphrase soll der verbale oder nominale Charakter eines Morphems grundsätzlich gewahrt bleiben (nach [128] 377 ff.; vgl. auch [38] 70 ff.).

Die folgenden Paraphrasen machen deutlich, daß den verschiedenartigen Bedeutungsbeziehungen, die zwischen den zwei Konstituenten von Determinativkomposita herrschen, auch verschiedene syntaktische Strukturen entsprechen:

Substantivische Komposita:

Prädikat-Nom.-E (Subjekt)-Typ eine Berufungsinstanz ist eine Instanz, die jemanden beruft → die Instanz beruft jemanden	*Berufungsinstanz*
Prädikat-Akk.-E (Objekt)-Typ ein Wahlfach ist ein Fach, das man wählt → x wählt ein Fach	*Wahlfach*
Prädikat-Situativ-E-Typ (der Kürze wegen wird hier der Terminus „Situativ-E" und nicht „Präpositional-E mit unfester Präp." verwendet) ein Wohnzimmer ist ein Zimmer, in dem man wohnt → x wohnt in einem Zimmer	Z.6 *Wohnzimmer*
Prädikat-Lokal-A (Adverbiale)-Typ ein Schwimmbecken ist ein Becken, in dem man schwimmt → x schwimmt in einem Becken	*Schwimmbecken*
Prädikat-Temporal-A (Adverbiale)-Typ ein Waschtag ist ein Tag, an dem man wäscht → x wäscht an einem Tag	*Waschtag*
Prädikat-Instrumental-A (Adverbiale)-Typ ein Rasierapparat ist ein Apparat, mit	*Rasierapparat*

156   Morphemik und Wortbildung

dem man sich rasiert. →
x rasiert sich mit einem Apparat

Wenn beide Glieder nominal sind, ist der verbale Bestandteil, durch den man diese beiden Konstituenten bei der Paraphrase verbindet, willkürlich gewählt (vgl. [122] 179; [28] § 802):

Nom.–E (Subjekt)-Akk.-E (Objekt)-Typ
ein Anwaltsbüro ist ein Büro, das   *Anwaltsbüro*
ein Anwalt besitzt →
ein Anwalt besitzt ein Büro.

Akk.-E (Objekt)-Nom.-E (Subjekt)-Typ
ein Stacheldraht ist ein Draht, der   *Stacheldraht*
Stacheln aufweist →
Der Draht weist Stacheln auf
eine Honigbiene ist eine Biene, die   *Honigbiene*
Honig erzeugt →
die Biene erzeugt Honig

Von einem Teil der Sprecher wird auch Z. 23   *Handschuh*
heute verstanden als:
ein Handschuh ist eine Art Schuh, der
die Hand schützt →
eine Art Schuh schützt die Hand
Andere betrachten {*schuh*} als unikales Morphem und *Handschuh* so als idiomatisierte Bildung ([28] § 951).

Nom.-E (Subjekt)-Temporal-A (Adverbiale)-Typ
Ursprünglich galt:
ein Kirchentag ist ein Tag, an dem   *Kirchentag*
die Kirche zusammenkommt →
die Kirche kommt an einem Tag zusammen
Heute ist der Kirchentag eine Großveranstaltung, bei der sich Angehörige der Kirche treffen.

Präpositional-E (Präpositionalobjekt)-Nom.-E (Subjekt)-Typ
ein Lederhandschuh ist ein Handschuh, Z. 23 *Lederhandschuh*
der aus Leder besteht →
der Handschuh besteht aus Leder; ebenso   Z. 24 *Leinensack*

Situativ-E-Nom.-E (Subjekt)-Typ
ein Wohnzimmerschrank ist ein Schrank, Z. 6 *Wohnzimmerschrank*
der sich in einem Wohnzimmer befindet →
der Schrank befindet sich in einem Wohnzimmer; ebenso   Z. 8 *Hausflur*
ein Zeitpunkt ist ein Punkt, der auf   Z. 14 *Zeitpunkt*
der Zeit(achse) liegt →
der Punkt liegt auf der Zeit(achse)
(Da *Zeit* unter anderem die Bedeutung
‚Zeitachse‘ haben kann, liegt hier wohl
keine Klammerform [dazu II 10] vor.)

Der Wortbildungstyp Zusammensetzung   157

Prädikatsnomen-E (Prädikatsnomen)-Nom.-E (Subjekt)-Typ
ein Verlustgeschäft ist ein Geschäft,   *Verlustgeschäft*
das ein Verlust ist →
das Geschäft ist ein Verlust
ein Pyramidendach ist ein Dach, das   *Pyramidendach*
wie eine Pyramide aussieht →
das Dach sieht wie eine Pyramide aus
ein Kleinwagen ist ein Wagen, der   *Kleinwagen*
klein ist →
der Wagen ist klein

Lokal-A (Adverbiale)-Nom.-E (Subjekt)-Typ
ein Wasserflugzeug ist ein Flugzeug,   *Wasserflugzeug*
das auf dem Wasser landet →
das Flugzeug landet auf dem Wasser

Temporal-A (Adverbiale)-Nom.-E (Subjekt)-Typ
ein Frührentner ist ein Rentner, der   Z. 3 *Frührentner*
früh Rente bezieht →
der Rentner bezieht früh Rente

Instrumental-A (Adverbiale)-Nom.-E (Subjekt)-Typ
Hierher möglicherweise:
eine Giftschlange ist eine Schlange,   Z. 32 *Giftschlange*
die (ihr Opfer) durch Gift zu töten/
betäuben versucht →
die Schlange versucht (ihr Opfer) durch
Gift zu töten/betäuben

Präpositional-E (Präpositionalobjekt)-Akk.-E (Objekt)-Typ
die Simonstraße ist eine Straße, die   Z. 2 *Simonstraße*
man nach Simon benannt hat →
x hat die Straße nach Simon benannt
Bei dieser Paraphrase ist das Perfekt zu verwenden.

Akk.-E (Objekt)-Lokal-A (Adverbiale)-Typ
ein Zoogeschäft ist ein Geschäft, in   Z. 18 *Zoogeschäft*
dem man Zoo[artikel] (vgl. II 10) ver-
kauft →
x verkauft Zoo[artikel] in einem Geschäft
ein Tiergarten ist ein zoologischer   Z. 21 *Tiergarten*
Garten, in dem man Tiere hält →
x hält Tiere in einem (zoologischen) Garten
Da aufgrund der ersten Konstituente *Tier-* die zweite
Konstituente *-garten* als ‚Garten für Tiere' verstanden
wird, erübrigt sich der Ansatz einer Klammerform (dazu II 10)
ein Krankenhaus ist ein Haus, in dem   Z. 12 *Krankenhaus*
man Kranke behandelt →
x behandelt Kranke in einem Haus

Akk.-E (Objekt)-Instrumental-A (Adverbiale)-Typ
ein Fischmesser ist ein Messer, mit   *Fischmesser*

158   Morphemik und Wortbildung

dem man Fisch ißt →
x ißt Fisch mit dem Messer

Temporal-A (Adverbiale)-Akk.-E (Objekt)-Typ
Spätnachrichten sind Nachrichten, die   *Spätnachrichten*
man spät sendet →
x sendet die Nachrichten spät

Kausal-A (Adverbiale)-Akk.-E (Objekt)-Typ
Schlangen-Alarm ist ein Alarm, den   Z.3 *Schlangen-Alarm*
man wegen einer Schlange oder wegen
Schlangen gibt →
x gibt Alarm wegen einer Schlange/Schlangen

Die Konstituenten von Zusammensetzungen, die nicht allgemein üblich sind, werden durch einen Bindestrich verbunden. Bei sogenannten Ad-hoc-Wortbildungen wollen wir nach dem Muster suchen. Das Muster sind hier Zusammensetzungen wie *Feueralarm, Bombenalarm.*

Konditional-A (Adverbiale)-Akk.-E (Objekt)-Typ
eine Notbremse ist eine Bremse, die   *Notbremse*
man im Notfall zieht →
x zieht die Bremse im Notfall

Modal-A (Adverbiale)-Situativ-E-Typ
ein Mietshaus ist ein Haus, in dem   Z. 2 *Mietshaus*
man zur Miete wohnt →
x wohnt in einem Haus zur Miete (nach [128] 383 ff.; [114] 64 f.; [28] § 797 ff.)

Bei den folgenden Zusammensetzungen geht die Deutung des Vorderglieds als Vertreter einer Kasusform aus der Rektion des Verbs hervor, das der zweiten Konstituente zugrunde liegt.

Akk.-E (Objekt)-Prädikat-Typ
ein Hausbewohner ist jemand, der   Z.7 *Hausbewohner*
ein Haus bewohnt →
x bewohnt ein Haus
ein Schlangen-Bändiger ist jemand,   Z. 17 *Schlangen-Bändiger*
der Schlangen bändigt →
x bändigt Schlangen
Das Vorbild für die nicht übliche Zusammensetzung
(VIII 1.2) ist *Löwenbändiger.*
ein Schlangenfänger ist jemand, der   Z. 22 *Schlangenfänger*
Schlangen fängt →
x fängt Schlangen
Vgl. *Rattenfänger*

↳ Nach dem bisherigen Schema nicht zu analysieren ist der Typ *Eßapfel.* Hier muß bei der Paraphrase ein Passiv in Verbindung mit einem Modalverb gebraucht werden:

Der Wortbildungstyp Zusammensetzung 159

ein Eßapfel ist ein Apfel, der gegessen werden kann → der Apfel kann gegessen werden.

Um die Beziehungen zwischen den Konstituenten von Zusammensetzungen zu veranschaulichen, verwendet man in folgenden Fällen neben Satzparaphrasen auch Syntagmen mit einer abhängigen Genetiv- oder präpositionalen Fügung, z.B.

eine Fachwahl ist die Wahl eines Faches (neben x wählt ein Fach)	*Fachwahl*
ein Schlafbedürfnis ist ein Bedürfnis nach Schlaf	*Schlafbedürfnis*
eine Sporthilfe ist eine Hilfe (finanzielle Unterstützung) für den Sport	*Sporthilfe*
eine Zukunftshoffnung ist eine Hoffnung auf die Zukunft	*Zukunftshoffnung*
ein Seitenblick ist ein Blick zur Seite	*Seitenblick*
der Berufsstolz ist der Stolz auf den Beruf	*Berufsstolz*

(nach [27] § 1012 f.; vgl. auch [28] § 794 ff.). Die Genetivfügung (Genetivus objectivus) oder präpositionalen Fügungen fungieren in den Paraphrasen als Substantiv-Ergänzungen.

In der Paraphrase des Typs *Erdbeben* — ein Erdbeben ist ein Beben der Erde — ist die Genetivfügung ein Genetivus subjectivus; vgl. I 17.1.2.

Hierher gehört ferner die Ad-hoc-Wortbildung Z. 7 *Hausbewohner-Zuwachs:*

ein Hausbewohner-Zuwachs ist ein Zuwachs an Hausbewohnern.
Als Vorbild dient *Familienzuwachs* ‚Zuwachs in der Familie'.

Sogenannte relationale Nomina wie *Sohn* und *Freund*, die aufzufassen sind als Sohn von jemandem, Freund von jemandem/etwas (nach [116] 52 ff.), erscheinen auch als Glieder von Komposita:

Ein Professorensohn ist der Sohn eines Professors	*Professorensohn*
ein Schlangenfreund ist der Freund von Schlangen	Z. 10 *Schlangenfreund*
Das Muster ist *Tierfreund* (VIII 1.2).	

Adjektivische Komposita:

Bei adjektivischen Komposita sind z.B. Paraphrasen folgender Art möglich:

160 Morphemik und Wortbildung

Akk.-E (Objekt)-Prädikat-Typ
x liebt den Frieden   *friedliebend*

Adjektiv-E-Prädikatsnomen-E (Prädikatsnomen)-Typ
x ist des Lebens müde   *lebensmüde*

Attribut (Vergleichsgröße)-Prädikatsnomen-E (Prädikatsnomen)-Typ
x ist schwarz wie Kohle   *kohlschwarz*
In diesem Satz fungiert *wie Kohle* als
Attribut zu *schwarz* (nach [28] § 893).

Attribut (Adv.)-Prädikatsnomen-E (Prädikatsnomen)-Typ
x ist offen sichtlich   Z. 10 *offensichtlich*

Die Bildeweise von Z. 28 *Alltag* ist heute nicht mehr durchschaubar. Es ist
eine Substantivierung des adverbial gebrauchten Akkusativs mhd. *altac* ‚alle
Tage'.

Wie die Zusammensetzungen *Fachwahl* und *Wahlfach* zeigen,
ist die Reihenfolge der Kompositionsglieder nicht beliebig; die
Änderung der Reihenfolge der Kompositionsglieder verändert die
Bedeutung.

b) nach semantischen Kriterien vorgenommene Paraphrasen

Je nachdem, welches Prädikat ergänzt wird, ergeben sich unterschiedliche Inhaltstypen von Determinativkomposita:

Anwaltsbüro	„possessive Zusammensetzung"
Stacheldraht	„partitive Zusammensetzung"
Lederhandschuh	„materiale Zusammensetzung"
Verlustgeschäft	„explikative Zusammensetzung"
Pyramidendach	„Vergleichszusammensetzung"
Honigbiene	„effizierende Zusammensetzung" (nach [28] § 802)

Weitere Zusammensetzungen drücken z.B. lokale *(Wasserflugzeug)*, temporale *(Frührentner)*, instrumentale *(Fischmesser)*,
konditionale *(Notbremse)* Verhältnisse aus. Von der unter syntaktischen Gesichtspunkten erfolgten Analyse ist es also nur ein kleiner Schritt zur semantischen Analyse.

Eine solche Analyse ist auch in Anschluß an die Fillmoreschen
Kasusrollen versucht worden. Z.B. ergibt sich für den Typ Akk.-E
(Objekt)-Nom.-E (Subjekt) *Honigbiene* die inhaltliche Bestimmung:
Objective-Agentiv-*(erzeugt)* (nach [112] 168; Weiteres [13]).

7.4.3 Verdeutlichende Zusammensetzungen

Determinativkomposita wie *Eichbaum* werden als verdeutlichende Zusammensetzungen bezeichnet. Unter historischem Aspekt sind auch Wörter wie *Lindwurm* mit dem unikalen gebundenen Morphem {*lind*} diesen Zusammensetzungen zuzurechnen. Bereits im Althochdeutschen wurde das nicht mehr verstandene Simplex *lind* ‚Schlange' zu *lindwurm* verdeutlicht. Verdeutlichende Bildungen treten heute oft in Verbindung mit Fremdwörtern auf, z.B. *Briefkuvert* (*Kuvert* ‚Briefumschlag'), *Grundprinzip* (*Prinzip* ‚Grundsatz'). Der verdeutlichende Zusatz bildet hier den ersten Bestandteil (nach [117] 101).

7.4.4 Analyse

Da die Art der Zusammensetzung der beiden unmittelbaren Konstituenten eines Wortes den Kompositionstyp dieses Wortes angibt, ist z.B. *Lebensmittellieferung* ein Determinativkompositum. Es kann paraphrasiert werden mit: eine Lebensmittellieferung ist eine Lieferung von Lebensmitteln. Bei diesem Wort ist aber ebenso die erste unmittelbare Konstituente ein Determinativkompositum, ‚Mittel zum Leben' (→ das Mittel dient zum Leben: Präpositional-E [Präpositionalobjekt]-Nom.-E [Subjekt]-Typ), also:

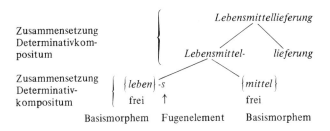

(Die Morphemverbindung -*lieferung* ist selbst kein Kompositum und wird deshalb hier nicht weiter analysiert, dazu II 8.1.1).

Das Wort *Lebensmittellieferung* ist nach dem Strukturtyp (A + B) + C, dem am häufigsten vorkommenden Strukturtyp, gebildet. Man spricht hier auch von Linksverzweigung. Ein Beispiel für ein adjektivisches Determinativkompositum dieses Typs ist *kornblumen-blau*. Einen anderen Strukturtyp A + (B + C), eine sogenannte Rechtsverzweigung, zeigt das Determinativkompositum

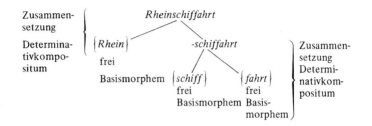

Die Rheinschiffahrt ist eine Schiffahrt, die auf dem Rhein stattfindet (→ die Schiffahrt findet auf dem Rhein statt; Situativ-E-Nom.-E [Subjekt]-Typ) und eine Schiffahrt ist eine Fahrt, die zu Schiff stattfindet (ebenso Situativ-E-Nom.-E [Subjekt]-Typ).

Auch Koppelungen von vier oder mehr Basismorphemen kommen vor, *Autobahnraststätte:* (A + B) + (C + D);
Roggenvollkornbrot: A + ((B + C) + D);
Donaudampfschiffahrtsgesellschaft: (A + ((B + C) + D)) + E (nach [9] 39 f.; [28] § 793). In einer Zusammensetzung können mithin mehrere Wortbildungstypen vorkommen.

Die Bedeutung eines Determinativkompositums ist enger als die ihres Grundworts, weil die Bedeutung des Grundworts spezifiziert wird, z.B. *Eine Wurstfabrik ist eine Fabrik.* Ein solches Bedeutungsverhältnis bezeichnet man als endozentrisch (zu endozentrischen Konstruktionen in der Syntax siehe unter I 16.1).

7.5 Der Kompositionstyp Possessivkompositum

Ein anderes Bedeutungsverhältnis zeigt sich in Zusammensetzungen wie
Rotkäppchen ‚Mädchen, das ein rotes Käppchen trägt'
Achtzylinder ‚Auto, dessen Motor acht Zylinder hat'
Rotkehlchen ‚Vogel, der eine rote Kehle hat'
Hahnenfuß ‚Pflanze, die Blätter hat, die wie die Füße von Hähnen aussehen'

Es handelt sich vornehmlich um Bezeichnungen für Personen, Tiere und Pflanzen. Da bei diesen Zusammensetzungen ein Posses-

sivverhältnis zum Ausdruck kommt, spricht man von Possessivkomposita oder gemäß der altindischen Grammatik von Bahuvri-
his (ai. *bahuvrīhi* ‚Mann, der viel Reis hat‘). Zwischen Bestimmungswort und Grundwort herrscht das gleiche Determinationsverhältnis wie bei den eben genannten Zusammensetzungen. Doch bezeichnen die Komposita etwas anderes als ihre Grundwörter. Das
Denotat, das, was die Zusammensetzung bezeichnet, wird in der
Zusammensetzung nicht explizit genannt. Dieses Bedeutungsverhältnis nennt man exozentrisch.

Einige Komposita können je nach Kontext sowohl als Determinativkompositum als auch als Possessivkompositum verwendet
werden. Z.B. ist *Spitzbauch* in dem Satz *Karls Spitzbauch stört
Maria sehr.* Determinativkompositum, während es in *Unter den An-
wesenden fiel ein Spitzbauch auf.* als Possessivkompositum fungiert. Im zweiten Fall bezieht sich *Spitzbauch* als *pars pro toto*
auf einen Menschen. Possessivkomposita werden auch übertragen
verwendet; so bedeutet *Langfinger* ‚jemand, der lange Finger
macht‘ → ‚Dieb‘ (nach [117] 106 f.; [118] 83; [9] 37; vgl. auch
[28] § 793).

7.6 Der Kompositionstyp präpositionales Rektionskompositum

Von den mit Präposition gebildeten Komposita des Typs *Vorjahr*
(‚Jahr vor [dem Jahr]‘), einem präpositionalen Determinativkom-
positum (II 9.1 b), unterscheiden sich folgende Komposita in ihrer
Bedeutung:
Vormittag ‚die Zeit vor dem Mittag‘
Zwischeneiszeit ‚die Zeit zwischen den Eiszeiten‘
Das Denotat der gesamten Morphemverbindung ist hier nicht in
dem Denotat der zweiten Konstituente enthalten. So ist z.B. ein
Vormittag kein Mittag. Es liegt ein exozentrisches Bedeutungs-
verhältnis vor.

Auch in anderen Sprachen begegnen derartige Wortbildungen;
vgl. z.B. lat. *profānus* ‚ungeweiht, unheilig‘, eigentlich ‚vor dem hei-
ligen Bezirk *(fānum)* liegend‘. In Anschluß an die lateinische Grammatik könnte man den deutschen Kompositionstyp *Vormittag,* der
in den Handbüchern nur beiläufig erwähnt wird ([117] 226; [28]
§ 810), als präpositionales Rektionskompositum bezeichnen. Denn
die Präposition regiert hier ein Substantiv, das — anders als bei
dem Typ *Vorjahr* — in der Zusammensetzung als zweite Konstituente erscheint. Das Ansetzen eines eigenen Kompositionstyps ist
deswegen berechtigt, weil man auch bei den Komposita mit einem
adjektivischen Bestimmungswort je nach dem Bedeutungsverhält-

nis, in dem die Konstituenten zueinander stehen, einen endozentrischen (Determinativkompositum) und einen exozentrischen (Possessivkompositum) Typ ansetzt.

7.7 *Der Kompositionstyp Kopulativkompositum*

Während bei den Determinativ- und Possessivkomposita bzw. den präpositionalen Rektionskomposita zwischen Bestimmungs- und Grundwort ein Determinationsverhältnis bzw. Rektionsverhältnis herrscht, gilt bei folgenden Komposita ein kopulatives Bedeutungsverhältnis zwischen den unmittelbaren Konstituenten:

Strumpfhose	Strumpf und Hose bilden eine Einheit
Schwefelwasserstoff	Schwefel und Wasserstoff bilden eine Einheit
Strichpunkt	Strich und Punkt zusammen
Dichterkomponist	Dichter und Komponist zugleich
Fürstbischof	Fürst und Bischof zugleich
naßkalt	naß und kalt zugleich
süßsauer	süß und sauer zugleich

Die beiden Kompositionsglieder stehen hier z.T. gleichberechtigt und im Verhältnis der Koordination zueinander. Zusammen bezeichnen sie etwas Neues. In einigen Kopulativkomposita kann die zweite Konstituente nicht die ganze Bildung ersetzen, z.B. ist der Strichpunkt kein Punkt. Dagegen ist ein Dichterkomponist auch ein Komponist, so daß man wie bei den Determinativkomposita die Zusammensetzung paraphrasieren könnte mit: ‚Komponist, der Dichter ist'. Gleiches gilt etwa für *Amateurmusiker, Musikerkollege*. Die Übergänge zwischen Determinativkompositum und Kopulativkompositum sind hier fließend (vgl. [18] 277).

Theoretisch kann die Reihenfolge der Konstituenten vertauscht werden; vgl. z.B. aus der Fachsprache der Mode *Pulloverweste/Westenpullover*. In anderen Fällen ist jedoch die Reihenfolge der Konstituenten fest geworden (nach [117] 109; [28] § 792). Dabei wirkt sich häufig das „Gesetz der wachsenden Glieder" aus; d.h., aus sprachrhythmischen Gründen wird die silbenreichere Konstituente als zweite Konstituente gesetzt; vgl. neben einigen oben genannten Bildungen auch *Elsaß-Lothringen* (Land, das aus dem Elsaß und Lothringen besteht).

Der Wortbildungstyp explizite Ableitung   165

8 Der Wortbildungstyp explizite Ableitung

8.1 Typ Sand → sand-ig

Wie der Terminus „Zusammensetzung" wird der Terminus „Ableitung" für Vorgang (Derivation) und Ergebnis (Derivat) gebraucht.
Bei der expliziten Ableitung *sand-ig* kann nur das erste Morphem
auch frei im Satz vorkommen, das zweite Morphem begegnet gebunden an das erste Morphem, wie etwa auch in *Schön-heit, Häuschen*. Das erste Morphem ist die Basis der Ableitung, das zweite
das Ableitungssuffix. Mit einem Ableitungssuffix werden eine
Reihe von Wörtern gebildet. Das Suffix bestimmt die Wortart der
Ableitung; vgl. oben *sandig*, das gegenüber dem substantivischen
Basismorphem {*sand*} ein Adjektiv ist. Die Basis der Ableitung
können Stämme verschiedener Wortarten sein.

8.1.1 Substantiv

a) Suffixe

Die wichtigsten Substantivsuffixe sind

-e		*Bleiche*	(Verbalstamm *bleich-*)
		Z. 20 *Kunde*	(Adj. *kund*)
		Süße	(Adj. *süß*)
-ei		*Bücherei*	(Subst. im Pl. *Bücher*)
-el		*Deckel*	(Verbalstamm *deck-*)
-er		*Lehrer*	(Verbalstamm *lehr-*)
-ler		*Sportler*	(Subst. *Sport*)
-heit	zumeist	*Feigheit*	(Adj. *feig*)
	morpholo-	Z.14 *Gele-*	(Adj. *gelegen*)
	gisch de-	*genheit*	
	terminier-		
-keit	te Allo-	*Schäbigkeit*	(Adj. *schäbig*)
	morphe (II 4.4)		
-igkeit		*Helligkeit*	(Adj. *hell*)
-ling		*Prüfling*	(Verbalstamm *prüf-*)
-nis		*Empfängnis*	(Verbalstamm *empfang-*)
-schaft		*Nachkommen-*	(Subst. im Pl. *Nach-*
		schaft	*kommen*)
		Z. 24 f. *Haus-*	(Subst. *Hausbewohner*)
		bewohnerschaft	
-tum		*Strebertum*	(Subst. *Streber*)
-ung		*Beantwortung*	(Verbalstamm *beantwort-*)
		Z. 10 *Begegnung*	(Verbalstamm *begegn-*)

166 Morphemik und Wortbildung

-chen	hier phonologisch	Z. 4 *Wohnung* *Städtchen*	(Verbalstamm *wohn-*) (Subst. *Stadt*)
-lein	determinier- te Allomor- phe (II 4.4)	*Bächlein*	(Subst. *Bach*)
-in		*Gräfin* Z. 7 *Mieterin* *Störchin*	(Subst. *Graf*) (Subst. *Mieter*) (Subst. *Storch*)

Fremdsuffixe sind z.B.

-erie	*Koketterie*	(Adj. *kokett*)
-t-ion	*Produktion*	(Verbalstamm *produz-*, zum Lautlichen siehe unten)
-ität	*Aggressivität*	(Adj. *aggressiv*)
-eur	*Friseur*	(Verbalstamm *fris-*)
-ismus	*Barbarismus*	(Subst. *Barbar*)

(nach [117] 63, 132 ff.)

Je nachdem, ob ein nominales oder ein verbales Element die Basis der Ableitung bildet, spricht man von denominalen (desubstantivischen, deadjektivischen) oder deverbalen Ableitungen.

b) Durch Suffixe bedingte Allomorphie

Wie das Nebeneinander von *Stadt* und *Städtchen* und *Bach* und *Bächlein* zeigt, bewirken die Suffixe *-chen* und *-lein* Umlaut. Allein in so einem Nebeneinander ist der Umlaut nach seiner Distribution, also nach seiner Verteilung auf mögliche Umgebungen, zu erklären. Der Umlaut geht im Deutschen immer mehr zurück. So zeigen die gleichen Wortbildungsmuster den Umlaut nur in den älteren Bildungen, z.B. *Goldwäscher* neben *Autowascher*.

Allomorphie entsteht bei den Wortkernen weiterhin durch Veränderungen im Wortkern-Auslaut. Z.B. ist *-e* von *Pforte* in *Pförtchen* geschwunden. Besonders in Fremdwörtern treten Veränderungen des Wortkern-Auslauts auf; vgl. *Produk-t-ion* zu *produzieren, Kollision* zu *kollidieren* (nach [125] 173). (Zur Allomorphie aufgrund von altem Lautwechsel siehe II 11.)

c) Bedeutungen der substantivischen Ableitungen

Die Suffixbildungen können zu unterschiedlichen Bedeutungsgruppen zusammengefaßt werden. In der Regel hat ein Suffix mehrere Funktionen. Als Muster für die semantische Analyse behandeln wir im folgenden vornehmlich die Bedeutungen der in den gegebenen Beispielen auftretenden Suffixe.

Ableitungen wie *Lehrer, Sportler (Friseur)* bezeichnet man als Nomina agentis: Ein Lehrer ist eine Person, die lehrt; ein Sportler ist jemand, der aktiv Sport treibt. Eine semantisch den Nomina agentis nahestehende Gerätebezeichnung begegnet in *Deckel.* Ableitungen wie *Prüfling* ,jemand, der geprüft wird' gelten als Nomina objecti oder Nomina patientis. Wird wie bei *Gräfin* und *Störchin* mittels eines Suffixes ein feminines Substantiv von einer Personen- oder Tierbezeichnung maskulinen Geschlechts abgeleitet, so nennt man diesen Ableitungsmechanismus Motion (Movierung). (Für den umgekehrten Vorgang gibt es nur wenige Beispiele: *Witwe → Witwer; Gans → Gänserich; Ente → Enterich.*) Bezeichnungen für Menschengruppen wie *Nachkommenschaft* nennt man Sammelbezeichnungen, Kollektiva. Kollektiva sind zusammenfassende Bezeichnungen im Singular für mehrere gleichgeartete Dinge/Wesen. Ein Nomen loci stellt *Bleiche* dar, ferner *Bücherei* ,Stelle, wo man Bücher ausleihen kann' (Z. 28 *Polizei* < mhd. *polizî* ist aus mlat. *policia* [griech. *politéia* ,Bürgerrecht, Staatsverwaltung'] entlehnt). Diminutivbildungen sind *Städtchen, Bächlein.*

Deadjektivische Ableitungen wie Z. 14 *Gelegenheit,* Z. 20 *Kunde* (eigentlich ,Bekanntsein'), *Süße, Feigheit, Schäbigkeit, Helligkeit, Koketterie, Aggressivität* rechnet man zu den Nomina qualitatis (Eigenschaftsbezeichnungen). Nomina qualitatis sind auch die desubstantivischen Bildungen *Barbarismus* und *Strebertum.* Ableitungen auf *-tum* haben als Basis meist eine Personenbezeichnung; sie bezeichnen unter anderem die Art des Verhaltens, so *Strebertum* die Art und Weise, das Verhalten eines Strebers. In einigen Fällen berühren sie sich mit den Kollektiva auf *-schaft* und haben so eine mehr oder weniger stark ausgeprägte kollektive Bedeutung, z.B. *Beamtentum.*

Bei den Verbalabstrakta unterscheidet man zwischen Nomina actionis (Handlungs- oder Vorgangsbezeichnungen) wie *Beantwortung, Ankurbelung, Produktion, Empfängnis* und Nomina acti (Ergebnisbezeichnungen) wie *Lähmung, Verwirrung.* ung-Ableitungen haben aktivischen oder passivischen Sinn. Ableitungen von intransitiven Verben sind aktivisch (Z. 10 *Begegnung*). Je nachdem, ob ein abhängiger Genetiv bei einer ung-Ableitung von einem transitiven Verb als Genetivus objectivus oder Genetivus subjectivus fungiert, hat der Bezugsausdruck passivische oder aktivische Bedeutung:
Die Verständigung der Polizei kam gerade noch rechtzeitig.
Die Verständigung der Parteien kam nicht mehr zustande.
Aus Nomina acti, ursprünglichen Abstrakta, entstehen oftmals Konkreta, z.B. *Kleidung, Erfrischung, Nahrung, Rüstung,* Z. 4

Wohnung (nach [117] 132 ff.; [76] 397 ff.; [125] 177; [28] § 826 ff.).

Wie wir an dem Beispiel *Eroberung* gesehen haben, können ursprüngliche Abstrakta je nach Kontext sowohl als Abstraktum (Nomen acti) als auch als Konkretum verwendet werden (siehe unter I 16.1).

8.1.2 Adjektiv

a) Suffixe

Als Adjektivsuffixe treten u.a. auf

-bar		*brauchbar*	(Verbalstamm *brauch-*)
		schiffbar	(Subst. *Schiff*, II 1.2)
-lich		*verantwortlich*	(Verbalstamm *verantwort-*)
		Z. 31 *polizeilich*	(Subst. *Polizei*)
		Z. 33 *tödlich*	(Subst. *Tod*)
		Z. 28/29 *restlich*	(Subst. *Rest*)
-sam		*heilsam*	(Verbalstamm *heil-*)
-n/-en	(phonologisch determinierte Allomorphe)	*seiden, samten*	(Subst. *Seide; Samt*)
-ern		*gläsern*	(Subst. *Glas*)
-er		*Teutoburger*	(Subst. *Teutoburg*)
		Z. 21 *Nürnberger*	(Subst. *Nürnberg*)
-haft		*schülerhaft*	(Subst. *Schüler*)
-ig		*narbig*	(Subst. *Narbe*)
		Z. 30 *giftig*	(Subst. *Gift*)
		Z. 11 *unruhig*	(Subst. *Unruhe*)
-isch		*hündisch*	(Subst. *Hund*)

Fremdsuffixe sind z.B.

-abel	*diskutabel*	(Verbalstamm *diskut-*)
-ell	*experimentell*	(Subst. *Experiment*)

(nach [117] 251 ff.)

b) Bedeutungen der adjektivischen Ableitungen

Die Paraphrasen der Adjektive mit deutschstämmigen Suffixen machen deutlich, daß hier unterschiedliche semantische Beziehungen zwischen dem in der Basis Bezeichneten und dem Träger der Eigenschaft bestehen. Auf die Bedeutung von *-bar* wurde bereits hingewiesen (II 1.2). Mit dem Suffix *-bar* in passivischer

Bedeutung konkurriert gelegentlich das Suffix -abel (diskutabel); vgl. deklinierbar neben deklinabel. Wie der Vergleich von verantwortbar und verantwortlich zeigt, hat die lich-Bildung in folgendem Beispiel gegenüber der bar-Bildung aktivische Bedeutung:

ein verantwortbares Vorgehen — das Vorgehen kann verantwortet werden

der verantwortliche Ingenieur — der Ingenieur trägt die Verantwortung für etwas

Als Synonyme verwendbar sind sichtbar und sichtlich (Z. 10 offensichtlich) (nach [117] 253 f.).

Eine von dem Verb ausdrücken abweichende Bedeutung hat die Ableitung Z. 13 ausdrücklich ‚mit Nachdruck, entschieden, unmißverständlich'. Die Bedeutung entspricht der frühneuhochdeutschen Fügung mit ausgedrückten Worten, einer Lehnübersetzung (einer wörtlichen Nachbildung fremdsprachlicher Ausdrücke nach ihren Bestandteilen) von lat. expressis verbis. Auch zwischen Z. 18/19 zutraulich ‚vertrauend ohne Scheu und Ängstlichkeit' und dem Verb zutrauen besteht ein Bedeutungsunterschied. ausdrücklich und zutraulich sind idiomatisierte Bildungen. Wenn die Basis der lich-Ableitung ein Substantiv ist, wird eine allgemeine Beziehung zu dem in der Basis Bezeichneten hergestellt. Man spricht in solchen Fällen von Relativadjektiven, z.B. Z. 31 polizeilich (nach [117] 265; Genaueres [28] § 918 ff.).

Das Z. 9 plötzlich zugrunde liegende Subst. Plotz ‚klatschender Schlag' hat heute nur mehr dialektale Geltung. Für die meisten Sprecher des Deutschen ist plötz- ein Allomorph eines Pseudomorphems plotz- (II 5).

Gegenüber der entsprechenden bar-Ableitung heilbar hat heilsam eine aktivische Bedeutung.

Das Suffix -n/-en bezeichnet Stoffadjektive. Bei der Suffixform -ern tritt gegebenenfalls Umlaut auf.

Da Bildungen wie *der Teutoburger nicht existieren, wertet man das Suffix -er in Teutoburger Wald als Adjektiv-Suffix.

-haft in Verbindung mit substantivischen Basen bedeutet zumeist ‚in der Art von': schülerhaft ‚in der Art eines Schülers'.

Ableitungen mit dem sehr häufig auftretenden Suffix -ig bezeichnen bei substantivischen Basen, daß etwas mit dem in der Basis Genannten versehen ist (narbig, Z. 30 giftig) oder daß etwas eine im Grundwort genannte Eigenschaft besitzt (Z. 11 unruhig).

170 Morphemik und Wortbildung

Die Ableitung *hündisch* ‚in der Art von einem Hund' bringt eine negative (pejorative) Bewertung zum Ausdruck. Eine andere Bedeutung hat das Suffix *-isch* in Ableitungen von Fremdwörtern wie *mathematisch*. Hier handelt es sich um ein Relativadjektiv (nach [117] 251 ff.; [28] § 909 ff.).

8.1.3 Adverb

Suffixe

Ein häufig vorkommendes Suffix zur Bildung von Adverbien ist *-s: links, rechts*, Z. 11 *bereits*. Auch bei substantivischer Basis spricht man von einem Suffix und nicht von einem Flexionsmorphem: *sommers, winters*. Eine ursprüngliche Zusammenrückung ist Z. 11 *ebenfalls* für älteres *ebenes Falles* (vgl. *allenfalls, jedenfalls, gleichfalls*). Heute sind Bildungen auf *-weise* und *-mäßig*, die attributiv und adverbial gebraucht werden können, und Bildungen auf *-maßen* sehr zahlreich; vgl. *stufenweise, gewohnheitsmäßig, zugegebenermaßen* (nach [117] 302 ff.; [28] § 941).

8.1.4 Verb

a) Suffixe

-el-	*drängeln*	(Verbalstamm *dräng-*)
	Z. 9 *züngeln*	(Subst. *Zunge*)
-er-	*blinkern*	(Verbalstamm *blink-*)
-ig-	*steinigen*	(Subst. *Stein*)
	reinigen	(Adj. *rein*)

Eine große Rolle spielt das Fremdsuffix

| *-ier-* | Z. 22 *interes-* | (Subst. *Interesse*) |
| | *sieren* | |

interessieren ist aus frz. *intéresser* entlehnt. Französische Verben auf *-er* werden seit dem 12. Jh. mit dem Suffix *-ieren* eingedeutscht. Im Falle von *hausieren* ist das Fremdsuffix an eine deutschstämmige Basis angetreten.

b) Bedeutungen der verbalen Ableitungen

Die Verben auf *-el-* haben iterative (die häufige Wiederholung von Tätigkeiten oder Vorgängen ausdrückende), diminuierende oder pejorative Bedeutung: *fälteln – falten, lächeln – lachen, deuteln – deuten*. Eine iterative Funktion kommt auch dem Suffix *-er-* zu; vgl. *blinkern* gegenüber *blinken*. Bewirkungsverben, Faktitiva, sind *steinigen, reinigen*. Als Beispiel dafür, daß ein Suffix mehrere Funktionen haben kann, soll bei den Verben das Suffix *-ier-* (auch mit Suffixerweiterung: *-isier-*) ausführlicher besprochen werden. Im Falle von *sich interessieren* geht man davon aus, daß solche Verben einer Konstruktion mit einem Substantiv abstrakter Bedeutung entsprechen; vgl. *Hans hat Interesse für Latein.* → *Hans interessiert sich für Latein.* Wellmann [28] § 779 spricht daher von Abstraktionsverben. Weiterhin kommt *-(is)ier-* vor bei Verben, die einen Übergang bezeichnen *(sich kristallisieren)*, bei Verben, deren Grundwort bei Überführung in einen Satz als effiziertes Objekt erscheint, sogenannten effizierenden Verben *(Hans macht von Fritz ein Porträt* → *Hans porträtiert Fritz)*, bei denominalen Verben, die ausdrücken: ‚jemand versieht jemanden/etwas mit dem im Basissubstantiv Bezeichneten‘, sogenannten Ornativa *(emaillieren, bronzieren)*, bei instrumentativen Verben der Bedeutung ‚jemand verwendet den im Basissubstantiv genannten Gegenstand zur Ausführung einer Handlung‘, sogenannten Instrumentativa *(filtrieren, harpunieren)*, bei lokativen Verben, Verben die von Substantiven mit einer lokalen Bedeutung abgeleitet sind *(kasernieren)*, bei deadjektivischen Faktitiva *(halbieren, blondieren)*, bei Verben, die charakterisierend sind *(stolzieren, moralisieren)* (nach [117] 313 ff.; [28] § 774 ff.).

8.1.5 Analyse

Die Analyse der expliziten Ableitung beginnt — gegebenenfalls nach Abtrennung der Flexionsmorpheme — am Wortende, z.B.

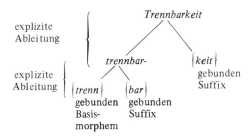

Trennbarkeit ist die Eigenschaft des Trennbarseins, *trennbar* ist etwas, was getrennt werden kann.

172 Morphemik und Wortbildung

Ebenso wie ein Wort aus mehreren Zusammensetzungen bestehen kann, kann ein Wort auch mehrere Ableitungen enthalten. Die Klassifizierung eines Wortes als Ableitung ergibt sich aus dem ersten Wortbildungsanalyseschritt. Das letzte Suffix klassifiziert die Wortart.

8.2 *Zusammenbildung*

Eine Sonderform der expliziten Ableitung stellt die Zusammenbildung dar. Hier dient eine Wortgruppe als Basis einer suffixalen Ableitung. Auf diese Weise entstehen
— Substantive wie *Gesetzgeber (Gesetze geben), Viersitzer (vier Sitze)*
— Adjektive wie *blauäugig (blaue Augen), vielgliedrig (viele Glieder), zwischenstaatlich (zwischen den Staaten).*

Anmerkung: Wenn sich aus einer Wortgruppe Verbstämme ergeben, wie z.B. *übernacht-* aus *über Nacht,* so handelt es sich um eine Konversion (dazu II 12).

Besteht der zweite Teil der nominalen Wortbildung nicht aus einem Suffix, sondern aus einem freien Morphem, so liegen Zusammensetzungen vor, z.B. *Einfamilienhaus (eine Familie)* (nach [114] 32; [28] § 716).

8.3 *Zirkumfixbildung*

Als Sonderfall der expliziten Ableitung gilt weiterhin die Zirkumfixbildung, bei der die ableitende Konstituente diskontinuierlich als Kombination aus Präfix und Suffix auftritt; vgl. II 4.3 zu *beherz-t* usw., ferner die Adjektive

be-	-t	*bebrillt*	(Subst. *Brille*)
ge-	-t	*genarbt*	(Subst. *Narbe*)
		geblümt	(Subst. *Blume*)
		gestiefelt	(Subst. *Stiefel*)
zer-	-t	*zerfurcht*	(Subst. *Furche*)
ver-	-t	*verkatert*	(Subst. *Kater*)
ge-	-ig	*gelehrig*	(Verbalstamm *lehr-*)

(nach [117] 281; vgl. auch [28] § 938)

Zirkumfixbildungen finden sich auch beim Substantiv, z.B.

ge-	-e	*Gefrage*	(Verbalstamm *frag-*)
		Gelaufe	(Verbalstamm *lauf-*)

Der Wortbildungstyp explizite Ableitung   173

Solche deverbalen Prozeßbezeichnungen haben oft einen negativen Sinn. Einen anderen Typ stellen Wörter wie *Gedärm, Gemäuer* dar. Es sind Kollektiva nach dem Muster von *Gebirge* (zu *Berg*). Der Umlaut ist durch ein ehemaliges *j*-Suffix verursacht worden. Man hat z.b. bei *Gedärm* demnach von einem *ge-*, das in Verbindung mit dem Umlaut auftritt, auszugehen (nach [117] 185 f.).

Unter den Verben begegnen Zirkumfixbildungen wie

be- -ig	*beabsichtigen*	(Subst. *Absicht*)
	bereinigen	(Adj. *rein*)

Auch Z. 27 *besichtigen* wird heute als Zirkumfixbildung verstanden, obwohl eigentlich ein Verb *besichten* zugrunde liegt (nach [117] 329 f.).

8.4 Übergang vom Kompositionsglied zum Suffix

Vergleichen wir die Bedeutung des Morphems *-werk* in den Morphemverbindungen *Wasserwerk* und *Laubwerk!* In *Wasserwerk* hat *-werk* die Bedeutung ‚Fabrik'; vgl. *Elektrizitätswerk*. Dagegen hat *-werk* in *Laubwerk* die Funktion, ein Kollektivum zu bilden; vgl.

Reihenbildung	*Laubwerk*	: ‚Röhricht, Belaubung'
	Backwerk	: ‚Gebäck'
	Mauerwerk	: ‚Gemäuer'
	Triebwerk	: ‚Getriebe'
	Buschwerk	: ‚Gebüsch'
	Bauwerk	: ‚Gebäude'

Bereits im Mittelhochdeutschen findet sich das Nebeneinander von *schuohwerc* und *geschüehe*.
Bei dem Typ *Laubwerk* ist
1) die Bedeutung des zweiten Morphems gegenüber der Bedeutung des ersten Morphems stärker verallgemeinert oder entkonkretisiert,
2) das zweite Morphem in starkem Maße reihenbildend geworden,
3) im Bedeutungsverhältnis der beiden Morpheme zueinander eine Verschiebung eingetreten: Das Grundwort hat seine eigentliche Bedeutung eingebüßt, und das Bestimmungswort {*laub*} ist zum semantischen Kern geworden. Bei *Wasserwerk* dagegen ist das erste Morphem als nähere Bestimmung weglaßbar. {*werk*} ist der semantische Kern. *Wasserwerk* ist also eine Zusammensetzung und *Laubwerk* eine explizite Ableitung.
4) Paraphrasen mit der zweiten Konstituente führen zu abweichenden Ausdrücken, da das entsprechende freie Morphem eine andere Bedeutung hat: **Werk aus Laub*.

Ebenso wie *Laubwerk* ist Z. 17 *Spielzeug* zu beurteilen. Das freie Morphem *Zeug* bezeichnet etwas, dem man keinen besonderen Wert beimißt (veraltet sind z.B. die Bedeutungen ‚Tuch, Stoff', ‚Kleidung, Wäsche'). Das gebunden vorkommende homonyme Morphem {*zeug*} bildet dagegen Kollektiva (wie *Spielzeug, Schreibzeug*) oder Gerätebezeichnungen ohne kollektive Bedeutung (wie *Fahrzeug, Flugzeug*). In beiden Fällen liegt kein pejorativer Sinn vor. *Spielzeug* ist demnach wie *Fahrzeug* eine Ableitung (nach [117] 67 ff.).

Weitere solche substantivische Ableitungselemente, durch die Kollektiva gebildet werden, sind
-gut (Stückgut, Wortgut, Eilgut), -material (Menschenmaterial, Arbeitsmaterial, Propagandamaterial, Heizmaterial). Bereiche werden bezeichnet mit dem Ableitungselement *-wesen (Schulwesen, Bildungswesen, Vereinswesen, Gesundheitswesen, Bauwesen)* (nach [130] 165 ff.; [28] § 830; [9] 44 f.).

Die oben genannten Kriterien sprechen dafür, daß auch die adjektivischen Bestandteile *-los, -mäßig, -fähig* und der vorwiegend adverbial verwendete Bestandteil *-weise* den Suffixen zuzuordnen sind; vgl. etwa *hoffnungslos, bedeutungsmäßig, transportfähig; vergleichsweise* (dazu [117] 279 ff., 303).

Ein Übergang vom Kompositionsglied zum Suffix ist in gleicher Weise in den Vorstufen des Neuhochdeutschen beobachtbar; so sind z.B. die Suffixe *-heit, -bar, -schaft, -tum* aus Kompositionsgliedern entstanden (dazu [123] 219 ff.; [118] 188 ff., 206 f.).

In eine Übergangszone zwischen Kompositionsglied und Suffix gehören im heutigen Deutsch Elemente wie *-reich, -voll, -stark, -schwer, -selig, -arm, -schwach, -frei, -leer, -bezogen, -geeignet, -freudig, -freundlich, -gerecht, -getreu, -gleich, -ähnlich, -fest, -sicher, -beständig, -echt, -dicht, -nah, -orientiert, -rein* (nach [117] 279 ff.; [120] 120 ff.; [28] § 931 ff.).

Zweite Konstituenten von Komposita, die sich zu Suffixen entwickeln, bezeichnet man als Suffixoid oder Halbsuffix. Ein entsprechendes Phänomen wird uns bei den Präfixen begegnen, was in der Bezeichnung „Präfixoid" (Halbpräfix) zum Ausdruck kommt. Der Oberbegriff von Suffixoid und Präfixoid ist Affixoid ([117] 70).

9 Der Wortbildungstyp Präfixbildung

Entsprechend den beiden anderen Hauptwortbildungstypen der Ausdruckserweiterung steht der Terminus „Präfixbildung" (auch „Präfigierung") für Vorgang und Resultat. Bei der Präfixbildung tritt ein gebundenes Morphem reihenbildend vor ein Basismorphem oder eine Morphemverbindung; diese Art der Wortbildung findet sich vor allem beim Verb, aber auch beim Substantiv oder Adjektiv; zur Reihenbildung vgl.

Miß-geburt	Hier liegt die paradigmatische Beziehung vor,
Miß-vergnügen	weil die auf das Präfix {*miß*} folgende Mor-
Miß-verhältnis	phemverbindung austauschbar ist.
Miß-stimmung	

Im Gegensatz zu den meisten Suffixen verändern die Präfixe die Wortart der Basis nicht (zu Ausnahmen bei den Suffixen siehe II 8.1.4).

9.1 Substantiv

a) Präfixe

Weitere Präfixe beim Substantiv sind z.B.

un-	Z. 1 *Unruhe*	(Subst. *Ruhe*)
	Z. 25 *Ungeduld*	(Subst. *Geduld*)
ur-	*Urform*	(Subst. *Form*)
haupt-	*Hauptarbeit*	(Subst. *Arbeit*)
spitzen-	*Spitzengeschwindig-keit*	(Subst. *Geschwindigkeit*)
fehl-	*Fehleinschätzung*	(Subst. *Einschätzung*)

Als Fremdpräfixe erscheinen etwa

super-	*Supermacht*	(Subst. *Macht*)
in-	*Invariante*	(Subst. *Variante*)
ex-	*Exkönig*	(Subst. *König*)

b) Bedeutungen der substantivischen Präfixbildungen

Auch bei den Präfixen, die häufig mehrere Bedeutungen haben, wird im allgemeinen nur auf die in den Beispielen vorhandenen Funktionen eingegangen.

Mit dem Präfix *un-* wie mit dem fremdsprachlichen *in-* drückt man eine Negation aus; *ur-* bezeichnet etwas Ursprüngliches, Anfängliches. Das Fremdpräfix *ex-* bedeutet ,vormalig, früher gewesen, ehemalig'.

Morphemik und Wortbildung

Während es zu den deutschstämmigen Präfixen *un-* und *ur-* keine aus freien Morphemen bestehende Homonyme gleicher Herkunft gibt, sind bei den übrigen genannten Präfixen solche homonymen Entsprechungen vorhanden. *haupt-* hat aber eine andere Funktion als das Subst. *Haupt.* Das Präfix fungiert wie das Fremdpräfix *super-* als Mittel der Verstärkung oder Hervorhebung. Es ist so nicht mit dem Subst. *Haupt* ‚Kopf‘ identisch und demnach ein gebundenes Morphem; vgl. *Hauptbahnhof* ‚(beim Vorhandensein mehrerer Bahnhöfe wichtigster) Bahnhof einer (Groß-)Stadt besonders für den Personenverkehr‘ gegenüber *Kopfbahnhof* ‚Bahnhof ohne durchgehende Geleise‘ (Gegensatz: *Durchgangsbahnhof).* In gleicher Weise weichen die Bedeutungen ‚größt-, höchst-, ausgezeichnet, sehr groß‘ des Präfixes *spitzen-* von der des freien Morphems ab; vgl. ferner *riesen-* in *Riesenerfolg* und mit emotionaler Verstärkung *bomben-* in *Bombengehalt, heiden-* in *Heidenarbeit, höllen-* in *Höllenlärm, mords-* in *Mordsrausch, affen-* in *Affenhitze, pfunds-* in *Pfundskerl, marathon-* in *Marathonsitzung, bier-* in *Bierernst.* Man spricht hier von Augmentativbildungen ([114] 81).

Die homonyme Entsprechung zu *fehl-* ‚falsch‘, das Subst. *Fehl,* kommt in der Gegenwartssprache nur mehr in der Fügung *ohne Fehl* vor, die als gehoben gilt *(Ihre Schönheit war ohne Fehl.)* (nach [117] 214 ff.; [28] § 828; § 832 ff.).

Auch Substantivpräfixe, die formal mit Präpositionen oder Adverbien identisch sind, betrachtet Fleischer [117] 76 als gebundene Morpheme. Er begründet das damit, daß z.B. *auf* + Substantiv eine andere Bedeutung habe als das Präfix *auf* in Verbindung mit einem Substantiv. So stehe das Präfix *auf-* in *Aufgeld* etwa in einer attributiven Beziehung zum Substantiv: *daraufgezahltes Geld.* Dagegen sei eine Überführung in eine präpositionale Fügung *auf dem/das Geld* nicht möglich. Andere Bildungen unterscheiden sich in ihrer Bedeutung aber weniger von den entsprechenden syntaktischen Fügungen mit Präposition, z.B. *Vorjahr* und Z. 34 *Gegengift*; man kann sie umschreiben mit ‚Jahr vor dem Jahr‘ und ‚Gift gegen ein anderes Gift‘. Da die Präposition in diesen Wortbildungen die Funktion eines Bestimmungsworts hat, empfiehlt es sich, solche Bildungen zu den Determinativkomposita (präpositionalen Determinativkomposita) zu rechnen (vgl. [28] § 810) (zu einem anderen Typ siehe II 7.6).

Der Wortbildungstyp Präfixbildung   177

9.2 *Adjektiv*

a) Präfixe

Bei den Adjektiven (einschließlich der Partizipien 2) kommen unter anderem folgende Präfixe vor:

ge-	*gestreng*	(Adj. *streng*)
miß-	*mißvergnügt*	(Adj. *vergnügt*)
un-	*untreu*	(Adj. *treu*)
	Z. 18 *ungiftig*	(Adj. *giftig*)
schein-	*scheintot*	(Adj. *tot*)
grund-	*grundanständig*	(Adj. *anständig*)
hoch-	*hochbegabt*	(Adj. *begabt*)
ab-	*abgeneigt*	(Adj. *geneigt*)
auf-	*aufgedunsen*	(Adj. *gedunsen*)
über-	*überempfindlich*	(Adj. *empfindlich*)

Unter den Fremdpräfixen ist besonders hinzuweisen auf:

a-	*amusisch*	(Adj. *musisch*)
dis-	*diskontinuierlich*	(Adj. *kontinuierlich*)
pseudo-	*pseudowissenschaftlich*	(Adj. *wissenschaftlich*)

Beim Adjektiv erscheint das Präfix *ge-* nur noch in wenigen in ihrer Struktur durchsichtigen Bildungen (z.B. *geheim, geraum* [*geraume Zeit*], *getrost, gemut, gelind, getreu, gewahr*).

Das Präfix *miß-* tritt grundsätzlich, die Präfixe *ab-* und *auf-* zumeist bei Adjektiven, die aus Partizipien 2 hervorgegangen sind, auf. Bei Präfixen wie *ab-, auf-* in Verbindungen mit solchen Adjektiven ist die Bildung häufig bereits idiomatisiert.

b) Bedeutungen der adjektivischen Präfixbildungen

In einigen Fällen konkurriert das Präfix *un-* mit dem Suffix *-los*, z.B. *untreu – treulos*.

Die Bedeutung ‚dem Anschein nach‘ von *schein-* findet sich ferner bei dem fremdsprachlichen Suffix *pseudo-* in *pseudowissenschaftlich*.

Wie bei den Substantiven gibt es bei den Adjektiven Präfixe in verstärkender, hervorhebender Funktion, deren Bedeutung von den entsprechenden freien Morphemen abweicht. So bringen *über-, grund-* und *hoch-* Bewertungen zum Ausdruck; vgl. ferner *tief-* in *tiefreligiös, bitter-* in *bitterböse, tod-* in *todschick, stock-* in *stockbetrunken, kreuz-* in *kreuzfidel, blut-* in *blutjung, brand-* in *brandneu*. Umgangssprachliche Bildungen sind etwa *saudumm*, *scheißfreundlich, arschklar, stinkvornehm* (Weiteres [117] 289 ff.; [28] § 897 ff.).

9.3 Verb

a) Präfixe

Auf die Unterscheidung von trennbaren und untrennbaren Präfixen in der verbalen Wortbildung sind wir bereits eingegangen (II 2.2) (Genaueres [121] 144 ff.). Präfixbildungen mit trennbaren, betonten Präfixen (*ab-, aus-, an-, ein-, auf-* u.a.), sogenannte „Distanzkomposita", sind z.B. *'abfahren*, Z. 12/13 *'einliefern*, Präfixbildungen mit untrennbaren, unbetonten Präfixen *(zer-, ge-, be-, ent-, er-, ver-,* teilweise *miß)* z.B. *zer'reißen*, Z. 5 *be-'finden*, Z. 9 *be'ginnen*, Z. 16 *ver'sprechen, miß'lingen*, woneben das Präfix *miß-* auch betont vorkommt: *'mißverstehen*. Ferner gibt es untrennbare Präfixbildungen, die ebenso wie der Typ *zer'reißen* auf der Stammsilbe betont werden, deren Präfix aber ein freies Morphem als Entsprechung hat *(durch-, um-, über-, unter-, wider-, hinter-)*, z.B. *über'setzen*, Z. 26 *über'stehen*. Das Präfix *über-* hat bei unfester Verbindung meist konkrete Bedeutung, bei fester dagegen teilweise übertragene, z.B. *Die Gruppe wurde 'übergesetzt (über den Fluß).*, gegenüber *Das Buch wurde über'setzt.* (zum Auftreten von *ge-* im Partizip 2 siehe II 2.2).

Da die trennbaren Präfixe ebenso als freie Morpheme vorkommen und freie Morpheme Basismorpheme sind, könnte man die Verben mit trennbaren Präfixen auch als Zusammensetzungen auffassen. Doch ist die Bedeutung der trennbaren Präfixe gegenüber den als Präpositionen oder als Adverbien fungierenden entsprechenden freien Morphemen in vielen Fällen allgemeiner und abstrakter; daher sind die Verben mit trennbaren Präfixen ebenso wie die Verben mit untrennbaren Präfixen zumeist als Präfixbildungen zu bestimmen. Ist ein Ansatz zur Entwicklung vom freien Morphem zum Präfix erkennbar, handelt es sich um ein Präfixoid (Halbpräfix) (II 8.4) ([117] 78; vgl. [28] § 730).

Anders liegt der Fall bei Bildungen mit *hinab, hinauf, hinan, zurück* u.a. Da diese in Verbindungen wie *hinabfahren, hinaustreten*, Z. 30 *zurückführen* von der Bedeutung her den Richtungsadverbien *hinab, hinaus, zurück* entsprechen, betrachtet Fleischer [117] 77 f. die verbalen Verbindungen als Zusammensetzungen. Gleiches gilt für Verben mit nominalen bzw. verbalen Kompositionsgliedern wie *dank-* in *danksagen, maschine-* in *maschineschreiben, tot-* in *totschlagen, fest-* in *festschrauben, los-* in *loslassen, weis-* in *weismachen* (I 17.3.2) bzw. *mäh-* in *mähdreschen* (nach [117] 309; [28] § 727 ff.). Schwierigkeiten bereitet die Klassifizierung z.b. von *bei-* in *beiliegen*, da sich die Bedeutung von *bei* nicht von der des entsprechenden freien Morphems unterscheidet. Dies trifft z.b. auch für *vor-* in *vorschieben*, *nach-* in *nachwerfen*, *zu-* in *zueilen*, *wieder-* in *wiederbeleben* zu (vgl. [28] § 765 ff.).

b) Bedeutungen der verbalen Präfixbildungen

α) Zeitliche und räumliche Differenzierungen
Präfixverben können ebenso wie die eben genannten Verbindungen mit nominalen, verbalen oder adverbiellen Kompositionsgliedern zur Differenzierung von Aktionsarten (I 17.3. 2 d) eingesetzt werden, z.B.

durativ	anfangsterminativ
fahren	*abfahren*
	endterminativ (resultativ)
arbeiten	*erarbeiten*
	inchoativ
blühen	*erblühen*
	momentativ
stehen	*aufstehen*

Doch sind die Verbalpräfixe wie andere Möglichkeiten zum Ausdruck der Aktionsarten nicht genügend grammatikalisiert, um als Bezeichnung einer grammatischen Kategorie Aktionsart fungieren zu können (nach [117] 326 ff.; Weiteres [28] § 740).

Neben der zeitlichen Differenzierung spielt bei den Verben die räumliche Differenzierung eine wichtige Rolle, die vor allem durch trennbare Präfixe (und ergänzend durch Kompositionsglieder) bewirkt wird; vgl. z.B. ‚aufwärts': *aufsteigen, ersteigen (hinauf-, hoch-, emporsteigen);* ‚abwärts': *absteigen, untertauchen (herab-, hinunter-, niedersteigen);* ‚in eine andere Richtung': *umschwenken, ablenken;* ‚davon, weg': *enteilen, abfahren, verreisen, ausreisen (davon-, fort-, losfahren);* ‚heran': *ankommen, aufklatschen, zugehen (hinzu-, herbei-, herankommen)* (nach [28] § 741).

β) Weitere Bedeutungen der Präfixverben
Bei den Präfixverben gibt es weitere Bedeutungsgruppen. Ornativa sind z.B.:

be-	belichten	(Subst. *Licht*)
ver-	*versiegeln*	(Subst. *Siegel*)
über-	*überdachen*	(Subst. *Dach*)
unter-	*unterkellern*	(Subst. *Keller*)

Den Ornativa stehen die Privativa, Verben, die ein Weg-
nehmen, Entfernen bezeichnen, gegenüber:

ent-   *entfesseln*   (Subst. *Fessel*)

Ein Instrumentativum ist z.B. *vergasen* ‚mit Gas töten'.

Wie die genannten Ornativa zeigen, können verschiedene
Präfixe eine gemeinsame semantische Funktion haben. Umgekehrt gilt, daß ein Präfix zumeist mehrere Bedeutungen
hat. Als Beispiel wählen wir das Präfix *ver-*. In den Verben
des Aufbrauchens und Verarbeitens (*verarbeiten, verweben*
usw.) kommt durch *ver-* die terminative Aktionsart zum Ausdruck. Eine Bedeutung ‚zu etwas machen' liegt den gleichfalls terminativen Verben *verschrotten* (Subst. *Schrott*),
verdeutlichen (Adj. *deutlich*) zugrunde, denen intransitive
Verben mit der Grundbedeutung ‚zu etwas werden' gegenüber stehen: *verdunsten* (Subst. *Dunst*), *verarmen* (Adj. *arm*).
Zu der Bezeichnung der terminativen Aktionsart kann bei
ver- auch ein Bedeutungsmerkmal ‚lokal' hinzutreten, z.B.
verjagen ‚wegjagen'. Daneben tritt eine Bedeutungskomponente ‚falsch, weg vom rechten Wege' auf: *sich verrechnen,
verkennen, sich verlaufen.* Idiomatisiert sind z.B. *verstehen,
vergeben,* Z. 16 *versprechen* (nach [117] 328 ff.; [125] 176;
Weiteres [28] § 744 ff.).

c) Syntaktisches

Gegenüber den entsprechenden Verba simplicia bieten Präfixverben Konstruktionsvorteile. Von passivfähigen *be-*Verben
können z.B. *bar-*Adjektive gebildet werden, von den Simplicia
dagegen nicht: *Die Straßen sind bei Glatteis nicht befahrbar.*
Es ist möglich, Verbalabstrakta auf *-ung* von *be-*Verben mit dem
Genetivus objectivus zu verbinden, während die *ung-*Ableitung
von dem entsprechenden Simplex oftmals lexikalisiert ist: *die
Bepflanzung des Gartens mit Rosen* (dagegen: *Pflanzung*).

Dadurch, daß *be-*Verben häufig mit dem Akkusativ verbunden
sind, kann das Akkusativobjekt zum Subjekt eines Passivsatzes
werden:
Der Gärtner bepflanzt das Beet mit Rosen. →
Das Beet wird vom Gärtner mit Rosen bepflanzt.
Sätze mit dem entsprechenden Verbum simplex haben aufgrund
der anderen syntaktischen Struktur auch eine andere Bedeu-
tung:
Der Gärtner pflanzt Rosen auf das Beet. →
Rosen werden vom Gärtner auf das Beet gepflanzt.

In den Sätzen mit dem Präfixverb *bepflanzen* wird das durch das Akkusativobjekt des aktivischen Satzes bzw. das Subjekt des passivischen Satzes Bezeichnete in seiner Ganzheit betroffen, während das in den entsprechenden Sätzen mit dem Verbum simplex bei der Fügung *auf das Beet* nicht der Fall ist (nach [115]49 ff., 20 f.).

Neben der Akkusativierung kommt auch die „Präpositionalisierung" und seltener die Dativierung durch Präfigierung zustande:

jemanden sprechen → *bei jemandem vorsprechen*
zu jemandem sprechen → *jemandem zusprechen*

Die Verwendung von Präfixverben kann dazu führen, daß umständliche präpositionale Fügungen elliptisch eingespart werden: *Die Milch fließt über den Rand des Topfes.* → *Die Milch fließt über.*
Auf der anderen Seite ist durch Präfigierung eine Valenzerhöhung möglich:
Hans trödelt. → *Hans vertrödelt seine Zeit.* (nach [28] § 735 f.).

9.4 Präfixbildung als Form der Ableitung?

Während wir die Wortbildungstypen Präfixbildung und explizite Ableitung geschieden haben, sind nach einer anderen Auffassung die Präfixbildungen und die unter dem Begriff „explizite Ableitung" angeführten Suffix- und Zirkumfixbildungen unter dem Oberbegriff „Ableitung" zu vereinen, da Suffixe und Präfixe oftmals die gleiche Funktion haben (vgl. *fest - ig - en* ‚festmachen', *be - richtig-en* ‚richtig machen') oder als diskontinuierliche Elemente bei der Zirkumfixbildung auftreten ([125] 170; [114] 66 ff.). Weil aber durch Ableitung die Wortart zumeist verändert wird und durch Präfixbildung nicht, empfiehlt es sich, Ableitungen und Präfixbildungen gesondert zu behandeln (vgl. [117] 79).

10 Ausdruckskürzung

Der bisher behandelten Ausdruckserweiterung steht die Ausdruckskürzung gegenüber, die vor allem Zusammensetzungen betrifft. Sonderformen der Determinativkomposita sind so Zusammensetzungen wie *Bierdeckel, Kirschgarten*. Denn ein Bierdeckel ist nicht ein Deckel für das Bier, sondern für das Bierglas, also eigentlich ein Bierglasdeckel. In ähnlicher Weise ist ein Kirschgarten ein Kirschbaumgarten, vgl. auch *Apfelblüte* für *Apfelbaumblüte*. Da

182   Morphemik und Wortbildung

das Mittelstück in solchen Determinativkomposita fehlt, bezeichnet man sie als Klammerformen (nach [117] 100). Ein Textbeispiel bildet Z. 18 *Zoogeschäft* ‚Geschäft für Zooartikel' (vgl. II 7.4.2 a). Der Bestandteil {*artikel*} fehlt hier. Wenn das Anfangsglied wie z.b. in *Schirm (Regenschirm), Bahn (Eisenbahn)* nicht ausgedrückt ist, spricht man von „Schwanzform". Der „Schwanzform" steht die „Kopfform" gegenüber, *Ober (Oberkellner), Foto (Fotographie)*. Beides sind Kurzwörter.

Eine Kürzung begegnet ferner in den sogenannten Initialwörtern, das sind hauptsächlich auf die Anfangsbuchstaben der geschriebenen Morpheme gekürzte Wortbildungen, zumeist mit Aussprache der Buchstabennamen, wie *Lkw* [ˈɛlkaːveː] (zur Lautschrift siehe IV 3.2) oder seltener mit Aussprache als Phonemfolge, wie Z. 12 *Sanka* für *Sanitätskraftwagen* (nach [125] 170 f.; [28] § 692 ff.).

Bei diesen Kürzungen haben die Ausgangsbildung und die Kurzform die gleiche Bedeutung; es ist also nur die Ausdrucksseite von der Kürzung betroffen, weshalb die genannten Kurzwörter nur bedingt als „neue Wörter" bezeichnet werden können (nach [28] § 691 f.).

Anders verhält es sich bei der Suffixtilgung, da diese zu neuen Ableitungen mit einer anderen Wortart führt. So sind die Substantive *Demut, Eigensinn, Mondsucht,* sogenannte Scheinkomposita, aus den Adjektiven *demütig, eigensinnig, mondsüchtig* rückgebildet (retrograde Bildungen), was aber nur unter historischem Aspekt sichtbar wird (vgl. [28] § 693; [18] 440).

Das Prinzip der Ausdruckskürzung liegt auch in bestimmten Wortkreuzungen (Wortverschmelzungen, Kontaminationen) vor, Verschmelzungen von Wörtern, die gleichzeitig in der Vorstellung des Sprechenden auftauchen, z.B. in den nach Art der Kopulativkomposita zusammengesetzten Bildungen *Kurlaub* aus *Kur* und *Urlaub, jein* aus *ja* und *nein* (auch *ja, aber nein: Er sagt ja, meint aber nein.*). Hier überschneiden sich Laut- und Silbenelemente. Bei Bildungen wie *Katzenjammertal, Sparschweinerei* sind *-jammer-* in *Katzenjammer* und *Jammertal* und *-schwein-* in *Sparschwein* und *Schweinerei* enthalten, also Basismorpheme identisch.

Für Wortverschmelzungen gilt, daß sie teils unbewußt, teils bewußt zustande kommen. Da diese Bildungen stark kontextgebunden sind, gehen nur wenige in den allgemeinen Sprachgebrauch ein (nach [18] 267; [28] § 696).

11 Der Wortbildungstyp implizite Ableitung

Typ: *besuchen → Besuch*

a) Definition

Die implizite Ableitung, ein freies Morphem oder eine Morphemverbindung ohne Ableitungssuffix, geht als Ganzes in formaler und semantischer Hinsicht von einem anderen freien Morphem oder von einer Morphemverbindung, und zwar einem Verb, aus. Damit ist ein Übertritt in eine andere Wortart verbunden, wobei die meisten impliziten Ableitungen „postverbale" Substantive sind. Unter rein synchronem Aspekt könnte man die implizite Ableitung zwar als Form der Konversion (II 12) auffassen, doch besteht der Unterschied zur Konversion darin, daß das InfinitivMorphem bei der impliziten Ableitung eingebüßt wird (also *besuchen → Besuch* gegenüber *besuchen → das Besuchen*, I 12) und das Basismorphem des Substantivs im Gegensatz zu dem des entsprechenden Verbs verändert sein kann (siehe c)). Da bei der impliziten Ableitung ein Ableitungssuffix fehlt, spricht man auch von Nullableitung. Die Zuordnung der impliziten Ableitung zur Ausdruckserweiterung ist demnach nicht gerechtfertigt. Ebensowenig liegt eine Ausdruckskürzung vor; denn das Nullmorphem im Nominativ Singular des Substantivs ist Flexionsmerkmal (vgl. dagegen den Gen.Sg.mask. *des Besuch-s*). Was die semantischen Beziehungen zwischen Basis und Ableitung betrifft, so muß das Verb als motivierende Basis und das Nomen als abgeleitet angesehen werden können, wenn eine implizite Ableitung angenommen wird. Häufig bilden Präfixverben oder zusammengesetzte Verben (II 9.3) die Basis; z.B. *Befall (befallen), Versuch (versuchen)*, Z. 31 *Vermerk (vermerken)*. Idiomatisiert ist z.B. *Ertrag* (die Bedeutung ‚einbringen‘ von *ertragen* ist veraltet, [124] 182) (nach [117] 72 ff., 204 f.; [28] § 844). Weil die implizite Ableitung oftmals allein unter historischem Aspekt erkannt werden kann, sind Substantive mit den Präfixen *be-, ver-, er-* usw. heute am ehesten als implizite Ableitungen identifizierbar; diese Präfixe werden nämlich in der Regel mit Verbstämmen verbunden.

b) Betonung

Implizite Ableitungen von Verben mit untrennbaren Präfixen werden wie diese Verben (II 9.3) auf der Stammsilbe betont. Neben dem Typ *Ent'wurf ← ent'werfen* steht *'Antwort → 'antworten*. Die Betonung auf dem Präfix bei *'antworten* zeigt, daß es sich um eine Ableitung von dem Subst. *'Antwort* handelt. Einen weiteren Betonungstyp stellt das Paar *'Urlaub, er'lauben* dar. Die unterschiedli-

184   Morphemik und Wortbildung

che Betonung von Substantiv und Verb ist hier historisch zu erklären. Bei den Nominalbildungen war das Präfix zu der Zeit, als im Germanischen die Anfangsakzentuierung von Wörtern durchgeführt wurde, mit dem zweiten Bestandteil fest verbunden, so daß die erste Silbe betont wurde. Dagegen waren die beiden Bestandteile der Vorform von *erlauben* nur „zusammengerückt"; der ursprünglich als Adverb verwendete Bestandteil war unbetont, das Verb betont (vgl. [123] 39 f.).

c) Veränderung des Stammvokals

Eine Anzahl von Substantiven weist eine Veränderung des Stammvokals gegenüber dem Stammvokal des Verbs auf, z.B. *Trank (trinken), Band, Bund (binden), Verbot (verbieten),* Z. 19 *Rücknahme.* (Dem Kompositionsglied *zurück-* in *zurücknehmen* [II 9.3] entspricht beim Substantiv das Präfix *Rück-.*) Innerhalb der zugehörigen Verbalparadigmen – es sind starke Verben – dient der Ablaut der Bildung der Tempusstämme (II 2.2):

band	Prät.	: *Band*
gebunden	Part. 2	: *Bund*

In einigen Fällen stimmt der Stammvokal der impliziten Ableitung mit keiner Ablautform des entsprechenden starken Verbs überein, z.B. *Bruch, Schuß, Wurf, Zug,* Z. 26 *Umzug.* Diese Diskrepanz ist auf sprachhistorisch zu begründende Veränderungen der Tempusstämme des Verbs zurückzuführen (nach [117] 204 ff.).

Anmerkung: Anders als bei den Substantiven gibt es bei den Adjektiven kaum implizite „postverbale" Ableitungen. Man zählt hierzu z.B. das Adjektiv *starr* < *starren* (nach [117] 287).

12   Der Wortbildungstyp Konversion

Bei der Konversion handelt es sich um eine Überführung eines Wortes in eine andere Wortart, wobei das Wort – gegebenenfalls von Flexionsformen der neuen Wortart abgesehen – seine Normalform behält. Durch diesen Vorgang wird ein neues Wort gebildet (nach [117] 74 f.); vgl. z.B.

ein vertrauliches Du	Pron.	→ Subst.
das Deutsch	Adj.	→ Subst.
hamstern	Subst.	(*Hamster*) → Verb
das Essen (substantivierter Inf.)	Verb	→ Subst.
Z. 27/28 *das Entfernen*		

Da die Infinitivendung -(e)n ein Flexions- und kein Wortbildungsmorphem darstellt, rechnet P. von Polenz [125] 170 anders als Fleischer [117] 315 die Überführung von Substantiven in Verben zu Recht nicht zur Ableitung. Beim substantivierten Infinitiv wird eine Verbindung aus Verbalstamm + Infinitivendung substantiviert. Sonderfälle sind Zusammenrückungen wie *das Gelbwerden der Blätter, das In-der-Sonne-Liegen*. Hier treten mit dem Verb verbundene Ergänzungen als Bestimmungswörter auf. Als Konversion bezeichnet man weiterhin die Substantivierung des Adjektivs, z.B. *das Alte, das Teuerste* (Ntr.), *der, die Dicke* (Mask., Fem.) und die Substantivierung von Partizipien, z.B. *der Lesende* (Part. 1), *die Gefangene* (Part. 2) (nach [117] 288; [28] § 700 ff.). Wie wir z.B. an den Fügungen mit Bezugsausdruck *das teuerste Geschenk* und *der lesende Knabe* sehen, wird bei der Substantivierung zu *das Teuerste* und *der Lesende* die Flexion des Adjektivs und des adjektivisch gebrauchten Partizips in der Flexion als Substantiv beibehalten.

Man faßt die Definition der Konversion auch weiter und zählt Fälle wie *Vergißmeinnicht* und *Dreikäsehoch* (II 7.3) dazu ([125] 170).

13 Zur Frage der Produktivität von Wortbildungen

Bei der Ausdruckserweiterung unterscheidet man zwischen produktiven, aktiven und unproduktiven Suffixen und Präfixen. Produktiv sind Suffixe und Präfixe, mit denen massenweise neue Wörter gebildet werden, z.B. die Suffixe *-er, -ung, -heit, -keit, -ig, -isch, -lich* beim Nomen oder das Präfix *be-* beim Verb (quantitatives Kriterium). Hierher gehört auch der Typ *Glotze* ‚Fernsehapparat‘, der von einem Verb *(glotzen)* abgeleitet ist. Mit Hilfe von aktiven Suffixen und Präfixen entstehen keine massenweisen Neubildungen, es werden aber noch in ihrer Bildeweise verständliche Wörter gebildet (z.B. mittels Suffix *-tum, -nis*, Präfix *miß-* beim Verb). Dagegen führen Wortbildungen mit unproduktiven Suffixen und Präfixen zu unverständlichen Neubildungen (qualitatives Kriterium). Wir können zwar z.B. das Subst. *Naht* in ein Basismorphem *nah-*, neben dem ein Allomorph *näh-* steht, und ein Suffix {t} teilen, doch würde eine entsprechende Bildung *Blaht* (zu *blähen*) nicht verstanden. Unter den Präfixen gilt etwa *ge-* beim Adjektiv als unproduktiv. Bei den Zirkumfixbildungen ist z.B. der Typ *Gefrage* produktiv, während der Typ *Gedärm* als aktiv bezeichnet wird. Was den Ableitungstyp der impliziten Ableitung betrifft, so handelt es sich hier wohl um einen aktiven

Bildetyp ([117] 71 f.; vgl. auch [28] § 685). Auch bei den Zusammensetzungen lassen sich produktive und aktive Typen feststellen. So werden Zusammensetzungen mit substantivischem und adjektivischem Grundwort heute immer häufiger, während verbale Zusammensetzungen z.B. des Typs *drehbohren* sehr selten vorkommen (nach [28] § 720).

Im Bereich der Ausdruckskürzung nehmen die Kurzwörter im heutigen Deutsch deutlich zu. Unter den Konversionen begegnet häufig der Typ *das Gelbwerden der Blätter* (vgl. [38] 73).

AUFGABE V

Geben Sie eine Morphemanalyse (mit Unterscheidung von freien/gebundenen Morphemen, Basis-, Wortbildungs- und Flexionsmorphemen) der folgenden Wörter des Textes. Handelt es sich um Wortbildungen, so bestimmen Sie die Wortbildungstypen, wobei in einem Wort mehrere Worbildungstypen enthalten sein können. Bei der Bestimmung der grammatischen Funktion der Flexionsmorpheme (auch Nullelemente) gehen wir von den Wortformen des Textes aus. (Die Unterscheidung von lexikalischen und grammatischen Morphemen kann bei Morphemverbindungen außer Betracht bleiben, weil sie mit der Unterscheidung in Basismorpheme einerseits und Flexions- und Wortbildungsmorpheme andererseits zusammenfällt.)

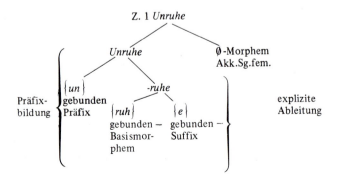

Aufgabe V 187

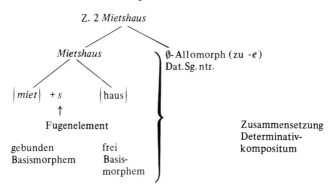

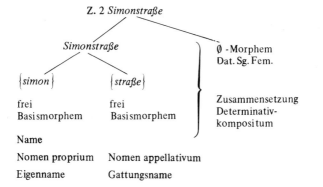

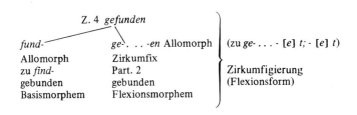

Anmerkung: Wie erwähnt (II 2.2), werden Partizipien 2, die das Zirkumfix { *ge- ... -en(/(e)t)* } aufweisen, als Wortformen des Verbs (hier *finden*) betrachtet. *ge- ... -en* ist also kein Wortbildungsmorphem, sondern ein Allomorph eines Flexionsmorphems.

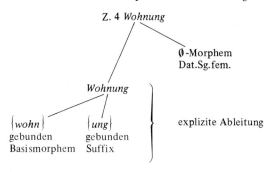

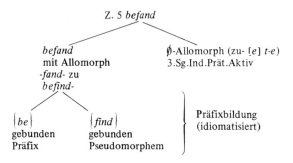

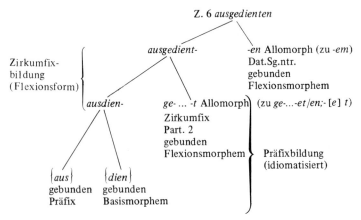

Anmerkung: Von dem Verb *ausdienen* ist nur mehr das Partizip 2 gebräuchlich (I 22.1).

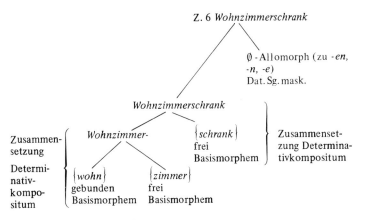

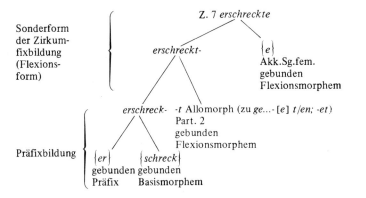

190   Morphemik und Wortbildung

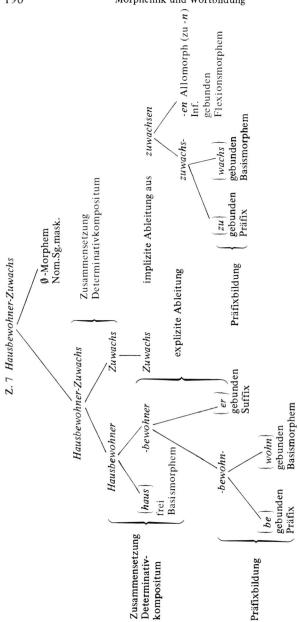

Z. 7 *Hausbewohner-Zuwachs*

Aufgabe V

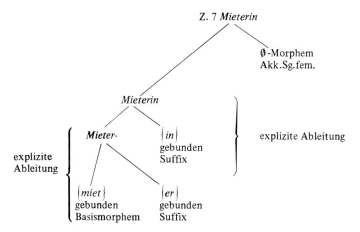

III DAS SPRACHLICHE ZEICHEN

1 Nichtsprachliche Zeichen

Wir haben das Wort bisher in seinen syntaktischen Beziehungen kennengelernt, wir haben die Wortarten bestimmt, das Wort als morphologische Einheit und als Wortbildung betrachtet. Eine andere Betrachtungsweise ist die des Wortes als sprachlichen Zeichens.

Die Wissenschaft von den Zeichen ist die Semiotik. Sie geht von der griechischen Philosophie aus. Die semiotisch orientierte Sprachwissenschaft hat dagegen der uns schon bekannte Sprachwissenschaftler Ferdinand de Saussure begründet (nach [131] 24 f.).

Wenden wir uns zunächst dem Zeichen im nichtsprachlichen Bereich zu: Man unterscheidet zwischen Zeichen im weiteren Sinn und Zeichen im engeren Sinn. Ein Zeichen im weiteren Sinn ist das Symbol. Nach de Saussure [93 b] 80 „besteht [beim Symbol] bis zu einem gewissen Grade eine natürliche Beziehung zwischen Bezeichnung und Bezeichnetem". So könne das Symbol der Gerechtigkeit, die Waage, nicht durch etwas ganz anderes, etwa einen Wagen, ersetzt werden. Ein Beispiel für ein Symbol ist weiterhin:

Licht auf Knöpfen im Treppenhaus

Dagegen herrscht beim Zeichen im engeren Sinn keine wesensmäßige Beziehung zwischen Form und Inhalt, z.B. bei den Verkehrszeichen:

Halteverbot Vorfahrtsstraße

Beiden Arten von Zeichen gemeinsam ist, daß sie
1) abstrakt sind; etwas steht für etwas,
2) daß sie willkürlich gewählt sind,
3) daß sie aber konstant sind, d.h. fest in ihrer Verwendungsweise (vgl. [90] 40 ff.; [133] 32 ff.).

Auch wenn ein Zeichen hinsichtlich der Vorstellung, die es vertritt, als frei gewählt erscheint, so ist der Zeichenbenutzer an diesen Zeichengebrauch gebunden (nach [93 b] 83). Dies wird besonders deutlich an den Verkehrszeichen; denn die Zeichenbenutzer müssen das, was die Verkehrszeichen aussagen, verstehen und danach handeln, wenn kein Unfall geschehen soll. In diesem Zusammenhang sagt de Saussure [93 b] 80, daß „jedes in einer Gesellschaft rezipierte Ausdrucksmittel im Grunde auf einer ... Konvention [beruht]."

Wie wir sehen werden, finden sich Übereinstimmungen zwischen den Eigenschaften nichtsprachlicher und sprachlicher Zeichen (III 3). Bevor wir darauf eingehen, müssen wir de Saussures Zeichenmodell kennenlernen. Sein Zeichenmodell ist grundlegend, weil es in andere Zeichenmodelle eingegangen ist.

2 Zeichenmodelle sprachlicher Zeichen

Ein Modell ist eine Nachbildung eines konkreten Objekts (z.B. Modell eines Bauwerks) oder wie in der Sprachwissenschaft eine auf Abstraktion und Idealisierung beruhende Abbildung von Erscheinungen, die der sinnlichen Wahrnehmung nicht unmittelbar zugänglich sind. Die je nach Erkenntnisziel als relevant betrachteten Eigenschaften des Originals werden in einem Modell in vereinfachter Form abgebildet (dazu [257] 15 ff.; [18] 326).

Was nun das Modell des sprachlichen Zeichens betrifft, so sagt de Saussure [93 b] 77, daß „das sprachliche Zeichen ... in sich nicht einen Namen und eine Sache [vereinigt], sondern eine Vorstellung [concept] und ein Lautbild [image acoustique]". Das Lautbild ist nicht die tatsächliche Lautkette, sondern die Vergegenwärtigung z.B. des Lautbilds [baum] (zur Wiedergabe der Laute siehe IV 3.2). Ebensowenig ist die Vorstellung eines Gegenstands nicht der Gegenstand selbst, z.B. ein wirklicher Baum, sondern die Abstraktion davon.

Das sprachliche Zeichen ist nach de Saussure [93 b] 78 demzufolge etwas im Geist Vorhandenes, das zwei Seiten hat:

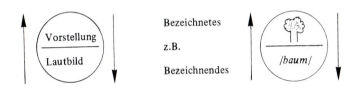

„Diese beiden Bestandteile des sprachlichen Zeichens sind eng miteinander verbunden und entsprechen einander." Wenn man die Lautkette [baum] hört, so drängt sich einem unwillkürlich die Vorstellung eines solchen Gewächses mit einem Stamm, Zweigen, Laub auf; umgekehrt, wenn man ein solches Gewächs sieht, ordnet man ihm das Lautbild [baum] zu. Es besteht eine reziproke Evokation (ein gegenseitiges Einander-ins-Gedächtnis-Rufen) zwischen den zwei Seiten des sprachlichen Zeichens (vgl. [90] 44). Die Termini „Vorstellung" und „Lautbild" ersetzt de Saussure nun durch die Termini „Bezeichnetes" (signifié) und „Bezeichnendes" (signifiant). Entsprechend der de Saussureschen Zweiteilung des sprachlichen Zeichens spricht Louis Hjelmslev [74b] 52, der Begründer der Glossematik (siehe S. 247 f.), später von Inhalt und Ausdruck, wobei der Terminus „Inhalt" für die Bedeutungsseite des sprachlichen Zeichens gebraucht wird und der Terminus „Ausdruck" sich auf die sinnlich wahrnehmbare Seite des sprachlichen Zeichens, z.B. auf Schallwellen, Schriftzeichen bezieht. Anstelle von „Bezeichnetes" und „Bezeichnendes" sind in der amerikanischen Linguistik die Termini „form" (,Form') und „meaning" (,Bedeutung') in Gebrauch ([18] 207,52).

Eine Erweiterung des Zeichenmodells von de Saussure findet sich bei C.K. Ogden/I.A. Richards [138b] 18:

```
       Gedanke oder Bezug          Dieses sogenannte semio-
    (de Saussure: Bezeichnetes)    tische Dreieck enthält ge-
              /\                   genüber de Saussures bila-
             /  \                  teralem (zweiseitigem)
            /    \                 Zeichenmodell als zusätz-
           /_____\                liche Komponente den Um-
    Symbol        Referent         weltreferenten, die außer-
    (de Saussure: (Bezugsobjekt)   sprachliche Wirklichkeit.
    Bezeichnendes) (z.B. ein realer
                   Gegenstand wie ein Baum)
```

In dem Zeichenmodell von Karl Bühler [132] 24 ff. werden der Sprecher (Sender) und der Hörer (Empfänger) mit einbezogen. Bühler beruft sich dabei auf den griechischen Philosophen Platon, nach dem die Sprache ein ŏrganon ist, ein Werkzeug, womit einer dem anderen etwas mitteilt über die Dinge. Bühlers sogenanntes Organon-Modell ist demnach nicht nur ein Zeichenmodell, sondern gleichzeitig ein Kommunikationsmodell.

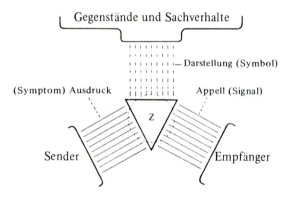

Das sprachliche Zeichen (Z) hat drei verschiedene Funktionen: Es ist
1) Symbol aufgrund seiner Zuordnung zu Gegenständen und Sachverhalten (Darstellungsfunktion)
2) Symptom aufgrund seiner Abhängigkeit vom Sender, dessen Einstellung es zum Ausdruck bringt (Ausdrucksfunktion)

3) Signal aufgrund seines Appells an den Hörer, dessen äußeres und inneres Verhalten es steuert wie Verkehrszeichen (Appellfunktion).

Wenn z.B. zwei Menschen im Zimmer sind und der eine äußert: „*Es zieht.*", dann stellt diese Äußerung als Zeichen einen bestimmten Sachverhalt dar (Symbol); mit dieser Äußerung kann aber der Sprecher zugleich seinen Unmut über diesen Tatbestand äußern (Symptom). Weiterhin kann diese Äußerung bedeuten, daß der Angesprochene das Fenster schließen soll (Signal) (Weiteres VII 6).

Das Dreieck steht für die dreifache Zeichenfunktion des sprachlichen Zeichens. Der Kreis entspricht beim sprachlichen Zeichen dem Schallphänomen (Ausdruck, signifiant bei de Saussure). Dreieck und Kreis decken sich nicht. Das bedeutet, daß nicht das gesamte Schallphänomen in seiner phonetischen Mannigfaltigkeit (dazu IV 1.3; 4; 5) für die Zeichenfunktion bedeutsam ist. Der Empfänger verwertet nur das vom Schallphänomen, was für die Bedeutungsunterscheidung von Sprachzeichen relevant ist. Bühler spricht hier von abstraktiver Relevanz. Auch bei nichtsprachlichen Zeichen sind nicht alle Eigenschaften des Zeichens für ihre Funktion von Bedeutung. Der Verkehrsteilnehmer sieht z.B. von dem Material ab, aus dem eine Verkehrsampel besteht; er registriert nur, ob die Ampel Rot, Grün oder Gelb anzeigt (nach [90] 47; [18] 410).

Doch kann andererseits der materielle Teil des sprachlichen Zeichens unvollständig sein. Der Empfänger ergänzt das Fehlende (apperzeptive Ergänzung), z.B. bei Satzabbrüchen (V 6). In diesen Fällen greift das Dreieck über den Kreis hinaus.

3 Eigenschaften sprachlicher Zeichen

3.1 Arbitrarität und Konventionalität

Wie bei den nichtsprachlichen Zeichen ist bei den sprachlichen Zeichen die Verbindung von Bezeichnetem und Bezeichnendem beliebig, arbiträr. So ist nach de Saussure [93b] 79 die Vorstellung ‚Schwester' durch keinerlei innere Beziehung mit der zugeordneten Lautfolge [ˈʃvɛstɐ] verbunden. Sie könnte auch durch eine andere Lautfolge dargestellt sein. Das zeigt ferner die Bezeichnung der Vorstellung ‚Tisch', da in verschiedenen Sprachen nicht dieselben Ausdrücke verwendet werden:

dt.	*Tisch*
engl., frz.	*table*
lat.	*mensa*

Die Beziehung zwischen den zwei Seiten des sprachlichen Zeichens versteht sich also nicht von selbst. Doch muß die Bezeichnung des Gegenstands Tisch mit einem bestimmten Wort für ‚Tisch‘ in jeder Sprache fest sein, damit die Sprachbenutzer sich verständigen können. Die Zuordnung von Bezeichnetem und Bezeichnendem beruht auf Konventionen (vgl. III 1 zu den Verkehrszeichen). Wie aber bereits Platon in seinem Dialog „Kratylos" betont, sind die sprachlichen Konventionen nicht förmliche Verabredungen, sondern überlieferte Gewohnheiten; sprachliche Bedeutungsfestsetzungen können nicht von jedermann beliebig vorgenommen werden (vgl. [134] 35 f.).

3.2 *Motiviertheit*

Dem Begriff der Arbitrarität steht der Begriff der Motiviertheit gegenüber, den wir bereits bei der Zerlegung der Zusammensetzung *Haustür* kennengelernt haben (II 5).

a) Wenn komplexe sprachliche Zeichen in ihren Bestandteilen durchschaubar sind, spricht man von Motiviertheit.

b) Eine andere Form der Motiviertheit findet sich bei den sogenannten Onomatopoetika, den lautmalenden Wörtern wie *Kikeriki, Wauwau, Kuckuck* usw. Diese Art der Motiviertheit ist speziell auf lautliche Phänomene beschränkt. Wie bei den Symbolen, den Zeichen im weiteren Sinn, liegt eine Ähnlichkeitsbeziehung zwischen Bezeichnetem und Bezeichnendem vor (vgl. [111] 23).

4 Die Beziehungen der sprachlichen Zeichen

Sprachliche Zeichen gehen nach Charles W. Morris [136a] 91 ff., [137b] 324 ff., der in seiner Arbeit „Foundations of the Theory of Signs" 1938 eine allgemeine Zeichentheorie aufgestellt hat, verschiedene Beziehungen ein:

a) Die Beziehung zwischen Bezeichnetem und Bezeichnendem ist die semantische,

b) die Beziehung der Zeichen untereinander die syntaktische,

c) die Beziehung zwischen Zeichen und Zeichenbenutzer die pragmatische Beziehung.

Bislang haben wir nur die syntaktische Beziehung der sprachlichen Zeichen behandelt; zu a) und c) siehe VI, VII.

5 Morphem als kleinstes sprachliches Zeichen

Nicht nur Wörter, sondern auch Bestandteile von Wörtern sind
sprachliche Zeichen, sofern sie aus Ausdruck und Inhalt bestehen,
also etwa das Morphem {ung}; es hat eine Lautkette; mit Hilfe des
Morphems {ung} werden z.B. Abstrakta (*Eroberung, Bildung, An-
schauung* usw.) gebildet. Für unsere Morphemdefinition ergibt
sich somit: Das Morphem ist das kleinste sprachliche Zeichen. Dagegen sind Fugenelemente in Zusammensetzungen keine sprachlichen Zeichen, weil sie keine inhaltliche Funktion haben. Problematisch wird aber die Morphemdefinition bei Wörtern wie *auf* in
warten auf, die nur als syntaktische Anschlußmittel fungieren (vgl.
II 1.1). Man könnte sie als ,,Zeichen für innersprachliche Beziehungen" ([28] § 948) bezeichnen.

Oberhalb der Morphemebene bestehen sprachliche Zeichen aus
Kombinationen von Morphemen wie Wortbildungen, Sätzen und
Texten (vgl. [135b] 23).

IV PHONETIK, PHONEMIK, GRAPHEMIK

1 Die Grundbegriffe „Phon", „Phonem", „Allophon"

1.1 Phon

Wir kommen nun zur materiellen Seite des sprachlichen Zeichens. Das sprachliche Zeichen wird durch Laute konstituiert. Betrachten wir das Wortpaar *kratzen* und *platzen,* so weichen diese Wörter in den Lautfolgen [*kra*] und [*pla*] (zur Bezeichnung siehe IV 3.2) voneinander ab. Daß [*kra*] und [*pla*] aber aus drei Segmenten bestehen, zeigt der Vergleich der Wortpaare

Z. 20 *Kunde* – *Munde*
Z. 27 *Gras* – *Glas*
Z. 5 *das* – *des*
Spange – Z. 1 *Schlange*

in denen jeweils mit bedeutungsunterscheidender Funktion *k* gegen *m*, *r* gegen *l*, *a* gegen ɛ und *p* gegen *l* ausgetauscht werden kann. Das kleinste (austauschbare) Segment einer Lautfolge ist ein Phon (Laut). Phone werden in eckige Klammern [ ] gesetzt.

1.2 Phonem

Das abstrakte Muster, das den bedeutungsunterscheidenden, sprachlich realisierten Phonen zugrunde liegt, bezeichnet man als Phonem, eine Differenzierung, die der von Morph und Morphem als Einheit der Parole bzw. der Langue entspricht (II 1.3). Ein Phonem ist also als Einheit der Langue die kleinste wort- oder zeichenunterscheidende, d.h. bedeutungsunterscheidende Einheit (dagegen ist das Morphem die kleinste bedeutungstragende Einheit; II 1.2).

Im Zusammenhang mit dem sprachlichen Zeichen nimmt der Sprachwissenschaftler André Martinet [151 b] 23 eine zweifache Gliederung der Sprache vor. Während sich die erste Gliederung auf die von uns als Morpheme bezeichneten sprachlichen Einheiten bezieht, sind die Einheiten der zweiten Gliederungsebene die Phoneme. Der Nutzen der zweiten Gliederung sei dabei ökonomischer Art. Zwanzig, dreißig Phoneme und entsprechende Kombinationsregeln hätten es der Menschheit ermöglicht, ihren Wortschatz parallel zum Wachsen ihrer Bedürfnisse zu erweitern, was

202 Phonetik, Phonemik, Graphemik

mittels Tausender von unartikulierten Brummlauten nie möglich gewesen wäre ([151b] 18).

Die Wissenschaft, die sich mit der Funktion der Sprachlaute beschäftigt, nennt man Phonologie, auch Phonemik oder Phonematik, wobei die Bezeichnung „Phonemik" teils nur für die synchrone Phonologie verwendet wird. Um die Phonologie hat sich innerhalb des Strukturalismus besonders die Prager Linguistenschule mit ihrem Hauptvertreter Nikolai Trubetzkoy verdient gemacht, der in den 20er Jahren dieses Jahrhunderts den Phonembegriff Ferdinand de Saussures aufgriff und vor allem nach der Funktion der Sprachlaute fragte. Neben der herkömmlichen Lautlehre forderte er so eine neue Lautlehre, die er Phonologie nannte. Seitdem gehört die Phonologie zum Aufgabenbereich der Sprachwissenschaft (nach [63] 52). In unsere graphische Darstellung der Vertreter des Strukturalismus müssen wir jetzt auch Prag einzeichnen (S. 83).

Weitere Beispiele für bedeutungsunterscheidende Laute finden sich in dem Schüttelreim:

Abhärtung
Im Frühling, wenn der Schnee am Bach taut,
Ihr Nest die Schwalbe unterm Dach baut,
Da ging ich gern ins kühle Tauchbad,
Wie weh mir auch darauf der Bauch tat.

Franz Mittler (aus [154] 39)

Vgl. *B ach* *t aut* Auch *-bad* und *tat* unterscheiden sich nur durch
D ach *b aut* einen Laut, nämlich den anlautenden Konsonanten.
T auch- *b ad* Bei *-bad* begegnet uns das Phänomen der Auslaut-
B auch *t at* verhärtung. Der Verlust der Stimmhaftigkeit von *b*, *d*, *g* im Auslaut tritt schon im Mittelhochdeutschen (und Althochdeutschen) auf; vgl. mhd.
tac : *tages*
līp : *lībes.*
Im Neuhochdeutschen ist die Auslautverhärtung dem Schriftbild nicht zu entnehmen (IV 7.3.2).

Durch welches Verfahren haben wir nun die Phoneme ermittelt? Wir haben Wörter mit anderen verglichen, die so wenig lautliche Unterschiede wie möglich zeigen. Ein solches Wortpaar wie *Bach* und *Dach* nennt man Minimalpaar. Aufgrund der Bildung solcher Minimalpaare sind die Phoneme des Deutschen erkennbar. Phoneme werden in Schrägstriche gestellt: /b/, /d/.

Phoneme stehen in paradigmatischer und syntagmatischer Beziehung zueinander.

h		
b		
r	*und*	
w		
k		
m		

Hier liegt die paradigmatische Beziehung vor: Die Umgebung, in der die Phoneme ausgetauscht werden, ist jeweils gleich.

Die Phoneme /*h*/, /*b*/ usw., die Wörter/Zeichen voneinander unterscheiden, stehen im Gegensatz zueinander, oder, wie man auch sagt, sie stehen in Opposition zueinander.

Betrachtet man die Phoneme in ihrer linearen Abfolge (in der Zeit), dann sieht man sie in ihren syntagmatischen Beziehungen.

	b	*auch*
	b	*rauch*
ge	*b*	*en*
la	*b*	*en*
le	*b*	*endig*

Das Phonem /*b*/ steht hier in verschiedenen syntagmatischen Beziehungen. Die Gesamtheit der Umgebungen, in denen ein Element auftritt, nennt man seine Distribution (S. 74). Den Bezugsrahmen bildet dabei die nächsthöhere Einheit, also beim Laut die Silbe, oder etwa in der Syntax beim Satzglied der Satz.

1.3 Allophon

Bei einem Wort wie *Rost* kann man das *o* offener und geschlossener aussprechen; also [ɔ] , [o] (zur Bezeichnung siehe IV 3.2). Man kann mithin die Laute [ɔ] und [o] miteinander austauschen, ohne dadurch die Bedeutung des Wortes zu verändern; demnach sind [ɔ] und [o] nicht zwei verschiedene Phoneme des Deutschen. Es handelt sich um Varianten ein und desselben Phonems. Diese Varianten nennt man Allophone (auf deutsch: Andersklinger); vgl. den Terminus „Allomorph" für „Variante eines Morphems". Allophone werden in eckige Klammern [ ] gesetzt. Wenn man aber den Öffnungsgrad des *o*-Lauts immer mehr vergrößert, so ergibt sich *Rast*. Wir sind dabei in den Bereich eines anderen Phonems, nämlich des /*a*/, gelangt. Daß /*a*/ und /*o*/ Phoneme sind, erkennt man daran, daß sich die Bedeutung ändert, wenn man einen Laut durch den anderen ersetzt (nach [90] 75 f.) (Weiteres IV 5).

2 Suprasegmentale Merkmale

Die lautliche Transkription (dazu IV 3.2) des Wortes *Vater* führt zu vier Segmenten: [f/a:/t/ɐ]. Wenn wir nun auf die Betonung des Wortes *Vater* eingehen, so wird etwas beschrieben, was für die Segmentation, das Teilen in Abschnitte, irrelevant ist. Man sagt daher, die Betonung sei ein suprasegmentales, ein über das Segment hinausgehendes Merkmal ['fa:tɐ]. Suprasegmentale Merkmale beziehen sich auf größere lautliche Einheiten wie die Silbe, das Wort oder den Satz. Die wichtigsten suprasegmentalen Merkmale sind:

a) Junkturen
Bei der Aussprache von
Eichen ‚kleines Ei' gegenüber *Eichen* ‚Eichbäume',
braucht, um gegenüber *Brauchtum,*
den Bau erkennen gegenüber *den Bauer kennen*
stellen wir kürzere oder längere Pausen fest. Diese Pausen gelten als Grenzsignale oder Junkturen. Man bezeichnet sie mit /+/, wenn man die hörbaren relevanten Unterschiede beschreiben will.

b) Akzent (Betonung)
Den stärksten Akzent trägt zumeist die erste Silbe eines Wortes, z.B. *'Unterabteilungen.* Ausgenommen sind unbetonte Präfixe (gebundene Morpheme): *be-, er-, ent-, ver-, zer-, ge-* und *miß-* (in einem Teil der Bildungen). Aber auch Präfixe, die in anderer Bedeutung auch als freie Morpheme vorkommen, sind zum Teil unbetont: *über'setzen* gegenüber *'übersetzen* (II 9.3 a).

Abweichende Einzelfälle sind schwere Nebensilben (auf Konsonant endigend), wie
le'bendig
Ho'lunder und
Fremdwörter, z.B. *Sar'delle*, danach *For'elle*.

Dem Wortakzent steht der Satzakzent gegenüber. Der Satzakzent fällt innerhalb eines Satzes auf den Informationsschwerpunkt (dazu VIII 1.1.2).

c) Intonation
Beim Sprechen wechselt man häufig die Tonhöhe; vgl. z.B. die Intonationsunterschiede bei Frage- und Aussagesatz (I 1).

Die Erscheinungen Pausen, Akzent und Intonation werden auch unter dem Terminus ,,Prosodie" zusammengefaßt (nach [162] 59 ff.).

Die Phonetik und ihre Aufgaben   205

3 Die Phonetik und ihre Aufgaben

3.1 Die verschiedenen Wissenschaftszweige der Phonetik

Die Wissenschaft, die die Unterschiede von Aussprachevarianten
wie [ɔ] und [o] beschreibt, heißt Phonetik. Sie untersucht die
Gesamtheit der konkreten artikulatorischen und akustischen
Merkmale einer Sprache. Man unterscheidet

a) artikulatorische Phonetik
   Diese beschreibt Ort und Art der Lautbildung. Die Erzeugung
   von Sprachlauten wird untersucht.

b) akustische Phonetik
   Mit speziellen Meßgeräten werden Quantität (Dauer), Frequenz
   (Tonhöhe) und Intensität der Sprachlaute ermittelt.

c) auditive Phonetik
   Man geht den Vorgängen bei der Analyse von Sprachlauten
   durch Ohr, Gehörnerven und zugehöriges Gehirnzentrum nach
   und untersucht die Möglichkeiten zur Aufnahme, Differenzierung und Identifizierung der Laute. Die Aufnahme der Sprachlaute ist Gegenstand der Forschung.

Wir können uns hier nur mit der artikulatorischen Phonetik beschäftigen.

3.2 Lautschrift

Da der Untersuchungsgegenstand der Phonetik das konkrete Spre-
chen ist, sind innerhalb dieser Forschungsdisziplin Verfahren ent-
wickelt worden, die die exakte Beschreibung lautlicher Äußerungen
ermöglichen. Es wurden artikulatorisch definierte Zeichensysteme,
Lautschriften, entwickelt (nach [100] 305). So ist uns z.B. vom
Englischunterricht her bekannt, daß man die Aussprache eines
Wortes in einer normierten lautlichen Umschrift wiedergibt. Für
Transkriptionen in Lautschrift verwendet man die Lautschrift der
International Phonetic Association (kurz: IPA/API-Lautschrift).

Was die Aussprache des Deutschen betrifft, so wird das heutige
Deutsch ebensowenig wie seine Vorstufen einheitlich ausgesprochen. Man hat zwar wiederholt versucht, eine bestimmte Aussprache festzulegen; doch hat das bisher nicht dazu geführt, daß eine
Aussprachenorm von Amts wegen als einzig zulässig anerkannt
wurde. Der bekannteste Versuch war die deutsche Bühnenaussprache. Sie wurde hauptsächlich von Theodor Siebs Ende des
letzten Jahrhunderts erarbeitet. Diese Bühnenaussprache wird
heute als übersteigert empfunden; sie ist durch eine allgemeine-

Phonetik, Phonemik, Graphemik

Zeichen der Lautschrift für deutsche Aussprache

Die untenstehende Tabelle bringt Lautzeichen und Lautzeichenkombinationen, wie sie bei deutscher Aussprache im Wörterverzeichnis verwendet werden. In der ersten Spalte steht das Lautzeichen oder die Lautzeichenkombination, in der zweiten Spalte ein Beispiel dazu in Rechtschreibung, in der dritten Spalte das Beispiel in Lautschrift.

a	hat	hat	ŋ	lang	laŋ
a:	Bahn	ba:n	o	Moral	mo'ra:l
ɐ	Ober	'o:bɐ	o:	Boot	bo:t
ɐ̯	Uhr	u:ɐ̯	ǫ	loyal	lǫa'ja:l
ã	Pensee	pã'se:	õ	Fondue	fõ'dy:
ã:	Gourmand	gʊr'mã:	õ:	Fond	fõ:
ai̯	weit	vai̯t	ɔ	Post	pɔst
au̯	Haut	hau̯t	ø	Ökonom	øko'no:m
b	Ball	bal	ø:	Öl	ø:l
ç	ich	ɪç	œ	göttlich	'gœtlɪç
d	dann	dan	œ̃	Lundist	lœ̃'dɪst
dʒ	Gin	dʒɪn	œ̃:	Parfum	par'fœ̃:
e	Methan	me'ta:n	ɔy̯	Heu	hɔy̯
e:	Beet	be:t	p	Pakt	pakt
ɛ	hätte	'hɛtə	pf	Pfahl	pfa:l
ɛ:	wähle	've:lə	r	Rast	rast
ɛ̃	timbrieren	tɛ̃'bri:rən	s	Hast	hast
ɛ̃:	Timbre	'tɛ̃:bɐ	ʃ	schal	ʃa:l
ə	halte	'haltə	t	Tal	ta:l
f	Faß	fas	ts	Zahl	tsa:l
g	Gast	gast	tʃ	Matsch	matʃ
h	hat	hat	u	kulant	ku'lant
i	vital	vi'ta:l	u:	Hut	hu:t
i:	viel	fi:l	u̯	aktuell	ak'tu̯ɛl
i̯	Studie	'ʃtu:di̯ə	ʊ	Pult	pʊlt
ɪ	bist	bɪst	v	was	vas
j	ja	ja:	x	Bach	bax
k	kalt	kalt	y	Mykene	my'ke:nə
l	Last	last	y:	Rübe	'ry:bə
l̩	Nabel	'na:bl̩	y̑	Etui	e'ty̑i:
m	Mast	mast	ʏ	füllt	fʏlt
m̩	großem	'gro:sm̩	z	Hase	'ha:zə
n	Naht	na:t	ʒ	Genie	ʒe'ni:
n̩	baden	'ba:dn̩			beamtet	bə'amtət

(vgl. auch [28] § 2)

re Gebrauchsnorm ersetzt worden, die im Duden-Aussprachewörterbuch [150] 29 als Standardaussprache bezeichnet wird. Die Duden-Grammatik [28] § 21 spricht von „Standardlautung" anstelle von „gemäßigter Hochlautung" in der vorherigen Ausgabe.

3.2.1 Lautschrift des Deutschen

Die Lautschrift des Deutschen ist vereinfacht und entstammt dem Duden-Aussprachewörterbuch (hier S. 206).

Kommentar:

|	Stimmritzenverschlußlaut („Knacklaut"); vor Vokal am Wortanfang wird dieser Laut nicht bezeichnet
ˈ	Hauptbetonung: unmittelbar vor der hauptbetonten Silbe
ˌ	Nebenbetonung: unmittelbar vor der nebenbetonten Silbe
ː	Längezeichen
̯ ̑	Halbkreis, untergesetzt oder übergesetzt, bezeichnet unsilbischen Vokal
~	Zeichen für nasale Vokale
‿	Kennzeichnung von Diphthongen (Zwielauten), Affrikaten (Verschlußlauten mit folgendem Reibelaut)
̩	Zeichen für silbische Konsonanten, unmittelbar unter dem Konsonanten
.	unter Buchstaben von Wörtern der zweiten Spalte: hauptbetonter Kurzvokal
–	unter Buchstaben von Wörtern der zweiten Spalte: hauptbetonter Langvokal

3.2.2 Bemerkungen zum Begriff „Silbe"

Der Begriff „Silbe" wurde stillschweigend vorausgesetzt. Wir wissen intuitiv, was eine Silbe ist. Schon in der Grundschule lehrt man die Rechtschreibregeln der Silbentrennung. Trotzdem gibt es in der Sprachwissenschaft keine exakte Definition des Begriffs „Silbe".

Zwei Gesichtspunkte sind wichtig:

a) Verhältnis von Silbe und Morphem
   Silbe und Morphem können zusammenfallen, z.B.

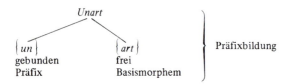

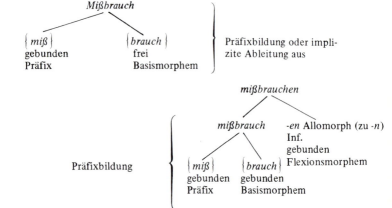

Sehr oft stimmen aber (Sprech-)Silbe und Morphem nicht überein
z.B. Silbe: Morphem:
   miß-brau-chen,   *miß-brauch-en*
   (des) Ta-ges   *Tag-es*

b) Silbenstruktur   ┌ = Silbenkern
Die Silbe hat einen Silbengipfel. Dieser ist vor allem durch relativ hohen Atemdruck (Expirationsintensität) und durch eine relativ große Schallfülle markiert. Im Deutschen bilden folgende Laute den Silbengipfel:

α) Vokale:	Kurzvokale	β) silbisch gewordenes	m	[m̩]
	Langvokale		n	[n̩]
	Diphthonge		l	[l̩]
			r	[ɐ]

Der Silbengipfel kann von nichtgipfligen Elementen (Konsonanten) umgeben sein (nach [145] 811).

Die Phonetik und ihre Aufgaben 209

Endet eine Silbe auf Vokal, so spricht man von offener Silbe; lautet sie auf Konsonant aus, so handelt es sich um eine geschlossene Silbe.

3.2.3 Übersicht über die von den normalen Schreibzeichen abweichenden Lautschriftzeichen

Wir geben nur die Lautschriftzeichen in deutschstämmigen Appellativa an.

Vokale

Langvokale		offen		Kurzvokale (offen)	
geschlossen					
e:	*Beet*	ɛ:	*wählte*	ɛ	*hätte*
i:	*viel*			ɪ	*bist*
o:	*Boot*			ɔ	*Post*
ɸ:	*schön*			œ	*göttlich*
u:	*Hut*			ʊ	*Pult*
y:	*Rübe*			ʏ	*füllt*
				Dazu kommt:	
				ə	*halte*

Diphthonge		silbische Konsonanten (S. 208)	
aı̯	*weit*	ɐ	*Ober*
au̯	*Haut*	m̩	*großem*
ɔy̯	*Heu*	n̩	*baden*
		l̩	*Nabel*

Konsonanten

ɐ̯	*Uhr*	ts͜	*Zahl*
v	*weit*	tʃ͜	*Matsch*
ŋ	*lang*	pf	*Pfahl*
z	*Hase*	ç	*ich*
ʃ	*schal*	x	*Bach*

AUFGABE VI

Transkribieren Sie die Überschrift und die ersten beiden Sätze unseres Textes nach der IPA-Lautschrift!

['ʃlaŋə] [ım] [ha̯us] ['zɔrktə] [fyːɐ̯] ['ʊn͜ˌruːə]
[fʏrt] [jʏŋst] ['vʊrdə] [ın] ['a̯ınəm] [1] ['miːtsh̩a̯us] [ın] [deːɐ̯]
['ziːmɔnˌʃtraːsə] ['ʃlaŋənaˌlarm] [fɛɐ̯ 'kʏndət] [2]

210 Phonetik, Phonemik, Graphemik

['daːfyːɐ̯] [3] ['zɔrktə] [ai̯n] ['fryːˌrɛntnɐ] [4] [deːɐ̯] [ʃpaːs] [daˈran] [3]
[gəˈfʊndn̩] ['hatə] [ɪn] ['zai̯nɐ] ['voːnʊŋ] [ai̯nə] [manˈgroːvn̩ˌnaxtbau̯mˌnatɐ] [tsuː] ['haltn̩]

Anmerkungen:

[1] In der Standardlautung gilt nach [n], [m], [ŋ] nicht [m̩], [n̩], sondern [əm], [ən].

[2] Zu [fɛɐ̯] mit [ɐ̯] siehe IV 5.2.

[3] Nach Duden: Das große Wörterbuch [113] gibt es bei *dafür* und *daran* Varianten: [daˈfyːɐ̯], mit besonderem Nachdruck [ˈdaːfyːɐ̯]; [daˈran], mit besonderem Nachdruck [ˈdaːran].

[4] Im Duden-Aussprachewörterbuch [150] findet sich allein die Aussprache [rɛnˈtie̯ː] *Rentier* bei *Rentner.*

4 Phoneminventar

Nachdem wir nun die Lautschrift der deutschen Standardaussprache kennen, können wir uns den dieser Lautschrift zugrunde liegenden Phonemen zuwenden.

4.1 *Sprechwerkzeuge*

Bevor wir auf die Phoneme im einzelnen eingehen, müssen wir uns die Lage der Sprechwerkzeuge vor Augen führen:

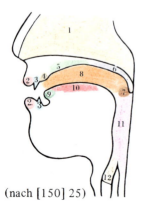

(nach [150] 25)

Querschnitt durch die Sprechwerkzeuge

1 Nasenraum (Cavum nasi)
2 Lippen (Labia)
3 Zähne (Dentes)
4 Alveolen (Zahndamm)
5 harter Gaumen (Vordergaumen, Palatum)
6 weicher Gaumen (Hintergaumen, Gaumensegel, Velum)
7 Zäpfchen (Gaumenzäpfchen, Halszäpfchen, Uvula)
8 Mundraum (Cavum oris)
9 Zungenspitze (Apex)
10 Zungenrücken (Dorsum)
11 Rachen (Pharynx, Fauces)
12 Stimmlippen im Kehlkopf (Larynx)

Phoneminventar 211

Zu den Sprechwerkzeugen zählt man weiterhin den von den Stimmritzen zwischen den beiden Stimmbändern gebildeten Stimmapparat im Kehlkopf, die Glottis (Genaueres [161] 53 ff.). Durch die Kehlkopfmuskeln wird die Glottis geschlossen (z.B. bei der Produktion von Vokalen) und geöffnet (z.B. bei normaler Atmung).

Der Luftstrom kommt beim Sprechen aus der Lunge und wird durch Mund und/oder Nase herausgedrückt. Passiert der Luftstrom ohne Hindernis, so ergeben sich Vokale, wird er durch Verengung oder Verschluß teilweise oder vollständig behindert, entstehen Konsonanten.

4.2 Vokale

4.2.1 Minimalpaare

Wie wir bereits festgestellt haben (IV 1.2), ist der erste Schritt bei der Phonemanalyse die Aufstellung von Minimalpaaren, anhand derer die bedeutungsunterscheidenden Laute ermittelt werden.

a) Kurzvokale

/i/	:	/e/	['vɪlə]	Wille	:	['vɛlə]	Welle
/e/	:	/a/	['hɛkə]	Hecke	:	['hakə]	Hacke
/u/	:	/o/	['glʊkə]	Glucke	:	['glɔkə]	Glocke
/o/	:	/a/	['ɔksə]	Ochse	:	['aksə]	Achse
/ü/	:	/ö/	['ʃtʏkə]	Stücke	:	['ʃtœkə]	Stöcke
/ö/	:	/a/	['bœkə]	Böcke	:	['bakə]	Backe
/i/	:	/u/	['zɪpə]	Sippe	:	['zʊpə]	Suppe
/e/	:	/o/	['lɛkn̩]	lecken	:	['lɔkn̩]	locken
/i/	:	/ü/	['bɪtə]	Bitte	:	['bʏtə]	Bütte
/e/	:	/ö/	['hɛlə]	Helle	:	['hœlə]	Hölle
/ü/	:	/u/	['tsʏkn̩]	zücken	:	['tsʊkn̩]	zucken
/ö/	:	/o/	['hœkɐ]	Höcker	:	['hɔkɐ]	Hocker

Die Funktion von /ə/ als Phonem wird am deutlichsten, wenn man mit G. Meinhold/ E. Stock [152] 91 (Kose-)Namen und Kurzwörter als gleichberechtigte Glieder von Minimalpaaren zuläßt:

/ə/	:	/i/	['bu:bə]	Bube	:	['bu:bi]	Bubi
/ə/	:	/o/	['to:tə]	Tote	:	['to:to]	Toto

b) Langvokale

/ī/	:	/ē/	['bi:tn̩]	bieten	:	['be:tn̩]	beten
/ē/	:	/ǟ/	['e:rə]	Ehre	:	['ɛ:rə]	Ähre
/ǟ/	:	/ā/	['vɛ:gn̩]	wägen	:	['va:gn̩]	wagen
/u/	:	/ō/	[bru:t]	Brut	:	[bro:t]	Brot
/ō/	:	/ā/	[to:t]	Tod	:	[ta:t]	Tat
/ǖ/	:	/ō̄/	['gry:sə]	Grüße	:	['grø:sə]	Größe

212 Phonetik, Phonemik, Graphemik

/ø̄/	:	/ā/	['tø:tn̩]	*töten*	:	['ta:tn̩]	*taten*
/ī/	:	/u/	[kri:k]	*Krieg*	:	[kru:k]	*Krug*
/e/	:	/o/	[be:t]	*Beet*	:	[bo:t]	*Boot*
/ī/	:	/ǖ/	['li:gn̩]	*liegen*	:	['ly:gn̩]	*lügen*
/e/	:	/ø̄/	['le:zn̩]	*lesen*	:	['lø:zn̩]	*lösen*
/ǖ/	:	/u/	['ly:gn̩]	*lügen*	:	['lu:gn̩]	*lugen*
/ö̜/	:	/o/	[ʃø:n]	*schön*	:	[ʃo:n]	*schon*

c) Diphthonge

/ai/	:	/au/	['klaiə]	*Kleie*	:	['klauə]	*Klaue*
/ai/	:	/eu/	['braitə]	*Breite*	:	['brɔytə]	*Bräute*
/au/	:	/eu/	['lautə]	*Laute*	:	['lɔytə]	*Leute*

(nach [155] 21 ff.)

4.2.2 Artikulatorische Merkmale

Bei den Vokalen unterscheidet man folgende artikulatorische, d.h. die Lautbildung betreffende Merkmale:

a) Zungenstellung:	[ɪ] *List*		[ʊ] *Lust*	
	vorn		hinten	
b) Zungenhöhe:	[ɪ] *Linde*	[ɛ] *Lende*	[a] *Lande*	
	hoch	mittel	tief	
c) Lippenstellung:	[ɪ] *missen*		[ʏ] *müssen*	
	ungerundet		gerundet	
d) Kieferwinkel:	[ɛ:] *Ähre*		[e:] *Ehre*	
	offen		geschlossen	
e) Quantität:	[ɛ] *schellen*		[ɛ:] *schälen*	
	kurz		lang	

Zu a) und b): Diese Merkmale beziehen sich auf die Lage der Zunge. Bei der Artikulation von [ɪ] wölbt sich die Zunge unter den vorderen harten Gaumen (Nr. 5 der Sprechwerkzeuge); bei der Artikulation des [ʊ] befindet sich die höchste Zungenerhebung unter dem hinteren weichen Gaumen (Nr. 6 der Sprechwerkzeuge); bei der Artikulation von [a] liegt die Zunge flach.

Zu c): Allein die vorderen hohen (und mittleren) Vokale treten gerundet und ungerundet auf, die hinteren Vokale sind nur gerundet. Vordere ungerundete Vokale sind: [ɪ] , [ɛ] ; [i:] , [e:] , [ɛ:] . Vordere gerundete Vokale sind: [ʏ] , [œ] ; [y:] , [ø:] . Hintere gerundete Vokale sind: [ʊ] , [ɔ] ; [u:] , [o:] .

Zu d) Bei der Artikulation des [ɛ:] in *Ähre* sind die Kiefer gegenüber der Artikulation des [e:] in *Ehre* weiter geöffnet. Dieses Verhältnis findet sich auch bei Kurz- und Langvokalen: [ɪ] : [i:] , [ʊ] : [u:] , [ʏ] : [y:] , [ɔ] : [o:] , [œ] : [ø:] (vgl.

IV 3.2). Doch gilt in bestimmten Teilen des deutschen Sprachgebiets nur ein langer $\bar{e}$-Laut, /e:/ (dazu [148] 42 ff.).

Eine Sonderstellung nimmt der Murmelvokal /ə/ (zu seinen Oppositionen siehe IV 4.2.1) ein, da er der einzige unbetonte Vokal des Vokalsystems ist. /ə/ ist weder ein vorderer noch ein hinterer Vokal, weder gerundet noch ungerundet, und die Zunge ist nicht abgeflacht wie bei /a/ (nach [155] 30). Gegenüber /ə/ gelten die silbebildenden Laute [m̩] , [n̩] , [ɐ] , [l̩] als Varianten von [əm] , [ən] , [ər] , [əl] (nach [150] 30; [28] § 25 ff.; [152] 92 f.).

Werden zwei aufeinanderfolgende Vokale, die der gleichen Silbe angehören, verbunden artikuliert, so entstehen Diphthonge. Der eine Vokal führt, der andere Vokal begleitet (nach [142] 396). Die phonologische Wertung der Diphthonge als ein oder zwei Phoneme ist umstritten. Zugunsten einer monophonematischen Wertung der Diphthonge, der Wertung als ein Phonem, führt Trubetzkoy [160] 51 unter anderem an, daß die beiden Bestandteile nicht auf zwei Silben verteilt sind (Weiteres [162] 32 ff.; [152] 86 ff.).

Mit Hilfe der eben angegebenen artikulatorischen Merkmale können wir nun das Phonemsystem der Vokale des Deutschen angeben (zur Bezeichnung der Laute siehe unten). Wir erinnern uns: Die Phonologie beantwortet die Frage nach der Funktion der Sprachlaute: Phoneme sind zeichenunterscheidende/bedeutungsunterscheidende Elemente. Die Beschreibung der Laute wird durch die Phonetik geleistet. Die Phonologie greift hier auf die Phonetik zurück.

Beim Vokalismus werden drei Teilsysteme, nämlich Kurzvokale, Langvokale und Diphthonge, unterschieden.

Kurzvokale	vordere		hintere
	ungerundete	gerundete	
hohe	/i/ [ɪ]	/ü/ [ʏ]	/u/ [ʊ]
mittlere	/e/ [ɛ]	/ö/ [œ]	/o/ [ɔ]
		/ə/ [ə]	
tiefe	/a/ [a]		

Langvokale	vordere		hintere
	ungerundete	gerundete	
hohe	/ī/ [i:]	/ǖ/ [y:]	/ū/ [u:]
mittlere	geschlossen: /ē/ [e:] offen: /ǟ/ [ɛ:]	/ȫ/ [ø:]	/ō/ [o:]
tiefe	/ā/ [a:]		

Diphthonge	/ai/ [ai]	/eu/ [ɔy]	/au/ [au]

Um die Vokalphoneme als abstrakte Einheiten zu charakterisieren, schreiben sie einige Forscher nicht mit den Zeichen der Lautschrift, sondern mit den Buchstaben, mit denen diese Laute auch sonst meist geschrieben werden. Diesem Verfahren wollen wir uns bei der Bezeichnung der Vokalphoneme anschließen und folglich z.B. das kurze offene *i* mit /i/ wiedergeben, wenn wir es in seiner Funktion als Phonem meinen.

4.2.3 Phonologisch relevante Merkmale

Wie wir z.B. an den vorderen hohen Kurzvokalen /i/ und /ü/ sehen können, unterscheiden sich diese beiden Laute durch das Nichtvorhandensein bzw. das Vorhandensein des Merkmals gerundet. Das Oppositionsglied, das durch das Vorhandensein eines Merkmals gekennzeichnet ist, heißt „merkmaltragend" (hier /ü/), das durch das Fehlen des Merkmals gekennzeichnete Oppositionsglied „merkmallos". Trubetzkoy [160] 67 spricht in solchen Fällen von privativen Oppositionen.

Welches Merkmalpaar fehlt bei den Kurzvokalen? Die Öffnung des Kieferwinkels bleibt außer Betracht, weil es bei den deutschstämmigen Appellativa im Gegensatz zu den langen *e*-Lauten keine Opposition kurzer offener Vokal – kurzer geschlossener Vokal gibt. Das Merkmal offen ist bei den Kurzvokalen in keinem Fall relevant; man sagt, es ist redundant. Ebensowenig ist bei dem Phonem /a/ seine mehr vordere oder mehr hintere Artikulation phonologisch relevant. Da es keine ungerundeten hinteren Vokale gibt, ist ferner das Merkmal gerundet bei den hinteren Vokalen phonologisch nicht von Bedeutung. Die Phonetik beschäftigt sich auch mit den irrelevanten (nicht unterscheidenden) Lauteigenschaften; dagegen fragt die Phonologie nur nach den Lautmerkmalen, die die Oppositionen tragen; diese nennt man distinktive Merkmale. Z.B.: Welches Merkmal trägt bei [ʏ] und [œ] *(Stücke – Stöcke)* die Opposition? Die beiden Laute unterscheiden sich durch die Zungenhöhe: hohe gegenüber mittlerer Zungenhöhe.

Beim Phonem werden also nur die relevanten oder distinktiven Lautmerkmale betrachtet. Seit Trubetzkoy [160] 35 faßt man das Phonem als die Gesamtheit der phonologisch relevanten Lautmerkmale auf.

4.3 Konsonanten

4.3.1 Minimalpaare

Auch zur Ermittlung der Konsonantenphoneme werden Minimalpaare aufgestellt.

a) Explosive (Verschlußlaute) (zu den Bezeichnungen der Laute siehe IV 4.3.2)

/p/	:	/b/	[paːɐ̯]	*paar*	:	[baːɐ̯] *bar*
/t/	:	/d/	[tɔrf]	*Torf*	:	[dɔrf] *Dorf*
/k/	:	/g/	[krais]	*Kreis*	:	[grais] *Greis*

b) Affrikaten

/pf/	:	/ts/	[pfaːl]	*Pfahl*	:	[tsaːl] *Zahl*

c) Frikative (Reibelaute)

/f/	:	/v/	[fal]	*Fall*	:	[val] *Wall*
/s/	:	/z/	['raisn̩]	*reißen*	:	['raizn̩] *reisen*
/s/	:	/ʃ/	['mɪsn̩]	*missen*	:	['mɪʃn̩] *mischen*
/ç ~ x/	:	/ʃ/	['vɪçn̩]	*wichen*	:	['vɪʃn̩] *wischen*
			[raux]	*Rauch*	:	[rauʃ] *Rausch*
/h/	:	/j/	[haː]	*ha!*	:	[jaː] *ja*

d) Nasale

/m/	:	/n/	[maxt]	*Macht*	:	[naxt] *Nacht*
/n/	:	/ŋ/	[zan]	*sann*	:	[zaŋ] *sang*

e) f) Lateral, Vibrant

/l/	:	/r/	[last]	*Last*	:	[rast] *Rast*

(nach [155] 38 ff.)

4.3.2 Artikulatorische Merkmale

Bei den Konsonanten unterscheiden wir zunächst a) nach dem Artikulationsort und b) nach der Artikulationsart. Wie in IV 4.1 bemerkt, muß bei der Artikulation der Konsonanten der Luftstrom Hindernisse überwinden. Die Lage des Hindernisses im Mundraum legt den Artikulationsort fest. Hinzu kommt noch c) die Stimmbeteiligung. Es werden stimmlose von stimmhaften Konsonanten unterschieden.

Artikulationsort	Labiale		Dentale		Velare			
	an beiden Lippen	an Unterlippe und den oberen Schneidezähnen	an den oberen Schneidezähnen	am oberen Zahndamm	am Vordergaumen, harten Gaumen	am Hintergaumen, weichen Gaumen	am Zäpfchen	an der Stimmritze
Artikulationsart	bilabial	labiodental	dental	alveolar	palatal	velar	uvular	glottal
Numerierung der Sprechwerkzeuge	2	2/3	3	4	5	6	7	12
Explosiv (durch plötzliches Öffnen des Verschlusses) — stimmlos	*p*		*t*			*k*		
Explosiv — stimmhaft	*b*		*d*			*g*		
Affrikata (Zusammentreten von stimmlosem Explosiv mit stimmlosem Frikativ)		*pf̯*	*tʃ*					
Frikativ (durch Reiben des Luftstroms an einer Verengung) — stimmlos		*f*	*s*		ʃ / [ç]	x] /		*h*
Frikativ — stimmhaft		*v*	*z*		*j*			
Nasal (durch Ausströmen der Luft durch die Nase bei Abschluß des Mundraums)	*m*		*n*			ŋ		
Lateral (durch seitliches Ausströmen der Luft bei Verschluß durch Zungenspitze)			*l*					
Vibrant (durch Schwingung unterbrochener Luftstrom [intermittierend])			[r] Zungenspitzen-*r*				[R] Zäpfchen-*r*	

Liquide (Fließlaute)

(vgl. [112] 48; [18] 263)

Anders als die Vokalphoneme schreibt man die Konsonantenphoneme im allgemeinen mit den Lautschriftzeichen.

Zum /h/: Der Artikulationsort kann nicht genau angegeben werden; es handelt sich um einen Öffnungslaut; der Laut entsteht durch Widerstand im glottalen Bereich.

Zu den Affrikaten: Ebenso wie die Diphthonge hat Trubetzkoy [160] 53 die Affrikaten wegen ihrer lautlichen Einheit monophonematisch gewertet (vgl. [163] 130 ff.). Doch ist dieser Auffassung widersprochen worden (dazu [162] 50 ff.; [152] 127 ff.).

4.3.3 Beispiele für die Ermittlung distinktiver Merkmale

Nachdem wir nun die distinktiven Merkmale der Konsonanten kennen, können wir z.B. folgende Phoneme einander gegenüberstellen:

/k/ *Kanne*	/v/ *Wanne*
1) velar	1) labiodental
2) explosiv	2) frikativ
3) stimmlos	3) stimmhaft

Alle Merkmale tragen die Opposition.

/z/ *reisen*	/s/ *reißen*
1) dental/alveolar	1) dental/alveolar
2) frikativ	2) frikativ
3) stimmhaft	3) stimmlos

Bei der Opposition /z/ : /s/ ist nur ein Merkmal relevant, nämlich das Merkmal, das den Stimmton (stimmhaft : stimmlos) betrifft. Die übrigen Merkmale tragen die Opposition nicht, sie sind redundant (nach [111] 35).

4.3.4 Oppositionen

Bei der Besprechung der Vokale sind wir bereits auf privative Oppositionen eingegangen. Anhand des Phonemsystems der Konsonanten wollen wir weitere Arten von Oppositionen kennenlernen. Trubetzkoy [160] 61 nimmt eine eindimensionale Opposition an, wenn alle relevanten Merkmale, die die beiden Oppositionsglieder besitzen, nur diesen beiden Oppositionsgliedern zukommen. Z.B. ist die Opposition /b/ : /p/ im Deutschen eindimensional; denn allein dieses Phonempaar besitzt die Eigenschaften eines bilabialen nichtnasalierten Konsonanten. Dagegen ist die Opposition /p/ : /t/ mehrdimensional, weil /k/ die gleichen Merkmale, die /p/ und /t/ gemeinsam sind, hat: explosiv, stimmlos.

Weiterhin kommt es beim Aufbau eines Phonemsystems auf die Unterscheidung von proportionalen und isolierten Oppositionen an. So ist die Beziehung zwischen /b/ und /p/ proportional, weil /b/ : /p/ = /d/ : /t/ = /g/ : /k/ gilt. Demgegenüber ist nach Trubetzkoy [160] 63 die Opposition /b/ : /ʃ/ isoliert, weil das deutsche phonologische System kein anderes Phonempaar aufweist, dessen Glieder im gleichen Verhältnis zueinander stehen.

Nun können sowohl eindimensionale als auch mehrdimensionale Oppositionen proportional oder isoliert sein: Z.B. ist a) /b/ : /p/ eindimensional und proportional, b) /r/ : /l/ eindimensional und isoliert (das Merkmal liquidisch weisen nur diese beiden Laute auf), c) /p/ : /t/ mehrdimensional und proportional (vgl. /b/ : /d/, /m/ : /n/), d) /b/ : /ʃ/ mehrdimensional (es handelt sich um Konsonanten) und isoliert ([160] 63).

Durch solche Gegenüberstellungen ergeben sich die Verwandtschaftsverhältnisse zwischen Phonempaaren oder -reihen, die sogenannten Korrelationen. Ein Korrelationspaar bilden zwei Phoneme, die in einem privativen, proportionalen und eindimensionalen Oppositionsverhältnis stehen ([160] 77). Alle Korrelationspaare, die mit einem gemeinsamen Merkmal, dem Korrelationsmerkmal, ausgestattet sind, ergeben eine Korrelation; z.B. sind

/b/   /d/   /g/
 | | |
/p/   /t/   /k/

durch die Stimmbeteiligungskorrelation aufeinander bezogen. Das Phonemsystem einer Sprache setzt sich aus mehreren solchen Korrelationsreihen zusammen (nach [145] 822).

5 Die verschiedenen Arten der Allophonie

5.1 Freie Allophone

Im Deutschen sind nicht immer unterschiedliche phonetische Merkmale distinktiv. Zwischen dem Zungenspitzen-r [r] und dem Zäpfchen-r [R] besteht ungefähr ein so großer Unterschied wie zwischen /d/ und /g/ (dental/alveolar : velar). [Ro:t] und [ro:t] rot bilden aber dennoch kein Minimalpaar, weil die r-Laute ohne Bedeutungsveränderung gegeneinander ausgetauscht werden können. [R] und [r] sind also Varianten desselben Phonems. Es handelt sich um freie Varianten (Allophone); sie sind an keine bestimmte Umgebung gebunden. Das Zungenspitzen-r [r] kommt vor allem im Süden des deutschen Sprachgebiets vor.

Die verschiedenen Arten der Allophonie   219

5.2 Komplementäre Distribution

Der *Ich*([ç])-Laut erscheint in Umgebungen, in denen der *Ach*([x])-Laut nicht vorkommt und umgekehrt. [ç] tritt nur nach hellen (vorderen) Vokalen (ferner nach /n, l, r/ und im Anlaut), [x] nur nach dunklen (hinteren) Vokalen auf, z.B. *dich : doch*. Die Verteilung ist also komplementär. Obwohl der Ausspracheunterschied zwischen dem *Ich*- und dem *Ach*-Laut deutlich hörbar ist, liegen hier Vertreter eines einzigen Phonems vor. Es handelt sich um stellungsbedingte oder kombinatorische Varianten.

Als Problem gilt das Nebeneinander von Wörtern wie *tauchen* mit [x] gegenüber *Tauchen* mit [ç] ,kleines Tau'. In diesen Beispielen zeigt sich sowohl [x] als auch [ç] nach dunklem Vokal. Es ist aber ein Ausspracheunterschied feststellbar: In *Tauchen* tritt zwischen den beiden Morphemen eine Pause (Junktur) auf, also ['ta͜u + çən] , weil die Morphemgrenze vor [çən] liegt.

Andere stellungsbedingte Varianten sind in der Standardaussprache [m] , [n] , [l] , [ɐ] ([150] 32 ff.). So erscheint [ɐ] am Wortende oder vor Konsonant (['nɛːɐ] *näher*, ['hʊndɐtɐ] *,Hunderter'*)', während vor Vokal [ər] gesprochen wird (['vai̯gəruŋ] *Weigerung*). Weiterhin stellt [ɐ̯] eine stellungsbedingte Variante dar. [ɐ̯] tritt am Wortende nach Langvokal ([tyːɐ̯] *Tür*) und in *er-, ver-, zer-, her-* (in *herbei* usw.) auf gegenüber sonstigem [r] nach Kurzvokal ([dʏr] *dürr*) ([150] 52 f.).

5.3 Teilkomplementäre Distribution

Im Deutschen stehen z.B. die Phoneme /d/ und /t/ in Opposition zueinander, wie folgende Minimalpaare zeigen:
leiden   :   leiten Wortinlaut
Dorf   :   Torf Wortanlaut
Doch unterliegt eines der beiden Phoneme einer Positionsbeschränkung (vgl. IV 1.2 zu *Bad* und *Tat*): /d/ kommt nicht im Auslaut vor. Die sonst bestehende Opposition /d/ : /t/ (wie auch /b/ : /p/, /g/ : /k/) existiert hier nicht mehr; sie ist aufgehoben oder neutralisiert. In der Umgebung Auslaut kann nicht das eine Phonem gegen das andere ausgetauscht werden. Der Dental ist nicht hinsichtlich des Merkmals stimmlos-stimmhaft beschreibbar.

Lösungsvorschlag:
Trubetzkoy [160] 71 setzt ein Archiphonem /T/ als übergeordnete Einheit an, also

Phonetik, Phonemik, Graphemik

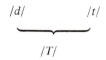

Die Aufhebung, durch die ein Oppositionsglied zum Stellvertreter des Archiphonems wird, ist dabei nur in eindimensionalen Oppositionen möglich. /T/ hat die Merkmale: Konsonant, explosiv, dental/alveolar. Dar Archiphonem T steht jetzt in Opposition zu anderen Phonemen, /ra:T/, /ra:ɐ̯/, /ra:m/. (Das gleiche gilt für die Archiphoneme /K/, /P/.) Aufgrund des Kontextes können wir der Lautkette /ra:T/ die Bedeutungen ‚Ratsversammlung' oder ‚Fahrrad' zuordnen.

Andere Forscher rechnen z.B. den auslautenden t-Laut in *Rad* wegen der gemeinsamen charakteristischen Merkmale mit [t] dem Phonem /t/ zu, wobei [ra:t] und [ra:d-] als Allomorphe des gleichen Morphems betrachtet werden (Weiteres [152] 74 f.; dazu aber [149] 107 f.).

Teilkomplementäre Distributionen von Lauten finden sich auch sonst im Deutschen, z.B. bei /z/ und /s/. Während beide Laute im zwischenvokalischen Inlaut nach Langvokal/Diphthong in Opposition zueinander stehen, erscheint im Anlaut vor Vokal /z/, dagegen im Auslaut und im Inlaut nach Kurzvokal /s/ (Genaueres [28] § 75).

Auch /ŋ/ und /n/ sind teilkomplementär verteilt. Zwischenvokalisch bilden /ŋ/ und /n/ eine Opposition; vgl. ['vaŋə] *Wange* : ['vanə] *Wanne*. Vor einem /k/, das dem gleichen Morphem wie der Nasal angehört, tritt aber nur [ŋ] auf: ['ziŋkn̩] *sinken*. Auf der anderen Seite kommt [ŋ] niemals im Anlaut vor (nach [145] 793 f.).

AUFGABE VII

1. Durch welche distinktiven Merkmale unterscheiden sich

/m/	/n/	/ŋ/	Ort:
			bilabial, dental/alveolar, velar
/t/	/d/		Stimmbeteiligung:
			stimmlos, stimmhaft
			Ort:
/t/	/k/		dental/alveolar, velar

2. Welche Merkmale haben folgende Phoneme gemeinsam?

/j/	/v/	frikativ, stimmhaft
/k/	/ŋ/	velar
/l/	/t/	dental/alveolar

6 Phonetische oder phonologische Lautschrift

Wenn ein und derselbe Text von verschiedenen Sprechern gesprochen wird und die einzelnen Varianten klanggetreu wiedergegeben werden sollen, ist eine phonetische Lautschrift mit vielen Sonderzeichen (dazu [146] 25, 27) nötig, die alle Varianten erfaßt. Dieses Verfahren wendet man auch bei der lautlichen Beschreibung verschiedener Dialekte an, etwa wenn man Fränkisch oder Bairisch lautlich fixieren will.

Bei der lautlichen Transkription einiger Sätze unseres Textes haben wir uns dagegen an die im Duden-Aussprachewörterbuch angegebene Lautschrift gehalten, die die Standardaussprache des Hochdeutschen wiedergeben soll; d.h., aus der Artikulation vieler Sprecher ist ein Lauttypus verallgemeinert worden, der als Leitbild dient. Für eine solche Art von Lautschrift könnte man nur die Laute, die Wörter voneinander unterscheiden, berücksichtigen. Jeder dieser Laute hätte dann sein eigenes Zeichen. Die Lautschrift wäre also in diesem Fall auf dem phonologischen Prinzip aufgebaut. Die IPA-Lautschrift geht zwar vom phonologischen Prinzip aus, doch werden im allgemeinen noch einige phonetische Einzelheiten mit angegeben, um das Lesen zu erleichtern. So werden offene und geschlossene Vokale auch bei den Kurzvokalen durch eigene Zeichen bezeichnet, oder es werden wie im Falle von [ç] und [x] stellungsbedingte Varianten angegeben (nach [159] 822 f.).

Wenn wir streng methodisch fortfahren wollten, müßten wir jetzt eine vollkommen phonologische Lautschrift unseres Textstücks versuchen. Die phonologische Analyse deutscher Wörter ist aber nicht einheitlich. Sie ist abhängig von der zugrunde liegenden Analysiermethode, von der Erfassung der Flexion und der Wortbildung und von Art und Umfang des berücksichtigten Wortschatzes. Besonders schwierig wird es, wenn man die Aufhebungen der Opposition darstellen will.

Wir wollen uns daher mit der Kenntnis der nach phonologischen Prinzipien aufgebauten IPA-Lautschrift begnügen, in die auch phonetische Einzelheiten eingegangen sind (vgl. [150] 24).

7 Die Phoneme und ihre Wiedergabe in der Orthographie

7.1 Geschichtliche Hinweise zur unterschiedlichen Darstellung von Lauten und Buchstaben

Im folgenden wollen wir die Lautschrift den Schreibungen gegenüberstellen. Gleich wenn wir das erste Wort Z. 1 *Schlange* auf diese Frage hin betrachten, sehen wir, daß die Anzahl der Buchstaben nicht der Anzahl der Laute entspricht:

'ʃ	l	a	ŋ	ə
Sch	l	a	ng	e

Dieses Mißverhältnis ist historisch begründet. Die ersten Schreibkundigen in der althochdeutschen Sprachperiode versuchten Wörter, die bisher nur mündlich überliefert waren, mit den Zeichen des lateinischen Alphabets schriftlich zu fixieren. Dabei gingen sie von ihrer eigenen Aussprache aus. Es ergab sich die Schwierigkeit, daß für die Menge gehörter Laute nur eine kleine Zahl Zeichen des lateinischen Alphabets zur Verfügung stand. Die Schrift mußte erweitert werden. Es bestanden folgende Möglichkeiten:

a) Neue Buchstaben entstanden durch Zusammenfügen:
$v + v \rightarrow <w>$.
b) Buchstabengruppen erhielten einen gemeinsamen Lautwert, z.B.
$<sch>$ [ʃ].
c) Für die im Lateinischen fehlenden Umlautbezeichnungen verwendeten die Schreiber im Mittelhochdeutschen Zusatzzeichen:

$\overset{e}{a} \rightarrow ä, \ \overset{e}{o} \rightarrow ö, \ \overset{e}{u} \rightarrow ü.$

Die ersten Schreiber haben zwar unbewußt eine phonologische Schreibweise versucht, d.h., sie wollten allein die bedeutungsunterscheidenden Laute durch Schreibzeichen bezeichnen (nach [145] 803 f.; vgl. auch [156] 28 ff.). Die unterschiedliche Anwendung der Buchstaben war aber von Anfang an unzulänglich. Die Unzulänglichkeiten haben sich bis heute erhalten und vermehrt. „Die schriftliche Wiedergabe und die Laute entwickelten sich ... nicht miteinander, sondern nebeneinander" ([159] 814). Wir haben daher im Deutschen zumeist keine Eins-zu-Eins-Entsprechung von Schreibung und Lautung.

Die Phoneme und ihre Wiedergabe in der Orthographie   223

7.2 Die Grundbegriffe „Graphem", „Graph", „Allograph"

Wenn man bei der Definition von Graphem die Phonemkomponente mit berücksichtigt, ergibt sich folgende Definition: Grapheme sind Buchstaben oder Buchstabenverbindungen, die sich auf ein und dasselbe Phonem beziehen ([143] 15; [28] § 66, § 69 ff.; zu weiteren Definitionen siehe [153] 32 ff.; [139] 145). Die Wissenschaft von den Graphemen als den graphischen Vertretern der Phoneme ist die Graphemik ([100] 184). Wie das Phonem in der Rede verkörpert wird durch Laute/Phone, so wird das Graphem in konkreten Texten realisiert durch Buchstaben, Graphe, oder auch durch Buchstabenverbindungen – Graphe (Verbindungen von Graphen) setzt man in spitze Klammern < >. Das Graphem ist also wie das Phonem ein abstrakter Begriff.

Wir haben gesehen, daß zwei Laute Varianten ein und desselben Phonems sein können; in gleicher Weise können zwei Buchstaben(verbindungen) Varianten ein und desselben Graphems sein (nach [144] 228 f.), z.B. $<\beta>$ und $<ss>$ für /s/; $<\beta>$ steht nach Langvokal/Diphthong, im Auslaut aller Silben, die im Inlaut $<ss>$ oder $<\beta>$ haben, und vor Konsonant; $<ss>$ dagegen inlautend zwischen Vokalen, und zwar nach Kurzvokal. Graphische Varianten, sogenannte Allographe, sind demnach verschiedene Schreibungen für ein und dasselbe Phonem (nach [158] 432). Das Auftreten eines Allographs kann dabei durch die Stellung im Wort bedingt sein. Besteht ein Graphem aus Allographen, so notieren wir das Graphem z.B. im Falle von $<\beta>$ und $<ss>$ als $<\beta \sim ss>$.

Im Deutschen ist das Verhältnis von Phonem und Graphem relativ günstig. Schwierigkeiten bereiten

a) die Bezeichnung von Kürze und Länge des Vokals. Es wurde z.B. nur ein Zeichen für kurzen und langen Vokal verwendet *(an : war)*; neben der Nichtbezeichnung des Langvokals erscheinen unterschiedliche Bezeichnungen der Länge, z.B. *Maß : Saal, Stahl; Los : Moor, Mohr.*

b) Der Wegfall des Gegensatzes stimmhaft : stimmlos kommt in der Schrift nicht zum Ausdruck, z.B. *Rade : Rate,* aber *Rad = Rat* [ra:t].

c) Es gibt verschiedene Buchstaben zur Bezeichnung ein und desselben Phonems, **z.B.** $<f>$, $<v>$ für /f/.

d) *Zuwei*len treten Zeichenverbindungen für ein Phonem auf, z.B. $<sch>$ / ʃ /, $<ng>$ /ŋ/,

e) oder einfache Zeichen stehen für Lautverbindungen, z.B. $<x>$ /ks/.

224   Phonetik, Phonemik, Graphemik

f) Verschiedene Laute werden durch dasselbe Schriftzeichen wiedergegeben; z.B. bezeichnet < s > die Phoneme /s/, /z/, /ʃ/ an-
lautend vor /t/, /p/ *(Rost, Hase, Stadt, Spiel)* (nach [145]804).

7.3 Orthographisches System

Im folgenden werden die Phoneme ihren orthographischen Reprä-
sentanten gegenübergestellt; die Orthographie der Fremd-, Lehn-
wörter und Eigennamen sowie die großen Anfangsbuchstaben, die
Majuskeln (dazu [28] § 65), bleiben unberücksichtigt.

7.3.1 Vokale

a) Kurzvokale

Phon, Phonem				Graph, Allograph		
[ɪ] /i/	[ʏ] /ü/	[ʊ] /u/		*dick*	*Stück*	*Druck*
				< i >	< ü >	< u >
				Speck,		
[ɛ] /e/	[œ] /ö/	[ɔ] /o/		*älter*	*können*	*Stock*
				< e,ä>	< ö >	< o >
						Boote
		[ə] /ə/				< e >
	[a] /a/			*Sack*		
				< a >		

Mit Ausnahme von < e > für /ə/ stehen diese Zeichen für Kurzvokale, auf die ein der gleichen Silbe angehöriger Konsonant
folgt. Die Kürze wird meist durch Verdoppelung des Folgebuch-
stabens gekennzeichnet, z.B. *wirr* (gegenüber *wir*), *Wall* (gegenüber *Wal*); aber *Mann, man*; dazu IV 7.3.2. Dagegen sind Vokale
in offener Tonsilbe (IV 3.2.2) i. allg. lang.

b) Langvokale

Phon	Phonem	Graph,Allograph					
			Dehnungs-*e*	Dehnungs-*h*			
[i:]	/ī/	< i,	ie,	ieh,	ih >	*Igel, Lied,*	*sieht* *ihm*
[e:]	/ē/	< e,		ee	eh >	*Rede,*	*Meer* *Mehl*
[o:]	/ō/	< o,		oo	oh >	*Brot,*	*Moor,* *Sohn*
[a:]	/ā/	< a,		aa	ah >	*Tag,*	*Staat,* *kahl*
[y:]	/ū/	< ü			üh >	*Hügel*	*kühn*
[u:]	/ū/	< u			uh >	*Bube*	*Huhn*
[ɛ:]	/ǟ/	< ä			äh >	*Bär*	*Ähre*
[ø:]	/ȫ/	< ö			öh >	*Öl*	*Höhle*

Die Phoneme und ihre Wiedergabe in der Orthographie   225

Die Zeichen $<i>$, $<ü>$, $<u>$, $<ä>$, $<ö>$ erscheinen nicht verdoppelt

c) Diphthonge

Phon	Phonem	Graph, Allograph	
[ai̯]	/ai/	$<ai, ei, eih>$	*Rain, Stein, Weih(-nachten)*
[ɔy̯]	/eu/	$<äu, eu>$	*Säule, Eule*
[au̯]	/au/	$<au, \quad auh>$	*schlau, \quad rauh*

(nach [155] 102 ff.; vgl. auch [28] § 73 f.)

7.3.2 Konsonanten

Das Zeichensystem, das für die Konsonanten gebraucht wird, ist wesentlich komplizierter; denn je nach Stellung, d.h. im Anlaut, im Inlaut, im Auslaut, in Konsonantenverbindungen, werden verschiedene Buchstaben(verbindungen) gebraucht. Im folgenden werden nur einige Bedingungen für das Auftreten von Allographen genannt (dazu [28] § 73).

Phon		Phonem	Graph, Allograph	
			Einfachschreibungen	Doppelschreibungen
[r]	[R]	/r/	$<r>$	$<rr>$
[l]		/l/	$<l>$	$<ll>$
[m]		/m/	$<m>$	$<mm>$
[n]		/n/	$<n>$	$<nn>$
[ŋ]		/ŋ/	$<ng>$; $<n>$ vor /k/	
[b]		/b/	$<b>$	$<bb>$
[d]		/d/	$<d>$	$<dd>$
[g]		/g/	$<g>$	$<gg>$
[p]		/p/	$<p>$; $<b>$ im Auslaut (IV 1.2)	$<pp>$
[t]		/t/	$<t>$; $<th>$; $<dt>$; $<d>$ im Auslaut	$<tt>$
[k]		/k/	$<k>$; $<q>$ vor /v/; $<g>$ im Auslaut; $<x>$, $<chs>$, $<gs>$, $<cks>$, $<ks>$ für /k/ + /s/	$<ck>$ anstelle von *$<kk>$
[pf]		/pf/	$<pf>$	
[ts]		/ts/	$<z>$; $<ts>$ für /t/ + Genetiv-s	$<tz>$ anstelle von *$<zz>$
[v]		/v/	$<w>$; $<u>$ nach /k/	
[f]		/f/	$<f>$, $<v>$	$<ff>$
[z]		/z/	$<s>$	
[s]		/s/	$<ß>$, $<s>$; $<x>$ für /k/ + /s/	$<ss>$
[ʃ]		/ʃ/	$<sch>$; $<s>$ im Anlaut vor /p/, /t/	
[ç]	[x]	/ç ~x/	$<ch>$; $<g>$ in Suffix [ıç]	$<-ig>$

| [*j*] | /j/ | ‹ *j* › |
| [*h*] | /h/ | ‹ *h* › |

Die Doppelschreibungen erscheinen stets nach Kurzvokal (zu ‹ *bb* ›, ‹ *dd* ›, ‹ *gg* › vgl. *sabbern* ['zabɐn] , *Troddel* ['trɔdl̩] , *Roggen* ['rɔgn̩]) (nach [145] 804; [147] 97; [9] 27 ff.).

8 Die wichtigsten Orthographie-Prinzipien

In der deutschen Orthographie lassen sich mehrere Prinzipien erkennen, die aber zumeist nur Tendenzen sind und so das Erlernen der Rechtschreibung erschweren:

a) Phonetisches Prinzip (Lautprinzip)

Für jeden Laut wird ein von allen anderen Buchstaben unterschiedener Buchstabe angestrebt wie bei /j/ ‹ *j* › *jung.* Dieses Prinzip findet sich nur in künstlich geschaffenen Lautschriften voll verwirklicht.

b) Phonologisches Prinzip

Jedem Phonem entspricht ein Schriftzeichen. Im Deutschen kommt dieses Prinzip bei der Schreibung ‹ *ch* › für den *ach-* und *ich*-Laut zum Tragen. In ähnlicher Weise wird die Schreibung ‹ *r* › für Zungenspitzen- oder Zäpfchen-*r* verwendet. Doch bezeichnet ‹*r*› auch [ɐ̯] .

c) Morphologisches Prinzip (Stammprinzip)

Wenn die morphologische Zusammengehörigkeit lautlich verschiedener Wortformen in der Orthographie entgegen dem phonetischen oder phonologischen Prinzip ausgedrückt wird, spricht man vom morphologischen Prinzip, z.B. bei
Rad [raːt] mit ‹*d*› nach *Rades* ['raːdəs] ;
älter ['ɛltɐ] (mhd. *elter*) mit ‹*ä*› nach *alt;*
fällen ['fɛlən] (mhd. *vellen*) mit ‹*ä*› nach *fallen;*
tränken ['trɛŋkn̩] (mhd. *trenken)* mit ‹*ä*› nach *Trank.*
Der Umlaut von *a* wird mit ‹*ä*› geschrieben, um die Verwandtschaft der Wörter zu verdeutlichen. Da hier Bedeutungsbeziehungen bzw. etymologische Zusammenhänge sichtbar werden, bezeichnet man diese Orthographieregelung ferner als semantisches bzw. etymologisches Prinzip. (Zu einer anderen Definition dieser Prinzipien siehe e) i).) Während das morphologische Prinzip bei der Auslautverhärtung konsequent durchgeführt ist, gibt es beim Umlaut Ausnahmen. So blieb man in Wörtern, deren Zusammenhang

mit anderen Wörtern nicht erkannt wurde, bei <e>: *Eltern (alt),
fertig (Fahrt), behende (Hand)* u.a.

d) Grammatisches und syntaktisches Prinzip

Auf diese Prinzipien führt man die Großschreibung von Substantiven bzw. von Wörtern am Satzanfang zurück.

e) Scheidung von Homonymen (lexikalisch-semantisches Prinzip)

Gleich klingende Wörter (Homophone) mit unterschiedlicher Bedeutung werden durch die Schrift differenziert:

Moor	: *Mohr*	[moːɐ̯]
Lärche	: *Lerche*	[ˈlɛrçə]
Waise	: *Weise*	[ˈvaɪ̯zə]

Eine differenzierende Schreibung wird allerdings nicht immer angewendet; vgl. z.B. *Ton* ‚bestimmte Erdart‘ und *Ton* ‚Schall‘.

Anmerkung: Ein Spezialfall der Homonymie ist die Homographie: Zwei Wörter stimmen orthographisch überein, sie haben aber eine verschiedene Aussprache und Betonung, z.B. *Tenór – Ténor*.

f) Pragmatisches Prinzip

Aus pragmatischen Gründen (zur Pragmatik siehe VII) werden in bestimmten Textsorten (VIII 2), z.B. Briefen, die Pronomina der Anrede groß geschrieben: *Du/Sie*.

g) Ästhetisches Prinzip

Einige Besonderheiten der Schreibung können aus ästhetischen Gründen entstanden sein. Die Schreibung berücksichtigt die „gute Gestalt" des Wortes (eugraphisches Prinzip). Z.B. wird der Umlaut der Doppelvokale *aa, oo* nur durch <ä> bzw. <ö> *(Haar – Härchen, Boot – Bötchen)* zum Ausdruck gebracht, um die Schreibungen <ää>, <öö> zu vermeiden.

h) Ökonomisches Prinzip

Dieses Prinzip führt zu einer Einsparung von Konsonanten, z.B. *Schiffahrt < Schiff-fahrt, dennoch < denn-noch.*

i) Etymologisches Prinzip

Als zusammengehörig erkannte Wörter werden mit den gleichen Buchstaben(verbindungen) geschrieben, auch wenn sich bei der Aussprache Varianten ergeben; z.B. *vier* [iː] – *vierzig* [ɪ] ; *sechs* [k] – *sechzehn* [ç] .

228 Phonetik, Phonemik, Graphemik

j) Historisches Prinzip

Die Berücksichtigung sprachhistorischer Lautgesetze wurde von Jakob Grimm, dem Begründer der germanischen und deutschen Philologie, gefordert. Er trat für die Abschaffung des Dehnungs-*h* ein, wo es lautlich nicht berechtigt ist, z.B. bei <*Lon*> (mhd. *lōn* gegenüber *Mohn* (mhd. *māhen*), *Gemahl* (mhd. *gemahel*); ferner für *ß*-Schreibung, wo die Fortsetzung eines urgerm. **t* vorliegt, also < *Waßer* > (engl. *water*). Das historische Prinzip hat sich aber keineswegs durchsetzen können. Auf der ersten orthographischen Konferenz von 1876 in Berlin legte Rudolf von Raumer einen Entwurf vor, der zwischen dem historischen Prinzip und dem Prinzip der richtigen Aussprache vermittelt.

Die Zusammenfassung der Ergebnisse veröffentlichte Konrad Duden (1829–1911) in seinem „Vollständigen Orthographischen Wörterbuch der deutschen Sprache" 1880. 1901 fand die zweite orthographische Konferenz in Berlin statt. Hier wurde eine einheitliche deutsche Rechtschreibung durchgesetzt. Die deutsche Rechtschreibung ist heute ein Regelwerk, das als Einheitsschreibung von den deutschsprachigen Staaten (Bundesrepublik Deutschland, Deutsche Demokratische Republik, Österreich, Schweiz) anerkannt ist (nach [157] 140 f.; [17] 123 ff.; [140] 88 f.; [9] 19 ff.; [156] 19 ff.; [141] 342 f.; [28] § 79 ff.; [18] 425).

AUFGABE VIII

Gehen Sie auf das Verhältnis von Lautung und Schreibung in den Wörtern der ersten beiden Zeilen des Textes ein!

[' ʃ |l|a| ŋ |ə]
<*Sch*|*l*|*a* |*ng* |*e*>: Im Deutschen schreibt man Substantive (und Wörter am Satzanfang) groß (grammatisches Prinzip). Zwei Phoneme, / ʃ / und /ŋ/, werden durch Buchstabenverbindungen, <*sch*> und <*ng*>, wiedergegeben. Da <*sch*> anlautend vor / v / *(Schwein)*, /m/ *(Schmerz)*, /n/ *(Schnauze)*, /r/ *(Schrank)*, /l/ *(Schlange)*, Vokal *(Schade)* und <*s*> vor /p/ *(Spitze)*, /t/ *(Streit)* erscheint, ist <*sch*> im Anlaut ein stellungsbedingtes Allograph. In der Position hinter einem der gleichen Silbe angehörigen Konsonanten tritt immer nur Einfachschreibung von Konsonanten auf, hier <*l*>. <*a*> bezeichnet /a/ und /ā/, ferner das erste Element der Diphthonge /ai/, /au/. Für /ŋ/ steht inlautend <*ng*>, wenn kein /k/ folgt, und <*n*>

Aufgabe VIII   229

begegnet in der Verbindung /ŋk/ *(sinken)*; also ist <*ng*> ein stellungsbe-
dingtes Allograph. Die Lautqualität des /ə/ bleibt bei der Schreibung <*e*>
unberücksichtigt. <*e*> bezeichnet auch /ē/ und /e/.

[ɪ | m]
<*i* | m>: <*i*> steht für /i/ und /ī/; /m/ schreibt man im Silbenaus-
laut nach Kurzvokal <*m*> und <*mm*> *(komm)*. <*m*> und <*mm*> sind
so Allographe.

[h | au̯ | s]
<*H* | *au* | *s*>: <*h*> (zur Großschreibung vgl. oben) wird für /h/ und als
Dehnungszeichen (dazu unten) verwendet. Das Phonem /au/ wird durch
eine Buchstabenverbindung wiedergegeben. <*s*> gilt außer für /s/ ebenso
für /ʃ/ und /z/. Im Auslaut erscheint für /s/ nach Langvokal/Diphthong
neben <*s*> auch <*ß*> ([ru:s] <*Ruß*>, [ha̯is] <*heiß*>), jedoch nicht,
wenn wie bei ['hau̯zə] im Inlaut [z] vorliegt (IV 5.3).

['z | ɔ | r | k | t | ə]
< *s* | *o* | *r* | *g* | *t* | *e* >: <*s*> tritt hier für ein /z/ auf, das gegenüber auslau-
tendem /s/ im Anlaut vor Vokal gilt (vgl. IV 5.3). <*o*> bezeichnet neben
/o/ auch /ō/. Vor Verschlußlaut erscheint nur ein <*r*>; die Unterscheidung von Zungenspitzen-*r* und Zäpfchen-*R* kommt durch die <*r*>-Schrei-
bung nicht zum Ausdruck (IV 7.3.2). Die Schreibung <*g*> für /k/ ist nach
dem Vorbild von ['zɔrgn̩] <*sorgen*> eingeführt (morphologisches Prinzip). Im Silbenanlaut erscheint bei allen Konsonantenzeichen, die verdoppelt
vorkommen können, immer nur Einfachschreibung: *sor-gen, sorg-te*. <*t*>
ist also Allograph; zu <*e*> vgl. oben.

[f | y: | ɐ̯]
<*f* | *ü* | *r*>: <*f*> bezeichnet man im Silbenanlaut außer mit <*f*> auch mit
<*v*>. <*f*> und <*v*> sind Allographe. Die Länge des Vokals wird nicht
gekennzeichnet. <*ü*> gilt für /ū/ und /ü/. <*r*> steht nach Langvokal im
Wortauslaut nur für [ɐ̯] (IV 5.2).

['ʊ | n | r | u: | ə]
<*U* | *n* | *r* | *uh* | *e*>: Zur Großschreibung vgl. oben; <*u*> wird für /u/ und
/ū/ geschrieben; <*n*> gebraucht man für /n/ und /ŋ/ (vgl. oben). Da /n/
im Silbenauslaut nach Kurzvokal auch als <*nn*> vorkommt (z.B. *kann*),
ist <*n*> Allograph; zu <*r*> vgl. oben.

230　　　　Phonetik, Phonemik, Graphemik

[f | ʏ | r | t]

<*F* | *ü* | *r* | *th* > :　　Zu <*F*>, <*ü*>, <*r*> vgl. oben; /t/ wird im Auslaut <*t*>, <*tt*>, <*d*>, <*dt*> (seit Ende des 19. Jh. in <*Stadt*>), hier <*th*>, geschrieben. <*th*> ist in dem Ortsnamen *Fürth* eine historische Schreibung. Den Konsonanten wurde im Frühneuhochdeutschen oft ein *h* angehängt. Konsonantenhäufung findet sich schon im Mittelhochdeutschen. Im 15./16. Jh. ist sie am stärksten ausgeprägt. Reste haben sich bis in den Anfang des 20. Jh. erhalten, z.B. in <*Theil*>, <*thun*>, <*Rath*> (nach [157] 283 f.).

[j | ʏ | ŋ | s | t]

<*j* | *ü* | *ng* | *s* | *t* > :　<*j*> gilt nur für /j/ (phonetisches und phonologisches Prinzip); zu <*ü*>, <*ng*> vgl. oben; <*st*> und <*ßt*> geben /s/ + /t/ wieder. Für /s/ und /t/ ist nach Konsonant nur die Schreibung <*s*> bzw. <*t*> möglich.

['v | u | r | d | ə]

<*w* | *u* | *r* | *d* | *e* > :　Für /v/ steht im Anlaut das Allograph <*w*>; nach /k/ erscheint <*u*>; zu <*u*> <*r*> vgl. oben. /d/ wird in dieser Position nur mit <*d*> bezeichnet; zu <*e*> vgl. oben.

[ɪ | n]

<*i* | *n* > : Zu <*i*>, <*n*> vgl. oben.

['ɑ̯ɪ | n | ə | m]

<*ei* | *n* | *e* | *m* > :　Das Phonem /ai/ schreibt man mit <*ei*>, <*ai*>, <*eih*>. Diese Schreibungen sind demnach Allographe. Zu <*n*>, <*e*>, <*m*> vgl. oben.

['m | iː | ts̯ | h | aʊ̯ | s]

<*M* | *ie* | *ts* | *h* | *au* | *s* > :　Zu <*M*> vgl. oben; die Schreibung <*ie*> für /iː/ setzt hier ein mhd. /iə/, also einen Diphthong, fort, der sich durch die frühneuhochdeutsche Monophthongierung zu /iː/ entwickelte; die Schreibung < *ie* > wurde beibehalten, < *e* > so als Dehnungszeichen aufgefaßt und aus solchen Fällen verallgemeinert. Da die Schreibung < *ie* > bei *Miete* historisch berechtigt ist, liegt hier das historische Prinzip vor. Die Verbindung von /t/ mit dem Genetiv-/s/ ergibt /ts̯/, einen Laut, der sich von der Affrikata /ts̯/ nicht unterscheidet. Die auf diese Weise entstandene Affrikata wird nur < *ts* > geschrieben; zu < *haus* > vgl. oben.

Aufgabe VIII   231

[d | e: | ɐ̯]
<d | e | r >: Zu <d >, <e >, <r > vgl. oben.

['z | i: | m | ɔ | n | ,ʃ | t | r | a: | s | ə]
<S | i | m | o | n | s | t | r | a | ß | e >:   Zu <S >, <i >, <m >, <o >,
<n >, <s >, <t >, <r >, <a > vgl. oben. <ß > steht inlautend nach Lang-
vokal für /s/, <ss > nach Kurzvokal; <ß > fungiert demnach als stellungs-
bedingtes Allograph.

V SPRACHE UND SPRECHEN

1 Langue und Parole

Wir haben gehört, daß Phoneme abstrakte Einheiten sind. In der
Rede werden sie durch Laute/Phone realisiert. Je nach Sprecher
kann die Aussprache eines Lautes verschieden sein. Die Laute, die
beim konkreten Sprechen verwirklicht werden, gehören einer anderen Ebene an als die Phoneme. Diese beiden Ebenen unterscheidet Ferdinand de Saussure. Den Ausgangspunkt für die folgende
Dichotomie (Zweiteilung) bildet dabei das menschliche Sprachver-
mögen überhaupt, die Langage.

Dem Begriff „Sprache" stellt er das Sprechen gegenüber. Im
Französischen entsprechen die von de Saussure [93b] 17 verwendeten Termini „Langue" und „Parole", die man im Deutschen auch
mit „Sprachsystem" und „Sprachverwendung" wiedergeben kann.

Langue

Die Vorstellung von der Sprache
als einem System verdeutlicht
de Saussure durch einen Vergleich mit dem Schachspiel. Die
Regeln des Schachspiels entsprechen der Langue. „Der Wert der
einzelnen Figuren hängt von ihrer
jeweiligen Stellung auf dem
Schachbrett ab, ebenso wie in der
Sprache jedes Glied seinen
Wert durch sein Stellungsver-
hältnis zu den anderen Gliedern
hat" ([93b] 105). Demzu-
folge kann man „System" definieren als „in sich geschlos-
senes, geordnetes Ganzes, in dem
alle Teile eine Relation zueinander und zum Ganzen haben, zu
einer Struktur (des Systems)
verknüpft sind und dabei bestimmte Funktionen innehaben"
([183] 117). Wir erinnern uns
an das Beispiel vom Eisen-
bahnnetz, das den Strukturbe-
griff, wie er im Strukturalis-

Langue	Parole
mus verwendet wird, verdeutlichen soll (siehe unter I 4.2.2).	
	Ob man beim Schachspiel Holz- oder Elfenbeinfiguren anwendet, ist gleichgültig für das System. In gleicher Weise ist z.B. die Aussprache eines /o/ als offenerer oder geschlossenerer Laut für die Funktion, den dieser Laut im Lautsystem einnimmt, belanglos.
Wenn man aber die Zahl der Figuren beim Schachspiel verringert oder vergrößert, so ist dies ein tiefer Eingriff in die Spielregeln ([93b] 27).	
Weiterhin sagt de Saussure [93b] 23: „Die Sprache besteht in der Sprachgemeinschaft in Gestalt einer Summe von Eindrücken, die in jedem Gehirn niedergelegt sind, ungefähr so wie ein Wörterbuch, von dem alle Exemplare, unter sich völlig gleich, unter den Individuen verteilt wären." Die Langue ist demnach der Sprachbesitz einer Gruppe, ein soziales Phänomen.	
	Dagegen umfaßt das Sprechen alle Akte der Sprachverwendung. Diese sind stets individuell.
Der einzelne Mensch verfügt also über einen Teil der Gesamtsprache.	
	Wenn er spricht, wählt er aus diesem Vorrat aus und realisiert die Langue im Parole-Akt.

Die Dichotomie Langue-Parole bedeutet zugleich Entgegengesetztheit und gegenseitige Bedingtheit des einen Begriffs durch den anderen. Die Parole ist nur aufgrund der Langue möglich und umgekehrt wird beim Spracherwerb die Langue durch die Parole erlernt ([93b] 16 f.; vgl. auch [171] 92).

2 Synchronie und Diachronie

Neben der Unterscheidung von Langue und Parole ist de Saussures methodisch wichtigste Unterscheidung die von Synchronie und Diachronie. Auch zur Verdeutlichung dieser Dichotomie verwendet er den Vergleich mit dem Schachspiel:

a) In gleicher Weise wie „jeder Schachzug nur eine einzige Figur in Bewegung [setzt]", „beziehen sich in der Sprache Veränderungen nur auf isolierte Elemente".
b) Dennoch „wirkt sich der Zug auf das ganze System aus ... Irgendein Zug kann das ganze Spiel umgestalten und auch Folgen haben für die Figuren, die augenblicklich außer Betracht sind."
c) „Die Versetzung einer Figur ist ein Vorgang", der „völlig verschieden von dem vorausgehenden und dem folgenden Gleichgewichtszustand" ist.

Im Gegensatz zum Schachspiel, wo der Spieler absichtlich eine Umstellung vornimmt, verändern sich aber „die Figuren, die in [der Sprache] mitspielen, ... selbst" ([93 b] 106 f.). Für Sprachzustand gebraucht de Saussure nun den Terminus „Synchronie" und für Entwicklungsphase den Terminus „Diachronie". Querschnitt, Synchronie, und Längsschnitt, Diachronie, stehen einander gegenüber. Das Verhältnis von Synchronie und Diachronie veranschaulicht de Saussure in einem Achsenkreuz:

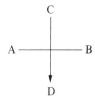

AB = Achse der Gleichzeitigkeit
CD = Achse der Aufeinanderfolge

Zwischen den beiden Achsen besteht insofern eine Verbindung, als auf der CD-Achse „alle die Dinge der ersten Achse mit ihren Veränderungen gelagert sind" ([93 b] 94). Da die Sprache eine gegenwärtige Institution und ein Produkt der Vergangenheit ist, hängen also Synchronie und Diachronie voneinander ab.

Der synchronischen Betrachtungsweise kommt jedoch nach de Saussure der Vorrang zu. Einer der Gründe hierfür liegt darin, daß de Saussure die Sprache als Zeichensystem betrachtet, in dem die Zeichen mit anderen koexistieren. Die Koexistenz ist aber immer nur auf der Achse der Gleichzeitigkeit gegeben, so daß sich der Wert des einzelnen Elements in Abhängigkeit von allen übrigen ergibt (vgl. [100] 474).

Wie wir gesehen haben, spielt der Systemgedanke bei de Saussure auch bei der diachronischen Betrachtungsweise eine Rolle. Denn wie sich beim Schachspiel ein Zug auf das ganze System auswirkt, so müssen in gleicher Weise Veränderungen von Sprachen innerhalb des Sprachsystems festgestellt werden. Wenn etwa ein bestimmter Laut im Laufe der Sprachentwicklung verschwunden ist, so kann an seine Stelle ein anderer Laut getreten sein, der nun seinerseits im Lautsystem einen ganz anderen Stellenwert hat. Z.B. wird durch die hochdeutsche Lautverschiebung ein urgerm. *p je nach Stellung zu *pf* oder *ff*; vgl. ahd. *pfunt* (ae. *pund*) mit ahd. *offan* (ae. *opan*). Das Phonem /p/ ist verschwunden. Nun entsteht ein neues [p] durch Verhärtung von [b] in bestimmten Stellungen, z.B. ahd. *gap* ‚er gab'. Dieses [p] ist aber eine Variante von [b]. Es liegt eine teilkomplementäre Distribution vor (vgl. IV 5.3).

Die isoliert in der Parole beginnenden sprachlichen Veränderungen können von der Sprachgemeinschaft angenommen werden und so zu einer Angelegenheit der Langue werden. Für de Saussure [93b] 117 ergeben sich somit folgende Bereiche, mit denen sich die Sprachwissenschaft beschäftigen muß:

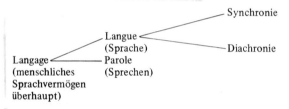

3 System, Norm, Rede

Nun hat der Sprachforscher Eugenio Coseriu [169b] 55 f. gegen das Dichotomiepaar Langue und Parole eingewendet, daß zwischen diesen beiden Gegensätzen auch etwas wie eine normale Verwirklichung z.B. eines Lautes steht; vgl. etwa

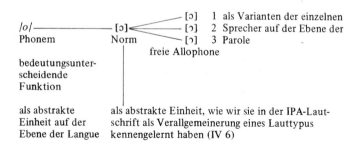

Daher spricht Coseriu von

System	Norm	Rede
funktionelles System	normale Realisierung	konkrete Realisierung

„Das Individuum [erzeugt] zwar seine Äußerung, aber nicht völlig arbiträr, ... es [realisiert] ... konkret in seiner Gemeinschaft geläufige Modelle und Strukturen." Die Strukturen, die „konstant, normal und traditionell innerhalb der Gemeinschaft" sind, bezeichnet Coseriu als Norm. Wenn auf einer höheren Ebene das in der Norm enthaltene zur Kommunikation notwendige, aber für das Funktionieren der Sprache „unwesentliche Begleitwerk" eliminiert ist, handelt es sich um das System.

4 Kompetenz und Performanz

Die Termini „Langue" und „Parole" sind weitgehend verdrängt worden durch die Begriffe „Kompetenz" und „Performanz", die Noam Chomsky, der uns bereits bekannte Begründer der Generativen Transformationsgrammatik, benutzt.

Nach der Auffassung Chomskys [21b] 36 ff. hat ein idealer Sprecher-Hörer folgende Fähigkeiten: Er kann nicht nur — wie wir bereits erfahren haben (siehe unter I 16.1) — eine unendliche Zahl von Sätzen bilden und verstehen, sondern auch angeben, ob zwei Sätze einer Sprache identisch, formal ähnlich oder Paraphrasen voneinander sind. Er kann feststellen, ob ein Satz seiner Sprache angehört und er kann Grade der Abweichung von dieser Sprache bestimmen. Er kann ambige Sätze in mehr als einer Weise interpretieren. Diese Fähigkeiten machen die Kompetenz, die Sprachbeherrschung aus, über die ein idealer Sprecher-Hörer einer homogenen, d.h. von dialektalen oder soziolektalen Sprachvarianten freien Sprachgemeinschaft verfügt (nach [21b] 13).

Die Sprachverwendung, den aktuellen Gebrauch in konkreten Situationen, bezeichnet Chomsky als Performanz. Bei ihrer Erforschung müsse man „die wechselseitige Beeinflussung einer Vielzahl von Faktoren in Betracht ziehen, von denen die zugrunde liegende Kompetenz des Sprechers-Hörers nur einen darstellt." Was das Verhältnis Performanz — Kompetenz betrifft, so spiegele die Sprachverwendung nicht direkt die Sprachkompetenz wider. Für den Linguisten ebenso wie für das Kind, das die Sprache erlernt, bestehe „vielmehr das Problem, aus den Daten der Sprachverwendung heraus das zugrunde liegende Regelsystem zu bestimmen, über das der Sprecher-Hörer verfügt und das er in der aktuellen Sprachverwendung in Gebrauch nimmt" ([21b] 14).

238 Sprache und Sprechen

Die Kompetenz meint also, was der Sprecher einer Sprache implizit weiß, die Verwendung das, was er tut. Die Unterscheidung Kompetenz und Performanz ist nach Chomsky zwar mit der de Saussureschen Trennung von Langue und Parole verwandt. Doch müsse an die Stelle des Begriffs „Langue" als systematisches Inventar von Einheiten der Kompetenzbegriff treten, der sich auf ein System generativer (erzeugender) Prozesse beziehe ([21 b]14 f.).

5 Der Begriff „Sprache" mitsamt seinen Subsystemen

Bei der sprachwissenschaftlichen Analyse unseres Textes sind wir bislang so verfahren, als ob dessen Sprachform die deutsche Sprache repräsentieren würde. In Wirklichkeit ist aber das Deutsche nicht homogen. Es ist ein komplexes System, das aus verschiedenen sich teilweise überschneidenden Untersystemen, Subsystemen, besteht. Da „für eine sprachwissenschaftliche Beschreibung des Deutschen, die auf strukturelle Zusammenhänge des Systems zielt, ... das jeweilige Teilsystem genau abgegrenzt werden" muß ([111] 15), wollen wir im folgenden auf einige Subsysteme innerhalb des Systems Sprache eingehen und dann die Sprachform unseres Textes einem dieser Subsysteme zuweisen.

5.1 Idiolekt

„Der Idiolekt ist die Sprache eines Individuums. Er umfaßt sowohl das sprachliche System und übrige Kenntnisse, die dem Individuum sprachliche Äußerungen ermöglichen, als auch diese Äußerungen selbst" ([173] 428). Da jedes Individuum zugleich Sprecher und Hörer ist, hat man zwischen aktiver und passiver Sprachbeherrschung zu unterscheiden. Als Sprecher verwendet das Individuum nur einen Ausschnitt aus dem Teil des Sprachsystems, den es passiv als Hörer beherrscht. Ferner ist die Sprache von Individuen fortlaufenden Veränderungen unterworfen. Das gilt besonders für die Kindersprache. Auch kann sich ein Mensch je nach Situation sprachlich verschieden verhalten.

Im Alltagsleben sind idiolektale Merkmale von großer Bedeutung. Nicht nur Stimmqualität, Tonhöhe, Sprechtempo spielen eine Rolle, sondern auch außersprachliche Faktoren wie Freundlichkeit, Schüchternheit oder anmaßendes Verhalten; vgl. z.B. Aussagen wie
Sprich, und ich sage dir, wer du bist. oder
Seine Sprache verrät ihn. ([178] 106)

Der Begriff „Sprache"   239

In der synchronischen Sprachwissenschaft sind Idiolekte nur
wenig beachtet worden, weil das Hauptziel ist, die Standardsprache, die Umgangssprache, die Dialekte und Soziolekte (V 5.2—5)
zu beschreiben. Die Äußerungen von Individuen sind jedoch wichtig für die Erforschung von Sprachen; denn die Sprachwissenschaftler können oft nur anhand individueller Äußerungen auf den allgemeinen Sprachgebrauch schließen (nach [173] 428 ff.).

5.2 Soziolekt

Der Begriff „Soziolekt" ist nicht exakt definiert; man meint damit zum einen den Gebrauch eines überindividuellen Sprachsystems, der für eine bestimmte Sprechergruppe charakteristisch
ist, also den Deckungsbereich mehrerer Idiolekte unter soziologi-
schem Aspekt. Soziolekt kann man in diesem Sinn als ,,Gruppen-
sprache" bezeichnen ([171] 75; vgl. auch [184] 107 ff.; [165]
66 ff.; [18] 195). Der Begriff „Soziolekt" wird zum anderen als
Oberbegriff für die Bereiche Fachsprache und Jargon, die man
auch als Sondersprache zusammenfaßt, verwendet (Weiteres
[164] 359).

5.2.1 Fachsprache

Fachsprachen dienen vor allem der Kommunikation innerhalb
von technisch und wissenschaftlich ausgerichteten Arbeitsberei-
chen. Hier spricht man auch von Berufssprachen. Als typische
Fachsprachen gelten die Fachsprache der Technik (z.B. Automobil-
bau, Datenverarbeitung), der Wissenschaften (z.B. Medizin, Linguistik), der Verwaltung, der Diplomatie und des Sports (dazu
aber V 5.2.2) (nach [172] 390). Im Duden: Das große Wörterbuch [113] sind weitere Bereiche für Fachsprachen angegeben, z.B.

Militär	Flugwesen	Jägersprache	Optik
Musik	Druckwesen	Imkersprache	Schiffbau
Viehzucht	Fernsehen	Kochkunst	Touristik
	Börsenwesen	Mode	Zoologie

Alt ist der Berufswortschatz der Bergleute; bereits vom 13. Jh.
an sind Wörter aus dieser Berufsschicht bezeugt, z.B.
Schacht, Zeche (‚Reihenfolge' > ‚Gesellschaft von Personen' >)
‚bauende Gewerkschaft', dann ‚ihr Besitz, die Gru-
benanlage'.

Trotz des Zweitglieds Sprache in dem Terminus „Fachsprache"
handelt es sich um keine besondere Sprache mit einem eigenen

240 Sprache und Sprechen

lautlichen und grammatischen Bau und mit einem nur der Fachsprache eigenen Wortschatz. Wer als Laie z.B. einer Unterhaltung von Fußballfans über ihr Interessengebiet zuhört, hält die Sprache durchaus für deutsch. Er kann aber das Gespräch nicht ganz verstehen, wenn er nicht mit den verwendeten Termini vertraut ist wie z.B. *Fallrückzieher, Abseits, Ecke, Flanke, Elfmeter* usw. Teils sind es völlig fremde Wörter (und Wendungen), teils besondere Bedeutungen von Wörtern.

a) Das auffallendste Merkmal der Fachsprache ist also der Wortschatz (nach [168] 569, 567).

b) Im Bereich der Wortbildung fallen Augenblicksbildungen *(abriebfest, Rundumverglasung)*, stärkere Nutzung der Ableitungen auf *-er (Müllschlucker, Fernschreiber)*, häufigerer Präfixgebrauch *(abkassieren)* auf (nach [170] 166).

c) In einigen Textsorten (dazu VIII 2) ist auch eine besondere Syntax zu beobachten, z.B.
   Bei der Überprüfung der Gültigkeit dieser Hypothese ist der zu geringe Umfang an Arbeitsmaterial in Anschlag zu bringen.
   Es wurden nur 40 Tests dieser Berechnung unterzogen.

Hier begegnen
Substantivierungstendenz: *bei der Überprüfung*
Funktionsverbgefüge: *der Berechnung unterziehen, in Anschlag bringen* (vgl. I 17.3.2)
Bevorzugung des Passivs oder von Passivumschreibungen:
                          wurden unterzogen; ist in Anschlag zu bringen (nach [172] 394).

5.2.2 Jargon

Die Sprecher des Jargons (frz. ‚unverständliche Sprache') gehören bestimmten sozialen Gruppen an; sie verbindet eine gleichartige, oft gemeinsame Lebensweise und eine bestimmte soziale Stellung. Personen, Gegenstände, Handlungen, die innerhalb der Gruppe eine besondere Bedeutung haben, tragen auffällige und sonst nicht gebräuchliche Bezeichnungen; viele sind emotionell durch Zuneigung, Humor, Ironie oder Ablehnung geprägt. Es gibt eine Vielzahl von gleichbedeutenden Wörtern (Synonymen). Die bildliche Ausdrucksweise herrscht vor.

Ein klassischer Fall des Jargons liegt im Rotwelsch vor, einer Gauner- und Bettlersprache, die schon im 13. Jh. so genannt wird.
welsch bedeutet ‚fremde, unverständliche Sprache' und
rot   ‚Bettler', also
Rotwelsch   ‚unverständliche Bettlersprache'.

Der Begriff „Sprache"   241

Die Träger dieser Sprache sprechen eine Art Geheimsprache, damit sie von Nichtzugehörigen nicht verstanden werden; sie verwenden zahlreiche Wörter, die auf das Hebräische und die Zigeunersprache zurückgehen. Wörter, die Geld, Polizei und Strafanstalten betreffen, spielen eine Hauptrolle. Viele derartige Wörter sind in unsere Umgangssprache (dazu V 5.4) gelangt, z.B.
Blech ‚Geld' (Blech als Herstellungsmaterial für Geld), davon abgeleitet *blechen; Kies* (hebr. *kîß* ‚Geldbeutel'), *Moos* ‚Geld' (hebr. *ma'ōth* ‚Münze'); *Schmiere* (hebr. *chemira* ‚Wache') (nach [168] 576 f.).
Reste dieser Sprache werden noch in Schillingsfürst bei Rothenburg verstanden. Dort waren im 18. Jh. fahrendes Volk, Händler und Obdachlose angesiedelt worden, die ihre Sprache von der Landstraße dorthin mitbrachten (vgl. [177] 9 ff.).

Sonst überschneiden sich Fachwortschatz und Jargon häufig; das zeigt sich besonders in der Sprache des Sports, wo emotionell geprägte Ausdrücke neben Fachtermini stehen, z.B. *bolzen* ‚ziellos schießen', *holzen* ‚rücksichtslos spielen' (über die Studentensprache aus dem Rotwelschen) (nach [168] 578).

5.3 Dialekt

Ist die Sprachform einer in erster Linie geographisch und nicht sozial bedingten Gruppe gemeint, also der Deckungsbereich mehrerer Idiolekte unter regionalem Aspekt, dann bezeichnet man diese Sprachform als Dialekt (vgl. [18] 195). Die beiden Begriffe „Soziolekt" und „Dialekt" sind nicht immer genau zu unterscheiden; denn eine Sprachform, die zunächst geographisch bedingt ist, kann gleichzeitig für eine bestimmte soziale Schicht charakteristisch sein und so sowohl als Dialekt als auch als Soziolekt aufgefaßt werden ([171] 76). Den Kindern der oberen und mittleren Schichten bei uns wird oft das Sprechen von Dialekt verboten, weil er als sozial minderwertig gilt. Dagegen wird z.B. in der Schweiz der Dialekt von allen sozialen Schichten der Bevölkerung gesprochen. In dialektal-hochsprachlich gemischten Gebieten, wie z.B. Niedersachsen, Schleswig-Holstein, sind viele Sprecher zweisprachig, d.h., sie beherrschen ihren Heimatdialekt, das Plattdeutsche, und die Hochsprache.

Neben dem Terminus „Dialekt" wird auch der Terminus „Mundart" verwendet. Versuche, diese beiden Bezeichnungen inhaltlich zu differenzieren, haben sich nicht durchsetzen können. Überhaupt ist eine genauere Definition von Dialekt und Mundart so schwierig, daß im „Lexikon der Germanistischen Linguistik" auf eine Definition dieser Begriffe verzichtet wird (nach [175] 453 ff.).

5.4 Umgangssprache

Genauso umstritten wie die Definition von Dialekt ist die Definition von Umgangssprache. In erster Linie bezeichnet „Umgangssprache" die mündliche Sprachverwendung im Wechsel mit einem oder mehreren Gesprächspartnern, wobei für die Sprache besonders im familiären Kreis auch der Terminus „Alltagssprache" gebraucht wird ([18] 561). In zweiter Linie versteht man unter „Umgangssprache" die Varietät (sämtliche für eine Region, Gruppe oder Situation typische Varianten) einer Sprache, die im Gespräch, in mündlicher Kommunikation, üblich ist.

Im folgenden wollen wir auf einige Charakteristika der Umgangssprache eingehen.

a) Syntaktisches:
Z.B. ist eine Neigung zu kurzen Sätzen, zur Nebenordnung, zum Einschub von Interjektionen und zu Freiheiten des Satzbaus feststellbar. In dem Beispiel *Ist das kalt, das Wasser!* nennt man das Ergebnis und nicht den Ausgangspunkt des Denkvorgangs zuerst. Daneben treten situationsbedingte Verkürzungen der Ausdrucksweise auf. Auf der anderen Seite finden sich Füllsel, *Ja, was ich noch sagen wollte; ich meine ...* Die Zeit soll überbrückt werden, die man braucht, um eine Formulierung zu suchen.

b) Lautliches:
In diesem Bereich finden sich Kontraktionen, z.B. *ham* für *haben* und weitere Lässigkeiten der Aussprache.

c) Wortschatz:
Der Gebrauch von Allerweltswörtern wie *machen, tun, Ding* ist für die Umgangssprache charakteristisch (nach [167] 380).

5.5 Hochsprache, Standardsprache

Heute wird der Terminus „Hochsprache" durch den Terminus „Standardsprache" ersetzt, um eine Assoziation des Hohen im Gegensatz zur „niederen" Umgangssprache zu vermeiden. Für die Hochsprache einer historisch-politisch definierten Sprachgemeinschaft hat man auch den Terminus „Nationalsprache" verwendet. Doch ist diese Bezeichnung insofern problematisch, als „häufig ‚Nation' und ‚Sprache' aus politischen oder historischen Gründen nicht zur Deckung kommen" ([18] 340).

Die Standardsprache ist eine überregional gebräuchliche Sprache, die im Sprachverkehr der oberen und mittleren sozialen Schichten verwendet wird. Es handelt sich also um die Sprache des größ-

Der Begriff „Sprache"   243

ten Teils der Gebildeten einer Sprachgemeinschaft, vor allem aber
um deren geschriebene Sprache (dazu V 6 b). Die höchstentwickel-
te gesprochene Sprachform und die geschriebene Form bezeichnet
man auch als Gemeinsprache.

Die Beherrschung der Standardsprache steht im Mittelpunkt
aller sprachdidaktischen Bemühungen. Als öffentliches Verständigungsmittel ist diese Sprachform besonders in den Bereichen
Grammatik, Aussprache, Rechtschreibung an Normen gebunden,
die von öffentlichen Medien und Institutionen aufgestellt und
kontrolliert werden (nach [18] 502). In den heutigen normativen
Grammatiken wird die Sprache vor allem von denjenigen modernen Schriftstellern ausgewertet, die in der Tradition der Klassik
stehen. Die kodifizierte Sprachnorm ist demzufolge fast ausschließlich Literatursprache, und nur ein Teil der modernen Schriftsteller
wird bislang berücksichtigt. Es erscheint daher die Forderung berechtigt, daß auch die Sprache weiterer Schriftsteller herangezogen und ferner die in Gesprächen beobachtbare klare Ausdrucksweise bei der Festlegung der Sprachnorm des Deutschen berücksichtigt wird (nach [174] 375 ff.).

Die gesprochene Standardsprache beruht dabei auf der norddeutschen Artikulation der Schriftsprache. Das ist zum einen historisch zu begründen. Seit Martin Luther hat das Sächsische die füh-
rende Rolle bei der Ausbildung der neuhochdeutschen Gemeinsprache gespielt. Diese Rolle geht nach dem siebenjährigen Krieg
(1756–1763) an Preußen über. Sachsen ist durch den siebenjährigen Krieg politisch und wirtschaftlich geschwächt; damit setzt
auch der Niedergang seines sprachlichen Ansehens ein. Hinzu
kommen sprachliche Gründe: Die niederdeutsch sprechenden
Protestanten in Norddeutschland mußten das Hochdeutsche, das
sie vor allem durch die Lutherbibel kennenlernten, wie eine fremde
Sprache lernen. Es galt die Regel, nach der Schrift zu sprechen.
Ohnehin wurde im Niederdeutschen unter anderem zwischen den
stimmlosen und den stimmhaften Konsonanten unterschieden,
während diese Laute im Hochdeutschen in vielen Gebieten nicht
getrennt wurden. Die norddeutsche Artikulation der Schriftsprache wurde so als vorbildlich betrachtet (nach [157] 129, 135 f.;
[182] 174).

5.6 Sprache

Sprache, z.B. die deutsche Sprache, ist der gemeinsame Bezugs-
punkt für Idiolekte, Soziolekte, Dialekte, Umgangssprache und
Standardsprache. Die Teilhaber an einem gemeinsamen Sprachbe-

244 Sprache und Sprechen

sitz verstehen gegenseitig ihre Sprache. So fassen sie z.B. Soziolekte und Dialekte als soziale und lokale Varianten von ein und derselben Sprache auf (nach [171] 76 f.).

6 Gesprochene Sprache – geschriebene Sprache

Die schon unter den Begriffen „Umgangssprache" und „Standardsprache" genannten Begriffe „gesprochene Sprache" und „geschriebene Sprache" können einander gegenübergestellt werden.

a) Gesprochene Sprache

Unter „gesprochener Sprache" versteht man frei formuliertes, spontanes Sprechen in nicht gestellten Kommunikationssituationen. Es geht um Sprache im Sinne von Sprachverwendung und nicht um das Sprachsystem ([180] 7).

Der Forschungsgegenstand bei der gesprochenen Sprache ist also vor allem
a) das freie ad-hoc-Formulieren ohne detaillierte Vorbereitung und
b) das Sprechen in einer Face-to-Face-Situation, also Dialoge, Gespräche (nach [181] 314).

Einige sprachliche Besonderheiten der gesprochenen Sprache sind schon bei der Besprechung der Umgangssprache genannt (V 5.4). Erwähnt seien noch folgende syntaktische Charakteristika, die beim freien Sprechen nicht nur auf einen Mangel an Konzentration zurückzuführen sind:

Ellipsen können in Stellungnahmen eines Gesprächspartners zu Äußerungen des anderen Gesprächspartners auftreten, z.B. 1. Sprecher: *ja das genügt ja.* 2. Sprecher: *ja mir nicht.*

Anakoluthe (Satzabbrüche) kommen aus verschiedenen Gründen zustande. Wenn ein Sprecher merkt, daß der Zuhörer ihn verstanden hat, ist die Fortsetzung der Rede unnötig. Stellt der Sprecher fest, daß der Zuhörer ihn nicht mehr versteht, muß er eine Erläuterung einschieben oder in seiner Rede anders fortfahren. Der Sprecher korrigiert sich, wenn er merkt, daß er sich falsch ausdrückt.

Wiederholungen geben dem Sprecher die Gelegenheit, den Gesprächszusammenhang wiederherzustellen, wenn er in seiner Rede gestört worden ist.

Durch Nachträge kann der Sprecher wichtige Informationen besonders kenntlich machen, z.B.
dann hab ich geholfen zu suchen, den Fritz. (nach [166] 225)

Gesprochene Sprache – geschriebene Sprache 245

Für die gesprochene Sprache typisch sind weiterhin deiktische (hinweisende) Elemente, wie z.B. Demonstrativpronomina. Die Kommunikationspartner können sich mit Hilfe dieser Elemente z.B. auf die Raum-Zeit-Koordinaten, in denen das Gespräch stattfindet, orientieren (Weiteres VII 1).

b) Geschriebene Sprache

Die geschriebene Sprache ist die Sprache, die man beim Schreiben und Lesen (also in der schriftlichen Kommunikation) gebraucht. Im Gegensatz zur gesprochenen Sprache finden sich in der geschriebenen Sprache situationsunabhängige Techniken des Referierens, der Kontext wird durch sprachliche Mittel weitgehend explizit gemacht, es treten satzgliedernde Gliederungssignale (Interpunktion) und textgliedernde Gliederungssignale (z.B. Überschriften, Markierungen von Abschnittsgrenzen) auf.

Syntaktische Merkmale der geschriebenen Sprache sind:
a) Die Sätze sind deutlich gegeneinander abgegrenzt.
b) Die Sätze sind zumeist wohlgeformt und in syntaktischer Hinsicht vollständig.
c) Die Sätze weisen relativ komplexe Strukturen auf.

Aus der Morphologie führt man den Konjunktiv der indirekten Rede an, da er im allgemeinen nur mehr in der geschriebenen Sprache verwendet wird.

Im Bereich der Lexik ist auf Wörter wie *entzwei* (gegenüber *kaputt*), *benötigen* (gegenüber *brauchen*), *lediglich* (gegenüber *nur*), *zahlreiche* (gegenüber *viele*), *erhalten* (gegenüber *bekommen*) zu verweisen, die wohl hauptsächlich in der geschriebenen Sprache vorkommen (nach [176] 325 f.; [179] 152 f.).

Wenn wir nun unseren Text einem Subsystem innerhalb des Systems Sprache zuordnen, so handelt es sich um ein Beispiel dafür, wie geschriebene Standardsprache verwendet wird. Merkmale anderer sprachlicher Subsysteme sind nur ganz begrenzt vorhanden. Ein umgangssprachliches Element ist die Kontraktion in Z. 34/35 *Jetzt wird man's ja ganz genau wissen* ... und ein Wortschatzbeispiel aus der Fachsprache der Zoologie Z. 4/5 *Mangroven-Nachtbaumnatter.*

VI SEMANTIK

Die Semantik ist die Lehre von der Bedeutung sprachlicher Zeichen und Zeichenfolgen. Im folgenden behandeln wir die Wortsemantik (lexikalische Semantik) (dazu [131] 112 f.).

Seit Beginn der 50er Jahre wendet sich das Interesse der Linguistik wieder in stärkerem Maß der Semantik zu. Ursache für eine „Bedeutungsfeindlichkeit" war vor diesem Zeitpunkt der Einfluß von Leonard Bloomfield. Er hatte nämlich gesagt, daß man bei allen Bemühungen um die Sprache bei den Formen und nicht bei den Bedeutungen anfangen müsse ([12] 162). Der zweite Grund ist: Die inhaltliche Seite der Sprache ist bei einer wissenschaftlichen Untersuchung schwieriger zu erfassen als die Ausdrucksseite. Das liegt unter anderem an der Unschärfe von Bedeutungen und an der Mehrdeutigkeit. Hinzu kommt, daß der Wortschatz kein festes System ist, sondern ein offener Komplex, der ständig Veränderungen unterworfen ist (nach [191] 23 ff.).

EXKURS: ZUR GESCHICHTE DER MODERNEN SPRACH-
WISSENSCHAFT III

Louis Hjelmslev

In der Phonologie hat man Laute auf ihre artikulatorischen Merkmale hin untersucht und festgestellt, welche Merkmale die Oppositionen tragen. Diese Methode, die innerhalb des Strukturalismus entwickelt worden ist, wurde nun auch bei der Bedeutungsanalyse von Wörtern angewendet. Die Übertragung der „phonologischen" Methode auf die inhaltliche Seite der Sprache ist das wesentlichste Verdienst der Kopenhagener Schule mit ihrem Hauptvertreter Louis Hjelmslev. 1943 erschien sein Hauptwerk „Omkring sprogteoriens grundlæggelse" (deutsch: „Prolegomena zu einer Sprachtheorie" 1974).

Nach Hjelmslev ist der Inhalt eines Zeichens durch „Reduktion" in Bedeutungseinheiten mit einer immer allgemeineren Bedeutung zu zerlegen, bis die kleinsten Einheiten ermittelt sind. Wenn man z.B. die Gegensatzpaare

Bulle   :   *Kuh*
Junge   :   *Mädchen*
Hengst   :   *Stute*

248   Semantik

hat, dann sind daraus die Analyseeinheiten

Rind

Kind

Pferd

und weiterhin

er : sie

zu gewinnen. Man kann nun die Einheiten der ersten drei Zeilen durch die anderen Einheiten erklären, also

Bulle   : er-Rind

Mädchen : sie-Kind

Hengst   : er-Pferd

In ähnlicher Weise verfahren die Schreiber von Lexika, wenn sie die Bedeutung des Wortes *Hengst* umschreiben mit ,männliches Pferd'. Die allerkleinsten Einheiten — das sind auf der Ausdrucksseite die phonologischen Merkmale als Eigenschaften der Phoneme und auf der Inhaltsseite die kleinsten semantischen Merkmale — nennt Hjelmslev Glosseme, seine ganze Theorie heißt Glossematik (Ableitung von griech. *glõssa* ,Sprache') (nach [74b] 70 ff.; vgl. auch [109] 15 f.).

Wir müssen jetzt in unseren Überblick über die Vertreter des Strukturalismus Hjelmslev und die Kopenhagener Schule eintragen (S. 83).

1 Semanalyse (Komponentenanalyse)

Ein bekanntes Beispiel für die Zerlegung in Inhaltseinheiten ist weiterhin die von B. Pottier [201] 121 f. durchgeführte Semanalyse (Komponentenanalyse) bei Bezeichnungen für ,Sitzgelegenheiten'. Seme werden hier als kleinste distinktive Bedeutungskomponenten aufgefaßt, mittels derer die Gesamtbedeutung von sprachlichen Ausdrücken beschrieben wird ([192b] 17; [18] 454). Alle Seme zusammen bilden eine Einheit, die einige Forscher als Semem bezeichnen (vgl. die Wortbildung von Phonem gegenüber Phon; Morphem gegenüber Morph). Nach dieser Auffassung ist also ein Semem gleich der Bedeutung (vgl. VI 3), der Inhaltsseite, eines sprachlichen Zeichens:

	Sem 1	Sem 2	Sem 3	Sem 4	Sem 5
	‚zum Sitzen‘	‚mit Beinen‘	‚mit Rücken-lehne‘	‚mit Armlehne‘	‚für 1 Person‘
Stuhl	x	x	x	–	x
Bank	x	x	(x)	(x)	–
Sessel	x	x	x	(x)	x
Sofa	x	x	x	(x)	–
Hocker	x	x	–	–	x

x = ja; – = nein; (x) = ja oder nein (fakultativ)
(nach [109] 22)

Die Seme, die bei allen verglichenen Wörtern vorhanden sind, in unserem Beispiel die Seme ‚zum Sitzen‘ und ‚mit Beinen‘, bilden ein Archisemem. Das Archisemem von *Sessel* und *Hocker* wäre dagegen ‚zum Sitzen‘, ‚mit Beinen‘ und ‚für 1 Person‘. Bei der Kombination von Semen können sich auch Archisememe ergeben, für die in der betreffenden Sprache keine Bezeichnung existiert. Z.B. gibt es für das Archisemem ‚zum Sitzen‘ und ‚mit Rückenlehne‘ (das wäre ein Stuhl, eine Bank, ein Sessel, ein Sofa ohne Beine) im Deutschen keine eigene Bezeichnung (nach [193] 227).

In einigen Fällen ist jedoch das Sem ‚mit Beinen‘ offensichtlich nicht dafür wesentlich, daß ein Gegenstand mit *Stuhl* bezeichnet wird. So kann ein Stuhl z.B. aus zwei Felsblöcken gebildet werden. Auch ein Stuhl, der zum Sitzen nicht mehr zu gebrauchen ist, trägt weiterhin die Bezeichnung *Stuhl*. Es müssen aber auch in diesen Sonderfällen bestimmte Gestaltmerkmale vorhanden sein, aufgrund derer man einen Gegenstand als Stuhl identifizieren kann (nach [212] 128).

Kritik:

Gegen Semanalysen (Komponentenanalysen) hat man unter anderem folgendes eingewendet: .

a) Die Voraussetzung für die Zerlegung semantischer Einheiten in kleinere Bedeutungselemente bildet das Wissen um den Zusammenhang der Seme untereinander, was aber eigentlich das Erkenntnisziel sein soll.

b) Die Bedeutungen von Wörtern kann nur bei einem Teil des Wortschatzes auf die oben angegebene Weise beschrieben werden. Bei transitiven Verben wie *töten* z.B. sind weit komplexere Bedeutungsbeschreibungen erforderlich (dazu [195] 71 f.; [190] 45 ff.; vgl. [18] 253).

c) Als Metasprache dient zumeist die Objektsprache.

250 Semantik

Erklärung zu c):
Wenn wir von den Inhaltsmerkmalen des Wortes *Stuhl* sprechen,
dann ist eine sprachliche Einheit das Objekt unserer Untersuchung,
oder man kann sagen: *Stuhl* ist eine objektsprachliche Einheit.
(Objektsprachliche Einheiten werden durch Kursivdruck oder Un-
terstreichen kenntlich gemacht.) Soll nun eine wissenschaftliche,
nicht umgangssprachliche Aussage über die Objektsprache gemacht
werden, dann müßte man sich einer Sprache bedienen, die von der
Objektsprache verschieden ist; man nennt diese Sprache Metasprache (die Sprache, in der Aussagen über eine Sprache gemacht
werden, die ihrerseits die Objektsprache ist). Die Termini dieser
Sprache müssen exemplarisch eingeführt oder definiert sein. Bei
einem wissenschaftlich korrekten Verfahren wären also z.B. Termini zu definieren, die die Eigenschaften ,zum Sitzen' usw. wiedergeben. Korrekt ist z.B. die Aussage ,,{stuhl} ist ein freies Morphem".
Denn die Termini ,,frei" und ,,Morphem" sind definiert und so
als metasprachliche Ausdrücke verwendbar (nach [196] 81 f.).

Der Vorteil der Semanalyse liegt jedoch darin, daß mit ihrer
Hilfe in vielen Fällen die relevanten (distinktiven) Seme, die Bedeutungen unterscheiden ([194] 38), ermittelt werden können. So
unterscheidet sich in unserem Beispiel die Bedeutung des Wortes
Stuhl von der des Wortes *Bank* durch das Fehlen oder Vorhandensein des Sems ,für 1 Person'.

2 Wortfeld

Weiterhin hat man versucht, das Kriterium des Strukturalismus,
wonach die Elemente durch ihre Stellung zueinander und zum
Ganzen definiert sind, auf den Wortschatz zu übertragen. Der erste
Anstoß zu dieser Betrachtungsweise ging von Jost Trier in seinem
Buch ,,Der deutsche Wortschatz im Sinnbezirk des Verstandes"
1931 aus (vgl. [109] 21). Trier behauptete [207] 1 ff.:
a) Kein Wort steht isoliert. Es gehört nicht nur in den Zusammenhang eines Satzes oder Kontextes überhaupt, sondern es steht
   in einem Begriffskomplex; z.B. sind *Kopf, Rumpf, Arm, Finger,*
   Hand, Bein usw. Bezeichnungen für Teile des menschlichen
   Körpers. Wörter mit vergleichbaren oder verwandten Bedeutungen sind hier zusammengefaßt.
b) Der Begriffskomplex ist ein gegliedertes Ganzes. Ihm ist ein
   Feld von Wörtern zugeordnet. Das Ergebnis ist ein gegliedertes
   Wortfeld.
c) Die Wörter im Feld stehen in gegenseitiger Abhängigkeit voneinander. Außerhalb des Feldes hat das Wort nur eine unklare Be-

deutung. Die Bedeutung eines Wortes wird erst erkannt, wenn man sie gegen die Bedeutung der benachbarten und entgegengesetzten Wörter abgrenzt. Zur Erläuterung dieses Sachverhalts verweist Trier auf die Zensurenskala: Der Wert z.B. der Zensur „mangelhaft" besteht nicht absolut, sondern man muß wissen, daß „mangelhaft" zwischen „ausreichend" und „ungenügend" steht.

d) Die Wortfelder müssen dem Angehörigen einer Sprachgemeinschaft gegenwärtig sein, wenn er ein zugehöriges Einzelwort verstehen will (vgl. [187] 549).

Ein anderer Sprachwissenschaftler, der sich mit der Wortfeldtheorie beschäftigt hat, ist Leo Weisgerber. Das folgende Beispiel stammt aus seinen „Grundzüge[n] der inhaltsbezogenen Grammatik" 1962 [211] 184 f.

Das Wortfeld *sterben:*

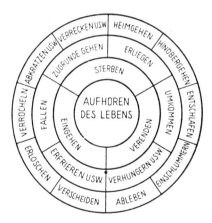

Die Feldgliederung allein soll den Sonderwert jedes einzelnen dieser Wörter sichern. Weisgerber unterscheidet
1. Schicht: Der Begriff ‚Aufhören des Lebens' wird auf Mensch *(sterben)*, Tier *(verenden)* und Pflanze *(eingehen)* angewendet.
2. Schicht: Die tatsächlichen Begleitumstände des Sterbens stehen im Blickpunkt, z.B. bei *erfrieren, verhungern.*
3. Schicht: Hier wird die gefühlsmäßige Einstellung zum Sterben ausgedrückt, z.B.

pietätvoll verhüllend	*(verscheiden, einschlummern)*,
religiös gefärbt	*(heimgehen, hinübergehen)*,
drastisch burschikos	*(abkratzen usw.)*.

Kritik:

Die Annahme eines solchen Wortfelds ist nicht unwidersprochen geblieben. So hat man z.B. eingewendet:
— Das Wort *eingehen* werde auch bei Tieren verwendet, und das Wort *verenden* gehöre dem gehobenen Sprachstil an.
— Idiome wie *sein Leben aushauchen, zu den Vätern versammelt werden, den Geist aufgeben* würden fehlen.
— Es sei fraglich, ob das Wortfeld in dieser Form für alle Sprecher verbindlich sei; je nachdem, welcher sozialen Schicht ein Sprecher angehöre, sei das Wortfeld verschieden.
— Auch einer Person allein sei nicht immer das gesamte Wortfeld gegenwärtig.
— Der Unterschied zwischen aktivem und passivem Wortschatz bleibe unberücksichtigt. Wir kennen die Bedeutung von Wörtern, die wir nie verwenden.

Fazit: Ein allgemeinverbindliches Wortfeld mit einer allgemein zutreffenden Gliederung existiert wohl nicht. Die Bedeutungen der einzelnen Wörter werden nicht vollständig durch den Feldnachbarn bestimmt (nach [187] 551 f.; [28] § 966; zu weiterer Kritik siehe [203] 33 ff.).

3 „Begriff"; „Bedeutung" versus „Bezeichnung"

Nachdem wir an die Phonologie und an den Systemgedanken des Strukturalismus anknüpfende Analyseverfahren der Semantik kennengelernt haben, wollen wir einige schon erwähnte Grundbegriffe dieser Disziplin näher erläutern.

Wenn wir das Wort *Stuhl* benutzen, so können wir einen ganz bestimmten Stuhl meinen, z.B. den Stuhl in diesem Raum. Wir können aber auch einen anderen Stuhl meinen. Das Wort *Stuhl* ist also kein Name, der sich im allgemeinen nur auf eine einzelne Person, Sache usw. bezieht, sondern es bezieht sich auf eine ganze Klasse von irgendwie gleichartigen Erscheinungen, die vier Beine, eine Sitzfläche, eine Rückenlehne haben, die für eine Person gedacht sind usw. (nach [187] 526; vgl. auch [28] § 971). Ein solches durch Abstraktion gewonnenes gedankliches Konzept ist ein Begriff. Ein Begriff wird durch Aufzählung der Objekte, die unter einen bestimmten Begriff fallen, und durch Angabe ihrer spezifischen Merkmale definiert. Man spricht hier von Extension (Umfang) und Intension (Inhalt) eines Begriffs. So ist z.B. die Extension des Begriffs „Stuhl" die Klasse oder Menge aller Stühle, während die Intension aus einer Anzahl von Merkmalen wie den eben genannten besteht (nach [131] 56 f.; [18] 53).

In Anschluß an die Definition von Semem in VI 1 kann man die Menge der begrifflichen Merkmale in ihrer jeweiligen besonderen Strukturierung als die Bedeutung eines Wortes verstehen ([131] 44; Weiteres [18] 59 ff.).

Bei der Darstellung des bilateralen Zeichenmodells haben wir bereits diese Seite des sprachlichen Zeichens kennengelernt. Der Inhaltsseite (Bedeutung) ist die Ausdrucksseite (Form) zugeordnet. Im Zeichenmodell von C.K. Ogden/I.A. Richards ist die außersprachliche Wirklichkeit mit einbezogen (vgl. III 2). Die Beziehung zwischen dem sprachlichen Zeichen und der außersprachlichen Wirklichkeit ist die Bezeichnungsfunktion des sprachlichen Zeichens.

Wir haben also zwischen Bedeutung und Bezeichnung zu unterscheiden. Der Terminus „Bezeichnung" bezieht sich auf die Verbindung eines sprachlichen Zeichens mit einem außersprachlichen Gegenstand oder Sachverhalt. Bedeutung, d.h. einen einzelsprachlich gegebenen Inhalt, hat dagegen ein sprachliches Zeichen auch ohne aktuellen Bezug auf einen außersprachlichen Sachverhalt (Weiteres [188] 105; [198b] 108 ff.). Der Unterschied zwischen Bedeutung und Bezeichnung zeigt sich z.B. deutlich an dem Satz: *Der Morgenstern ist mit dem Abendstern identisch.* Die Wörter *Morgenstern* und *Abendstern* haben zwar verschiedene Bedeutungen (‚hell leuchtender Stern am Morgen- bzw. Abendhimmel'), sie bezeichnen aber denselben Gegenstand, die Venus (Weiteres [134] 57 ff.).

4 Die Schichten der Bedeutung

4.1 Begrifflicher Kern

Die Wortbedeutung enthält einen begrifflichen Kern. Dieser besteht bei dem Wort *Stuhl* aus ‚Sitzmöbel mit vier Beinen und mehr oder weniger gerader Rückenlehne, auf dem eine Person Platz findet'. Zum begrifflichen Kern kommen gegebenenfalls weitere Bedeutungsschichten.

4.2 Nebenvorstellung

Wenn wir das Wort *Hund* hören, so haben wir außer der begrifflichen Vorstellung ‚kleines bis mittelgroßes Haustier, das einen gut ausgebildeten Gehörs- und Geruchssinn besitzt' vielleicht auch noch die Vorstellung eines treuen Gefährten, eines guten Spielkameraden usw. Diese Nebenvorstellungen können jedoch von Mensch zu Mensch verschieden sein und davon abhängen, welche Erlebnisse man mit einem Hund gehabt hat. So sind für viele Menschen Hunde sicher lästige Kläffer, die ihren Dreck an jeder Straßenecke hinterlassen usw. Manche der Nebenvorstellungen kommen direkt durch die Bedeutung bestimmter Wörter zum Ausdruck, z.B. *Köter, Töle* als negative Wörter für ‚Hund' (nach [17] 28; vgl. auch [197] 108 f.; [55] 22).

4.3 Begleitgefühl

Noch individueller ist das, was man bei der Beschreibung der Schichten der Bedeutung Begleitgefühl oder Gefühlswert (Stimmungsgehalt) nennt. Z.B. hat der eine Sprecher bei dem Wort *Meer* das Gefühl des Sonnigen, Freundlichen, Ruhigen, ein anderer Sprecher aber das Gefühl des Gefährlichen, Unberechenbaren. Doch sind Nebenvorstellung und Begleitgefühl nicht streng voneinander zu trennen.

Was das Textbeispiel *Schlange* betrifft, so werden wohl die meisten Menschen bei uns, wie in unserem Text berichtet, den begrifflichen Kern ‚Kriechtier ohne Gliedmaßen mit langer, vorne gespaltener Zunge, das sich in Windungen gleitend fortbewegt' mit dem Gefühl der Angst verbinden; denn obwohl in unseren Breiten kaum Giftschlangen auftreten, haben die Menschen eine rational kaum begründbare Furcht vor einem Schlangenbiß.

Auf der anderen Seite kann der Gefühlswert in Wörtern wie *Stuhl, Tisch, gehen* usw. – sofern überhaupt ein Begleitgefühl vorhanden ist – sehr gering sein.

Wir müssen also unterscheiden zwischen
a) dem begrifflichen Kern,
b) der Nebenvorstellung, dem Nebensinn
c) und dem Begleitgefühl.
a) bezeichnet man als Denotation und b) und c) sind die konnotativen Elemente innerhalb des Bedeutungsgefüges (Konnotation) (nach [187] 528 f.).

Die Mehrdeutigkeit des Wortes   255

5 Die Mehrdeutigkeit des Wortes (Polysemie)

Viele Wörter haben nicht nur eine Bedeutung. Z.B. bezeichnet
Horn
a) den Auswuchs am Kopf eines Tieres
b) ein Blasinstrument
c) eine Bergform *(Nebelhorn)*
d) eine Beule am Kopf
e) und die Verkleinerung *Hörnchen* ein Gebäck.

Man ermittelt den Bedeutungsumfang eines Wortes aus den Einzelbedeutungen und nimmt dabei folgende Gliederung vor: Alle zu
einem bestimmten Zeitpunkt vorhandenen gültigen Bedeutungen
nennt man die lexikalische Bedeutung, das ist der begriffliche Gehalt, den das Wort außerhalb des Satz- oder Textzusammenhangs
hat. Jedoch ist die lexikalische Bedeutung nicht einfach die Summe
der Einzelbedeutungen. Oft kann man eine Bedeutungsrichtung
als Hauptbedeutung festmachen, zu der die übrigen Einzelbedeutungen in Beziehung stehen (nach [205] 24 ff.).

Wenn ein Wort wie *Fuchs* außerhalb des Satz-, Textzusammenhangs genannt wird, so denkt der Hörer wohl zunächst an das
Raubtier, erst in zweiter Linie vielleicht an ein Pferd oder an einen
rothaarigen oder listigen Menschen. Die zuletzt genannten Bedeutungen (‚Pferd mit rotbraunem Fell‘, ‚rothaariger Mensch‘, ‚durch-
triebener Mensch‘) sind die Nebenbedeutungen.

Im Satz-, Textzusammenhang ist von den möglichen Bedeu-
tungsvarianten immer nur eine vorhanden. Das ist die jeweils aktuelle Bedeutung, das, was im Satz-, Textzusammenhang gemeint
ist, z.B. *Was für ein Fuchs, dieser Escherich! Wie er das wohl erreicht haben mochte?* (Hans Fallada) (vgl. [186] 43)

Betrachten wir die Bedeutungen des Textbeispiels Z. 16 *Maus!*
Es bedeutet:

a) ‚kleines Nagetier‘   Hauptbedeutung ⎫
b) familiär: ‚liebes Mädchen‘, ‚Liebste‘ ⎫   ⎪ lexi-
c) umgangssprachlich: ‚Handballen   Nebenbedeu-   ⎪ kali-
   unterhalb des Daumens‘   tungen   ⎬ sche
d) Medizin: ‚freier Gelenkkörper   ⎪ Bein einem Gelenk‘   ⎪ deu-
e) salopp: Pl. *Mäuse* ‚Geld‘   ⎭ tung

Da im Text die Hauptbedeutung ‚kleines Nagetier‘ vorliegt, ist
sie zugleich auch die aktuelle Bedeutung.

Wir müssen also unterscheiden zwischen

a) lexikalischer Bedeutung: dem gesamten begrifflichen Gehalt eines Wortes,
b) Hauptbedeutung: der wichtigsten Einzelbedeutung,
c) Nebenbedeutung: den übrigen Einzelbedeutungen,
d) aktueller Bedeutung: der Einzelbedeutung, die im Satz-, Textzusammenhang realisiert wird.

Neue Bedeutungen entstehen häufig durch die Entwicklung übertragener oder uneigentlicher Bedeutungen gegenüber der eigentlichen (wörtlichen, direkten); z.B. war die Bedeutung von *anspornen* ursprünglich ,mit den Sporen antreiben'. Eine ursprünglich übertragene Bedeutungsvariante, ,anfeuern, antreiben', hat sich zur Hauptbedeutung entwickelt. Eine ähnliche Bedeutungsentwicklung hat das Wort Z. 21 *dringen* durchgemacht. Ursprünglich bedeutete es ,stoßen, drängen'; heute ist die Hauptbedeutung ,(durch etwas) an eine bestimmte Stelle gelangen' (nach [187] 529; vgl. auch [186] 27 ff.).

6 Homonymie

Wann sprechen wir von gleichlautenden Wörtern mit unterschiedlicher Bedeutung?

a) Sobald der Bedeutungszusammenhang zwischen zwei Bedeutungen eines Wortes für den Durchschnittssprecher nicht mehr gegeben ist, betrachtet man die verschiedenen Bedeutungen als zu verschiedenen Wörtern zugehörig. Die lautliche Übereinstimmung hält man für zufällig. Man nennt solche Wörter Homonyme. Auf die eben beschriebene Weise ist z.B. die Homonymie von *Schloß* zustande gekommen. Zugrunde liegt die Bedeutung ,Vorrichtung zum Verschließen'. Die Bezeichnung *sloz* wurde im 13. Jh. auch für einen befestigten Platz, eine Burg usw., verwendet, und zwar wurde *sloz* zunächst für das Verschließen militärisch wichtiger Plätze gebraucht und dann auch für das Gebäude, das verschlossen wurde, in unserem Fall ein burgähnliches Gebäude. Bei der Bedeutungsvariante ,burgähnliches Gebäude' verblaßte die Grundbedeutung ,Vorrichtung zum Verschließen' immer mehr, bis sie schließlich ganz aus dem Sprachbewußtsein geschwunden war. Doch hatte die Lautform *Schloß* nach wie vor die Bedeutung ,Schließvorrichtung'. Es entstanden zwei gleichlautende Wörter mit unterschiedlichen Bedeutungen, deren Zusammenhang uns heute nicht mehr klar ist.

b) Homonyme kommen aber auch dadurch zustande, daß durch Lautentwicklung zwei ursprünglich verschiedene Wörter lautlich gleich werden. So fiel die Fortsetzung von ahd. *būari*, mhd. *būwære* ‚Bauer‘, mit der Fortsetzung von mhd. *būr* ‚Aufenthalt, Käfig der Vögel‘ in *Bauer* zusammen.

c) Ferner ergeben sich durch Entlehnungen Homonyme; z.B. wurde das aus dem Französischen im 17. Jh. entlehnte *bal* ‚Tanzfest‘ mit *Ball* ‚kugelrunder Körper‘ identisch.

Bei der Entstehung von Homonymen aus einem Wort, wie im ersten Fall, fällt oft die Entscheidung schwer, ob es sich noch um ein Wort (und damit um Polysemie) handelt oder ob schon zwei Wörter (Homonyme) vorliegen, z.B. bei *Presse* ‚Maschine zum Pressen‘ und *Presse* ‚Druckerzeugnisse, besonders Zeitungen‘. Da Homonyme im tatsächlichen Sprachgebrauch nicht isoliert auftreten, kann aufgrund des Kontextes die jeweilige Bedeutung erschlossen werden (nach [187] 529 f.; vgl. auch [195] 15 f.; [28] §962 ff.).

7 Arten des Bedeutungswandels

Beim Bedeutungswandel lassen sich verschiedene Vorgänge feststellen:

a) Bedeutungserweiterung
Ahd. *fartīg* bedeutete· ursprünglich ‚bereit zum Aufbruch‘ (Ableitung von *fart* ‚Fahrt‘), dann aber ‚bereit‘ (*dienstfertig, friedfertig* usw.).

b) Bedeutungsverengung
Nhd. *fahren* ‚ein Fahrzeug benutzen‘ hat gegenüber mhd. *varn* ‚sich von einem Ort zum anderen bewegen‘ eine engere Bedeutung.

c) Bedeutungsverschlechterung
Knecht gebrauchte man in älterer Zeit als Bezeichnung für Personen in verschiedenen Dienstverhältnissen, wie *Edelknecht* ‚Knappe‘, *Weinknecht* ‚ein städtischer Angestellter, der die Steuern von Wein zapfenden Bürgern eintrieb‘. Später wurde *Knecht* zu einer Bezeichnung für eine Person in einer niedrigeren Stellung, schließlich nur noch für Landarbeiter verwendet; ähnlich ist der Bedeutungswandel von *Magd,* ursprünglich ‚Jungfrau, Mädchen‘ (vgl. *Marie, die reine Magd* von der Gottesmutter in einem Kirchenlied) zu ‚Landarbeiterin‘ verlaufen.

d) Bedeutungsverbesserung
Das ursprünglich für den Scharfrichter, Abdecker, Schinder gebrauchte Wort *Racker* wird heute im positiven Sinn für Kinder verwendet, die alle möglichen Streiche aushecken.

258 Semantik

e) Bedeutungsübertragung (Metapher)

Eine Bedeutungsübertragung liegt vor, wenn z.B. das Wort *Strom*, das eigentlich ‚Wasserlauf' bedeutet, auch für Elektrizität verwendet wird. Die Bedeutungsübertragung geht dabei außerhalb des Begriffsinhalts der ersetzten Bezeichnung vor sich, und zwar mittels eines frei assoziierbaren Bedeutungsmerkmals, des *tertium comparationis*. Dieses ist hier die fließende Bewegung, von der man meint, daß sie die Elektrizität und ein Fluß gemeinsam haben (siehe auch V₁₁I 1.2) (nach [200] 466; vgl. ferner [209b] 285 ff.; [28] § 975 ff.).

f) Bedeutungsverhüllung (Euphemismus)

Mit Bedeutungsverhüllung oder Euphemismus bezeichnet man eine beschönigende Umschreibung z.B. für ein anstößiges Wort oder eine unangenehme, furchterweckende Vorstellung, wie *Stuhl* für *Kot*, *in anderen Umständen sein* für *schwanger sein, hingehen* für *sterben* (vgl. [28] § 981).

g) Volksetymologie

Wenn ein unbekanntes (Fremd-)Wort nach dem Vorbild eines ähnlich klingenden vertrauten Wortes mit ähnlicher Bedeutung umgedeutet wird, liegt eine Volksetymologie vor. Z.B. gilt der Maulwurf als ein Tier, das mit dem Maul Erde aufwirft. Doch hat der Wortbestandteil *Maul-* zwei volksetymologische Umdeutungen erfahren. Das erste Element von ahd. *mūwerf* gehört zu ae. *mūha, mūwa* (engl. *mow*) ‚Haufen'. Die ursprüngliche Bedeutung von *Maulwurf* war also ‚Haufenwerfer'. Das bereits in spätalthochdeutscher Zeit nicht mehr verstandene *mū-* wurde nun mit ahd. *molta*, mhd. *molte* ‚Erde, Staub' in Verbindung gebracht. Spätahd. *moltwerf* wiederum wurde dann in seinem ersten Bestandteil an *mūl* ‚Maul' angeglichen (nach [18] 579; [28] § 982).

8 Synonymie und Verwandtes

Das Oppositum zu Homonym ist Synonym. Wörter mit verschiedener Lautgestalt haben (in etwa) die gleiche Bedeutung.

a) Begriffliche Synonyme

Wenn wir die Synonyme *Buch, Band, Foliant, Werk* miteinander vergleichen, so bezeichnen diese alle den Begriff „Buch". Die Gleichheit der Bedeutung bezieht sich aber nur auf den gemeinsamen begrifflichen Kern der Bedeutung, nicht auf den Gesamtumfang der Bedeutung. So ist *Band* ein Buch aus einer Einheit von mehreren Büchern, einem mehrbändigen Werk oder überhaupt

Teil eines größeren Druckwerks. Die Motivation für die Bezeichnung *Band* geht von dem Einband des Buches (*Band* zu *binden*) aus. *Foliant* bezeichnet ein unhandliches altes Buch im Format eines Bogens. Den Ausdruck *Werk* verwendet man, wenn man von anerkannten Autoren spricht. Da hier eine begriffliche Differenzierung vorliegt, nennt man solche Synonyme begriffliche Synonyme.

Textbeispiele für begriffliche Synonyme stellen die Schlangenbezeichnungen dar. Nattern sind eine Schlangenart, deren Kopf deutlich vom Hals abgesetzt ist. Daneben wird *Reptil*, das den Oberbegriff für alle Kriechtierarten bezeichnet, zur Bezeichnung des Begriffs ,,Schlange'' verwendet.

Auch Z. 18 *Zoo* und Z. 21 *Tiergarten* gelten heute als begriffliche Synonyme. Unter *Zoo* versteht man ein großes, meist parkähnliches Gelände, in dem viele, besonders tropische Tierarten gehalten und öffentlich gezeigt werden. Dagegen ist der Tiergarten zumeist ein kleinerer Zoo.

b) Stilistische Synonyme

Durch stilistische Synonyme wird eine besondere stilistische Färbung hervorgerufen, z. B.

Haupt	*Kopf*	*Schädel*
gehoben	stilistisch neutral	derb, daneben als medizinischer Fachausdruck
oder		
Buch	*Schmöker*	*Wälzer*
neutral	salopp	salopp

Schmöker und *Wälzer* sind daneben begriffliche Synonyme. So bezeichnet *Schmöker* ein wertloses Buch und *Wälzer* ein besonders dickes Buch (nach [187] 541).

c) Das Problem der Bedeutungsgleichheit

Gibt es vollständige Bedeutungsgleichheit? Vollständige Synonyme sind Wörter nicht nur mit gleichem begrifflichen Kern, auch die Nebenvorstellungen und der Gefühlswert stimmen überein. Als Beispiel führt man die konkurrierenden medizinischen Fachausdrücke *caecitis* und *typhlitis* für ,Blinddarmentzündung' an (nach [204] 124). Solche Fälle findet man bei Fremdwörtern in Fachsprachen. Doch sonst gilt im allgemeinen, daß reine Synonyme nicht existieren. Es gibt zwar Wörter, die den gleichen Begriff bezeichnen, aber einen verschiedenen Gefühlswert oder eine verschiedene Nebenvorstellung vermitteln (vgl. [185] 23; [208b] 101 f.; [28] § 984).

d) Territoriale Dubletten

Von den Synonymen unterscheidet man die territorialen Dubletten; diese haben zwar denselben begrifflichen Kern, sie kommen aber nicht nebeneinander in der Standardsprache (Hochsprache) vor, z.B. *Schlachter – Metzger* als Dubletten zu *Fleischer* (nach [204] 125).

9 Onomasiologische und semasiologische Betrachtungsweise

Ebenso wie die Frage „*Was bedeutet ein Wort?*" ist die Frage möglich „*Mit welchem Wort (oder mit welchen Wörtern) wird ein bestimmter außersprachlicher Sachverhalt bezeichnet?*" Z.B. „*Mit welchem Wort bezeichnet man die menschliche Fortbewegung?*" Antwort: „*Mit gehen.*" Eine solche Betrachtungsweise ist die onomasiologische Betrachtungsweise. Gefragt wird nach dem ‚Namen' (griech. *ŏnoma*), genauer: nach dem sprachlichen Ausdruck (nach [187] 531; [202] 1).

Die Onomasiologie nimmt also außersprachliche Sachverhalte, Vorstellungen und Inhalte zum Ausgangspunkt und fragt nach ihren Bezeichnungen; so kann z.B. ein Gegenstand vorgezeigt und dann nach seiner Bezeichnung gefragt werden. Ein ähnliches Verfahren wird in den onomasiologischen Wörterbüchern angewendet. Zwei Typen sind zu unterscheiden, das Bildwörterbuch und das Begriffswörterbuch.

Das Duden-Bildwörterbuch [206] bringt z.B. unter den Oberbegriffen „Dach", „Holzverbände" eine bildliche Darstellung eines Satteldachs, der das Wort *Satteldach* zugeordnet ist:

1 das Satteldach
2 der First (Dachfirst)
3 der Ortgang
4 die Traufe (der Dachfuß)
5 der Giebel
6 die Dachgaube (Dachgaupe)

Im Begriffswörterbuch stehen die für eine begriffliche Vorstellung verwendbaren Wörter paradigmatisch zueinander, z.B. im Wehrle-Eggers „Deutscher Wortschatz" 1967 [210]. Der Begriff „Stolz" wird wiedergegeben durch

Onomasiologische und semasiologische Betrachtungsweise 261

a) Stolz. Selbstbewußtsein. Selbstgefühl. Wertbewußtsein. Selbstachtung ·
Selbstsicherheit. Selbstgewißheit. Ruhe. Würde · Ehrgefühl. Ehrliebe · Zu-
rückhaltung. verschämte, verschwiegene Armut
Hochnäsigkeit. Selbstzufriedenheit. Geltungsbedürfnis 880 · Ehrsucht. Ehr-
geiz. Ruhmsucht
Bürger-, Männer-, Mannesstolz. Standesstolz. Berufsethos. Handwerker-,
Gelehrtenstolz. Geschlechter-, Adelsstolz. Sippen-, Familienstolz · Klassen-,
Kasten-, Zunftgeist. Standesdünkel. Herablassung

b) geruhen. sich herbeilassen. sich herablassen. sich aufs hohe Pferd setzen.
den Nacken steif halten. den Kopf in den Nacken werfen. *die Nase hoch
tragen. sich ein Ansehen geben. prunken 882 · auftreten. sich fühlen. von
sich überzeugt sein. sich etwas zugute halten. stolzieren 880 · herabsehen.
herabschauen auf. sich selbst überschätzen. sich überheben. sich etwas einbilden

c) stolz. selbstsicher. selbstbewußt. hochgemut · anspruchsvoll. anmaßend
885. hochmütig. hochnäsig. hochfahrend. hochfliegend. herrisch. gebiete-
risch · ahnenstolz. geheimrätlich. überlegen. zugeknöpft. unzugänglich.
steif. gezwungen · von oben herab. vom hohen Roß. verächtlich. höhnisch
856

d) Nur die Lumpe sind bescheiden, Brave freuen sich der Tat *(Goethe)*. Lieber
der Erste im Dorf als der Zweite bei Hof.

Es werden also verschiedene Wortarten zur Darstellung des Begriffs „Stolz" herangezogen (Weiteres VI 10).

Dagegen werden in einem Synonymwörterbuch nur Wörter mit
der gleichen Wortart wie das zu umschreibende Wort angegeben,
z.B. *ärgerlich : verärgert, verbittert.*

Die der onomasiologischen Betrachtungsweise entgegengesetzte
Betrachtungsrichtung ist die semasiologische. Die Semasiologie
geht von der Ausdrucksseite des sprachlichen Zeichens aus und
fragt nach ihrer Bedeutung und ihrer Bezeichnungsfunktion in Bezug auf begriffliche Vorstellungen. In dieser Weise gehen die se-
masiologischen Wörterbücher vor. Den Ausdrücken werden ihre
Bedeutungen zugeordnet. Die Stichwörter sind nach dem Alpha-
bet angeordnet, z.B. Duden: Das große Wörterbuch [113]:

> *erklimmen* <st. V.: hat> (geh.): *mühsam auf etw. hinaufklet-
> tern; mit Anstrengung ersteigen;* einen Berg e.: Ü den höch-
> sten Posten e.

An dem Ersatz von *erklimmen* durch *hinaufklettern* und *ersteigen*
zeigt sich die paradigmatische Beziehung. In den Fügungen *einen
Berg erklimmen, den höchsten Posten erklimmen* kommt die syntagmatische Beziehung zum Ausdruck (nach [111] 58, 112 ff.;
vgl. auch [28] § 968 ff.).

Als Beispiel für die semasiologische und onomasiologische Betrachtungsweise gilt:

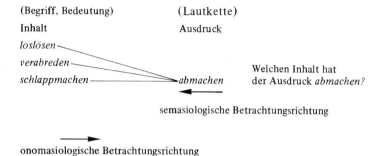

10 Die Gliederung des Wortschatzes nach Sachgruppen

Das onomasiologische Verfahren wendet man auch an, wenn man den gesamten Wortschatz einer Sprache nach Sachgruppen anordnen will. Zusammengehörige Inhalte werden in einen größeren Zusammenhang gebracht und die entsprechenden sprachlichen Ausdrücke zugeordnet. Allen Gegenständen, Sachverhalten, Vorstellungen usw. in der Welt sollen also die jeweiligen in einer Sprache vorhandenen Ausdrücke gegenübergestellt werden. Eine solche Gliederung hat F. Dornseiff in seinem Buch ,,Der deutsche Wortschatz nach Sachgruppen" 1959 [189] versucht. Er kommt zu 20 Sachgruppen, von denen jede aus nicht weiter unterteilten Untergruppen besteht:

1) Anorganische Welt · Stoffe
2) Pflanze · Tier · Mensch (Körperliches)
3) Raum · Lage · Form
4) Größe · Menge · Zahl · Grad
5) Wesen · Beziehung · Geschehnis

Die Gliederung des Wortschatzes   263

6) Zeit
7) Sichtbarkeit · Licht · Farbe · Schall · Temperatur · Gewicht · Aggregatzustände · Geruch · Geschmack
8) Ortsveränderung
9) Wollen und Handeln
10) Sinnesempfindungen
11) Fühlen · Affekte · Charaktereigenschaften
12) Das Denken
13) Zeichen · Mitteilung · Sprache
14) Schrifttum · Wissenschaft
15) Kunst
16) Gesellschaft und Gemeinschaft
17) Geräte · Technik
18) Wirtschaft
19) Recht · Ethik
20) Religion · Das Übersinnliche

Dagegen hat das gleichfalls nach dem onomasiologischen Prinzip aufgebaute Begriffswörterbuch von Wehrle/Eggers [210] die Gliederungspunkte ‚Begriffliche Beziehungen‘, ‚Raum‘, ‚Stoff‘, ‚Geistesleben‘, ‚Gebiet des Wollens‘, ‚Gefühlsleben‘. Diese Hauptgruppen sind in Untergruppen, die wiederum aufgegliedert werden, unterteilt. Aufgrund der größeren Anzahl der Hauptgruppen und der geringeren Schichtung der Untergruppen ist die Einordnung eines Wortes bei Dornseiff leichter nachzuvollziehen, weshalb wir im folgenden ein Beispiel aus seinem Wörterbuch betrachten wollen.

Wenn wir den Ausdruck *Leiter,* bei dem Homonymie vorliegt, in Dornseiffs Buch suchen, so können wir anhand des Index feststellen, daß diese Lautung unter ganz verschiedenen Sachgruppen erscheint: In der Bedeutung ‚jemand, der etwas leitet‘ ist *Leiter* angeführt unter der Sachgruppe 3. Raum · Lage · Form: Unterbegriff „Ordnung“, unter 12. Das Denken: Unterbegriff „Lehren“, unter 16. Gesellschaft und Gemeinschaft: Unterbegriff „Berufe“, Unterbegriff „Führung“ usw., unter 20. Religion · Das Übersinnliche: Unterbegriff „Priester“; die Bedeutung „Gerät mit Sprossen“, wie sie in unserem Text (Z. 24) auftritt, begegnet unter Sachgruppe 8. Ortsveränderung: Unterbegriff „Lenken, Weg, Richtung“, Unterbegriff „Hinauf“, unter 9. Wollen und Handeln: Unterbegriff „Mittel“ und unter 16. Gesellschaft und Gemeinschaft: Unterbegriff „Sport“. Innerhalb der einzelnen Untergruppen steht *Leiter* neben bedeutungsverwandten Wörtern auch anderer Wortarten als Substantiven, z.B. im Sinne von „Gerät“ in der Untergruppe „Hinauf“ neben *auf, sich aufschwingen, steil, Tritt, Stiege, Stufe* usw.

Wie das Beispiel *Leiter* zeigt, fällt es schwer, allgemeingültige Kriterien anzugeben, nach denen die Einordnung eines Wortes in Bedeutungsgruppen vorzunehmen ist. So finden sich in der Bedeutungsgruppe „Hinauf" z.B. auch Substantive wie *Lerche, Empore.* Die Zuordnung scheint hier aufgrund willkürlicher Assoziationen erfolgt zu sein. Besonders schwierig wird es im nichtgegenständlichen Bereich. Doch ist überhaupt fraglich, ob eine verbindliche Gliederung sämtlicher Inhalte, die uns in unserer Welt begegnen, möglich ist. Von diesen Schwierigkeiten abgesehen, liefert uns Dornseiffs Buch mit der Erfassung nicht nur hochsprachlicher, sondern auch dialektaler, umgangssprachlicher oder sondersprachlicher Bezeichnungen einen guten Überblick über den Ausdrucksreichtum unserer Sprache (nach [187] 546 f.).

VII PRAGMATIK

1 Deixis

Von den drei Beziehungen, die das sprachliche Zeichen eingehen kann, der syntaktischen, semantischen und pragmatischen, bleibt uns noch die letzte Beziehung zu besprechen. Für die Beziehung der sprachlichen Zeichen zu ihren Benutzern hat Charles W. Morris [136a] 108 in den 30er Jahren dieses Jahrhunderts den Terminus „pragmatical" („pragmatisch") eingeführt. Die Forschungsrichtung, die diese Fragestellung zum Gegenstand ihrer Forschungen machte, ein Teilbereich der Semiotik, wurde als Pragmatik bezeichnet. Auch wenn bei der Pragmatik heute verschiedene Ausrichtungen feststellbar sind, beschäftigen sich „alle pragmatischen Untersuchungen irgendwie mit den Beziehungen zwischen ... sprachlichen Ausdrükken und ihren Verwendungssituationen, oder noch allgemeiner: mit Sprache in Kontexten" ([232] 139).

In diesem Zusammenhang wurden bei den sprachlichen Zeichen zwei Klassen von Wörtern unterschieden. Um das zu verdeutlichen, setzen wir einen Satz unseres Textes in die umgangssprachliche direkte Rede um und konstruieren folgende Situation: Die durch die Schlange erschreckte Mieterin trifft ihre Nachbarin an der Stelle, an der ihr der Rentner mit der Schlange begegnet war. Der Rentner zieht sich gerade in seine Wohnung zurück. Sie deutet auf ihn und sagt: „*Stell' dir vor, den hab' ich da getroffen, und da auf einmal ...*"

Mit den im Kontext genannten Substantiven wie *Schlange* und *Mieterin* verweist der Sprecher auf außersprachliche Gegebenheiten. Dagegen ist die semantische Funktion von *dir, den, ich, da* nur zu begreifen, wenn für Sprecher und Hörer das, worauf sich diese Wörter beziehen, innerhalb ihres Wahrnehmungsraums identifizierbar ist. So verweist der Sprecher mit dem Pron. *du* auf den Angesprochenen und mit dem Pron. *ich* auf sich selbst in derselben Sprechsituation. Mit *da* wird auf einen Ort und auf eine Zeit verwiesen, die der Hörer von der Sprechsituation ausgehend identifizieren kann. Die Verwendung einer Hinweisgeste im Zusammenhang mit dem Demonstrativpron. *den* ist nur möglich, wenn Hörer und Sprecher sich am gleichen Ort befinden. Die hier auftretenden Zeigewörter unterscheidet man nach der Art der Deixis (griech. ‚Zeigen'): Personale Deixis bezieht sich auf die Teilnehmer an der Kommunikation, nämlich auf Sprecher und Hörer. Sie kommt durch die Personalpronomina der 1. und 2. Person zum Ausdruck. Dagegen erstreckt sich die lokale Deixis auf den Ort des Sprechers, auch in Hinblick auf die Gegenstände und Sachverhalte über die gesprochen wird; man verwendet Wörter wie *hier, dort, dieses, jenes* oder *der* wie im Beispielsatz; und temporale Deixis bezieht sich auf den Zeitpunkt der Äußerung. Die Zeigewörter gehören zu den von der jeweiligen Sprechsituation abhängigen Referenzmitteln (zur Verweisfunktion in geschriebenen Texten siehe VIII 1.3) (nach [233] 24 ff.; [234] 186; [235] 94 ff.; [224] 407 f., 414; [236] 110 f.; [131] 37 f.). Weitere Beispiele für sprachliche Erscheinungen, die in Bezug auf die Sprechsituation erfaßt werden können, sind z.B. die schon genannten Ellipsen und Anakoluthe (V 5.4).

2 Zum Ursprung der Sprechakttheorie

In der gegenwärtigen sprachwissenschaftlich ausgerichteten Pragmatik, die sich von dem Morrisschen Ansatz unterscheidet, wird Sprechen als eine regelgeleitete Form menschlichen Handelns aufgefaßt. Ansätze zu einer solchen Betrachtungsweise finden sich bereits bei dem griechischen Philosophen Platon; doch hat diese Sehweise erst durch die in den sechziger Jahren dieses Jahrhunderts entwickelte Sprechakttheorie für die Sprachwissenschaft an Bedeutung gewonnen. Die Sprachwissenschaftler haben die Sprache vor dieser Zeit zumeist unabhängig von den psychischen und sozialen Gegebenheiten des Sprechers untersucht; so blieben die Zwecke, die ein Sprecher beim Sprechen verfolgt, oder die sozialen Verhältnisse von Sprecher und Hörer, die sich im Sprechen niederschlagen, unberücksichtigt. Die Erforschung der von den sozialen Umständen abhängigen Sprachverwendung, wie z.B. der unter V 5 genannten Sprachformen Soziolekt, Dialekt, Standardsprache, ist heute Aufgabe der Soziolinguistik, auf die wir hier nicht weiter eingehen wollen (dazu [226] 175 ff.; [230] 347 ff.; vgl. auch [109] 60 ff.).

Die Intentionen des Sprechers beim Sprechen aber sind Gegenstand der Sprechakttheorie. Die Sprechakttheorie hat ihren Ursprung in der Sprachphilosophie, und zwar in der „ordinary language philosophy", der Philosophie der normalen Sprache. Dieser Zweig der Sprachphilosophie stellte sich gegen eine Forschungsrichtung der neueren Philosophie, nach der natürliche Sprachen wegen ihrer spezifischen Unzulänglichkeiten für exakte Formulierungen ungeeignet seien. Man schuf daher künstliche Beschreibungssprachen. Diese seien den natürlichen Sprachen deswegen vor-

Zum Ursprung der Sprechakttheorie

zuzuziehen, weil sie keine Mehrdeutigkeiten wie die Alltagssprache zuließen, weil man gegenüber dem Vokabular der normalen Sprache einer Kunstsprache beliebig neue Vokabeln hinzufügen könne oder weil aufgrund von vorher festgelegten Sprachregeln entscheidbar sei, ob ein Satz einer solchen Sprache diese Regeln erfülle (nach [231] 414 ff.).

Die Vertreter der „ordinary language philosophy" sind demgegenüber der Auffassung, daß die normale Sprache ein leistungsfähiges, eigenen Gesetzmäßigkeiten gehorchendes Gebilde sei und daß aus der Erforschung der Sprache, wie sie von den Menschen als Kommunikationsmittel verwendet wird, neue Erkenntnisse gewonnen werden können (nach [222] 439 ff.). Weiterhin richtet sich die „ordinary language philosophy" gegen die Beurteilung von sprachlichen Äußerungen in der traditionellen Philosophie. Sprachliche Äußerungen haben hier nur die Funktion, einen Sachverhalt zu beschreiben oder eine Tatsache zu behaupten, und sind dann entweder wahr oder falsch. Diese Sicht resultierte aus einem bestimmten Erkenntnisziel: Die Verifizierung oder Falsifizierung von Aussagen über die Welt standen im Mittelpunkt des Interesses. Der Satz wurde so als Aussage, als sprachlicher Ausdruck eines logischen Urteils, das aus Argument (Subjekt) und Prädikat besteht, betrachtet. Wie wir gesehen haben, ist diese Untergliederung von den Grammatikern übernommen worden (I 3).

In seinem Buch „How to do things with Words" 1962 verhilft John L. Austin [213b] 28 f. der alten Auffassung vom Sprechen als einer Form des Handelns zu ihrem Recht. Er verweist auf Äußerungen, die zwar der Form nach Aussagesätze sind, die aber nichts beschreiben, berichten oder behaupten, sondern mit deren Aussprechen man gleichzeitig eine Handlung vollzieht: „*Ich taufe dieses Schiff auf den Namen ‚Queen Elizabeth'.*" als Äußerung, wenn die Flasche gegen den Schiffsrumpf geschleudert wird; „*Ich wette einen Fünfziger, daß es morgen regnet.*" Man hat also zwischen Satz und der in bestimmten Redesituationen auftretenden Äußerung (dem „situierten Satz") zu unterscheiden. Äußerungen, die den Vollzug einer Handlung darstellen und die weder wahr noch falsch sind, nennt Austin „performative Äußerungen" (engl. *to perform* ‚vollziehen'). Ihnen stellt er die „konstativen Äußerungen" gegenüber, mit denen man Feststellungen trifft und die je nachdem, ob sie den Tatsachen entsprechen, als wahr oder falsch beurteilt werden.

Während man bei konstativen Äußerungen nach dem Wahrheitswert der Aussage fragt, geht es bei den performativen Äußerungen um Glücken oder Nicht-Glücken. Z.B. kann der Sprechakt der Schiffstaufe nur gelingen, wenn es eine entsprechende Kon-

vention gibt. Weiterhin muß eine solche Konvention unter den
richtigen Umständen angewendet werden. Nicht jeder ist berechtigt, ein Schiff wie die „Queen Elizabeth" zu taufen. Sind diese
Bedingungen nicht gegeben, so gilt die mit der Äußerung beabsich-
tigte Handlung als nicht vollzogen. Anders verhält es sich z.B. bei
performativen Äußerungen wie *Ich verspreche zu kommen*. Wenn
ich nicht die Absicht zu kommen habe, gebe ich zwar ein Versprechen, aber meine Äußerung ist irreführend. Anhand solcher Fehler-
typen ermittelt Austin die Bedingungen, die für das Gelingen
sprachlicher Handlungen notwendig sind (vgl. [216] 287 f.).

3 Explizit und implizit performative Äußerungen

Betrachten wir die performativen Äußerungen etwas näher! Wir
übertragen folgenden Satz unseres Textes (Z. 16−18) in die direkte
Rede, wobei wir das Präsens verwenden:
(1) *Schließlich versprach der gebissene Schlangen-Bändiger, sich*
    von dem Spielzeug zu trennen. →
(2) *„Ich verspreche, mich von dem Spielzeug zu trennen."*

In (1) wird berichtet, was der Schlangen-Bändiger tut. Dagegen
kommt in (2) zum Ausdruck, welche Handlung mit der Äußerung
zugleich vollzogen wird. Das geschieht durch die Verwendung bestimmter Verben in der 1. Person Singular Indikativ Präsens Aktiv.
Verben wie *versprechen, fragen, begrüßen, befehlen, schwören* oder
die schon genannten Verben *taufen* und *wetten* sind nach Austin
performative Verben. Wie wir an unserem Beispiel gesehen haben,
können solche Verben unter bestimmten Bedingungen performativ
gebraucht werden; d.h., performativer Ausdruck und Sprechhandlung decken sich. Bemerkenswert ist, daß in einigen Sprachen bei
einem solchen Zusammenfall das Verb eine besondere grammatische
Form annimmt. So wird im Altgriechischen z.B. zur Wiedergabe
von *ich gebe zu (, daß ...)* nicht das Präsens, sondern eine andere
Form verwendet. In solchen Fällen spricht man von Koinzidenz
(‚Zusammenfall').

Gegenüber den performativen Verben bezeichnen Verben wie
laufen, wachsen, schlafen allein außersprachliche Tätigkeiten, Vorgänge, Zustände. Um performative Verben von anderen Verben
unterscheiden zu können, verwendet man einen einfachen Test.
Wenn das zu bestimmende Verb innerhalb eines Satzes mit *hier-*
mit verbunden werden kann, handelt es sich um ein performatives
Verb:
„Hiermit taufe ich dieses Schiff auf den Namen ‚Queen Elizabeth'."
Äußerungen, die performative Verben enthalten und damit die zu

vollziehende Handlung explizit zu erkennen geben, nennt Austin explizit performative Äußerungen.

Nun kann man ein Versprechen unter Umständen auch, ohne daß ein performatives Verb vorausgeht, abgeben: Für unser Textbeispiel ergibt sich so:

(3) *„Ich trenne mich von dem Spielzeug."*

Solche Äußerungen werden von Austin als implizit performative oder primär performative Äußerungen bezeichnet. Die Bezeichnung „primär performative Äußerungen" beruht auf der Auffassung, daß explizit performative Äußerungen wie *Ich verspreche, daß ...* innerhalb der Sprachentwicklung später entstandene Verständigungsmittel sind ([213b] 92). Welche Handlung mit den implizit (primär) performativen Äußerungen vollzogen wird, muß man aus der Sprechsituation erschließen (dazu VII 6).

4 Sprechakte

Nun weist Austin [213b] 102 ff. selbst nach, daß die Unterscheidung zwischen performativen und konstativen Äußerungen problematisch ist. Er deutet unter anderem darauf hin, daß ein Satz wie *„Ich trenne mich von dem Spielzeug."* nach dem entsprechenden tatsächlichen Sachverhalt beurteilt werden und somit wahr oder falsch sein kann (Weiteres [215] 175 ff.). Im folgenden gibt daher Austin die Ausgangsdichotomie performativ/konstativ auf und fragt, in wie verschiedener Weise wir etwas tun, indem wir etwas sagen. Wenn jemand sagt: *„Es ist eine giftige Schlange."*, so wird dieser Akt des Sagens als lokutionärer Akt bezeichnet. Hier geht es aber nicht nur darum, daß etwas gesagt wird, sondern mit der Äußerung ist ein bestimmter Zweck verbunden. In einer bestimmten Situation soll jemand vor der Schlange gewarnt werden. Die Handlung, die man vollzieht, indem man etwas sagt, bezeichnet Austin als illokutionären Akt. Bewirkt die Äußerung, daß der oder die Angesprochenen sich von der Schlange fernhalten, hat die Äußerung also eine Wirkung, so vollzieht man dadurch, daß man etwas sagt, den perlokutionären Akt ([213b] 116 ff.; [222] 128 ff.). (An dieser Stelle sei bemerkt, daß man sich schon seit langem mit den Wirkungen sprachlicher Äußerungen auf das Verhalten des Hörers beschäftigt. Es war und ist Aufgabe der Rhetorik, der Redekunst, solche Aspekte zu berücksichtigen, [100] 328). Zur Unterscheidung von illokutionärem und perlokutionärem Akt schlägt Austin [213b] 125 folgenden Test mit den Wörtern *indem* und *dadurch, daß* vor:

Indem ich das gesagt habe, habe ich ihn gewarnt.: Illokutionärer Akt.

Dadurch, daß ich das gesagt habe, habe ich ihn gewarnt.: Perlokutionärer Akt.

Lokutionärer, illokutionärer und perlokutionärer Akt werden nicht nacheinander vollzogen, sondern es sind verschiedene Aspekte einer komplexen Äußerungshandlung, eines Sprechakts.

Austins Unterscheidungen werden von seinem Schüler John R. Searle in seinem Buch „Speech Acts" 1969 in abgewandelter Form übernommen. Bei ihm sind es:

1. Äußerungsakt, das Äußern von Wörtern und Sätzen
2. Propositionaler Akt, das ist Referenz und Prädikation
3. Illokutionärer Akt, z.B. Fragen, Befehlen, Versprechen
4. Perlokutionärer Akt, eine Wirkung von 1–3, z.B. Überreden, Belehren, Erschrecken ([227b] 40 f.).

Der propositionale Akt entspricht zusammen mit dem Äußerungsakt Austins lokutionärem Akt. Der Terminus „Proposition" stammt dabei aus der Logik. Eine Proposition besteht nach Searle [227b] 39 aus einem Verweisen (Referieren) auf einen Gegenstand und einer Prädikation über ihn. Z.B. kann man sich auf einen gewissen Hans beziehen und eine Aussage über ihn, etwa über sein Verlassen des Raumes, machen. Vergleichbar ist die eben (VII 2) erwähnte, in der traditionellen Grammatik vorgenommene Zweiteilung des Satzes in Subjekt, Satzgegenstand, und Prädikat, Satzaussage: *Hans* (Referenz); *wird den Raum verlassen* (Prädikation). Mit dieser Proposition, die durch *daß Hans den Raum verlassen wird* wiedergegeben werden kann ([228b] 89), sind verschiedene illokutionäre Akte möglich, d.h., der propositionale Gehalt der Äußerung bleibt grundsätzlich gleich. Die Proposition bezieht sich also jeweils auf den gleichen Sachverhalt der Wirklichkeit, auch wenn die grammatische Form der Äußerung unterschiedlich ist. An dem folgenden Beispiel wird deutlich, daß vor allem durch die unterschiedliche Verbstellung die Verknüpfung von Proposition und Satzart erreicht wird (nach [38] 24):

1. *Hans wird den Raum verlassen.* (Feststellung): *Ich behaupte, daß Hans den Raum verlassen wird.*
2. *Wird Hans den Raum verlassen?* (Frage): *Ich frage, ob Hans den Raum verlassen wird.*
3. *Hans, verlaß den Raum!* (Befehl): *Ich befehle, daß Hans den Raum verläßt.*

Der propositionale Akt tritt nie allein auf: Äußerungsakt, propositionaler Akt und illokutionärer Akt sind beim Sprechen immer gleichzeitig gegeben.

Searle und andere nehmen noch weit mehr illokutionäre Akte an (vgl. etwa [238] 77 f.). Die Klassifikation dieser Akte ist aber nach wie vor unbefriedigend, da unklar ist, wie man die Kriterien zur Klassifizierung gewinnen soll (dazu [220] 44 ff.). Soll man zuerst die möglichen Sprechhandlungen ordnen und ihnen dann die sprechaktbezeichnenden Sprachmittel zuordnen oder soll man umgekehrt vorgehen? Weiterhin wären die sprachlichen Einheiten, die die Einzelsprachen für die Sprechaktklassifizierung einsetzen, systematisch zu untersuchen, was noch nicht hinreichend geschehen ist.

5 Illokutionäre Indikatoren

In der Nachfolge von Austin und Searle wurde die Sprechakttheorie zunehmend zu einer Illokutionstheorie. Es stellt sich die Frage, welche sprachlichen Elemente die illokutionäre Rolle einer Äußerung angeben. Das wollen wir uns an einem Beispiel vor Augen halten. Von unserem Text ausgehend, nehmen wir folgende Situation an: Nachdem der Rentner von der Schlange gebissen worden war, sagen Mitbewohner, die über die Vorfälle im Haus unterrichtet sind, zu ihm:

(1)   *Bringen Sie die Schlange in den Zoo!*
(2)   *Seien Sie so freundlich und bringen Sie die Schlange in den Zoo!*
(3a) *Bringen Sie doch die Schlange in den Zoo!*
(3b) *Bringen Sie mal die Schlange in den Zoo!*
(4)   *Ich fordere Sie auf/verlange, daß Sie die Schlange in den Zoo bringen.*
(5)   *Sie bringen die Schlange in den Zoo!*
(6)   *Sie bringen sofort/unverzüglich/auf der Stelle die Schlange in den Zoo!*
(7)   *He, Sie bringen die Schlange in den Zoo!*
(8)   *Sie bringen bitte die Schlange in den Zoo!*
(9)   *Sie bringen gefälligst die Schlange in den Zoo!*
(10) *Sie bringen garantiert die Schlange in den Zoo!*
(11) *Sie werden die Schlange in den Zoo bringen!*
(12a) *Sie müssen die Schlange in den Zoo bringen!*
(12b) *Sie sollen die Schlange in den Zoo bringen!*
(13) *Sie haben die Schlange in den Zoo zu bringen!*
(14a) *Sie möchten die Schlange in den Zoo bringen!*
(14b) *Sie wollen bitte die Schlange in den Zoo bringen!*
(15a) *Die Schlange muß in den Zoo gebracht werden!*
(15b) *Die Schlange ist in den Zoo zu bringen!*
(16a) *Die Schlange gehört in den Zoo gebracht!*

(16b) *Die Schlange gehört in den Zoo!*
(16c) *Die Schlange kommt in den Zoo!*
(17) *Bis heute abend ist die Schlange in den Zoo gebracht!*
(18a) *Wir wollen die Schlange in den Zoo bringen!*
(18b) *Wir bringen die Schlange in den Zoo, nicht wahr?*
(19) *In den Zoo mit der Schlange!*
(20) *Daß Sie ja die Schlange in den Zoo bringen!*

Es handelt sich um den Illokutionsakt der Aufforderung. Wir gehen nun auf die sprachlichen Mittel ein, die signalisieren, daß die gegebenen Sätze Aufforderungen sind. Dabei greifen wir auf das zurück, was wir in dem Kapitel SYNTAX kennengelernt haben, und binden so die Pragmatik an die Syntax an.

In (1)–(3b) wird die illokutionäre Rolle nur durch die grammatische Form der Äußerung zum Ausdruck gebracht. Der inhaltlichen Einheit Aufforderung entspricht die Satzart Aufforderungssatz. Das finite Verb steht hier wie zumeist in Aufforderungssätzen an der Satzspitze. Bei der hier vorliegenden Höflichkeitsform ist die Verbform mit der 3. Person Plural Konjunktiv 1 identisch.

In (2) kommt durch die grammatikalisierte Fügung *Seien Sie so freundlich* eine Bewertung der geforderten Handlung hinzu. Die Aufforderung ist mit einer zusätzlichen Motivierung des Hörers verknüpft: Dem Angesprochenen wird eine sozial anstrebenswerte Eigenschaft *(freundlich)* zugewiesen (nach [214] 249).

(3a) und (3b) weisen Abtönungspartikeln auf; *doch* und *mal* geben der Aufforderung eine gewisse Nachdrücklichkeit. Die Partikel *mal* wirkt salopp (vgl. [66b] 14).

In (4) begegnen performative Verben.

(5)–(18b) sind der Form nach Sätze mit Zweitstellung des finiten Verbs wie im Aussagesatz. Bei den als Aufforderungen gebrauchten Kernsätzen (I 2) ist aber gegenüber den Aussagesätzen ein steigender Tonverlauf zu beobachten. Der illokutionäre Indikator ist also in diesen Fällen ein suprasegmentales Merkmal, die Intonation (I 1). Außerdem werden solche Aufforderungssätze zumeist mit größerem Nachdruck als Aussagesätze gesprochen. Zur Unterscheidung von den Aussagesätzen verwendet man bei Kernsätzen in der Funktion von Aufforderungssätzen in der geschriebenen Sprache wie überhaupt bei den Aufforderungssätzen das Ausrufezeichen.

Bei (6)–(18b) treten zusätzliche Indikatoren auf. So kann man wie in (6) Wörter und Fügungen wie *sofort, unverzüglich, auf der Stelle* verwenden, um anzuzeigen, daß die Ausführung einer geforderten Handlung keinen Aufschub duldet.

Illokutionäre Indikatoren

Auch eine Interjektion, ein Satzäquivalent (I 22.1), ist wie in (7) als zusätzlicher illokutionärer Indikator einsetzbar (vgl. [237] 18 f.).

In (8) kommt ein weiteres Satzäquivalent, *bitte*, in auffordernder Funktion, vor.

gefälligst bedeutete ursprünglich ‚freundlicherweise, bitte‘. In (9) erhält dadurch die Aufforderung Nachdruck; *gefälligst* dient zusätzlich dem verstärkten Ausdruck des Unwillens. Die Verwendung von *gefälligst* gilt als umgangssprachlich.

In (10) steht *garantiert* im Sinne von ‚mit Sicherheit, bestimmt‘. Da *garantiert* so eine Sprecherstellungnahme ausdrückt, ist es Modalwort. Dieser Gebrauch ist ebenfalls umgangssprachlich.

(11)–(15b) haben gemeinsam, daß die zu der Intonation hinzukommenden illokutionären Indikatoren aus Hilfs-, Modal- oder Modalitätsverben bestehen. Bemerkenswert ist die Verwendung der *werden*-Fügung in (11). *werden* + Infinitiv dient unter anderem zur Bezeichnung eines zukünftigen Geschehens, das mit Sicherheit stattfinden wird. Wenn die *werden*-Fügung in Bezug auf eine 2. Person, den Angesprochenen, in dieser Weise gebraucht wird, kann sich wie in (11) eine Aufforderung ergeben. *werden* + Infinitiv hat hier also zum einen eine temporale Bedeutung; es bezeichnet ein noch nicht abgeschlossenes, noch nicht begonnenes Geschehen (I 18.1.4), zum anderen besitzt es das Bedeutungsmerkmal ‚Gewähr‘ (nach [86] 315 ff.).

In (12a) bedeutet *müssen* ‚einem von außen kommenden Zwang unterliegen‘.

Das Modalverb *sollen* (12b) drückt aus, daß der Angesprochene, der durch das grammatische Subjekt von *sollen* bezeichnet wird, beauftragt ist, die Aufforderung eines anderen auszuführen.

Gegenüber *müssen* und *sollen* wird das Modalitätsverb *haben* + Infinitiv mit *zu* (13) bei Aufforderungen verwendet, denen unbedingt Folge zu leisten ist.

möchte + Infinitiv gebraucht man in der höflichen Anrede (14a).

Noch höflicher klingt *wollen* + Infinitiv in Verbindung mit *bitte* (14b).

Ein ähnlicher Bedeutungsunterschied wie bei *müssen* + Infinitiv Aktiv und *haben* + Infinitiv mit *zu* begegnet bei den Passivsätzen in (15) mit *müssen* + Infinitiv Passiv (15a) und *sein* + Infinitiv mit *zu* (15b) (dazu I 17.3.1). Gegenüber *müssen* im Aktivsatz verleiht *müssen* im Passivsatz einer strikteren Forderung Ausdruck. Diese Wirkung beruht darauf, daß der Agens nicht genannt wird.

gehören + Partizip 2 des Vollverbs in (16a) ist ebenfalls eine Variante des Passivs. Diese Konstruktion bringt eine unbedingte Notwendigkeit zum Ausdruck. Sie findet sich vornehmlich in der Umgangssprache. In der Hochsprache verwendet man dafür das *werden*-Passiv in Verbindung mit dem Modalverb *müssen* (15a). Besteht das Prädikat nur aus dem Verb *gehören* (16b), so hat dieses die Bedeutung ,an einer bestimmten Stelle passend am Platze sein'. In ähnlicher Weise bedeutet *kommen* in (16c) ,seinen bestimmten Platz haben' (vgl. *Das Buch gehört/kommt ins Regal.*). Diese Verwendungsweisen von *gehören* und *kommen* können zum Ausdruck einer Aufforderung gebraucht werden.

Gleiches gilt für die Verbindung eines Zustandspassivs (I 20.1) mit einer Temporal-Angabe (17).

In (18a) und (18b) begegnen Adhortative. Der Adhortativ ist zumeist eine Aufforderung zu einer gemeinsamen Tat. Der Sprecher richtet eine Aufforderung an einen anderen oder an andere und schließt sich selbst mit ein (Adhortativus inclusivus), z.B. *Gehen wir! Wir gehen! Wir wollen gehen! Laßt uns gehen!* Doch wird der Adhortativ wie in unserem Fall auch gebraucht, wenn der Sprecher sich nicht einschließt (Adhortativus exclusivus; Pseudoadhortativ). Diese Gebrauchsweise verwendet z.B. ein Arzt, wenn er zu seinem Patienten sagt: *Nun gehen wir mal schön nach Hause und legen uns brav ins Bett!* ([85] 146 ff.). Bei dieser Art des Adhortativs scheint Spitzenstellung des Verbs nicht möglich zu sein.

Fügt man Äußerungen die bekräftigende Frageform *nicht wahr* hinzu, so bringen Sätze, die der Verbstellung nach von Fragesätzen *(Bringen wir die Schlange in den Zoo?)* abweichen, wie im Falle von (18b) eine als Aufforderung zu verstehende Frage zum Ausdruck.

(19) ist ein Satz ohne Prädikat. Um das Zustandekommen dieser Fügung verstehen zu können, ersetzen wir *in den Zoo* durch *weg* oder *fort* und *mit der Schlange* durch *Karl*. In einer Aufforderung wie *Weg/Fort mit Karl!* wird (werden) eigentlich eine Person (oder mehrere Personen) angeredet, die mit Karl weggehen soll(en), um ihn wegzuschaffen. In unserem heutigen Sprachgefühl herrscht aber nur noch die Vorstellung, daß Karl auf irgendeine Weise weggeschafft werden soll ([124] 433). Wenn wir also unseren Satz (19) ergänzen wollten, müßten wir wohl *gehen Sie* hinzufügen. *Gehen Sie in den Zoo mit der Schlange!*. Dadurch ergibt sich die gleiche Satzart wie in (1).

In (20) steht die Subjunktion *daß* an der Spitze einer Fügung, welche die Serialisierung eines Spannsatzes aufweist (I 2). Diese

Ausdrucksweise, die schon im Althochdeutschen bezeugt ist, ist dadurch entstanden, daß von einem gedachten Verb, hier des Aufforderns oder Wünschens, also einem performativen Verb, ein „Nebensatz" abhängig gemacht wurde. In unserem Beispiel kann wegen der Abtönungspartikel *ja* kein solches Verb ergänzt werden *(*Ich fordere Sie auf/wünsche, daß Sie ja die Schlange in den Zoo bringen.)*. Das zeigt, daß die mit *daß* eingeleiteten Aufforderungs- (Wunsch-)Sätze als selbständige sprachliche Einheiten betrachtet werden müssen.

An diesem Beispiel haben wir gesehen, daß zum einen die grammatische Form eines Satzes die Illokution realisieren kann. Eine solche Eins-zu-Eins-Entsprechung von inhaltlicher Einheit und grammatischer Form ist aber nur bei den Satzarten Aussagesatz, Aufforderungssatz und Fragesatz gegeben. Die oben angeführten Äußerungen lassen erkennen, daß in vielen Fällen andere sprachliche Mittel als illokutionäre Indikatoren des Sprechakts Aufforderung fungieren, nämlich performative Verben, Intonation, bestimmte Adverbialia und Satzäquivalente, weiterhin Abtönungspartikeln, Modalwörter, Modalverben, Modalitätsverben, Varianten des Passivs, Adhortativus exclusivus, verblose Sätze, mit *daß* eingeleitete Spannsätze. Von diesen Mitteln kommen explizit performative Verben in alltäglichen Gesprächen relativ selten vor (nach [235] 123 ff.; [237] 18 f.; [221] 183 ff.; [100] 458; [66b] 19; [18] 498; [35] 169).

6 Indirekte Sprechakte

In der in VII 5 geschilderten Situation sind aber auch folgende Äußerungen denkbar:

(1a) *Können Sie denn nicht die Schlange in den Zoo bringen?*
(1b) *Wollen Sie nicht die Schlange in den Zoo bringen?*
(1c) *Warum bringen Sie die Schlange nicht in den Zoo?*
(2)   *Es wundert mich, warum Sie die Schlange nicht in den Zoo bringen.*
(3)   *Sie können doch die Schlange in den Zoo bringen.*
(4)   *Die Schlange sollte in den Zoo gebracht werden.*
(5)   *Ich wäre Ihnen dankbar, wenn Sie die Schlange in den Zoo brächten.*
(6)   *Ich rate Ihnen, die Schlange in den Zoo zu bringen.*

Auch diese Äußerungen, die sich um ein Vielfaches vermehren ließen, können als Aufforderungen verstanden werden.

Betrachten wir zunächst die Sätze (1a)–(1c). Der Satzart nach handelt es sich um Fragesätze. (1a) und (1b) sind Entscheidungsfragen und (1c) ist eine Ergänzungsfrage. *nicht* wird in Entscheidungsfragen verwendet, die eine positive Antwort herausfordern. In (1a) wird durch die Abtönungspartikel *denn* die Anteilnahme des Sprechers ausgedrückt.

Die übrigen Sätze sind Aussagesätze. Von der Bedeutung her den Fragesätzen nahestehend ist Satz (2). *sich wundern* steht nämlich im Sinne von ‚sich verwundert oder zweifelnd fragen‘.

Das Modalverb *können* bedeutet in (3) wie in (1a), daß jemand die Gelegenheit hat, etwas zu bewirken (objektiver Gebrauch). Auf die verstärkende Funktion der Abtönungspartikel *doch* wurde bereits eingegangen (VII 5).

Durch *sollte* in (4) weist der Sprecher darauf hin, daß er das Ausgesagte als Empfehlung oder als Vorschlag betrachtet.

In (5) macht der Sprecher deutlich, welches Gefühl er dem Hörer entgegenbrächte, wenn er eine bestimmte Handlung ausführen würde.

Das letzte Beispiel schließlich weist ein performatives Verb, *raten*, auf. Es fragt sich aber, ob hier wirklich ein Ratschlag gegeben wird; eher wird eine Drohung ausgesprochen. Es handelt sich dann um eine Pervertierung der Sprechhandlung (nach [237] 40 ff.).

Bei den Äußerungen (1)–(6) besteht zwischen der Satzart, dem performativen Verb oder anderen illokutionären Indikatoren und der Kommunikationsabsicht eine Diskrepanz. In solchen Fällen spricht man von indirekten Sprechakten (vgl. [237] 32; [90] 224 ff.).

Warum verwenden wir nun Äußerungen, deren wörtliche Bedeutung eine andere ist, zum Beispiel als Aufforderungen? Eine Äußerung wie *Warum bringen Sie die Schlange nicht in den Zoo?* ist ja viel schwerer als Handlungsaufforderung zu verstehen. Wird die Äußerung falsch entschlüsselt, so kann als Antwort zum Beispiel gegeben werden: *Weil ich ein Schlangenliebhaber bin.*, und die Kommunikation ist mißlungen. Es ist klar, daß hier der Situationskontext die entscheidende Rolle für das Verständnis des Satzes spielt (vgl. [216] 290 f.).

Halten wir uns zunächst vor Augen, was es überhaupt bedeutet, jemanden zum Handeln aufzufordern. Unter psychologischem Aspekt haben Th. Herrmann/M. Laucht [219] 254 ff. einen Handlungsplan rekonstruiert, der unter anderem aus folgenden Komponenten besteht:

1. Der Sprecher will aus bestimmten Gründen, daß ein Handlungsergebnis eintritt.
2. Der Sprecher unterstellt dabei, daß das Handlungsergebnis nur
   dann eintreten wird, wenn der Hörer die Handlung ausführt.
3. Weiterhin muß der Sprecher annehmen können, daß der Hörer
   die Handlung überhaupt ausführen kann und daß er grundsätzlich willens ist, die geforderte Handlung auszuführen.
4. Zudem muß die Möglichkeit bestehen, daß der Hörer vom Sprecher zu einer Handlung verpflichtet werden kann.
5. Sind alle diese Bedingungen gegeben, so fordert der Sprecher
   den Hörer auf, die Handlung auszuführen.

Der Hörer entschlüsselt nun die Äußerung des Sprechers, wobei
er den Handlungsplan des Sprechers rekonstruiert. Je direkter die
Handlungsaufforderung zum Ausdruck kommt, um so leichter wird
zwar das Gemeinte verstanden, aber das Risiko der Nichtakzeptie-
rung steigt mit der Direktheit der Aufforderung. So kann eine
Äußerung wie *In den Zoo mit der Schlange!* auf emotionale Ablehnung stoßen und daher vielleicht nicht zu der gewünschten Reaktion führen.

Bei den indirekten Sprechakten wird dagegen z.B. auf Formen
der Höflichkeit Rücksicht genommen. Hinzu kommt unter anderem, daß indirekte Handlungsaufforderungen dem Partner einen
größeren Handlungsspielraum offenlassen. Der Hörer kann sich
den mit einem indirekten Aufforderungssprechakt verbundenen
Verpflichtungen leichter entziehen. Andererseits fällt es dem Sprecher leichter, die Ablehnung einer nur indirekt als Aufforderung
verstehbaren Forderung hinzunehmen. Indirekte Sprechakte scheinen deshalb unverbindlicher zu sein (nach [216] 291).

Es ist, wie wir gesehen haben, ein Forschungsziel der Pragmatik festzustellen, mit welchen sprachlichen Mitteln einer bestimmten Sprache welche illokutionären Akte in welchen Kontexten ausgeführt werden. Dagegen hat sich die herkömmliche, über die Wortsemantik hinausgehende Bedeutungslehre auf die Untersuchung
dessen, was in VII 4 als Proposition bezeichnet wurde, beschränkt
([229b] 152).

7 Konversationsmaximen

Um Sprechaktanalysen durchführen zu können, müssen Gespräche mit Tonband- oder Videogeräten aufgenommen und anschließend transkribiert werden. Hierbei werden initiative Sprechakte,
das sind solche wie Fragen, die eine Sequenz eröffnen, von reak-
tiven Sprechakten unterschieden. Reaktive Sprechakte schließen

entweder eine Sequenz ab (z.B. Antworten) oder erscheinen innerhalb einer Sequenz ([216] 293; Weiteres [223] 94 f.). Ein Dialog, eine Wechselrede zwischen mindestens zwei Sprechern, ist nun keine Abfolge unzusammenhängender Äußerungen, sondern das Gespräch verläuft zumeist in eine bestimmte Richtung. Damit die Kommunikation effektiv wird, müssen sich die Sprecher an gewisse Prinzipien halten.

Ein allgemeines Prinzip, dessen Beachtung von allen Gesprächsteilnehmern erwartet wird, das Kooperationsprinzip, hat der Sprachphilosoph H. Paul Grice [217b] 248 ff. aufgestellt: Mache deinen Gesprächsbeitrag jeweils so, wie es von dem akzeptierten Zweck oder der akzeptierten Richtung des Gesprächs, an dem du teilnimmst, gerade verlangt wird. Aus dieser übergreifenden Maxime leitet Grice die sogenannten Konversationsmaximen ab, die er in Anlehnung an Immanuel Kants vier logische Funktionen des Verstandes formuliert:

a) Maxime der Quantität:

1) Mache deinen Beitrag so informativ wie (für die gegebenen Gesprächszwecke) nötig!

2) Mache deinen Beitrag nicht informativer als nötig! Zuviel Information führt nicht nur dazu, daß Nebenthemen aufgeworfen werden, sondern der Hörer kann insofern in die Irre geleitet werden, als er hinter der überschüssigen Information eine bestimmte Kommunikationsabsicht vermutet.

b) Maxime der Qualität

Versuche deinen Beitrag zur Kommunikation so zu machen, daß er wahr ist!

c) Maxime der Relation

Mache deinen Beitrag relevant!

d) Maxime der Modalität

Sei klar!

1) Vermeide Dunkelheit des Ausdrucks!

2) Vermeide Mehrdeutigkeit!

3) Sei kurz (Vermeide unnötige Weitschweifigkeit)!

4) Der Reihe nach!

Grice weist darauf hin, daß die Maximen der Quantität, Qualität, Relation, Modalität auch im Bereich zwischenmenschlicher Handlungen (Interaktionen) gelten und Reden so ein Spezialfall zweckhaften, vernünftigen Handelns ist (vgl. VII 2).

Auf der Grundlage der Konversationsmaximen versucht Grice nun Äußerungen zu klassifizieren, mit denen der Sprecher etwas anderes „meint" als er „wortwörtlich" sagt. Einen Verstoß gegen die erste Maxime der Quantität (Mache deinen Beitrag so informativ wie nötig!) erläutert er an folgendem Beispiel:

A schreibt ein Gutachten über einen Schüler, der sich für eine Stelle als Philosoph beworben hat, und sein Brief lautet folgendermaßen: ,,Sehr geehrter Herr So-und-so, Herr X spricht ein ausgezeichnetes Deutsch, und sein Besuch der Übungen war regelmäßig. Mit freundlichem Gruß, usw." ([217b] 257).

Der Verfasser des Gutachtens weiß zwar, daß über Herrn X mehr Information gewünscht wird; da jedoch der Lehrer seinen Schüler für einen schlechten Philosophen hält, ihn aber andererseits nicht schlechtmachen möchte, schreibt er, was ihm an Positivem vertretbar erscheint. Der Empfänger des Gutachtens versteht das Gemeinte; denn er weiß, wie ein positives Gutachten hätte lauten müssen. Für derartige Sprechhandlungen führt Grice die Bezeichnung ,,Konversationelle Implikatur" (engl. *to imply* ,andeuten') ein.

Auch die Redefiguren der antiken Rhetorik sind aus den Griceschen Konversationsmaximen ableitbar. So wird z.B. mit der Ironie gegen die erste Maxime der Qualität (Sage nichts, was du für falsch hältst!) verstoßen ([217b] 258). Wenn in unserem Text der Rentner Z. 17 als *Schlangen-Bändiger* bezeichnet wird, wird damit das Gegenteil von dem gesagt, was eigentlich gemeint ist; der Rentner ist ja gerade nicht mit der Schlange fertig geworden. Es wird die Gültigkeit der Aussage in Frage gestellt, ohne das Gegenteil des Gesagten zu formulieren.

Von den konversationellen Implikaturen unterscheidet Grice die konventionellen Implikaturen; bei dieser Art von Implikatur wird durch ein lexikalisches Element angedeutet, was gemeint ist, z.B. *Nur Hans war da. = Niemand sonst war da.*
Fazit: Vor allem bei den indirekten Sprechakten und den konversationellen Implikaturen ist deutlich geworden, daß es neben der Kompetenz, die sich auf die Sprachrichtigkeit erstreckt (V 4), noch eine andere Kompetenz gibt. Diese Kompetenz kommt in tatsächlichen Kommunikationssituationen zum Tragen. Die Fähigkeit, der Situation entsprechende Äußerungen hervorzubringen und zu verstehen, bezeichnet man als kommunikative Kompetenz (nach [218] 101 ff.).

Wir wollen jetzt die Behandlung der Pragmatik abbrechen, denn für die eingehendere Behandlung von Sprechhandlungen sind vor allem außersprachliche Faktoren von Bedeutung. Die Untersuchung der Regeln oder Bedingungen, die den erfolgreichen Vollzug von Sprechakten gewährleisten, ist Aufgabe z.B. der Verhaltensforschung ([55] 287). Die Auffassung von der Sprache als einer Form des Handelns hat uns mithin an die Grenzen der Sprachwissenschaft geführt.

VIII TEXTLINGUISTIK

0 Vorbemerkung

Wir haben im letzten Kapitel (VII) erfahren, was man mit Sätzen „meinen" kann. Damit ist die Behandlung dessen, was im großen und ganzen auf Satzebene zu behandeln ist, abgeschlossen.

Daß die sprachwissenschaftliche Forschung aber nicht bei der Analyse des Satzes stehen bleiben darf, ist die wesentlichste These der Textlinguistik, einer noch relativ jungen sprachwissenschaftlichen Richtung. Innerhalb der Hierarchie sprachlicher Einheiten stehe nämlich über der Satzebene die Ebene des Textes (lat. *textum* ‚das Gewebe, Gefüge', von lat. *texere* ‚weben, flechten').

Je nach theoretischem Ansatz legt man an den Begriff „Text" verschiedene Definitionskriterien an, wie relative Selbständigkeit, Kohärenz (syntaktischer und semantischer Zusammenhang), formale Strukturiertheit ([18] 535, 537) (zu weiteren Kriterien siehe VIII 2; ferner [286] 270; [267] 243 ff.).

Was den Inhalt von Texten betrifft, so läßt sich dieser – von den Sonderformen (dazu unten) abgesehen – oft in einem Satz, dem sogenannten Basis-Satz zusammenfassen; diesen Satz bezeichnen einige Textlinguisten auch als „Textthema". (Wir erinnern uns an die Aufgabenstellung im Deutschunterricht, zu einem bestimmten Thema einen Aufsatz zu schreiben.) In unserem Text ist der Basis-Satz mit der Überschrift identisch (nach [247] 17 f.) (Weiteres zur Überschrift siehe VIII 1.1.4).

Sonderformen von Texten sind Ein-Satz-Texte ([265] 4 ff.; [257] 51) wie etwa Inschriften oder sogar Ein-Wort-Texte, z.B. Imperative ([244] 28; dazu [38] 14 f.). Nach Auffassung der strukturalistisch ausgerichteten Textlinguistik bildet jedoch der Satz die Struktureinheit auf Textebene. Man geht davon aus, daß ein kompetenter Sprachteilhaber einerseits zusammenhängende Satzfolgen, Texte, bilden und auf der anderen Seite Folgen von Sätzen entweder als Texte verstehen oder als sinnlose Häufung von Sätzen identifizieren kann (vgl. [199b] 236). Da bestimmte sprachliche Mittel Textkohärenz bewirken, ist es die Aufgabe der Textlinguistik, diese Elemente zu beschreiben ([265] 1; [242] 220; [243] 12).

Im folgenden behandeln wir die wichtigsten transphrastischen (satzübergreifenden) Mittel, die Thema-Rhema-Gliederung, die lexikalisch-semantische Verflechtung, die Verweisung durch Pronomina, Pronominaladverbien, Artikelwörter und anderes, Satzkonnektoren und Tempus und Modus. Von den beiden Realisierungsformen der Texte, der schriftlichen und der mündlichen Form, besprechen wir vornehmlich die schriftliche Form.

1 Mittel der Textkohärenz

1.1 Thema-Rhema-Gliederung

1.1.0 Vorbemerkung

Im Text steht jeder Satz in besonders enger bedeutungsmäßiger Beziehung zu seinen Nachbarsätzen; zumeist herrscht eine unmittelbare inhaltliche Beziehung zu dem vorausgehenden und zu dem nachfolgenden Satz. Das geschieht unter anderem dadurch, daß in einem Satz vorher Gesagtes in irgendeiner Form wiederaufgenommen und dazu nun Neues gesagt wird. Das aus dem vorangegangenen Kontext Bekannte hat man als Thema (griech. ‚das Aufgestellte‘), die vorher nicht erwähnte neue Information dagegen als Rhema (griech. ‚Aussage‘) bezeichnet.

Auf andere Weise wurden diese Begriffe innerhalb der Prager Linguistenschule (dazu IV 1.2) definiert. Vilém Mathesius [272] 202 ff., der die Lehre von der funktionalen Satzperspektive, der Betrachtung der Elemente eines Satzes auf ihren Mitteilungswert hin, begründet hat, spricht von Ausgangspunkt der Aussage – das, wovon der Sprecher ausgeht – und von Kern der Aussage – das, was der Sprecher über den Ausgangspunkt der Aussage oder im Hinblick darauf aussagt (zu weiteren Definitionen siehe [271] 18 ff.). Eine ähnliche begriffliche Unterscheidung nahm bereits der griechische Philosoph Aristoteles vor, nämlich die zwischen *hypokeímenon* ‚das Zugrundeliegende‘ und *katēgorúmenon* ‚das dazu Gesagte‘. In lateinischer Übersetzung begegnet uns dieses Begriffspaar in den bekannten Begriffen *subiectum* (Subjekt) und *praedicatum* (Prädikat) ([241] 42).

Nun stehen zwar nach unserer Auffassung die Termini „Subjekt" und „Prädikat" für grammatische und nicht für kommunikative Einheiten. Wenn wir aber die Dichotomie Thema – Rhema auf Texte anzuwenden versuchen, werden wir einen Zusammenhang mit den Begriffen „Subjekt" und „Prädikat" feststellen. Dazu müssen wir das Gegensatzpaar Thema und Rhema genauer betrachten. Wir betreten damit ein Forschungsgebiet, in dem noch viele Fragen offen sind; doch ist die Behandlung der Thema-Rhema-Gliederung für textlinguistische Fragestellungen unerläßlich. Aus der Darstellung von B. Haftka [258], [58] übernehmen wir das, was uns vertretbar erscheint. Die zur Ermittlung von Thema und Rhema sonst häufig verwendeten Ergänzungsfragen des Typs

(1) *Wer ist heute nach München gefahren?*
(2) *Wann ist Hans nach München gefahren?*
(3) *Wohin ist Hans heute gefahren?*,

mit deren Hilfe jeweils die nach Kontext unterschiedlichen rhematischen Elemente *Hans, heute, nach München* in dem Satz *Hans ist heute nach München gefahren.* erfragbar sein sollen, werden aus folgendem Grund nicht herangezogen: Da der Fragetest nur dann sinnvoll eingesetzt werden kann, wenn aufgrund grammatischer, lexikalischer, intonatorischer, situationeller, kontextueller Gegebenheiten bereits klar ist, wie man fragen muß, ist dieser Test eigentlich überflüssig (vgl. [271] 74).

1.1.1 Die Dichotomien neu – nicht neu, bekannt – unbekannt

Wir gehen davon aus, daß die einzelnen Wortarten einen unterschiedlichen Anteil an der kommunikativen Funktion haben. Am wichtigsten sind Substantive, Adjektive, Verben und Adverbien, sofern sie eine kontextunabhängige lexikalische Bedeutung haben, also die Voll- oder Inhaltswörter. Dagegen haben die sogenannten Funktionswörter – die Pronomina ausgenommen (siehe unten) – selten einen kommunikativen Wert. Treten sie in Verbindung mit Inhaltswörtern auf (z.B. Z. 1 *im* in der Fügung *im Haus*), so werden sie bei der Thema-Rhema-Analyse zusammen mit diesen genannt. Da die thematischen und rhematischen Glieder zumeist die syntaktische Funktion von Satzgliedern haben, wollen wir als Analyseeinheit – wenn möglich – Satzglieder, die aus substantivischen, adjektivischen, verbalen oder adverbiellen Inhaltswörtern bestehen, wählen (beim komplexen Prädikat besteht das Rhema im „Hauptsatz" wegen der diskontinuierlichen Anordnung der Prädikatsteile aus dem zweiten Klammerteil, der das Vollverb enthalten kann; dazu und zur Thema-Rhema-Gliederung in „Nebensätzen" siehe VIII 1.1.4). Vor allem im thematischen Bereich müssen auch Ersatzformen von Inhaltswörtern (Pronomina) mit einbezogen werden.

Es gilt also:
Durch Inhaltswörter Bezeichnetes wird bei seiner ersten Erwähnung im Text und bei seiner Wiedererwähnung nach einer oder

mehreren Sachverhaltsbeschreibungen, in denen davon nicht die Rede war, als neu aufgefaßt. Bei jeder weiteren unmittelbar folgenden Erwähnung im Text ist es nicht mehr neu. Die Kriterien neu und nicht neu beziehen sich also allein auf die Erwähnung im Text.

Bekannt ist dagegen, was Sprecher und Hörer aufgrund ihrer Kenntnis identifizieren können. Als erstes seien hier die geschlossenen Klassen von Gegenständen genannt, z.B. *Die Menschen sind sterblich. Menschen sind sterblich. Der Mensch ist sterblich.* Auch begrenzte Klassen von Gegenständen und sogenannte Unikate (Gegenstände, die nur einmal vorkommen) werden als bekannt vorausgesetzt: *Die Planeten umkreisen die Sonne.* Hinzu kommen bekannte Sachverhalte wie *Cäsars Ermordung.* Weiterhin sind alle in der Kommunikationssituation gegebenen Gegenstände und Sachverhalte, also auch die Redepersonen, bekannt. Zu dem schon vor der Äußerung den Kommunikationspartnern Bekannten kommen schließlich die im sprachlichen Kontext unmittelbar und die nach einer oder mehreren Sachverhaltsbeschreibungen erwähnten Gegenstände und Sachverhalte hinzu. Im letzten Fall sind bereits erwähnte Gegenstände und Sachverhalte hinsichtlich ihres Bekanntheitsgrads auf eine Stufe z.B. mit den Unikaten zu stellen. Demgegenüber sind alle Einzelgegenstände und Sachverhalte, die nicht aus dem Kontext, der Situation oder der Weltkenntnis erschlossen werden können, unbekannt.

Der folgende Text ist ein Beispiel dafür, daß eine Bezeichnung, die alle Gegenstände einer Klasse umfaßt, zum ersten Mal in einem Text oder zum zweiten Mal im engeren sprachlichen Kontext auftreten kann:

bekannt
neu
Der Mensch ist nicht durch einen Roboter ersetzbar.
nicht neu

Der Mensch ist nämlich ein denkendes Wesen.
Bekannte Größen können also sowohl neu als auch nicht neu sein. Umgekehrt kann etwas neu im Text Eingeführtes etwas Bekanntes oder etwas, das nicht aufgrund von sprachlichem Kontext, Situation oder Weltkenntnis identifizierbar ist, sein. So ist in dem folgenden Beispiel unbekannt, wer mit *ein Abgeordneter* gemeint ist:

neu
bekannt
Der Bundespräsident Richard von Weizsäcker /

unbekannt

Ein Abgeordneter hat neulich in einem Fernsehinterview gesagt ...

Versuchen wir, die Inhalte der sprachlichen Elemente von Thema- und Rhemabereich nach den Kriterien bekannt, unbekannt, neu und nicht neu zu gliedern, so ergeben sich folgende Überschneidungen, wobei die Zeichen ↔ und = angeben, daß Wechselbeziehungen bzw. Entsprechungen zwischen den einzelnen Rubriken vorliegen:

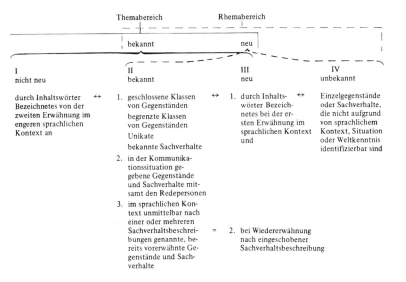

1.1.2 Themabereich und Rhemabereich

Der Themabereich kann nun unabhängig von der linearen Anordnung im Satz aus Bezeichnungen für Bekanntes (Nichtneues und Neues) und der Rhemabereich aus Bezeichnungen für Neues (Unbekanntes und Bekanntes) bestehen. Die Entscheidung darüber, ob etwas dem Hörer bekannt ist oder nicht, liegt im Ermessen des Sprechers. Er stellt sich auf den Kenntnisstand des Hörers ein. Wenn er der Auffassung ist, daß Gegenstände oder Sachverhalte dem Hörer aufgrund des sprachlichen Kontextes, der konkreten Sprechsituation oder seiner Weltkenntnis bekannt sind, bringt er deren Bezeichnungen gegebenenfalls in den Themabereich, dagegen Bezeichnungen für Unbekanntes in den Rhemabereich (siehe aber unten). Beim Sprechen, d.h. beim Ausführen eines Sprechakts, geht also der Sprecher von bestimmten Voraussetzungen über das Wissen des Hörers aus (vgl. [259] 74). Solche Voraussetzungen werden in der Sprechakttheorie mit dem aus der Sprachphilosophie übernommenen Terminus „Präsuppositionen" (selbstverständliche Sinnvoraussetzungen sprachlicher Ausdrücke bzw. Äußerungen, [18] 402) bezeichnet. Man kann daher erstens sagen, daß die Thema-Rhema-Gliederung auf pragmatischen Präsuppositionen beruht.

Für unsere Beschreibung der Thema-Rhema-Gliederung von Sätzen bedeutet das, daß wir uns in die Lage des Sprechers versetzen und als erstes versuchen müssen, das aus seiner Sicht dem Hörer Bekannte vom Unbekannten zu scheiden. Z.B. referiert der Sprecher mit Z. 22 *Fürth* auf eine aufgrund der Weltkenntnis und des Kontextes (Z. 2) bekannte und identifizierbare Größe, der Z. 10 genannte Schlangenfreund ist aufgrund des Kontextes bekannt und identifizierbar; dagegen ist der Z. 22 angeführte Schlangenfänger unbekannt und nicht identifizierbar. Durch Betrachtung des Kontextes unterscheiden wir in einem nächsten Schritt Nichtneues von Neuem, z.B.

Z. 11/12 ... *denn die Natter hatte ihn bereits in die Hand gebissen* ...

neu = Rhemabereich

a) Rhema

In dem sich hier ergebenden Rhemabereich befindet sich das Rhema. Von den Verfahren, die der Ermittlung des Rhemas dienen ([245] 186 f.; [271] 73 f., 99 ff.; [290] 144 f.; [291] 20), wollen wir uns auf die beiden folgenden beschränken:
1) Wir erkennen das Rhema am Satzakzent. Ein Satzglied, das den Schwerpunkt des Satzes enthält, ist das Rhema des Satzes.
2) Der Schwerpunkt befindet sich zumeist gegen Ende des Satzes (nach [284] 182 ff.).
In dem angeführten Satz bildet das Satzglied *in die Hánd* das Rhema, da das Wort *Hand* den Satzton trägt.

Nehmen wir uns nun den Satz
Z. 21-23 [*man*] *setzt einen Schlangenfänger nach Fürth in Marsch.*
vor!   bekannt

neu = Rhemabereich

Hier umfaßt der Rhemabereich auch eine Bezeichnung für eine bekannte Größe. *Fürth* trägt den Satzton, weshalb *nach Fürth* Rhema des Satzes ist. An diesem Beispiel erkennen wir, daß die Thema-

Rhema-Gliederung nicht nur von den pragmatischen Präsuppositionen abhängt, sondern zweitens auch dadurch bedingt ist, wie der
Sprecher seine Information darbieten will. Je nach Intention bringt
er Bezeichnungen für Bekanntes ebenso wie für Unbekanntes in
Rhema-Position (nach [284] 176).

Auch wenn Vorerwähntes durch eine zusätzliche Information
spezifiziert wird, kann der gesamte Ausdruck Rhema des Satzes
sein: *Z. 1 Schlange – Z. 4/5 eine Mangroven-Nachtbaumnatter.*
Enthält ein nominales Satzglied zwei Inhaltswörter, die in einem
Fall etwas Unbekanntes und im anderen Fall etwas Bekanntes bezeichnen, so gilt die ganze Fügung als rhematisch (siehe VIII 1.1.4
zu *Z. 2 in einem Mietshaus in der Simonstraße*). Haftka [58]
753 spricht hier von informationsergänzender Rhematisierung.

In den bisher gegebenen Beispielsätzen war nur ein stark be-
tontes Wort vorhanden. Anders verhält es sich in dem Satz *Z. 6/7*
Publik wurde dieser Hausbewohner-Zuwachs durch eine erschreck-
te Mieterin., wo *publik* und *Mieterin* betont sind. Wenn wir auf
den Tonhöhenverlauf in diesen beiden Wörtern achten, so stellen
wir folgenden Wechsel (Tonbruch) fest: In *publik* ist die Tonhöhenbewegung steigend und in *Mieterin* fallend. Wenn die Tonhöhenbewegung ansteigt, liegt ein Nebenakzent vor. Die Vervollständigung der Information wird erwartet ([263] 38 f., 46 f.). Dagegen ist die Tonhöhenbewegung unter dem Hauptakzent, der
das Rhema des Satzes anzeigt, fallend. *durch eine erschreckte Mie-*
terin bildet demnach das Rhema des Satzes.

Anmerkung: Der Satzakzent wird auch zur Kontrastierung
eingesetzt; vgl. *Hans und Fritz wollen von Karl Bücher. Karl gibt*
aber nur Fritz ein Buch. (dazu [270] 99 ff.).

Das Rhema eines Satzes kann nun im folgenden Satz zum Thema werden, wobei häufig eine Ersatzform gewählt wird (dazu VIII
1.2,3):
Z. 2/3 Jüngst wurde in einem Mietshaus in der Simonstraße
Schlängen-Alarm (Rhema) *verkündet. Dafür* (Thema) *sorgte*
ein Frührentner ...

Von mehreren rhematischen, d.h. neuen Einheiten wird im folgenden Satz zuweilen nicht das Rhema als Thema aufgenommen,
sondern eine andere rhematische Einheit. Wir kennzeichnen solche
rhematischen Einheiten mit Rhema*, das ist eine vom Rhema verschiedene, im folgenden Satz als Thema fungierende rhematische
Einheit, z.B.
Jüngst wurde in einem Mietshaus (Rhema*) *Schlängen-*
Alarm (Rhema) *verkündet. Das Mietshaus* (Thema) *befand sich*
in der Simonstraße.

b) Thema

Wir wollen uns nun dem Thema zuwenden: Ist nur eine thematische Einheit im Satz vorhanden, so ist diese das Thema (zum Textanfang siehe VIII 1.1.4). Das Thema bildet zumeist das erste Satzglied im Satz:

Z. 5/6 *Das Reptil* (Thema) *befand sich in einem ausgedienten Aquarium auf dem Wohnzimmerschrank.*

Hinsichtlich mehrerer bekannter Einheiten im Satz ist zu bemerken, daß nur eine Einheit Thema ist. Das Thema kann man unter anderem am Textaufbau erkennen. Im Textinneren entscheidet bei mehreren bekannten Einheiten der folgerichtige Anschluß an den letzten Satz darüber, ob eine Einheit Thema ist oder nicht. So sind in Z. 8 *Sie war dem Mann im Hausflur begegnet ...* die Einheiten *sie* und *dem Mann*, die sich auf die erschreckte Mieterin bzw. den Rentner beziehen, bekannt. Daß aber *sie* das Thema ist, geht hier zum einen aus der Spitzenstellung des Pronomens hervor: *Publik wurde dieser Hausbewohner-Zuwachs durch eine erschreckte Mieterin. Sie war dem Mann im Hausflur begegnet ...*
Dagegen ist im Kontext nicht möglich:
*Dem Mann war sie im Hausflur begegnet.

Zum anderen stellt sich die Frage, ob der Mitteilungswert von Z. 8 *dem Mann* dem von *sie* entspricht. Zwischen der Erwähnung des Frührentners und der Wiederaufnahme durch *dem Mann* liegen nämlich zwei Sätze, in denen nicht von dem Rentner, sondern von der Schlange und der erschreckten Mieterin die Rede ist. In einer neueren Arbeit vertritt Haftka [259] 8 f. die Auffassung, daß in einem solchen Fall eine Einheit wie *dem Mann* nicht mehr den Status der „Bewußtseinspräsenz" hat. Als Test verwendet sie die Pronominalisierung. Wenn eine Einheit nicht pronominalisierbar ist, gilt sie als nicht mehr präsent. Das trifft für unseren Fall zu:

Publik wurde dieser Hausbewohner-Zuwachs durch eine erschreckte Mieterin. *Sie war ihm im Hausflur begegnet, ... ihm würde sich hier auf den Hausbewohner-Zuwachs und nicht auf den Frührentner beziehen. Haftka modifiziert nun ihre oben angegebene Definition von Thema- und Rhemabereich und sagt: Die Gesamtheit der Bezeichnungen für Präsentes bildet den Themabereich und die Gesamtheit der Bezeichnungen für Nichtpräsentes den Rhemabereich.

Auch die Verwendung von Demonstrativpronomina kann zur Ermittlung des Themas herangezogen werden:
Z. 10/11 *Nach dieser Begegnung ist der Schlangenfreund offensichtlich ebenfalls unruhig geworden ...*

Im vorhergehenden „Hauptsatz" ist von einer Begegnung und dem Rentner = Schlangenfreund die Rede. Das Demonstrativpronomen erweist die Einheit *nach dieser Begegnung* als Thema (Weiteres VIII 1.3).

Häufig ist ferner ein Passivsubjekt, das im entsprechenden Aktivsatz Objekt wäre, thematisch. Bei einer normalen Abfolge der Satzglieder strebt es an die Satzspitze ([249] 178 ff.):
Das Reptil befand sich in einem ausgedienten Aquarium auf dem Wohnzimmerschrank. Dieser Hausbewohner-Zuwachs wurde durch eine erschreckte Mieterin entdeckt. An diesen beiden Sätzen wird deutlich, daß das Thema eines Satzes auch im folgenden Satz als Thema fungieren kann.

Wird eine andere thematische Einheit als das Thema im folgenden Satz zum Thema, so bezeichnen wir diese mit Thema*, das ist eine vom Thema verschiedene, im folgenden Satz als Thema fungierende thematische Einheit; vgl.
(Hans macht Maria ein Geschenk.) Maria (Thema) *schenkt es* (Thema*) *an Paul weiter. Das Geschenk* (Thema) *bestand aus ...*

Am Schluß unserer Betrachtung von Thema- und Rhemabereich ist festzuhalten, daß diese Bereiche Analyseeinheiten sind, von denen wir bei der Textanalyse deswegen ausgehen können, weil wir den gesamten Satz in seinem Kontext vor uns haben. Der Hörer dagegen, der beim Hören eines Satzes die Information schrittweise aufnimmt, kann wohl nur nach Thema und Rhema unterscheiden.

1.1.3 Thema-Rhema-Gliederung und Serialisierung

Nachdem wir die Begriffe „Thema" und „Rhema" präzisiert haben, können wir die Frage nach dem Verhältnis von Subjekt und Prädikat zu Thema und Rhema wieder aufgreifen. Beim Aufbau eines Textes ist es – vom Textanfang abgesehen – natürlich, daß man vom Nichtneuen zum Neuen fortschreitet. Wie in VIII 1.1.2a ausgeführt, herrscht im Deutschen die Tendenz, das Rhema möglichst nahe an das Satzende zu plazieren. In den meisten Fällen steht so das Thema vor dem Rhema. Auf der anderen Seite ist die Serialisierung Subjekt-Prädikat(sverband) die Normalfolge im deutschen Aussagesatz. Sie wird auch als unmarkierte Abfolge (zur markierten Abfolge siehe unten) bezeichnet. Dadurch, daß nun das Thema wie das Subjekt zumeist am Satzanfang steht, stimmt in solchen Fällen die Gliederung des Satzes in Subjekt und Prädikat(sverband) mit der Thema-Rhema-Gliederung überein (vgl. [284] 185; [271] 67). Die Thema-Rhema-Gliederung stellt so die Verbindung zwischen Satzgrammatik und Textlinguistik her. Da in der Thema-Rhema-Gliederung gleichzeitig Inhaltliches zum Ausdruck kommt, ist sie weiterhin das Bindeglied zwischen Satzsemantik und Textlinguistik; vgl.

Z. 5/6 *Das Reptil befand sich in einem ausgedienten Aquarium auf dem Wohnzimmerschrank.*

das Reptil, das Subjekt des Satzes, ist Thema, weil *eine Mangroven-Nachtbaumnatter* (zur Ersatzform siehe VIII 1.2) im Satz davor vorausgeht. Den Rhemabereich bildet der Rest des Satzes.

Auch hinsichtlich der Serialisierung z.B. von Objekten, Prädikatsnomina und Adverbialia, die aus Inhaltswörtern bestehen, gibt es im deutschen Aussagesatz eine Normalfolge. (Bei pronominaler Füllung ist die Serialisierung zum Teil anders; vgl. z.B. *Hans ist aufgrund der schweren Arbeit immer noch müde.* gegenüber *Hans ist es aufgrund der schweren Arbeit immer noch* (vgl. [38] 40).

Das folgende Schema ist stark vereinfacht:

I	II	III		
Subjekt	finites Verb	Adverbialia		
		Temporal	Lokal	
		Kausal	Modal	
			Instrumental	
IV	V		VI	VII
Objekte	„Orts-", „Richtungsbestimmung"		Prädikatsnomen	(Verbzusatz)
VIII				
infinites Verb				

Wird jedoch ein Gegenstand oder Sachverhalt innerhalb einer Äußerung öfters angesprochen, so kann man Ersatzformen (dazu VIII 1.2) benützen, wobei die Position der Ersatzform gegenüber der Grundreihenfolge verändert wird und der Satzton so auf eine andere aus einem Inhaltswort bestehende Einheit fällt:

Z. 2/3 *Jüngst wurde in einem Mietshaus in der Simonstraße Schlángen-Alarm verkündet.*
    Rhema

Dafür sorgte ein Frührentner...
Thema   Rhema

Hier begegnet eine markierte Abfolge der Satzglieder (eine von der normalen Serialisierung abweichende Satzgliedfolge).

Fazit: Thema und Rhema werden also im Deutschen vor allem durch die sprachlichen Mittel der Serialisierung und des Satzakzents zum Ausdruck gebracht. Die übrigen zum Thema- oder Rhe-

Mittel der Textkohärenz 291

mabereich gehörigen Einheiten haben zwar, wie schon bemerkt
(VIII 1.1.1), unterschiedliche kommunikative Werte; so rechnet
Jan Firbas [253] 272 mit einem Übergangsbereich zwischen dem
Thema als dem Satzglied mit dem geringsten Mitteilungswert und
dem Rhema als dem Satzglied mit dem höchsten Mitteilungswert,
wobei sich der kommunikative Beitrag der übrigen Wörter relativ
zum Satz ergibt ([251] 338 ff.). Da wir aber im folgenden vor
allem die Einheiten betrachten wollen, die für die Verbindung von
Sätzen zum Text bedeutungsvoll sind, verzichten wir auf eine Ab-
stufung der thematischen und rhematischen Einheiten innerhalb
des Satzes. Wir begnügen uns damit, Themabereich und Rhemabereich festzulegen und in diesen Bereichen die Einheiten, die als
Thema und Rhema und gegebenenfalls als Thema* und Rhema*
fungieren, festzustellen: Die als Thema oder Rhema in Frage kommenden Einheiten werden in einem Satz im Textinneren durch
Vergleich mit dem Vorgängersatz ermittelt. Im Satz selbst ist das
Rhema vom Thema durch den Satzakzent in Verbindung mit der
Serialisierung unterscheidbar. Dagegen ist die Bestimmung von
Einheiten als Thema* und Rhema* vom nachfolgenden Satz ab-
hängig.

1.1.4 Textanalyse

Um ein längeres Textstück unseres Textes auf die Thema-Rhema-
Gliederung hin betrachten zu können, ist es nötig, daß wir die
darin auftretenden Adverbial- und restriktiven Relativsätze in
„Hauptsätze" umformen. Bislang kann man nämlich nur in „Hauptsätzen" gesicherte Thema-Rhema-Strukturen aufzeigen; die Frage
der Thema-Rhema-Gliederung in „Nebensätzen" ist noch nicht
ausdiskutiert ([257] 81 ff.).

Wir formen also z.B. den Satz Z. 3−5 *Dafür sorgte ein Frührent-*
ner, der Spaß daran gefunden hatte, in seiner Wohnung eine Man-
groven-Nachtbaumnatter zu halten. um in: *Dafür sorgte ein Früh-*
rentner. Er hatte Spaß daran gefunden, in seiner Wohnung eine
Mangroven-Nachtbaumnatter zu halten.

(0) *Schlange im Haus sorgte für Unruhe*
Dem texteinleitenden Satz unseres Textes geht diese Überschrift
voraus. Die Überschrift ist ein Textbestandteil. Sie besteht hier
aus einer reduzierten Paraphrase des Inhalts des gesamten Textes
in der Form eines Satzes (VIII 0). Wir nehmen folgende Umformung vor, um die thematischen und rhematischen Strukturen der
Überschrift sichtbar zu machen:
Es gab eine Schlange; und die war in einem Haus; und diese Schlan-
ge im Haus sorgte für Unruhe.

Derartige Explizierungen sind für die Anfänge von Märchen im Deutschen typisch: *Es war einmal ein König; der hatte drei Töchter ...* Der „Existenzsatz" (das ist ein Satz, der mit *Es gibt ...,* *Es ist ...* eingeleitet ist) enthält dabei kein Thema. In unserem Beispiel ist das Rhema eines „Existenzsatzes", *eine Schlange,* wie häufig in Überschriften, als Thema in den folgenden Satz integriert, und weiterhin fungiert die sich aus beiden Sätzen ergebende Einheit *Schlange im Haus* in dem dritten Satz als Thema (nach [58] 756) (zum Artikelgebrauch siehe VIII 1.3).

Dadurch, daß der texteinleitende Satz auf eine auch als Basissatz auffaßbare Überschrift folgt, ist der Mitteilungswert der Texteinleitung gemindert.

Fürth —

(1) *Jüngst*   *wurde in einem Mietshaus in der Simonstraße*

Themabereich Rhemabereich

Thema

Schlangen-Alarm verkündet.

Rhema

In einem Zeitungsbericht werden vorwiegend aktuelle Ereignisse behandelt. Angaben über zeitliche Verhältnisse sind hier ebenso wie die lokale Bestimmung *Fürth* im Anfangsteil des Textes zu erwarten. Die Straßenbezeichnung *Simonstraße* wird als bekannt vorausgesetzt. Aufgrund der vorerwähnten lokalen Bestimmung *Fürth* ist deutlich, daß eine Straße in Fürth gemeint ist. *in einem Mietshaus* geht in der Überschrift *im Haus* voraus. Der Begriff „Haus" wird näher spezifiziert; dadurch wird das ganze Satzglied rhematisch (VIII 1.1.2a). *Schlangen-Alarm* besteht aus der vorerwähnten Einheit *Schlange,* die eine unbekannte Einheit näher bestimmt. Es liegt also ebenso eine rhematische Einheit vor. Zum rhematischen Bereich gehört weiterhin *wurde verkündet.* Durch den Satzton und die Position von *Schlangen-Alarm* am Satzende ergibt sich, daß *Schlangen-Alarm* das Rhema des Satzes ist.

Die Serialisierung von (1), einem Passivsatz ohne Agens, gilt als normal. Solche Sätze finden sich öfters als Texteingangssätze in bestimmten Nachrichtentexten. Adverbialia der Zeit, die Neues, aber Bekanntes, oder Nichtneues bezeichnen, stehen in Kernsätzen häufig im Vorfeld; vgl. auch
Z. 10/11: *Nach dieser Begegnung ist der Schlangenfreund offensichtlich ebenfalls unruhig geworden ...* Hier nimmt *nach dieser Begegnung* den vorherigen Satz auf (VIII 1.2).

Mittel der Textkohärenz 293

(2) *Dafür*   *sorgte ein Frührentner.*
     Themabereich Rhemabereich

     Thema   Rhema
(2a) *Er*   *hatte Spaß daran gefunden, in seiner*
     Themabereich Rhemabereich

     Thema

Wohnung eine Mangróven-Nachtbaumnatter zu halten.
     Rhema

Auf *Spaß* liegt ein Nebenton. Wenn wir das einsilbige Wort *Spaß*
in diesem Satz durch das mehrsilbige Wort *Vergnügen* ersetzen, stellen wir fest, daß der Tonhöhenverlauf in *(Ver)gnügen daran gefunden* gleichbleibend ist. Es liegt eine „weiterverweisende" Intonation vor, die inhaltliche Unabgeschlossenheit − es folgt die Infinitivkonstruktion − signalisiert (vgl. [275] 54).

in seiner Wohnung und *eine Mangroven-Nachtbaumnatter* haben
aufgrund der Vorerwähnung von *Mietshaus* und *Schlange* keinen so
hohen Mitteilungswert wie z.B. *ein Frührentner;* es kommt aber
Neues hinzu.

(3) *Das Reptil*   *befand sich in einem ausgedienten*
     Themabereich Rhemabereich

     Thema   Rhema

Aquarium auf dem Wóhnzimmerschrank.

Für die substantivische Einheit *auf dem Wóhnzimmerschrank*
(zur Akzentuierung vgl. [270] 193 f.) gilt das, was oben zu *in seiner Wohnung* gesagt wurde. Die Erwähnung von *in seiner Wohnung*
impliziert zwar den Begriff „Wohnzimmerschrank", doch wird die
Information ergänzt; es könnte auch ein ganz anderer Wohnungs-
einrichtungsgegenstand genannt werden (zum Artikelgebrauch
siehe VIII 1.3).

(4) *Publik wurde dieser Hausbewohner-Zuwachs*
     Rhemabereich Themabereich

                     Thema

durch eine erschreckte Míeterin.

Rhema

Da, wie in VIII 1.1.2b bemerkt, durch *dieser Hausbewohner-Zuwachs* die Einheit *das Reptil* von (3) wieder aufgenommen wird und keine neue Information hinzukommt (zur Art der Ersetzung siehe VIII 1.2), handelt es sich um das Thema.

Die Serialisierung in (4) weicht von der oben angegebenen Grundreihenfolge der Elemente im Satz ab, d.h., die Abfolge der Satzglieder ist markiert: Eine adjektivische Prädikatsnomen-Ergänzung steht im Vorfeld. Dadurch fällt auf sie ein Nebenton (vgl. VIII 1.1.2a). Bei normaler Serialisierung wäre dagegen *publik* unbetont: *Dieser Hausbewohner-Zuwachs wurde durch eine erschreckte Mieterin publik.*

(5) *Sie*   *war*   *dem Mann im Hausflur begegnet.*
     Themabereich Rhemabereich

     Thema   Rhema

Weil im folgenden von den rhematischen Einheiten *dem Mann* (VIII 1.1.2b) durch *er* aufgenommen wird, ist *dem Mann* Rhema*. Als Rhema fungiert *im Hausflur* und als Thema das Pron. *sie*.

(5a) *Er*   *hielt ein schwarzes Kabel in der Hand.*
      Themabereich Rhemabereich

      Thema   Rhema

ein schwarzes Kabel ist eine rhematische Einheit; es wird mitgeteilt, wie die Schlange aus der Sicht der Mieterin beurteilt wird. Da *Kabel* den Satzton trägt, fungiert die Fügung *ein schwarzes Kabel* als Rhema des Satzes. Auf das Subst. *Kabel* folgt zwar ein weiteres Subst. *Hand.* Doch ist dieses schwächer betont. Der Grund dafür ist, daß *in der Hand* mit dem Vollverb *halten* inhaltlich eine enge Verbindung bildet.

(5b) *Das*   *begann plötzlich zu züngeln.*
      Themabereich Rhemabereich

      Thema   Rhema.

Bei normaler Betonung ist das Vollverb stärker als ein davor stehendes Adverb betont. Das Rhema besteht hier aus einem Prädikatsteil (vgl. VIII 1.1.1).

1.1.5 Thematische Progression

Wir wollen hier abbrechen und uns nun mit der Abfolge von Thema und Rhema bzw. Rhema* (ein Thema* kommt hier nicht vor) in unserem analysierten Textstück befassen. Da das Rhema neue Informationen bringt, ist es zwar wichtig für den Fortgang der Kommunikation; doch ist für den Textfortgang nicht unbedingt nötig, daß das Rhema im folgenden Satz wieder aufgenommen wird. Vor allem das Thema ist am Aufbau von Texten maßgeblich beteiligt. Aufgrund seines geringen Mitteilungswerts wird es zu einem wichtigen Aufbaumittel. Wenn man Textstrukturen beschreibt, geht man daher vom Thema aus. Dadurch, daß in den im Text aufeinander folgenden Sätzen Thema und Rhema bzw. Thema* und Rhema* unterschieden werden, ergibt sich bei der Verknüpfung von Satzstrukturen die thematische Progression ([245] 188). Wir beginnen mit dem ersten Satz nach der Überschrift und betrachten nun die als Thema (= T), Rhema (= R), und Rhema* (= R*) ermittelten Einheiten:

(1) T_1 *(jüngst)* $\rightarrow$ R_1 *(Schlangen-Alarm)*

(2) $T_2 (= R_1)$ *(dafür)* $\rightarrow R_2$ *(ein Frührentner)*

(2a) $T_3 (= R_2)$ *(er)* $\rightarrow$ R_3 *(eine Mangroven-Nachtbaumnatter)*

(3) $T_4 (= R_3)$ *(das Reptil)* $\rightarrow R_4$ *(in einem ausgedienten Aquarium auf dem Wohnzimmerschrank)*

(4) $T_4 (= R_3)$ *(dieser Hausbewohnerzuwachs)* $\rightarrow R_5$ *(durch eine erschreckte Mieterin)*

(5) $T_5 (= R_5)$ *(sie)* $\rightarrow R*_6$ *(dem Mann)*, R_7 *(im Hausflur)*

(5a) $T_6 (= R*_6)$ *(er)* $\rightarrow R_8$ *(ein schwarzes Kabel)*

(5b) $T_7 (= R_8)$ *(das)* $\rightarrow R_9$ *(zu zungeln)*

Haben wir wirklich bei unserer Thema-Rhema-Analyse die für den Textaufbau relevanten kommunikativen Einheiten erfaßt, so müßte sich aus der oben dargestellten Abfolge von Thema, Rhema und Rhema* der Inhalt des Textstücks im großen und ganzen rekonstruieren lassen. Das scheint in der Tat möglich zu sein.

In (2), (2a), (3), (5), (5b) ist das Rhema und in (5a) das Rhema* des vorausgehenden Satzes jeweils zum Thema des nachfolgenden Satzes geworden. Es liegt eine einfache lineare Progression vor. (4) zeigt dagegen eine Progression mit einem durchlaufenden Thema. Das Thema bleibt das gleiche wie in (3); es tritt ein neues Rhema hinzu.

296 Textlinguistik

Ein weiterer Typ von thematischer Progression, eine Progression mit einem thematischen Sprung ([245] 189 ff.; [246] 114 ff.), begegnet in:
Z. 16—18 *Schließlich versprach der gebissene Schlangen-Bändiger, sich von dem Spielzeug zu trennen. Das Zoogeschäft hatte die Schlange als ungiftiges, zutrauliches Tier verkauft...*
Hier sind Glieder der thematischen Kette, die aber aus dem Kontext leicht erschlossen werden können, ausgelassen:
Der Rentner versuchte die Schlange dem Zoogeschäft, in dem er sie gekauft hatte, zurückzugeben. (Zum Artikelgebrauch siehe VIII 1.3).

1.2 *Lexikalisch-semantische Verflechtung* = Kohärent

Wir sind bei der Analyse der Thema-Rhema-Gliederung unseres Textstücks bereits darauf gestoßen, daß der gleiche Gegenstand in aufeinanderfolgenden Sätzen durch verschiedene Inhaltswörter bezeichnet wird (zu Pronomina siehe VIII 1.3). In solchen Fällen spricht man von Bezeichnungs- oder Referenzidentität. Referenzidentische Inhaltswörter in verschiedenen Sätzen sind allein durch semantische Bezüge miteinander verknüpft (nach [283] 193 f.). Semantische Kohärenz liegt auch dann vor, wenn zwei oder mehr Inhaltswörter eines Textes in überschaubarer Kontextnähe mindestens ein semantisches Merkmal gemeinsam haben. Diese Eigenschaft von Inhaltswörtern bezeichnete der Vertreter der strukturalen Semantik Algirdas Julien Greimas [192b] 60 ff. mit dem aus der Chemie übernommenen Terminus ,,Isotopie" (griech. *ísos* ,gleich', *tópos* ,Ort') (Weiteres [256] 128 ff.).

a) Referenzidentische Ausdrücke sind:

α) Wörtliche Wiederholungen von Wörtern (Rekurrenz, Repetition)
Z. 14/15, 18/19 ... *daß die Schlange zu dem Zeitpunkt nicht unter Hunger gelitten habe ... Das Zoogeschäft hatte die Schlange als ungiftiges, zutrauliches Tier verkauft ...*

Die Wortwiederholung von Inhaltswörtern kommt in unserem Text nicht in unmittelbar aufeinanderfolgenden Sätzen vor. Es ist ein Grundsatz der Stilistik, die unmittelbare Wortwiederholung zu meiden.

β) Wiederholungen von Wortkonstituenten bei Bezeichnungen für den gleichen Gegenstand (nach [278] 68 f.)

Z. 10,17,22 *Schlangenfreund, Schlangen-Bändiger, Schlangenfänger*

γ) Synonyme

Unter den begrifflichen Synonymen (VI 8) für ‚Schlange' begegnen in unserem Text Inklusionen (‚Einschließungen'), d.h., die Beziehung zwischen den Begriffen besteht in einer Unterordnung (Subordination). Dem Gattungsbegriff „Schlange" folgt der Artbegriff „Natter", der wiederum durch „Mangroven-Nachtbaumnatter" spezifiziert wird. Auch der Begriff „Giftschlange" stellt eine Spezifikation von „Schlange" dar. Ein ähnliches Verhältnis besteht zwischen dem Gattungsbegriff „Reptil" und dem Artbegriff „Schlange" und ferner zwischen dem Gattungsbegriff „Tier" und dem Artbegriff „Reptil".

In ähnlicher Beziehung zueinander stehen *Zoo* und *Tiergarten* ‚kleiner Zoo' (Genaueres [260] 178 ff.).

δ) Weitere Ersatzformen

– Metaphern

Bestimmte Ersatzformen von Bezeichnungen werden in der Stilistik behandelt. Die folgenden Umschreibungen, die eine unkonventionelle Wirkung vermitteln, nennt man Tropen. In unserem Text erscheint eine Metapher: Z. 8/9 *ein schwarzes Kabel* (für *Schlange*). Die Umschreibung beruht auf einem Vergleich, dem ein Vergleichsausdruck *(Eine Schlange ist wie ein schwarzes Kabel.)* fehlt (vgl. VI 7).

Eine Sonderform der Metapher ist die Personifikation. Eine solche liegt in Z. 7 *Hausbewohner-Zuwachs* (für *Schlange*) vor. Eine weitere Ersatzform stellt die Übertreibung, die Hyperbel, dar; vgl. Z. 17 *Schlangen-Bändiger.* Wie in VII 7 bemerkt, wirkt diese Wortwahl ironisch. Zum Stilzug der Ironie gehören auch konträre Kombinationen von Wortkonstituenten wie z.B. in der Zusammensetzung Z. 10 *Schlangenfreund,* die nach dem Vorbild von *Tierfreund* zustande gekommen ist (II 7.4.2 a). Da sich die meisten Menschen vor Schlangen fürchten, ist die Verbindung von *Schlange* und *Freund* ungewöhnlich. Hier begegnet also eine „expressive" Wortbildung ([254] 117.). In diesem Zusammenhang ist auch die oben genannte Zusammensetzung Z. 7 *Hausbewohner-Zuwachs* zu nennen. Denn unter einem Hausbewohner-Zuwachs stellt man sich eben keine Schlange vor.

– Kondensierende Ausdrücke

Auch Beschreibungen oder Erläuterungen von Sachverhalten, die aus mehreren Wörtern, meistens sogar aus einem oder mehreren Sätzen bestehen, können ersetzt werden. Die Ersatzform ist ein knapp zusammenfassender Ausdruck. Hierbei verwendet man häufig Verbalabstrakta, wie in unseren beiden Textbeispielen:

Z. 8–11 *Sie war dem Mann im Hausflur begegnet, als er ein schwarzes Kabel in der Hand hielt, das plötzlich zu züngeln begann. Nach dieser Begegnung ist der Schlangenfreund offensichtlich ebenfalls unruhig geworden ...*

Z. 19–30 *Als die Kunde von der Natter, die in aller Munde war, bis zum Nürnberger Tiergarten dringt, ist man dort sofort an dem Tier interessiert und setzt einen Schlangenfänger nach Fürth in Marsch, wo er, ausgerüstet mit einem Lederhandschuh, einem Leinensack, einer Leiter und einem Netz, von der Hausbewohnerschaft bereits mit Ungeduld erwartet wird. Nachdem die Schlange ihren Umzug in den Tiergarten gut überstanden hat, ist sie dort im Gras, hinter Glas zu besichtigen. Durch das Entfernen der Natter soll laut Polizei der Alltag der restlichen Hausbewohner in der Simonstraße in seine geordneten Bahnen zurückgeführt worden sein.*

In solchen Fällen handelt es sich um eine Bedeutungskondensation (Bedeutungsverdichtung). Auch substantivisch verwendete Demonstrativpronomina und Pronominaladverbien können den Inhalt eines oder mehrerer Sätze aufnehmen und zur Anknüpfung neuer Aussagen verwendet werden: *Ein Schäfer hatte durch eine grausame Seuche seine ganze Herde verloren. Das erfuhr der Wolf und kam, seine Kondolenz abzustatten.* (Gotthold Ephraim Lessing, Der Wolf und der Schäfer).

Die gleiche Erscheinung begegnet in unserem Text, wenn wir die Fügung Z. 20 *die Kunde von der Natter, die in aller Munde war* durch *das* ersetzen:

Als das bis zum Nürnberger Tiergarten dringt ...

das bezieht sich auf das ganze vorhergehende Textstück. Der Verallgemeinungsgrad des Mitteilungsinhalts ist hier höher als bei der Verwendung von Verbalabstrakta.

– Expandierende Ausdrücke

Bei der Bedeutungsexpansion wird ein Einzelwort im folgenden Satz durch eine Wortgruppe aufgenommen. Diese Art der Satzverflechtung findet sich besonders in wissenschaftlichen Texten. Die Wiederaufnahme dient hier zur definitionsartigen Erläuterung von Begriffen.

Noch weit mehr als die Wellenbewegung müssen von der Schiffahrt und dem Küstenschutz die Gezeiten beachtet

Mittel der Textkohärenz 299

werden. Dieser regelmäßige Wechsel von Ebbe und Flut ist an allen Küsten des offenen Meeres und der Randmeere zu verspüren... (Grundzüge der allgemeinen physischen Erdkunde) (nach [283] 195 ff.).

– Explizierende Ausdrücke

Eine andere Form der Referenzidentität tritt in folgendem Beispiel auf: *Die Natter hatte den Rentner bereits in die Hand gebissen. Die Wunde (= der Biß) mußte im Krankenhaus behandelt werden.*

Das Subst. *Wunde* nimmt eine in *gebissen* enthaltene implizite Referenz explizit wieder auf. Die implizite Referenz kann nicht durch ein Pronomen wiederaufgenommen werden. **Sie mußte im Krankenhaus behandelt werden.* Demgegenüber scheint die Wiederaufnahme durch ein Substantiv in Verbindung mit dem Artikelwort *dieser* möglich zu sein: *Diese Wunde mußte im Krankenhaus behandelt werden.* ([264] 7; Weiteres [273] 139 f.)

b) Kohärenz, die durch Inhaltswörter mit gemeinsamen Bedeutungsmerkmalen hergestellt wird, findet sich in unserem Text vor allem bei zwei semantischen Gruppierungen: Um den Begriff „Schlange" gruppieren sich außer den Synonymen weitere zugehörige Wörter, *züngeln, weiße Maus, Zoogeschäft, (Nürnberger) Tiergarten.* Der Begriff „Haus" *(Mietshaus)* steht in Verbindung mit den Wörtern *Hausflur, Wohnung, Wohnzimmerschrank, Aquarium, Hausbewohner, Mieterin, Hausbewohnerschaft, Hausbewohner-Zuwachs.*

Diese Beispiele zeigen, daß ein Text nicht aus beliebigen Wörtern des Wortschatzes einer Sprache bestehen kann, sondern daß bestimmte semantische Gruppierungen für die Identifikation einer Abfolge von Sätzen als Text mit ausschlaggebend sind (nach [287] 14) (zur aktuellen Bedeutung von Wörtern in Texten siehe VI 5).

1.3 Verweisung durch Pronomina, Pronominaladverbien und Artikelwörter

Wie schon (VIII 1.1.2,3) erwähnt, sind Pronomina und Pronominaladverbien Mittel der Textkonstitution. Zwischen dem Pronomen oder Pronominaladverb und dem ersetzten Wort oder der ersetzten Wortverbindung herrscht Referenzidentität. Durch Pronomina kann man sich dabei nur mittels der ersetzten Wörter oder Wortverbindungen auf die außersprachliche Wirklichkeit beziehen. Die konkrete Bezeichnungsfunktion ergibt sich allein aus dem Kontext (vgl. [9] 138):

Z. 6–8 *Publik wurde dieser Hausbewohner-Zuwachs durch eine erschreckte Mieterin. Sie war dem Mann im Hausflur begegnet...*

Auch durch Artikelwörter in Verbindung mit Substantiven kann auf etwas verwiesen werden:

Z. 5–7 *Das Reptil befand sich in einem ausgedienten Aquarium auf dem Wohnzimmerschrank. Publik wurde dieser Hausbewohner-Zuwachs durch eine erschreckte Mieterin* (adjektivisches Demonstrativpronomen).

Z. 25–27 *Nachdem die Schlange ihren Umzug in den Tiergarten gut überstanden hat, ist sie dort im Gras, hinter Glas zu besichtigen.* (adjektivisches Possessivpronomen).

Die verweisenden Elemente fungieren je nach Verweisrichtung als rückwärtsverweisende (anaphorische) oder als vorwärtsverweisende (kataphorische) Elemente. Am häufigsten ist die rückwärtsverweisende Wiederaufnahme wie in den angegebenen Beispielen. Der Textrezipient (der Hörer oder Leser eines Textes) muß sich die im vorhergehenden Text genannten Gegenstände oder Sachverhalte vergegenwärtigen, um die verweisenden Elemente richtig zuordnen zu können. Da die Dimension der Erinnerung für das Textverständnis wichtig ist, hat H. Brinkmann [15] 743 die anaphorischen Pronomina als „erinnernde Umrißwörter" bezeichnet.

Anmerkung: Die entgegengesetzte Verweisrichtung, die Vorwärtsverweisung, ist mittels adjektivischer Possessivpronomina und Personalpronomina nur innerhalb von Sätzen möglich; vgl. folgende Beispiele:

Jüngst wurde in einem Mietshaus in der Simonstraße Schlangen-Alarm verkündet. In seiner Wohnung hielt ein Frührentner eine Mangroven-Nachtbaumnatter ... Da die Schlange ihn in die Hand gebissen hatte, ist der Rentner ebenfalls unruhig geworden. (nach [257] 50)

Hinsichtlich der Vorwärtsverweisung in Texten kommt dem unbestimmten Artikel besondere Bedeutung zu: Wenn wie in den folgenden Beispielen ein Gattungsname bei der erstmaligen Erwähnung eines Individuums in einem Text mit dem unbestimmten Artikel eingeführt wird, muß bei der wiederholten Nennung des Individuums entweder mit demselben Appellativ (Gattungsnamen) oder mit einer substantivischen Ersatzform der bestimmte Artikel gesetzt werden.

Z. 3, 8 *Dafür sorgte ein Frührentner ...*

Sie war dem Mann im Hausflur begegnet ...

Z. 4–6 *... in seiner Wohnung eine Mangroven-Nachtbaumnatter zu*

halten. Das Reptil befand sich in einem ausgedienten Aquarium auf dem Wohnzimmerschrank.
Der unbestimmte Artikel hat hier die Funktion, die Aufmerksamkeit des Hörers auf die Nachinformation zu lenken.

Dagegen signalisiert der bestimmte Artikel, daß an der betreffenden Stelle die Vorinformation wichtig ist. Zusammen mit den Demonstrativpronomina im substantivischen oder adjektivischen Gebrauch hat so der bestimmte Artikel in Texten häufig die Aufgabe, thematische Einheiten in Sätzen zu kennzeichnen. Die Verweisrichtung ist hier anaphorisch.

Umgekehrt findet sich der unbestimmte Artikel bei rhematischen Einheiten:
Z. 4/5 *eine Mangróven-Nachtbaumnatter ... Das Reptil ...*

Steht der bestimmte Artikel innerhalb von rhematischen Einheiten, so soll dem Leser oder Hörer suggeriert werden, daß ihm das Genannte bereits bekannt ist oder daß es aus vorhergehenden Äußerungen erschlossen werden kann (nach [274] 155 ff.):
Z. 4–6 *... Wohnung ... Das Reptil befand sich in einem ausgedienten Aquarium auf dem Wohnzimmerschrank.* (vgl. VIII 1.1.4)
Ähnlich:
Z. 8/9 *... als er ein schwarzes Kabel in der Hand hielt.*
Dieser Gebrauch tritt auch in der Progression mit thematischem Sprung auf:
Z. 16–19 *Schließlich versprach der gebissene Schlangen-Bändiger, sich von dem Spielzeug zu trennen. Das Zoogeschäft hatte die Schlange als ungiftiges, zutrauliches Tier verkauft ...*

In einer Verbindung, die aus einem bestimmten Artikel + Substantiv + Relativsatz besteht, wird zwar der durch den bestimmten Artikel + Substantiv bezeichnete Gegenstand mit Hilfe des Relativsatzes genauer bestimmt (kataphorische Verweisrichtung), doch ist diese Verwendung am Anfang unseres Textes nicht möglich, wie der Ersatz des unbestimmten Artikels Z. 3 *ein* durch den bestimmten Artikel *der* zeigt:
Z. 2–5 *Jüngst wurde in einem Mietshaus in der Simonstraße Schlangen-Alarm verkündet. *Dafür sorgte der Frührentner, der Spaß daran gefunden hatte, in seiner Wohnung eine Mangroven-Nachtbaumnatter zu halten.*
Hier geht nichts voraus, woraus man die Existenz eines Rentners erschließen kann. Anders verhält es sich bei dem oben (VIII 1.1.5) gegebenen Beispiel:
Der Rentner versuchte die Schlange dem Zoogeschäft, in dem er sie gekauft hatte, zurückzugeben.
Da es sich bei der Schlange um eine nichteinheimische Schlange

302   Textlinguistik

handelt, liegt der Schluß nahe, daß der Rentner sie von einem Zoogeschäft bezogen hat.

Verschmolzene Artikelformen, die aus einer Präposition und dem bestimmten Artikel bestehen (II 1.2), können wie die Verbindung Präposition + unbestimmter Artikel gebraucht werden (nach [28] § 358):
Z. 1 *Schlange im Haus* (= *Schlange in einem Haus*).
Dagegen dürfte mit Z. 12 *ins Krankenhaus* in das bekannte Krankenhaus von Fürth gemeint sein, weil es in Fürth nur ein größeres Krankenhaus gibt. *ins Krankenhaus* hat so den gleichen Bekanntheitsgrad wie Z. 20/21 *bis zum Nürnberger Tiergarten*. Unauflösbar ist *im* in der Fügung Z. 27 *im Gras*.

Was den Artikelgebrauch in der Überschrift betrifft, so wird in Zeitungsberichten häufig dann der Artikel getilgt, wenn die Überschrift aus dem Anfangssatz zur Wiederholung herausgezogen ist: z.B.

Schwerverbrecher gefaßt
Gestern gelang es der Polizei, einen Schwerverbrecher zu fassen ... (nach [247] 61)

In ähnlicher Weise ist in der Überschrift unseres Textes *Schlange im Haus sorgte für Unruhe* der Artikel bei *Schlange* weggelassen. Aus inhaltlichen Gründen werden nach Möglichkeit nur die für das Verständnis des Satzes wichtigsten Wörter, die Inhaltswörter, genannt. Gegenüber dem Abstraktum *Unruhe*, das auch außerhalb von Überschriften artikellos gebraucht wird, muß bei Konkreta wie *Schlange* sonst der Artikel gesetzt werden.

In diesem Abschnitt haben wir Pronomina und Artikelwörter als Verweismittel in geschriebenen Texten kennengelernt. Wie wir festgestellt haben, können Pronomina und Artikelwörter aber auch als von der jeweiligen Sprechsituation abhängige Referenzmittel verwendet werden (VII 1).

1.4 Weitere kataphorische und anaphorische Verflechtungsmittel

Der kataphorische und anaphorische Gebrauch erstreckt sich nicht nur auf Pronomina und Artikelwörter; kataphorisch sind z.B. auch Elemente wie *zwar* oder *folgendes*.
Es ist zwar richtig, daß du das getan hast. (nach [244] 13) *folgendes* kann auch fehlen; dann verweist die grammatische und inhaltliche Unvollständigkeit eines Satzes zusammen mit dem Doppelpunkt auf das Folgende (nach [283] 193):
Z. 31/32 *Ein polizeilicher Vermerk gibt an: ,,Bei der Schlange handelt es sich nicht um eine Giftschlange ...''*

Eine kataphorische Funktion hat in unserem Text ferner die Frage Z. 30/31 *Ob nun die Natter giftig war oder nicht?* Sie weist auf die Antwort voraus, die im folgenden gegeben wird. In der mündlichen Kommunikation gehören zu den kataphorischen Verflechtungsmitteln alle Signale, die die Aufmerksamkeit des Hörers auf Nachfolgendes lenken sollen, wie *paß' auf, hör' zu, also* (nach [250] 25).

Auch die in VIII 1.2 angeführte lexikalisch-semantische Verflechtung hat eine bestimmte Verweisrichtung, zumeist eine anaphorische. Hinzu kommen Adjektive wie *ähnlich, gleich,* Adverbien wie *ebenso, anders,* Fügungen wie *das heißt* (nach [283] 197 ff.): Z. 10/11 *Nach dieser Begegnung ist der Schlangenfreund offensichtlich ebenfalls unruhig geworden.* Weiterhin sind Ellipsen für die Rückwärtsverweisung typisch; d.h., die vollständige Struktur steht vor der elliptischen: *Der Schrank ist doch hübsch? Besonders das Eingelegte* (Bertolt Brecht) (anstelle von: *Besonders das Eingelegte ist hübsch*) (nach [239] 72). Eine Zurückweisung einer bereits geäußerten Behauptung begegnet z.B. in *Daß er aber dumm ist, ist nicht wahr.* (nach [244] 13).

Auf Konjunktionen und bestimmte Adverbien, die ebenso hauptsächlich anaphorisch gebraucht werden, wird gesondert eingegangen (VIII 1.5).

1.5 Satzkonnektoren

Die Hauptfunktion von Konjunktionen und einer Teilklasse der Adverbien ist die Satzanknüpfung, d.h., diese Wörter stellen einen Anschluß zwischen zwei syntaktisch gleichrangigen Sätzen, vor allem ,,Hauptsätzen", her. Man bezeichnet sie als Satzkonnektoren ([289] 22 ff.). Wie in I 6.3 bemerkt, haben Konjunktionen, die am Satzanfang stehen, keinen Einfluß auf die Serialisierung, während durch Adverbien wie *dann, deshalb* in Spitzenposition Inversion (I 21.1) bewirkt wird. *(Die Kinder liefen in das Haus, denn es begann zu regnen/dann aßen sie zu Mittag.)* Von den Konjunktionen erscheint *nämlich* in der geschriebenen Sprache innerhalb des Satzes.

In der Gegenwartssprache unterscheidet N.R. Wolf [289] 30 ff. drei Gruppen von Konnektoren:
a) Konnektoren, die die situative Einordnung (Zeit, Raum, Lage/ Situation) des an einen Satz anschließenden Satzes ermöglichen.

304   Textlinguistik

Dazu gehören Adverbien wie *da, nun, dann, später, inzwischen.*
Z. 16—18 *Schließlich versprach der gebissene Schlangen-Bändiger, sich von dem Spielzeug zu trennen.*

b) Konnektoren, die Verhältnisse wie Begründungen, Folgerungen, Einschränkungen, Einräumungen oder Gegensätze zum Ausdruck bringen. Als Konjunktionen treten auf *denn, nämlich* (kausal); *aber* (restriktiv); *aber, allein, doch, jedoch, sondern* (adversativ); *oder* (alternativ) und als Adverbien *deshalb, deswegen* (kausal); *daher, so, infolgedessen* (konsekutiv); *allerdings, doch, jedoch* (restriktiv); *immerhin* (konzessiv); *doch, jedoch, dagegen, dennoch* (adversativ); *sonst* (alternativ) (vgl. auch I 10.3.3).
Z. 10—14 *Nach dieser Begegnung ist der Schlangenfreund offensichtlich ebenfalls unruhig geworden, denn die Natter hatte ihn bereits in die Hand gebissen, so daß er per Sanka ins Krankenhaus eingeliefert werden mußte. Doch soll er ausdrücklich betont haben bei dieser Gelegenheit ...*
Z. 33/34 *Ihr Biß ist nicht tödlich, jedoch gibt es dagegen noch kein Gegengift.*

c) Konnektoren mit anreihender Funktion
Es sind vor allem die Konjunktion *und* und das Adverb *auch.*
Z. 18/19 *Das Zoogeschäft hatte die Schlange als ungiftiges, zutrauliches Tier verkauft und lehnte eine Rücknahme ab.*

Doch können Sätze auch ohne Satzkonnektoren allein aufgrund ihrer semantischen Beziehungen miteinander verknüpft sein. Das zeigt das folgende Textbeispiel, bei dem wir die Konjunktion *denn* weglassen:
Z. 10—12 *Nach dieser Begegnung ist der Schlangenfreund offensichtlich ebenfalls unruhig geworden; die Natter hatte ihn bereits in die Hand gebissen ...*
Der zweite Satz nennt die Ursache für das Verhalten des Rentners (vgl. [28] § 1194).

Auch eine Satzverknüpfung ohne Konjunktion begegnet im Text, und zwar in der inhaltlich absurden Äußerung:
Z. 31—33 *Bei der Schlange handelt es sich nicht um eine Giftschlange. Es ist eine giftige Schlange.*
Wenn wir die Konjunktion *sondern* einfügen, ergibt sich ein adversatives Verhältnis.

Während in diesem Textstück *eine Giftschlange* durch *eine giftige Schlange* wiederaufgenommen wird, fehlen in Aufzählungen wie *Die Sonne scheint. Der Schnee schmilzt. Die Schneeglöckchen fangen an zu blühen.* nicht nur Konjunktionen, sondern

Mittel der Textkohärenz 305

auch Ersatzformen. Sätze können also auch ohne „materielle" textbildende Elemente einen Text bilden (vgl. [244] 21).

1.6 Tempus und Modus

a) Tempus

Unter den textkonstituierenden grammatischen Kategorien nimmt das Tempus eine bedeutende Rolle ein. Ein im texteröffnenden Satz verwendetes Tempus übt auf die Tempora der folgenden Sätze einen Strukturzwang aus. So ist ein Tempus mit anderen Tempora nicht ohne weiteres kombinierbar (I 18.2) ([285] 31 f.). Wird wie in unserem Zeitungsbericht vorwiegend über ein zeitliches Nacheinander von vergangenen Geschehnissen berichtet, so verwendet man das Präteritum. Die Wiederholung des gleichen Tempus erweckt den Eindruck der Kohärenz ([283] 199).

Da das Plusquamperfekt das dem Präteritum zugeordnete Tempus zur Bezeichnung der Vorzeitigkeit oder der Abgeschlossenheit auf der Ebene der Vergangenheit ist (I 18.1.3 b), bleibt in unserem Text bei der Verwendung des Plusquamperfekts in diesen Funktionen der Eindruck der Zusammengehörigkeit der Sätze gewahrt.

Zum Sprechzeitpunkt, d.h. am Tag des Erscheinens der Zeitung Geltendes, steht im Präsens:
Z. 25—27 *Nachdem die Schlange ihren Umzug in den Tiergarten gut überstanden hat, ist sie dort im Gras, hinter Glas zu besichtigen.* (aktuales Präsens) (zur Bezeichnung der Vorzeitigkeit siehe I 18.1.2).

Ebenso verwendet man bei Vorgangsmeldungen, die sich auf Gegenwärtiges beziehen, das Präsens. Einen Auszug aus einer solchen Vorgangsmeldung gibt der polizeiliche Vermerk am Schluß unseres Textes Z. 31—34. Weil dieser Vermerk zur Zeit des Erscheinens der Zeitung nachgelesen werden kann, ist auch in der vorausgehenden Fügung *Ein polizeilicher Vermerk gibt an:* das Präsens gesetzt.

In ähnlicher Weise beziehen sich subjektiv gebrauchte, im Präsens stehende Modalverben + Infinitiv Perfekt des Vollverbs hinsichtlich des Redemoments des Textverfassers auf die Gegenwart.
Z. 13/14 *Doch soll er [der Schlangenfreund] ausdrücklich betont haben bei dieser Gelegenheit, daß ...* →
Jemand behauptet, daß er [der Schlangefreund] ausdrücklich betont hat bei dieser Gelegenheit, daß ...

Z. 27–30 Durch das Entfernen der Natter soll laut Polizei der Alltag ... in seine geordneten Bahnen zurückgeführt worden sein. →

Die Polizei behauptet, daß durch das Entfernen der Natter der Alltag ... in seine geordneten Bahnen zurückgeführt worden ist.

In unserem Text erscheinen aber Tempora zum Ausdruck von Gegenwärtigem oder Vergangenem auch in anderen Funktionen. In diesem Zusammenhang ist H. Weinrichs Unterscheidung der Tempora, die er in seinem Buch „Tempus – Besprochene und erzählte Welt" (1964) vorgenommen hat, wichtig. Anhand von statistischen Untersuchungen zeigt Weinrich, daß je nach sprachlicher Äußerung bestimmte Tempora vorherrschen. Die Tempusgruppe I, die aus Präsens (in unserem Text zur Bezeichnung von Vergangenem), Futur 1 und Perfekt besteht, tritt vor allem in solchen sprachlichen Äußerungen auf, in denen etwas „besprochen" wird; d.h., wenn ein Sprecher Tempora der Gruppe I wählt, drückt er damit aus, daß er „engagiert" ist.

Dagegen gehören Präteritum, Konjunktiv 1 (und 2) und das Plusquamperfekt zur Tempusgruppe II. Diese Tempusgruppe begegnet außer in Berichten überwiegend in erzählenden Texten. Durch die Wahl von Tempora der Tempusgruppe II wird dem Hörer zu verstehen gegeben, daß das Geschehen vom Standpunkt des Sprechers abgerückt ist. Für die Verwendung von Präteritum und Perfekt ergibt sich damit folgende Unterscheidung: Während in der Hochsprache im Präteritum die Zeit als Kontinuum dargestellt wird (zum Oberdeutschen siehe I 18.1.3a), kann durch das Perfekt ein Geschehnis aus dem Kontinuum des Zeitablaufs herausgelöst und kommentiert werden. Das Perfekt bezeichnet also nicht nur ein auf die Gegenwart beziehbares abgeschlossenes Geschehen (I 18.1.2), sondern es dient auch zur Konstatierung und Kommentierung von Einzelfakten. Wenn in einem Kontext, der die Tempusgruppe II erwarten läßt, Tempora der Gruppe I auftreten, werden die Tempora zum Stilmittel.

Die Beispiele aus unserem Text sind:

Z. 10–12 Nach dieser Begegnung ist der Schlangenfreund offensichtlich ebenfalls unruhig geworden, denn die Natter hatte ihn bereits in die Hand gebissen ...

Daß hier ein Kommentar des Sprechers zu einem vergangenen Geschehen vorliegt, zeigt sich nicht nur an der Verwendung des Perfekts, sondern auch an dem Gebrauch des Modalworts *offensichtlich*. Eine Stellungnahme des Sprechers begegnet weiterhin in:

Z. 34/35 Jetzt wird man's ja ganz genau wissen.

Das Futur 1 drückt eine Vermutung aus. Schließlich bringt ein „engagiertes Sprechen" die Partie im historischen Präsens Z. 19–25 zum Ausdruck (I 18.1.3 a).

b) Modus

Wie bei den Tempora übereinstimmender Tempusgebrauch Textkohärenz schafft, ist in unserem Text der fast durchgehende Modus Indikativ ein Mittel der Textverflechtung.

Der an einer Stelle in einer indirekten Rede auftretende Konjunktiv 1 von *haben* in Verbindung mit dem Partizip 2 eines Vollverbs setzt den Inhalt eines Gliedsatzes in Beziehung zu einem im Vorausgehenden identifizierten Sprecher, wodurch ebenfalls eine textverflechtende Wirkung entsteht:
Z. 10, 13–15 ... *der Schlangenfreund ... Doch soll er ausdrücklich betont haben bei dieser Gelegenheit, daß die Schlange zu dem Zeitpunkt nicht unter Hunger gelitten habe...*

2 Zur Textkonstitution aus pragmatischer Sicht

Die Forderung, die pragmatische Funktion von Sprache (dazu VII 1; 2) zu berücksichtigen, wirkte sich auch auf die Textlinguistik aus. Texte sollten nicht mehr als isolierte Objekte untersucht werden; man war der Meinung, daß auch die Kommunikationssituationen, in denen die Sprachbenutzer Texte verwenden, zu beachten seien.

Unter einem kommunikationsorientierten Aspekt betrachtete man nun Texte als die sprachliche Seite des aus mehreren Faktoren bestehenden Kommunikationsakts. Der Begriff „Kommunikationsakt" knüpft an die in VII behandelte Theorie der Sprechakte an.

Während aber in der Sprechakttheorie Äußerungen zumeist in Form von Einzelsätzen analysiert werden, sind Äußerungen in Sprechsituationen nur selten mit einem einzigen Satz identisch. Daraus hat man gefolgert, daß die primäre sprachliche Einheit in kommunikativer Hinsicht nicht der Sprechakt, wie ihn John L. Austin und John R. Searle beschreiben, ist, sondern daß es sich um umfassendere Einheiten, nämlich Texte, handeln muß (nach [262] 130 f.).

Komponenten des Kommunikationsprozesses, in dem ein Text eingebettet ist, sind außer dem Sender (Sprecher, Schreiber) und Empfänger (Hörer, Leser) zunächst der Inhalt, die Situation und die Intention des Senders. Hinzu kommt die Fähigkeit des Senders und Empfängers, Sprache als Kommunikationsmittel zu gebrauchen, also ihre kommunikative Kompetenz (nach [277] 276; vgl. auch [279] 48 ff., 104 ff.).

Von diesen Faktoren ist für unseren Text nur die Intention des Sprechers interessant. Dadurch, daß der Empfänger des Textes die Leser der „Fürther Nachrichten" sind, ergeben sich die übrigen Komponenten mit Ausnahme des Inhalts von selbst. Die Mitteilungsabsicht des Senders ist je nach Textsorte verschieden. Der Begriff „Textsorte" umfaßt sowohl poetische (literarische, fiktionale) als auch nichtpoetische (nichtfiktionale, expositorische) Texte ([240] 221). Textsorten klassifiziert man nach textimmanenten und textexternen Gesichtspunkten. Während unter textexternem Aspekt die oben genannten Komponenten des Kommunikationsprozesses betrachtet werden, sind textimmanente Kriterien neben Vorkommen und Häufigkeit bestimmter Wortarten, Pronominalisierungen, Verweisformen, Thema-Rhema-Strukturen (vgl. [18] 539) auch Art und Kombination der stilistischen Mittel ([281] 280 ff.; Weiteres [282] 25 ff.; [268] 104 ff.; [276] 307 f.).

Unser Text weist typische Merkmale eines Zeitungsberichts auf. Auf einige textsortenspezifische Stilmittel wie die Verwendung des Präteritums oder die Form der Überschrift sind wir bereits eingegangen. Beim Berichten kommt es darauf an, daß die wesentlichen Einzelmomente aus einem komplexen Geschehen im Nacheinander ihrer Abfolge angeführt werden (vgl. [252] 237). Die wesentlichen Einzelmomente müssen vollständig und lückenlos dargestellt werden, wobei häufig präzisierende Lokal- und Temporalbestimmungen hinzugezogen werden *(Fürth, Simonstraße, Nürnberger Tiergarten)* (vgl. [281] 284).

Zu den referierenden Elementen des Berichtens kommen aber in unserem Text andere Elemente hinzu, die auf eine bestimmte Wirkung zielen. So reizt die Verwendung von nicht normalsprachlichen Ersatzformen wie *Schlangen-Bändiger* für Rentner (VIII 1.2) zum Lachen. Die Wiedergabe des inhaltlich absurden Polizeivermerks am Schluß des Textes wirkt wie die Pointe eines Witzes.

Als Textintention ergibt sich somit folgendes: Der Text will in erster Linie informieren — der Grundcharakter des Berichtens bleibt gewahrt — und in zweiter Linie unterhalten. Wenn referierende und auf Wirkung zielende Elemente in einem Zeitungsartikel verschmolzen sind, handelt es sich um eine Reportage, ein eigenständiges Genre der Publizistik (nach [261] 286; [269] 112; vgl. auch [288] 72 f.).

ANHANG: ZUR ANLAGE WISSENSCHAFTLICHER ARBEITEN

0 Wissenschaftliche Arbeiten müssen in einer bestimmten Form abgefaßt werden. Die folgenden Hinweise gelten für alle Arten schriftlicher Arbeiten wie Thesenblätter, Informationsblätter, Seminararbeiten, Zulassungsarbeiten, Dissertationen usw. Für Druckvorlagen von Publikationen sind die Vorschriften der Verlage zu beachten.

1 Hinweise zur Textgestaltung

1.1 Schreibtechnische Gestaltung

1.1.1 Papier
Für die Reinschrift des Manuskripts verwendet man DIN-A-4-Papier, das nur einseitig in 1 1/2-fachem Zeilenabstand beschriftet wird.

1.1.2 Rand
Der obere und der untere Rand beträgt 2 cm, der rechte Rand ca. 1 cm. Der sehr wichtige linke Rand (= Korrekturrand) sollte unbedingt 5 cm ausmachen.

1.1.3 Längere Zitate u.ä.
Zitate von etwa 3 Zeilen Länge an oder ausführliche Beispiele werden gegenüber dem eigentlichen Text um 3 Anschläge nach rechts gerückt und engzeilig geschrieben.

1.1.4 Fußnoten
Fußnoten werden durch einen über etwa ein Drittel der Zeile gehenden Strich vom Text darüber abgesetzt, 3 Anschläge nach rechts eingerückt und engzeilig geschrieben. Jede Fußnote beginnt wie ein normaler Satz mit Großschreibung und endet mit einem schließenden Satzzeichen. Fußnoten zählt man entweder für jede Seite von 1 an gesondert durch, oder man sammelt sie am Schluß der Arbeit vor dem Literaturverzeichnis. Durch eine zusätzliche Leerschaltung werden sie voneinander abgesetzt. Im Text werden Fußnoten durch eine halbhoch gestellte arabische Ziffer ohne Klammer, Punkt oder einen anderen Zusatz kenntlich gemacht. Bezieht sich die Fußnote auf ein einzelnes Wort oder eine Wortgruppe, so steht die Ziffer direkt dahinter noch vor dem folgenden Satzzeichen. Bezieht sie sich jedoch auf einen ganzen Satz oder einen durch Satzzeichen eingeschlossenen Satzteil, so wird sie nach dem schließenden Satzzeichen gesetzt. Bei Quellenwiedergaben erscheint die Fußnote am Zitatschluß und nicht schon hinter dem (oft bereits vorher im Text genannten) Namen des Verfassers bzw. Titel der Quelle (zum Inhalt siehe 3).

1.1.5 Überschriften
Die einzelnen Textteile, Vorwort, Einleitung, Kapitel, Quellenverzeichnis, Anhänge usw. werden mit gesonderten, in Großbuchstaben zu schreibenden Überschriften versehen.

310 Anhang

1.1.6 Absätze
Absätze werden durch eine zusätzliche Leerschaltung voneinander abgesetzt.

1.2 Seitenzählung

1.2.1 Anordnung
Die Seitenzahlen werden in die Mitte (ohne Berücksichtigung der Randleiste) und ohne Zusatz von Klammern, Strichen u.ä. zwei Leerschaltungen unter den oberen Blattrand gesetzt. Titelseiten zählt man nicht mit.

1.2.2 Schreibzeichen
Für die Paginierung verwendet man arabische Ziffern. Wird dem eigentlichen Text ein Vorspann vorgeschaltet, kann dieser erste Teil auch in großen römischen Ziffern durchgezählt werden.

1.3 Gestaltung des Titelblatts
Der Text des Titelblatts wird in die Mitte zwischen die seitlichen Ränder gesetzt. Das Titelblatt muß folgende Angaben enthalten:
1. Titel (mit Untertitel) der Arbeit
2. Funktion der Arbeit (Proseminar-, Hauptseminararbeit; zur Zulassungsarbeit siehe unten)
3. Adressat der Arbeit: Titel des Seminars, Semester, Name des Leiters der Veranstaltung
4. Verfasser der Arbeit (Name, Adresse, Angabe, im wievielten Fachsemester)
5. Termin der Ablieferung

Für das Titelblatt von Zulassungsarbeiten gelten gesonderte Vorschriften, die einem beim Prüfungsamt erhältlichen Merkblatt zu entnehmen sind.

1.4 Textgliederung nach Ordnungszahlen („Dezimalgliederung")
Die Hauptabschnitte eines Textes werden von 1 an fortlaufend numeriert (1. Stufe). Jeder Hauptabschnitt kann wiederum in Unterabschnitte (2. Stufe) unterteilt werden, die ebenfalls fortlaufend numeriert werden. Die Untergliederung ist auf 3 Zahlen zu beschränken. Zeigt der erste Abschnitt einer Stufe einleitenden Charakter, kann er mit 0 (Null) versehen werden. Die Abschnittsnummern müssen mit Überschriften verbunden werden, die im Falle von Überschriften über Hauptabschnitte (Kapitel) groß zu schreiben sind (1.1.5). Bei Querverweisen werden nur die Abschnittsnummern angegeben.

2 Quellenwiedergabe

2.0
Von der Funktion her unterscheidet man zwischen primären und sekundären Quellen. Primärquellen sind Gegenstand wissenschaftlicher Untersuchung wie Urkunden, Texte gesprochener Sprache usw. Sekundärquellen setzen sich mit Primärquellen auseinander.

2.1 Quellengetreue Wiedergabe
Wird eine Quelle bzw. ein Auszug daraus im Wortlaut wiedergegeben, so muß das Zitat der Vorlage (auch in der Zeichensetzung) genau entsprechen.

Zur Anlage wissenschaftlicher Arbeiten   311

2.2   Optische Heraushebung von Zitaten
       Kürzere Zitate wie Titel von Arbeiten werden in doppelte Anführungs-
       zeichen eingeschlossen. Enthält der zitierte Text selber noch Zitate, so
       werden letztere in einfache Anführungszeichen gesetzt. Bei längeren,
       durch Einrückung und engzeilige Schreibweise gekennzeichneten Zi-
       taten (vgl. 1.1.3) entfallen die doppelten Anführungszeichen.

2.3   Anmerkungen (Interpolationen) im Zitat, Übersetzungen von Zitaten
       Werden innerhalb eines Zitats erklärende Anmerkungen, Sinnergän-
       zungen oder Interpolationen (Ergänzungen von Buchstaben oder
       Wörtern in philologisch unvollständigen Texten) nötig, so sind sie dem
       Leser durch eckige Klammern anzuzeigen. In ähnlicher Weise werden
       Übersetzungen von Zitaten, die nur bei weniger bekannten Sprachen
       angebracht sind, mit „übersetzt" und mit dem Anfangsbuchstaben
       des Namens des Übersetzers gekennzeichnet.

2.4   Auslassungen (Ellipsen) im Zitat
       Auslassungen innerhalb von Zitaten sind dem Leser jeweils durch 3
       Punkte kenntlich zu machen.

2.5   Eingliedern von Zitaten in den Satzzusammenhang
       Sofern ein Zitat in einen laufenden Satz eingefügt wird, können Groß-
       schreibung (Satzanfang) und schließendes Satzzeichen des Zitats zur
       Einpassung in den Satz verändert werden. Doch sind Zitat und Satz-
       führung syntaktisch so eng wie möglich einander anzupassen.

2.6   Transkription, Transliteration, objektsprachliche Einheiten u.a.
       Wenn das Lautbild der gesprochenen Sprache bzw. fremdsprachiger
       Texte lautgetreu wiedergegeben werden muß, ist das Transkriptions-
       system der IPA-Lautschrift zu verwenden. Zeichen, die nicht mit
       einer normalen Schreibmaschine herstellbar sind, werden handschrift-
       lich (mit einem Feinstrichkugelschreiber) eingesetzt. Dabei werden
       phonetische bzw. phonemische Transkriptionen in eckige Klammern
       ([ʃɔy]) bzw. Schrägstriche (/ʃeu/) gesetzt. Grapheme werden durch
       spitze Klammern (<eu>), Morpheme durch geschweifte Klammern
       ({scheu}), erschlossene oder ungrammatische Formen durch Stern-
       chen gekennzeichnet, z.B. uridg. *bʰer-; *Stillheit. Bedeutungsanga-
       ben werden in einfache Anführungszeichen gesetzt, z.B. frz. maison
       ‚Haus'. Vor allem aber sind objektsprachliche Einheiten (sprachliche
       Belege, über die etwas ausgesagt wird) stets zu unterstreichen oder
       kursiv zu schreiben.

3   Fußnoten, Anmerkungen

3.1   Funktion von Fußnoten und Anmerkungen
       In Fußnoten wird aufgenommen, was zur Information des Lesers not-
       wendig ist, was aber den unmittelbaren Textzusammenhang stören
       würde. Hierzu gehören
       1. Kurzbelege mittelbar oder unmittelbar benutzter Quellen und Be-
          legverweise (dazu 5.2, 3)
       2. Verweise auf ergänzende oder kontrastierende Quellen (eingeleitet
          z.B. durch ‚so auch', ‚anders aber' usw.)
       3. Hinweise auf andere Teile des eigenen Manuskripts

4. Informationen, die zwar von der Hauptlinie der Textargumentation abweichen, aber doch zur Ergänzung, Kontrastierung oder zum vertieften Verständnis wichtig sind.

4. Abkürzungen

Abkürzungen sollte man im laufenden Text nur verwenden, wenn die erzielte Raumersparnis nicht auf Kosten der Lesbarkeit geht. Wenn der angesprochene Leserkreis die Abkürzungen nicht ohne weiteres versteht, müssen sie in einem Abkürzungsverzeichnis aufgelöst werden.

5. Literaturangaben

5.0 Drei Arten von Literaturangaben sind zu unterscheiden:
1. der ausführliche Beleg im Literaturverzeichnis
2. der Kurzbeleg
3. die Belegverweisung

5.1 Die Literaturangaben im Literaturverzeichnis

5.1.1 Der ausführliche Beleg

Es genügt, eine Quelle (Primär- oder Sekundärquelle) einmal bibliographisch vollständig zu benennen, und zwar im Literaturverzeichnis. Dabei hat man zwischen selbständigen und unselbständig erschienenen Veröffentlichungen zu unterscheiden, also Veröffentlichungen mit eigenem Titelblatt und häufig eigener Seitenzählung bzw. Veröffentlichungen, die in selbständig erschienenen Publikationen eingefügt sind, z.B. Zeitschriftenaufsätzen. Ein ausführlicher Beleg einer selbständig erschienenen Quelle soll enthalten: Nachname(n) (Bindestriche bei Doppelnamen), abgekürzter Vorname des Verfassers (bei mehr als drei Autoren, die durch Schrägstriche getrennt werden, nennt man nur den ersten und setzt dahinter: u.a.), Titel des Werkes: Untertitel des Werkes, Name des Herausgebers (mit vorangestelltem: (hg.)), Bandzahl (in arabischen Ziffern): Stücktitel, Auflage, Erscheinungsort, Erscheinungsjahr (Titel der Reihe oder Serie, Nummer dieser Reihe in arabischen Ziffern). Ein ausführlicher Beleg einer unselbständig erschienenen Quelle soll enthalten: Nachname(n), abgekürzter Vorname des Verfassers, „Titel der unselbständigen Veröffentlichung" (immer in doppelten Anführungsstrichen), Titel der Zeitschrift, des Jahrbuchs usw., ggf. Serie oder Folge, Bandnummer (Jahrgang) in arabischen Ziffern, ggf. Nummer der einzelnen Ausgabe oder bei Sammelbänden: vorausgestelltes in: Name des Herausgebers (mit nachgestelltem (Hg)), Titel des Werkes usw. (vgl. oben), Seitenangabe in arabischen Ziffern.

5.1.2 Literaturverzeichnis

Das Literaturverzeichnis muß sämtliche in der Abhandlung zitierten Quellen enthalten. Es ist im allgemeinen nach Primär- und Sekundärquellen unterteilt (dazu 2.0) und alphabetisch geordnet. Wenn mehrere Arbeiten eines Autors anzugeben sind, werden diese chronologisch angeführt. Der Autorenname wird nur das erste Mal voll genannt, danach benutzt man die Abkürzung ‚ders.' oder einen Bindestrich. Zwischen den einzelnen Titeln, die engzeilig geschrieben werden, ist ein 1 1/2-facher Zeilenabstand einzuhalten.

5.2 Der Kurzbeleg

Für Quellenangaben außerhalb des Literaturverzeichnisses reichen der Nachname des Verfassers, Kurztitel, bei mehrbändigen Werken die Bandnummer (in großen römischen Ziffern) und schließlich die Seitenangabe aus. Der Umfang der Seitenzahl sollte dabei genau angegeben werden, z.B. Tschirch, Geschichte II, S. 11–13 (nicht 11 ff.).

In linguistischen Arbeiten wird auch vielfach folgendes Zitierverfahren angewandt: Im Literaturverzeichnis wird hinter dem Verfassernamen in runden Klammern das Erscheinungsjahr der Publikation genannt:
Weinrich, H. (1964), Tempus – Besprochene und erzählte Welt, München. Im laufenden Text erscheint als verkürzte Form einer Anmerkung: Weinrich 1964, 112. Werden mehrere Werke eines Verfassers mit demselben Erscheinungsjahr zitiert, unterscheidet man sie durch Kleinbuchstaben (z.B. 1964a). Da diese Zitierweise aber zu syntaktisch anstößigen und sachlich unsinnigen Formulierungen führen kann (z B. in Chomsky 1957, 9 wird behauptet ...), ist das zuerst genannte Verfahren vorzuziehen; der Quellenbeleg ist also mit Kurztitel in der Fußnote anzuführen.

5.3 Die Belegverweisung

Wird auf einer Manuskriptseite mehrmals unmittelbar hintereinander auf die gleiche Quelle Bezug genommen, genügt ‚ibid.' oder ‚ebd.', ggf. mit Angabe der Band-, Seitenzahl(en) (nach [293] ; vgl. auch [292]).

BIBLIOGRAPHIE

Auf folgende Literatur wurde wörtlich oder sinngemäß Bezug genommen:
(Die Literatur wird gewöhnlich unter dem Kapitel angeführt, in dem sie auch
benutzt wurde. Weist der Titel einer Monographie auf ein anderes Kapitel,
so wird die Literaturangabe mit Verweis auf dieses Kapitel dort vollständig
angegeben. Sammelbände, in denen unterschiedliche Themenbereiche behandelt werden, werden unter dem Kapitel SYNTAX genannt.)

I SYNTAX

[1]   Admoni, W., Der deutsche Sprachbau, 4. Aufl., München 1982
[2]   Agricola, E. u.a. (Hg.), Die deutsche Sprache: Kleine Enzyklopädie,
        1.2., Leipzig 1969. 1970
[3]   Althaus, H.P./Henne, H./Wiegand, H.-E. (Hg.), Lexikon der germani-
        stischen Linguistik, 2. Aufl., Tübingen 1980
[4]   Arens, H., Sprachwissenschaft: Der Gang ihrer Entwicklung von der
        Antike bis zur Gegenwart, 1: Von der Antike bis zum Ausgang des
        19. Jahrhunderts. 2: Das 20. Jahrhundert, 2. Aufl., 1969, Freiburg/
        München 1974 (Fischer Athenäum Taschenbücher, 2077, 2078)
[5]   Bartsch, R./Lenerz, J./Ullmer-Ehrich, V., Einführung in die Syntax,
        Kronberg (Ts.) 1977 (Scriptor Taschenbücher, S. 19)
[6]   Baum, R., „Dependenzgrammatik": Tesnières Modell der Sprach-
        beschreibung in wissenschaftsgeschichtlicher und kritischer Sicht,
        Tübingen 1976 (Beihefte: Zeitschrift für Romanische Philologie,
        151)
[7]   Baumgärtner, K./Wunderlich, D., „Ansatz zu einer Semantik des
        deutschen Tempussystems", Beihefte: Wirkendes Wort 20 (1969)
        S. 23–49
[8]   Bayer/Lindauer, Lateinische Grammatik: Auf der Grundlage der La-
        teinischen Schulgrammatik von Landgraf/Leitschuh, bearb. von
        Bayer, K./Lindauer, J., 1974, München 1977
–   Beaugrande, R.-A. de/Dressler, W.U., siehe TEXTLINGUISTIK
        [239]
–   Bergenholtz, H./Mugdan, J., siehe MORPHEMIK UND WORTBIL-
        DUNG [110]
[9]   Bergmann, R./Pauly, P., Neuhochdeutsch: Arbeitsbuch zur Gram-
        matik der deutschen Gegenwartssprache mit einer Einführung in die
        Satzanalyse, 3. Aufl., Göttingen 1983
[10]   Bierwisch, M., „Strukturalismus, Geschichte, Probleme und Me-
        thoden", Kursbuch 5 (1966) S. 77–152
[11]   Bloomfield, L., „A set of postulates for the science of language",
        in: Joos, M. (Hg.), Readings in Linguistics, 1: The Development
        of Descriptive Linguistics in America 1925–56, 4. Aufl., Chicago/
        London 1967, S. 26–31 (= Language 2 (1926) S. 153–164)

Bibliographie 315

[12]   – – –, Language, 1933, 13. Aufl., London 1976

[13]   Brekle, H.E., Generative Satzsemantik im System der englischen Nominalkomposition, 2. Aufl., München 1976 (Internationale Bibliothek für allgemeine Linguistik, 4)

[14]   Brinker, K., Konstituentenstrukturgrammatik und operationale Satzgliedanalyse: Methodenkritische Untersuchungen zur Syntax des einfachen Satzes im Deutschen, Frankfurt (M.) 1972

[15]   Brinkmann, H., Die deutsche Sprache: Gestalt und Leistung, 2. Aufl., Düsseldorf 1971

[16]   Bünting, K.-D./Bergenholtz, H., Einführung in die Syntax: Grundbegriffe zum Lesen einer Grammatik, Königstein (Ts.) 1979 (Athenäum-Taschenbücher, 2139)

[17]   Bünting, K.-D./Eichler, W., ABC der deutschen Grammatik: Mit Stichwörtern zur Rechtschreibung und zur Zeichensetzung, Königstein (Ts.) 1982

[18]   Bußmann, H., Lexikon der Sprachwissenschaft, Stuttgart 1983 (Kröners Taschenausgabe, 452)

[19]   Carnap, R., „Strukturbeschreibungen“, Kursbuch 5 (1966) S. 69–73

[20a] Chomsky, N., Syntactic Structures, 1957, 13. Aufl., The Hague/Paris/New York 1978 (Janua linguarum: series minor, 4);

[20b] deutsch: Strukturen der Syntax, übersetzt von Lange, K.-P., The Hague/Paris 1973 (Janua linguarum: series minor, 182)

[21a] – – –, Aspects of the Theory of Syntax, Cambridge (Mass.) 1965;

[21b] deutsch: Aspekte der Syntax-Theorie, (hg.) übersetzt von Lang, E., 1969, 2. Aufl., Frankfurt (M.)/Berlin 1978

[22]   – – –, Lectures on Government and Binding: The Pisa Lectures, 1981, 2. ed., Dodrecht (-Holland)/Cinnaminson (U.S.A.) 1982 (Studies in Generative Grammar, 9)

[23]   Conrad, R., Studien zur Syntax und Semantik von Frage und Antwort, Berlin 1978 (studia grammatica, 19)

–   Coseriu, E., siehe TEXTLINGUISTIK [244]

[24]   Dal, I., „Indifferenzformen in der deutschen Syntax: Betrachtungen zur Fügung *Ich kam gegangen*“, Norsk Tidsskrift for Sprogvidenskap 17 (1954) S. 489–497

[25]   – – –, Kurze deutsche Syntax auf historischer Grundlage, 3. Aufl., Tübingen 1966 (Sammlung kurzer Grammatiken germanischer Dialekte, B 7)

[26]   Drach, E., Grundgedanken der deutschen Satzlehre, 3. Aufl., 1940, Darmstadt 1963

[27]   Duden: Grammatik der deutschen Gegenwartssprache, bearb. von Grebe, P. unter Mitwirkung von Gipper, H. u.a., 3. Aufl., Mannheim/Wien/Zürich 1973 (Duden Band 4)

[28]   Duden: Grammatik der deutschen Gegenwartssprache, (hg.) bearb. von Drosdowski, G. in Zusammenarbeit mit Augst, G. u.a., 4. Aufl., Mannheim/Wien/Zürich 1984 (Duden Band 4)

[29]   Eichinger, L.M., „Überlegungen zum Adverb“, Sprachwissenschaft 4 (1979) S. 82–92

[30]   Eichler, W./Bünting, K.-D., Deutsche Grammatik: Form, Leistung und Gebrauch der Gegenwartssprache, 2. Aufl., Kronberg (Ts.) 1978

[31]	Engel, U., Syntax der deutschen Gegenwartssprache, 2. Aufl., Berlin 1982 (Grundlagen der Germanistik, 22)
[32]	Engel, U./Schumacher, H., Kleines Valenzlexikon deutscher Verben, unter Mitarbeit von Ballweg, J. u.a., 2. Aufl., Tübingen 1978 (Forschungsberichte des Instituts für Deutsche Sprache Mannheim, 31)
[33]	Engelen, B., „Zum System der Funktionsverbgefüge", Wirkendes Wort 18 (1968) S. 289–303
[34]	---, Untersuchungen zu Satzbauplan und Wortfeld in der geschriebenen deutschen Sprache der Gegenwart, 1, München 1975 (Heutiges Deutsch, III 3)
[35]	---, Einführung in die Syntax der deutschen Sprache, 1: Vorfragen und Grundlagen, Baltmannsweiler 1984
[36]	Erben, J., „*Er sitzt, weil er gestanden hat* oder: Über den Zusammenhang von Valenz und Mitteilungswert des Verbs", in: Studien zur Syntax des heutigen Deutsch: Grebe, P. zum 60. Geburtstag, Düsseldorf 1970 (Sprache der Gegenwart, 6) S. 97–102
[37]	---, Deutsche Grammatik: Ein Abriß, 1972, 12. Aufl., München 1980
[38]	---, Deutsche Syntax: Eine Einführung, Bern/Frankfurt (M.)/ New York 1984 (Germanistische Lehrbuchsammlung, 12)
[39]	Eroms, H.-W., „Zur Konversion der Dativphrasen", Sprachwissenschaft 3 (1978) S. 357–405
[40]	---, Valenz, Kasus und Präpositionen: Untersuchungen zur Syntax und Semantik präpositionaler Konstruktionen in der deutschen Gegenwartssprache, Heidelberg 1981 (Monographien zur Sprachwissenschaft, 11)
[41a]	Fillmore, Ch.J., „The Case for Case", in: Bach, E./Harms, R.T. (Hg.), Universals in linguistic theory, New York 1968, S. 1–90;
[41b]	deutsch: „Plädoyer für Kasus", übersetzt von Abraham, W., in: Abraham, W. (Hg.), Kasustheorie, 2. Aufl., Wiesbaden 1977 (Schwerpunkte Linguistik und Kommunikationswissenschaft, 2), S. 1–118
[42]	---, „Some Problems for Case Grammar", Working Papers in Linguistics 10 (1971) S. 245–265
[43]	Flämig, W. u.a., „Grundzüge der neuhochdeutschen Grammatik", in: Agricola, E. (siehe SYNTAX [2]) II, S. 834–1014
[44]	---, „Verben", in: Heidolph, K.-E. (siehe SYNTAX [60]), S. 497–567
[45]	Fleischer, W. u.a. (Hg.), Deutsche Sprache: Kleine Enzyklopädie, Leipzig 1983
[46]	Gerhardt, M. (Hg.), Funk-Kolleg Sprache: Eine Einführung in die moderne Linguistik, 2., Frankfurt (M.) 1973 (Fischer Taschenbuch, 6112)
[47]	Glinz, H., Geschichte und Kritik der Lehre von den Satzgliedern in der deutschen Grammatik, Phil. Diss. Zürich, Bern 1947
[48]	---, Die innere Form des Deutschen: Eine neue deutsche Grammatik, 1952, 6. Aufl., Bern/München 1973 (Bibliotheka Germanica, 4)
[49]	---, Der deutsche Satz: Wortarten und Satzglieder wissenschaftlich gefaßt und dichterisch gedeutet, 1957, 6. Aufl., Düsseldorf 1970
[50]	---, Deutsche Grammatik, 1: Satz, Verb, Modus, Tempus, 3.

Bibliographie 317

Aufl., Wiesbaden 1975 (Studienbücher zur Linguistik und Literaturwissenschaft, 2)

[51] Götze, L., Valenzstrukturen deutscher Verben und Adjektive: Eine didaktische Darstellung für das Fach Deutsch als Fremdsprache, München 1979 (Heutiges Deutsch, I 3.1)

[52] Greenberg, J.H., Language universals with special reference to feature hierarchies, The Hague/Paris 1966 (Janua linguarum: series minor, 69)

[53] – – –, „Language Universals", in: Sebeok, Th. A. (Hg.), Current Trends in Linguistics, 3: Theoretical Foundations, The Hague/Paris 1966, S. 61–112

[54] Greenberg, J.H./Osgood, Ch.E./Jenkins, J.J., „Memorandum Concerning Language Universals", in: Greenberg, J.H. (Hg.), Universals of Language, 2. Aufl., Cambridge (Mass.) 1966, S. XV–XXVII

[55] Grimm, H./Engelkamp, J., Sprachpsychologie: Handbuch und Lexikon der Psycholinguistik, Berlin 1981 (Handbücher zur Sprachwissenschaft und Sprachdidaktik, 1)

[56] Günther, H./Pape, S., „Funktionsverbgefüge als Problem der Beschreibung komplexer Verben in der Valenztheorie", in: Schumacher, H. (siehe SYNTAX [97]), S. 92–128

[57] Gutknecht, Ch./Panther, K.-U., Generative Linguistik: Ergebnisse moderner Sprachforschung, Stuttgart/Berlin/Köln/Mainz 1973 (Urban-Taschenbücher, 173)

[58] Haftka, B., „Reihenfolgebeziehungen im Satz (Topologie)", in: Heidolph, K.E. (siehe SYNTAX [60]), S. 702–764

[59] Harris, Z.S., Methods in Structural Linguistics, Chicago 1951 [wiederveröffentlicht als: Structural Linguistics, 1961]

[60] Heidolph, K.E./Flämig, W./Motsch, W., Grundzüge einer deutschen Grammatik, Berlin 1981

[61] Helbig, G., „Theoretische und praktische Aspekte eines Valenzmodells", in: Helbig, G. (Hg.), Beiträge zur Valenztheorie, The Hague/Paris 1971 (Janua linguarum: series minor, 15), S. 31–49

[62] – – –, „Zum Status der Satzglieder und zu einigen sekundären Satzgliedern im Deutschen", in: Helbig, G. (Hg.), Beiträge zu Problemen der Satzglieder, Leipzig 1978, S. 79–104

[63] – – –, Geschichte der neueren Sprachwissenschaft, 5. Aufl., Opladen 1981 (WV-Studium, 48)

[64] – – –, Valenz – Satzglieder – semantische Kasus – Satzmodelle: Zur Theorie und Praxis des Deutschunterrichts für Ausländer, Leipzig 1982

[65] – – –, „Valenz und Sprachebenen", Zeitschrift für Germanistik 1 (1982) S. 68–84

[66a,b] – – –, Studien zur deutschen Syntax, 1.2, Leipzig 1983. 1984

[67] Helbig, G./Buscha, J., Deutsche Grammatik: Ein Handbuch für den Ausländerunterricht, 7. Aufl., Leipzig 1981

[68] Helbig, G./Schenkel, W., Wörterbuch zur Valenz und Distribution deutscher Verben, 1978, 6. Aufl., Leipzig 1980

[69] Heringer, H.-J., Die Opposition von *kommen* und *bringen* als Funktionsverben: Untersuchungen zur grammatischen Wertigkeit und

318 Bibliographie

Aktionsart, Düsseldorf 1968 (Sprache der Gegenwart, 3)

[70] −−−, „Einige Ergebnisse und Probleme der Dependenzgrammatik", Der Deutschunterricht 22, Heft 4 (1970) S. 42−98

[71] −−−, Deutsche Syntax, Berlin/New York 1972 (Sammlung Göschen, 5246)

[72] −−−, Theorie der deutschen Syntax, 2. Aufl., München 1973 (Linguistische Reihe, 1)

[73] Hiersche, R., „Zur deutschen Satzgliedlehre", Sprachwissenschaft 4 (1979) S. 233−253

[74a] Hjelmslev, L., Omkring sprogteoriens grundlæggelse, Kopenhagen 1943, 1966

[74b] deutsch: Prolegomena zu einer Sprachtheorie, übersetzt von Keller, R./Scharf, U./Stötzel, G., München 1974 (Linguistische Reihe, 9)

[75] Jüttner, F., „Zur Systematisierung der Abwandlungen", in: Heidolph, K.E. (siehe SYNTAX [60]), S. 765−838

[76] Jung, W., Grammatik der deutschen Sprache, bearb. von Starke, G., 6. Aufl., Leipzig 1980

[77] Korhonen, J., „Zum Verhältnis von verbaler und nominaler Valenz am Beispiel des heutigen Deutsch", Neuphilologische Mitteilungen 82 (1981) S. 36−59

[78] Leirbukt, O., „Vorschläge für eine operationale Untersuchung als Vorarbeit für die Unterscheidung zwischen Verbzusatz und Satzglied im Bereich der adjektivischen Elemente", in: Schumacher, H. (siehe SYNTAX [97]), S. 75−91

[79] −−−, „Zur Verbindung ‚Objektiv verwendetes Modalverb + Infinitiv II' im heutigen Deutsch", Deutsche Sprache, Heft 3 (1984) S. 219−238

[80] Lewandowski, Th., Linguistisches Wörterbuch, 1−3., 3. Aufl., Heidelberg 1979. 1980 (Uni-Taschenbücher, 200, 201, 300)

− Lexikon der germanistischen Linguistik, siehe SYNTAX [3]

[81a] Lyons, J., Noam Chomsky, London 1970;

[81b] deutsch: übersetzt von Immler, M., 1972, 4. Aufl., München 1976 (dtv, 770)

[82a] −−−, Introduction to Theoretical Linguistics, Cambridge 1968;

[82b] deutsch: Einführung in die moderne Linguistik, [übersetzt] von Abraham, W./Abraham, G., 1971, 5. Aufl., München 1980

− −−−, Semantics, siehe SEMANTIK [198a,b; 199a,b]

[83] Matzel, K., „Dativ und Präpositionalphrase", Sprachwissenschaft 1 (1976) S. 144−186

[84] Matzel, K./Ulvestad, B., „Asymmetrie im syntaktischen Regelwerk", Sprachwissenschaft 1 (1976) S. 73−101

[85] −−−, „Zum Adhortativ und Sie-Imperativ", Sprachwissenschaft 3 (1978) S. 146−183

[86] −−−, „Futur I und futurisches Präsens", Sprachwissenschaft 7 (1982) S. 282−328

[87] Neugeborn, W., „Zur Analyse von Sätzen mit finiter Verbform + Infinitiv", in: Schumacher, H. (siehe SYNTAX [97]), S. 66−74

[88] Otto, E., Stand und Aufgabe der Allgemeinen Sprachwissenschaft, 2. Aufl., Berlin 1965

[89] Panzer, B., „Formenneutralisation in den Flexionssystemen deut-

scher Dialekte", in: Besch, W. u.a. (Hg.), Dialektologie: Ein Handbuch zur deutschen und allgemeinen Dialektforschung, 2, Berlin/ New York 1983 (Handbücher zur Sprach- und Kommunikationswissenschaft, 1.2), S. 1170–1173

[90] Pelz, H., Linguistik für Anfänger, 5. Aufl., Hamburg 1982

[91a] Polenz, P. von, Funktionsverben im heutigen Deutsch: Sprache in der rationalisierten Welt, Düssel. 1963 (Beihefte: Wirkendes Wort, 5)

[91b] ———, „Funktionsverben, Funktionsverbgefüge und Verwandtes. Vorschläge zur satzsemantischen Lexikographie", Zeitschrift für germanistische Liguistik 15 (1987) S. 169–189

[92] Rahn-Pfleiderer, Deutsche Spracherziehung, Ausgabe B 1, bearb. von Rahn, F. in Verbindung mit Hinze, F., 8. Aufl., 1975, Stuttgart 1979

[93a] Saussure, F. de, Cours de linguistique générale, (hg.) Bally, Ch./ Sechehaye, A./Riedlinger, A., Lausanne/Paris 1916;

[93b] deutsch: Grundfragen der allgemeinen Sprachwissenschaft, übersetzt von Lommel, H., 2. Aufl., mit neuem Register und Nachwort von Polenz, P. von, Berlin 1967

[94] Schmid, J., „Zum Verhältnis von Dativ und Präpositionalphrase mit *für* im heutigen Deutsch", Sprachwissenschaft 6 (1981) S. 149–168

[95] Schmidt, W., Grundfragen der deutschen Grammatik: Eine Einführung in die funktionale Sprachlehre, 5. Aufl., Berlin 1977

[96] Schulz, D./Griesbach, H., Grammatik der deutschen Sprache, 10. Aufl., München 1960

[97] Schumacher, H. (Hg.), Untersuchungen zur Verbvalenz: Eine Dokumentation über die Arbeit an einem deutschen Valenzlexikon, Tübingen 1976 (Forschungsberichte des Instituts für Deutsche Sprache Mannheim, 30)

[98] Sommerfeldt, K.-E./Schreiber, H., Wörterbuch zur Valenz und Distribution der Substantive, Leipzig 1977

[99] ———, Wörterbuch zur Valenz und Distribution deutscher Adjektive, Leipzig 1977

[100] Stammerjohann, H. (Hg.), Handbuch der Linguistik: Allgemeine und angewandte Sprachwissenschaft, München 1975

[101] Suchsland, P., Germanistische Grammatikforschung in der DDR – Versuch eines historischen Überblicks, Deutsch als Fremdsprache 21 (1984) S. 1–8

[102] Tesnière, L., Esquisse d'une syntaxe structurale, Paris 1953

[103a] ———, Éléments de syntaxe structurale, 1959, 2. Aufl., Paris 1966;

[103b] deutsch: Grundzüge der strukturalen Syntax, (hg.) übersetzt von Engel, U., Stuttgart 1980

[104] Ulvestad, B., „Das pränukleare Attribut bei Nominalen im Deutschen (*dort die Burg, vor ihm der Sarg, nebenan das Abteil*)", in: Gesprochene Sprache: Jahrbuch 1972, Düsseldorf 1974 (Sprache der Gegenwart, 26), S. 267–282

[105] Vater, H., *Werden* als Modalverb, in: Calbert, J.P./Vater, H., Aspekte der Modalität, Tübingen 1975 (Studien zur deutschen Grammatik, 1), S. 71–148

[106] Wagner, F., Untersuchungen zu Reflexivkonstruktionen im Deutschen, Frankfurt (M.)/Bern/Las Vegas 1977 (Regensburger Beiträge zur deutschen Sprach- und Literaturwissenschaft, 10)

320 Bibliographie

[107] Welte, W., moderne linguistik: terminologie/bibliographie: ein handbuch und nachschlagewerk auf der basis der generativ-transformationellen sprachtheorie, 1.2, München 1974 (hueber hochschulreihe, 17/I. II)

[108] Wolf, N.R., Probleme einer Valenzgrammatik des Deutschen, Innsbruck 1982 (Mitteilungen aus dem Institut für Sprachwissenschaft, Report 3)

[109] Zarnikow, A., Einführung in die Linguistik: Ein Abriß für Lehrende und Lernende, 3. Aufl., Frankfurt (M.)/Berlin/München 1978 (Diesterweg, 6241)

II MORPHEMIK UND WORTBILDUNG

[110] Bergenholtz, H./ Mugdan, J., Einführung in die Morphologie, Stuttgart/Berlin/Köln/Mainz 1979 (Urban-Taschenbücher, 296)

– Bergmann, R./Pauly, P., siehe SYNTAX [9]

[111] Bergmann, R./Pauly, P./Schlaefer, M., Einführung in die deutsche Sprachwissenschaft, Heidelberg 1981 (Germanische Bibliothek, Neue Folge 5)

– Brekle, H.E., Generative Satzsemantik, siehe SYNTAX [13]

[112] Bühler, H. u.a., Linguistik I: Lehr- und Übungsbuch zur Einführung in die Sprachwissenschaft, 4. Aufl., Tübingen 1979 (Germanistische Arbeitshefte, 5)

– Bußmann, H., siehe SYNTAX [18]

– Deutsche Wortbildung: Typen und Tendenzen in der Gegenwartssprache: Eine Bestandsaufnahme des Instituts für deutsche Sprache: Forschungsstelle Innsbruck, 1–3., siehe Kühnhold, I., Wellmann, H. (siehe MORPHEMIK UND WORTBILDUNG [121] [130] [120])

[113] Drosdowski, G. (Hg.), Duden: Das große Wörterbuch der deutschen Sprache in sechs Bänden, 1–6, Mannheim/Wien/Zürich 1976–1981

– Duden: Das große Wörterbuch, siehe MORPHEMIK UND WORTBILDUNG [113]

– Duden: Grammatik, siehe SYNTAX [27]

– Duden: Grammatik, siehe SYNTAX [28]

– Engelen, B., Einführung, siehe SYNTAX [35]

[114] Erben, J., Einführung in die deutsche Wortbildungslehre, 2. Aufl., Berlin 1983 (Grundlagen der Germanistik, 17)

– – – –, Deutsche Syntax, siehe SYNTAX [38]

[115] Eroms, H.-W., *Be*-Verb und Präpositionalphrase: Ein Beitrag zur Grammatik der deutschen Verbalpräfixe, Heidelberg 1980 (Monographien zur Sprachwissenschaft, 9)

[116] Fanselow, G., Zur Syntax und Semantik der Nominalkomposition: Ein Versuch praktischer Anwendung der Montague-Grammatik auf die Wortbildung im Deutschen, Tübingen 1981 (Linguistische Arbeiten, 107)

[117] Fleischer, W., Wortbildung der deutschen Gegenwartssprache, 4. Aufl., Leipzig 1982

[118] Henzen, W., Deutsche Wortbildung, 3. Aufl., Tübingen 1965 (Sammlung kurzer Grammatiken germanischer Dialekte, B 5)

Bibliographie   321

–   Heringer, H.-J., Theorie, siehe SYNTAX [72]
–   Jung, W., siehe SYNTAX [76]
[119] Kluge, F., Etymologisches Wörterbuch der deutschen Sprache, be-
       arb. von Mitzka, W., 21. Aufl., Berlin/New York 1975
[120] Kühnhold, I./Putzer, O./Wellmann, H., Das Adjektiv, unter Mitwir-
       kung von Fahrmaier, A.M. u.a., Deutsche Wortbildung: Typen und
       Tendenzen der Gegenwartssprache, 3, Düsseldorf 1978 (Sprache der
       Gegenwart, 43)
[121] Kühnhold, I./Wellmann, H., Das Verb, mit einer Einführung von Er-
       ben, J., Deutsche Wortbildung: Typen und Tendenzen der Gegen-
       wartssprache, 1, Düsseldorf 1973 (Sprache der Gegenwart, 29)
[122] Kürschner, W., Zur syntaktischen Beschreibung deutscher Nominal-
       komposita: Auf der Grundlage generativer Transformationsgramma-
       tiken, Tübingen 1974 (Linguistische Arbeiten, 18)
–   Lewandowsky, Th., siehe SYNTAX [80]
–   Lyons, J., Introduction, siehe SYNTAX [82a,b]
[123] Meid, W., Germanische Sprachwissenschaft, 3: Wortbildungslehre,
       Berlin 1967 (Sammlung Göschen 1218/1218a/1218b)
[124] Paul, H., Deutsches Wörterbuch, bearb. von Betz, W., 8. Aufl.,
       Tübingen 1981
[125] Polenz, P. von, „Wortbildung", in: Althaus, H.P. (siehe SYNTAX
       [3]), S. 169–180
[126] Seebold, E., Etymologie: Eine Einführung am Beispiel der deut-
       schen Sprache, München 1981
[127] – – –, „Etymologien und Wortzusammenstellungen", in: Bammes-
       berger, A. (Hg.), Das etymologische Wörterbuch: Fragen der Kon-
       zeption und Gestaltung, Regensburg 1983 (Eichstätter Beiträge,
       8), S. 262–276
[128] Thiel, G., „Die semantischen Beziehungen in den Substantivkompo-
       sita der deutschen Gegenwartssprache", Muttersprache 83 (1973)
       S. 377–404
[129] Weber, H., „Morphemik", in: Althaus, H.P. (siehe SYNTAX [3])
       S. 159–169
[130] Wellmann, H., Das Substantiv, Deutsche Wortbildung: Typen und
       Tendenzen der Gegenwartssprache, 2, Düsseldorf 1975 (Sprache
       der Gegenwart, 32)

III DAS SPRACHLICHE ZEICHEN

–   Bergmann, R./Pauly, P./Schlaefer, M., siehe MORPHEMIK UND
       WORTBILDUNG [111]
[131] Brekle, H.E., Semantik: Eine Einführung in die sprachwissenschaft-
       liche Bedeutungslehre, 2. Aufl., München 1974 (Uni-Taschen-
       bücher, 102)
[132] Bühler, K., Sprachtheorie: Die Darstellungsfunktion der Sprache,
       mit einem Geleitwort von Kainz, F., 1934, Stuttgart/New York
       1982 (Uni-Taschenbücher, 1159)
[133] Bünting, K.-D., Einführung in die Linguistik, 9. Aufl., Königstein
       (Ts.) 1981

322 Bibliographie

- Bußmann, H., siehe SYNTAX [18]
- Duden: Grammatik, siehe SYNTAX [28]
- Gülich, E./Raible, W., siehe TEXTLINGUISTIK [257]
- Hjelmslev, L., siehe SYNTAX [74a,b]
[134] Kutschera, F. von, Sprachphilosophie, 2. Aufl., München 1975 (Uni-Taschenbücher, 80)
[135a] Martinet, A., Éléments de linguistique générale, Paris 1960 (Collection Armand Colin, 349: Section de Littérature)
[135b] deutsch: Grundzüge der Allgemeinen Sprachwissenschaft, übersetzt von A. Fuchs unter Mitarbeit von H.-H. Lieb, 5. Aufl., Stuttgart/Berlin/Köln/Mainz 1963 (Urban Bücher, 69)
[136a] Morris, Ch. W., ,,Foundations of the Theory of Signs", in: Neurath, O./Carnap, R./Morris, Ch.W., International Encyclopedia of Unified Science, 1.1.–10, Chicago 1938, S. 77–137;
[136b] deutsch: in: Grundlagen der Zeichentheorie. Ästhetik und Zeichentheorie, übersetzt von Posner, R. unter Mitarbeit von Rehbein, J., Nachwort von Knilli, F., 2. Aufl., Frankfurt (M.)/Berlin/Wien 1979 (Ullstein-Buch, 35006), S. 15–88
[137a] – – –, Signs, Language and Behavior, New York 1955;
[137b] deutsch: Zeichen, Sprache und Verhalten, mit einer Einführung von Apel, K.-O., [übersetzt] von Eschbach, A./Kopsch, G., Düsseldorf 1973 (Sprache und Lernen, 28)
[138a] Ogden, C.K./Richards, I.A., The meaning of meaning, London 1923;
[138b] deutsch: Die Bedeutung der Bedeutung: Eine Untersuchung über den Einfluß der Sprache auf das Denken und über die Wissenschaft des Symbolismus, [übersetzt] von Müller, G.-H., Frankfurt (M.) 1974
- Pelz, H., siehe SYNTAX [90]
- Saussure, F. de, siehe SYNTAX [93a,b]

IV PHONETIK, PHONOLOGIE, GRAPHEMIK

[139] Althaus, H.P., ,,Graphemik", in: Althaus, H.P. (siehe SYNTAX [3]), S. 142–151
[140] Bergmann, R., ,,Die Rechtschreibnorm: Geschichte – Funktion – Reform", in: Dialog: Schule – Wissenschaft: Deutsch und Geschichte: Acta Hohenschwangau 1981, München 1982, S. 77–92
- Bergmann, R./Pauly, P., siehe SYNTAX [9]
- Bergmann, R./Pauly, P./Schlaefer, M., siehe MORPHEMIK UND WORTBILDUNG [111]
- Bühler, H., siehe MORPHEMIK UND WORTBILDUNG [112]
- Bünting, K.-D./Eichler, W., siehe SYNTAX [17]
- Bußmann, H., siehe SYNTAX [18]
[141] Dieter, H., ,,Orthographie", in: Fleischer, W. (siehe SYNTAX [45]), S. 334–344
[142] Dieth, E., Vademekum der Phonetik: Phonetische Grundlagen für das wissenschaftliche und praktische Studium der Sprachen unter Mitwirkung von Brunner, R., 2. Aufl., Bern/München 1968

Bibliographie   323

–   Duden: Aussprachewörterbuch, siehe PHONETIK, PHONOLOGIE, GRAPHEMIK [150]

–   Duden: Das große Wörterbuch, siehe MORPHEMIK UND WORT-BILDUNG [113]

–   Duden: Grammatik, siehe SYNTAX [28]

[143]   Fleischer, W., Strukturelle Untersuchungen zur Geschichte des Neuhochdeutschen, Berlin 1966 (Sitzungsberichte der Sächsischen Akademie der Wissenschaften zu Leipzig: Philologisch-historische Klasse, 112.6)

[144]   – – –, „Die Entwicklung des neuhochdeutschen Graphemsystems", in: Agricola, E. (siehe SYNTAX [2]) I, S. 228–234

[145]   Große, R., „Phonologie", in: Agricola, E. (siehe SYNTAX [2]) II, S. 791–813

[146]   Heike, G., Phonologie, Stuttgart 1972 (Sammlung Metzler, 104)

–   Helbig, G., Geschichte, siehe SYNTAX [63]

[147]   Heller, K., „Zum Graphembegriff", in: Nerius, D./Scharnhorst, J. (Hg.), Theoretische Probleme der deutschen Orthographie, Berlin 1980 (Akademie der Wissenschaften der DDR: Zentralinstitut für Sprachwissenschaft: Reihe Sprache und Gesellschaft, 16), S. 74–108

[148]   Hinderling, R., „Das Phonem nhd. /ä:/", in: Hinderling, R./Weibel, V. (Hg.), *Fimfchustim:* Festschrift für Sonderegger, St. zum 50. Geburtstag, Bayreuth 1978 (Bayreuther Beiträge zur Sprachwissenschaft, 1), S. 29–61

[149]   Kohler, K.J., Einführung in die Phonetik des Deutschen, Berlin 1977 (Grundlagen der Germanistik, 20)

[150]   Mangold, M., Duden: Aussprachewörterbuch: Wörterbuch der deutschen Standardaussprache, 2. Aufl., Mannheim/Wien/Zürich 1974 (Duden Band 6)

[151a]   Martinet, A., La linguistique synchronique, études et recherches, Paris 1965

[151b]   deutsch: Synchronische Sprachwissenschaft: Studien und Forschungen, [übersetzt], eingeleitet und mit Literaturverzeichnis und terminologischem Index versehen von Blowitz, W., München 1968

[152]   Meinhold, G./Stock, E., Phonologie der deutschen Gegenwartssprache, Leipzig 1980

[153]   Nerius, D., Untersuchungen zu einer Reform der deutschen Orthographie, Berlin 1975 (Akademie der Wissenschaften der DDR: Zentralinstitut für Sprachwissenschaft: Reihe Sprache und Gesellschaft, 6)

[154]   Neumann, H.-J., Spiel mit der Sprache: Textheft, Dortmund 1973 (Sprachhorizonte, 15)

–   Pelz, H., siehe SYNTAX [90]

[155]   Philipp, M., Phonologie des Deutschen, Stuttgart/Berlin/Köln/Mainz 1974 (Urban-Taschenbücher, 192)

[156]   Piirainen, I.T., Handbuch der deutschen Rechtschreibung: Grundlagen der Rechtschreibung und Methoden des Rechtschreibunterrichts, Bochum 1981

[157]   Schmidt, W. u.a., Geschichte der deutschen Sprache: Mit Texten und Übersetzungshilfen, 1969, 2. Aufl., Berlin 1976

324 Bibliographie

[158] Simmler, F., „Zur Ermittlung althochdeutscher Phoneme", Sprachwissenschaft 4 (1979) S. 420−451

− Stammerjohann, H., siehe SYNTAX [100]

[159] Stock, E., „Lautumschriften", in: Agricola, E. (siehe SYNTAX [2]) II, S. 813−825

[160] Trubetzkoy, N.S., Grundzüge der Phonologie, 1939, 5. Aufl., Göttingen 1971

[161] Wängler, H.-H., Grundriß einer Phonetik des Deutschen mit einer allgemeinen Einführung in die Phonetik, 3. Aufl., Marburg 1974

[162] Werner, O., Phonemik des Deutschen, Stuttgart 1972 (Sammlung Metzler, 108)

[163] Wurzel, W.-D., „Phonologie", in: Fleischer, W. (siehe SYNTAX [45]), S. 114−139

V SPRACHE UND SPRECHEN

[164] Bausch, K.-H., „Soziolekt", in: Althaus, H.P. (siehe SYNTAX [3]), S. 358−363

[165] Bausinger, H., Dialekte, Sprachbarrieren, Sondersprache: 2. Band zur Fernsehserie Deutsch für Deutsche, München 1978 (Fischer Taschenbuch, 580)

− Bergmann, R./Pauly, P./Schlaefer, M., siehe MORPHEMIK UND WORTBILDUNG [111]

[166] Betten, A., „Ellipsen, Anakoluthe und Parenthesen: Fälle für Grammatik, Stilistik, Sprechakttheorie oder Konversationsanalyse?", Deutsche Sprache 4 (1976) S. 207−230

[167] Bichel, U., „Umgangssprache", in: Althaus, H.P. (siehe SYNTAX [3]), S. 379−383

[168] Bondzio, W., „Sonderwortschatz", in: Agricola, E. (siehe SYNTAX [2]) I, S. 567−580

− Bußmann, H., siehe SYNTAX [18]

− Chomsky, N., Aspects, siehe SYNTAX [21a,b]

[169a] Coseriu, E., „Sistema, norma e ‚parola' ", in: Studi linguistici in onore di Pisani, V., 1, Brescia 1969, S. 235−253;

[169b] deutsch: „System, Norm und ‚Rede' ", übersetzt von Bertsch, H., in: Coseriu, E., Sprache: Strukturen und Funktionen: XII Aufsätze zur allgemeinen und romanischen Sprachwissenschaft, (hg.) Petersen, U., in Zusammenarbeit mit Bertsch, H./Köhler, G., 3. Aufl., Tübingen 1979 (Tübinger Beiträge zur Linguistik, 2), S. 45−59

− Duden: Das große Wörterbuch, siehe MORPHEMIK UND WORTBILDUNG [113]

[170] Fluck, H.-R., Fachsprachen: Einführung und Bibliographie, 2. Aufl., München 1980 (Uni-Taschenbücher, 483)

[171] Glinz, H., Linguistische Grundbegriffe und Methodenüberblick, 5. Aufl., Bad Homburg 1974 (Studienbücher zur Linguistik und Literaturwissenschaft, 1)

[172] Hahn, W. von, „Fachsprachen", in: Althaus, H.P. (siehe SYNTAX [3]), S. 390−395

[173] Hammarström, G., „Idiolekt", in: Althaus, H.P. (siehe SYNTAX

Bibliographie   325

[3]), S. 428–433

– Helbig, G., Geschichte, siehe SYNTAX [63]

[174] Jäger, S., „Standardsprache", in: Althaus, H.P. (siehe SYNTAX [3]), S. 375–379

– Lexikon der germanistischen Linguistik, siehe SYNTAX [3]

[175] Löffler, H., „Dialekt", in: Althaus, H.P. (siehe SYNTAX [3]), S. 453–458

[176] Ludwig, O., „Geschriebene Sprache", in: Althaus, H.P. (siehe SYNTAX [3]), S. 323–328

[177] Nierhaus-Knaus, E., Geheimsprache in Franken – Das Schillingsfürster Jenisch, 2. Aufl., Rothenburg (o.T.) 1980

[178] Polenz, P. von, „Idiolektale und soziolektale Funktionen von Sprache", Leuvense Bijdragen 63 (1974) S. 97–112

[179] –––, Geschichte der deutschen Sprache, 9. Aufl., Berlin/New York 1978 (Sammlung Göschen, 2206)

– Saussure, F. de, siehe SYNTAX [93a,b]

[180] Schank, G./Schoenthal, G., Gesprochene Sprache: Eine Einführung in Forschungsansätze und Analysemethoden, 2. Aufl., Tübingen 1983 (Germanistische Arbeitshefte, 18)

[181] Schank, G./Schwitalla, J., Gesprochene Sprache und Gesprächsanalyse, in: Althaus, H.P. (siehe SYNTAX [3]), S. 313–322

– Schmidt, W., Geschichte, siehe PHONETIK, PHONOLOGIE, GRAPHEMIK [157]

– Stammerjohann, H., siehe SYNTAX [100]

[182] Tschirch, F., Geschichte der deutschen Sprache, 2: Entwicklung und Wandlungen der deutschen Sprachgestalt vom Hochmittelalter bis zur Gegenwart, 2. Aufl., Berlin 1975 (Grundlagen der Germanistik, 9)

[183] Ulrich, W., Wörterbuch: Linguistische Grundbegriffe, Kiel 1972

[184] Wartburg, W. von, Einführung in Problematik und Methoden der Sprachwissenschaft, 3. Aufl., Tübingen 1970

– Zarnikov, A., siehe SYNTAX [109]

VI SEMANTIK

[185] Baldinger, K., Die Semasiologie: Versuch eines Überblicks, Berlin 1957 (Deutsche Akademie der Wissenschaften zu Berlin: Vorträge und Schriften, 61)

[186] Bergmann, R., „Homonymie und Polysemie in Semantik und Lexikographie", Sprachwissenschaft 2 (1977) S. 27–60

– Bergmann, R./Pauly, P./Schlaefer, M., siehe MORPHEMIK UND WORTBILDUNG [111]

– Bloomfield, L., Language, siehe SYNTAX [12]

[187] Bondzio, W., „Semantische Gliederung des deutschen Wortschatzes", in: Agricola, E. (siehe SYNTAX [2]) I, S. 526–559

– Brekle, H.E., Semantik, siehe DAS SPRACHLICHE ZEICHEN [131]

– Bünting, K.-D./Eichler, W., siehe SYNTAX [17]

– Bußmann, H., siehe SYNTAX [18]

326 Bibliographie

[188] Coseriu, E., „Bedeutung und Bezeichnung im Lichte der strukturellen Semantik", in: Hartmann, P./Vernay, H. (Hg.), Sprachwissenschaft und Übersetzen: Symposion an der Universität Heidelberg,
24.2.–26.2.1969, München 1970 (Commentationes Societatis
Linguisticae Europaeae, 3), S. 104–121
[189] Dornseiff, F., Der deutsche Wortschatz nach Sachgruppen, 1959,
7. Aufl., Berlin 1970
–   Duden: Bildwörterbuch, siehe SEMANTIK [206]
–   Duden: Das große Wörterbuch, siehe MORPHEMIK UND WORT-
BILDUNG [113]
–   Duden: Grammatik, siehe SYNTAX [28]
[190] Fritz, G., Bedeutungswandel im Deutschen: Neuere Methoden der
diachronen Semantik, Tübingen 1974 (Germanistische Arbeitshefte, 12)
[191] Geckeler, H., Strukturelle Semantik und Wortfeldtheorie, München 1971
[192a] Greimas, A.J., Sémantique structurale: Recherche de méthode,
Paris 1966;
[192b] deutsch: Strukturale Semantik: Methodologische Untersuchungen,
[übersetzt] von Ihwe, J., Braunschweig 1971 (Wissenschaftstheo-
rie: Wissenschaft und Philosophie, 4)
–   Grimm, H./Engelkamp, J., siehe SYNTAX [55]
[193] Heringer, H.-J., „ ‚Tag' und ‚Nacht': Gedanken zu einer strukturellen Lexikologie", Wirkendes Wort 18 (1968) S. 217–231
–   Hjelmslev, L., siehe SYNTAX [74a,b]
[194] Hoffmann, K., Der Injunktiv im Veda: Eine synchronische Funk-
tionsuntersuchung, Heidelberg 1967
[195] Hundsnurscher, F., Neuere Methoden der Semantik: Eine Einführung anhand deutscher Beispiele, Tübingen 1970 (Germanistische
Arbeitshefte, 2)
[196] Kamlah, W./Lorenzen, P., Logische Propädeutik oder: Vorschule
des vernünftigen Redens, Mannheim 1967 (B.I.-Hochschultaschen-
bücher, 227/227a)
–   Kutschera, F. von, siehe DAS SPRACHLICHE ZEICHEN [134]
[197] Leisi, E., Der Wortinhalt: Seine Struktur im Deutschen und Englischen, 5. Aufl., Heidelberg, 1975 (Uni-Taschenbücher, 95)
[198a] Lyons, J., Semantics, 1, Cambridge 1977;
[198b] deutsch: Semantik, 1, [übersetzt] von Asbach-Schnitker, B./Boase,
J./Brekle, H.E., München 1980
[199a] –––, Semantics 2, Cambridge 1977
[199b] deutsch: Semantik, 2, [übersetzt] von Schust, J., München 1983
[200] Pfeifer, W., „Das geschichtliche Werden des deutschen Wortschatzes", in: Agricola, E. (siehe SYNTAX [2]) I, S. 464–509
[201] Pottier, B., „Vers une sémantique moderne", Travaux de Linguistique et de Littérature 2, Heft 1 (1964) S. 107–137
[202] Quadri, B., Aufgaben und Methoden der onomasiologischen Forschung: Eine entwicklungsgeschichtliche Darstellung, Bern 1952
(Romanica Helvetica, 37)
[203] Reichmann, O., Deutsche Wortforschung, Stuttgart 1969 (Sammlung Metzler, 82)

Bibliographie 327

[204] Schippan, Th., Einführung in die Semasiologie, Leipzig 1972

[205] Schmidt, W., Lexikalische und aktuelle Bedeutung: Ein Beitrag zur Theorie der Wortbedeutung, 4. Aufl., Berlin 1967 (Schriften zur Phonetik, Sprachwissenschaft und Kommunikationsforschung, 7)

[206] Solf, K.D./Schmidt, J., Duden: Bildwörterbuch der deutschen Sprache, 3. Aufl., Mannheim/Wien/Zürich 1977 (Duden Band 3)

[207] Trier, J., Der deutsche Wortschatz im Sinnbezirk des Verstandes: Von den Anfängen bis zum Beginn des 13. Jahrhunderts, 1931, 2. Aufl., Heidelberg 1973

[208a] Ullmann, St., Principles of Semantics: A linguistic approach to meaning, 2. Aufl., Oxford 1957;

[208b] deutsch: Grundzüge der Semantik: Die Bedeutung in sprachwissenschaftlicher Sicht, [übersetzt] von Koopmann, S., 2. Aufl., Berlin/ New York 1972

[209a] ———, Semantics: An Introduction to the Science of Meaning, Oxford 1962;

[209b] deutsch: Eine Einführung in die Bedeutungslehre, [übersetzt] von Koopmann, S., Frankfurt (M.) 1973

[210] Wehrle/Eggers, Deutscher Wortschatz: Ein Wegweiser zum treffenden Ausdruck, 1961, 13. Aufl., Stuttgart 1967

[211] Weisgerber, L., Von den Kräften der deutschen Sprache, 1: Grundzüge der inhaltsbezogenen Grammatik, 1962, 4. Aufl., Düsseldorf 1971

[212] Wunderlich, D., Arbeitsbuch Semantik, Königstein (Ts.) 1980 (Athenäum-Taschenbücher, 2120)

– Zarnikov, A., siehe SYNTAX [109]

VII PRAGMATIK

[213a] Austin, J.L., How to do things with Words, Oxford 1962;

[213b] deutsch: Zur Theorie der Sprechakte, [übersetzt] von Savigny, E. von, 2. Aufl., Stuttgart 1979 (Reclams Universal-Bibliothek, 9396 [3])

– Brekle, H.E., Semantik, siehe DAS SPRACHLICHE ZEICHEN [131]

– Bußmann, H., siehe SYNTAX [18]

[214] Donhauser, K., „Ein Typ mit und koordinierter Imperative", Sprachwissenschaft 7 (1982) S. 220–252

– Engelen, B., Einführung, siehe SYNTAX [35]

– Erben, J., Deutsche Syntax, siehe SYNTAX [38]

[215] Grewendorf, G., „Haben explizit performative Äußerungen einen Wahrheitswert?", in: Grewendorf, G. (Hg.), Sprechakttheorie und Semantik, Frankfurt (M.) 1979 (Suhrkamp-Taschenbücher Wissenschaft, 276), S. 175–196

[216] ———, „Sprechakttheorie", in: Althaus, H.P. (siehe SYNTAX [3]), S. 287–293

[217a] Grice, H.P., „Logic and conversation", in: Cole, P./Morgan, J.L. (Hg.), Syntax and semantics, 3: Speech acts, New York/San Francisco/London 1975, S. 41–58;

328 Bibliographie

[217b] deutsch: Logik und Konversation, übersetzt von Meggle, G., in: Meggle, G. (Hg.), Handlung, Kommunikation, Bedeutung, Frankfurt (M.) 1979, S. 243–265

– Grimm, H./Engelkamp, J., siehe SYNTAX [55]

[218] Habermas, J., „Vorbereitende Bemerkungen zu einer Theorie der kommunikativen Kompetenz", in: Habermas, J./Luhmann, N., Theorie der Gesellschaft oder Sozialtechnologie – Was leistet die Systemforschung, Frankfurt (M.) 1971, S. 101–141

– Helbig, G., Studien, siehe SYNTAX [66a,b]

[219] Herrmann, Th./Laucht, M., „Pars pro toto: Überlegungen zur situationsspezifischen Variation des Sprechens", Psychologische Rundschau 28 (1977) S. 247–265

[220] Hindelang, G., Einführung in die Sprechakttheorie, Tübingen 1983 (Germanistische Arbeitshefte, 27)

– Matzel, K./Ulvestad, B., „Zum Adhortativ", siehe SYNTAX [85]

– – – –, „Futur I", siehe SYNTAX [86]

– Morris, Ch.W., „Foundations", siehe DAS SPRACHLICHE ZEICHEN [136a,b]

– Paul, H., siehe MORPHEMIK UND WORTBILDUNG [124]

– Pelz, H., siehe SYNTAX [90]

[221] Rath, R., „Zur linguistischen Beschreibung kommunikativer Einheiten in gesprochener Sprache", Linguistik und Didaktik 4 (1973) S. 169–185

[222] Savigny, E. von, Die Philosophie der normalen Sprache: Eine kritische Einführung in die „ordinary language philosophy", Frankfurt (M.) 1969

[223] Schlieben-Lange, B., Linguistische Pragmatik, Stuttgart/Berlin/Köln/Mainz 1975 (Urban-Taschenbücher, 198)

[224] Schmidt, W.P., „Die pragmatische Komponente in der Grammatik", Akademie der Wissenschaften und der Literatur: Abhandlungen der geistes- und sozialwissenschaftlichen Klasse, Jg. 1972, 9, Mainz/Wiesbaden 1972, S. 407–424

[225] Schmidt, S.J. (Hg.), Pragmatik I: Interdisziplinäre Beiträge zur Erforschung der sprachlichen Kommunikation, München 1974 (Kritische Informationen, 11)

[226] Schröder, P., „Soziolinguistik", in: Gerhardt, M. (siehe SYNTAX [46]), S. 173–294

[227a] Searle, J.R., Speech acts, Cambridge 1969;

[227b] deutsch: Sprechakte: Ein sprachphilosophischer Essay, [übersetzt] von Wiggershaus, R./Wiggershaus, R., 1971, Frankfurt (M.) 1979

[228a] – – –, „What is a Speech Act?", in: Searle, J.R. (Hg.), The Philosophy of Language, Oxford 1971, S. 39–53;

[228b] deutsch: „Was ist ein Sprechakt", übersetzt von Nieraad, J., in: Schmidt, S.J. (siehe PRAGMATIK [225]), S. 84–102

[229a] Stalnaker, R.C., „Pragmatics", Synthese 22, 1/2 (1970) S. 272–289;

[229b] deutsch: „Pragmatik", [übersetzt] von Klein, W., in: Schmidt, S.J. (siehe PRAGMATIK [225]), S. 148–165

– Stammerjohann, H., siehe SYNTAX [100]

[230] Steger, H., „Soziolinguistik", in: Althaus, H.P. (siehe SYNTAX

Bibliographie 329

[3]), S. 347–358

[231] Stegmüller, W., Hauptströmungen der Gegenwartsphilosophie: Eine kritische Einführung, 1, 6. Aufl., Stuttgart 1978 (Kröners Taschenausgabe, 308)

[232] Vennemann, Th./Jacobs, J., Sprache und Grammatik: Grundprobleme einer linguistischen Sprachbeschreibung, Darmstadt 1982 (Erträge der Forschung, 176)

[233] Wunderlich, D., „Die Rolle der Pragmatik in der Linguistik", Der Deutschunterricht 22, Heft 4 (1970) S. 5–41

[234] –––, „Pragmatik, Sprechsituation, Deixis", Zeitschrift für Literaturwissenschaft und Linguistik 1 (1971) S. 153–190

[235] –––, „Sprechakte", in: Maas, U./Wunderlich, D., Pragmatik und sprachliches Handeln; mit einer Kritik am Funkkolleg „Sprache", 2. Aufl., Frankfurt (M.) 1972 (Athenäum-Skripten Linguistik, 2), S. 69–188

[236] –––, „Referenzsemantik", in: Gerhardt, M. (siehe SYNTAX [46]), S. 102–112

[237] –––, „Zur Konventionalität von Sprechhandlungen", in: Wunderlich, D. (Hg.), Linguistische Pragmatik, 2. Aufl., Wiesbaden 1975 (Schwerpunkte: Linguistik und Kommunikationswissenschaft, 12), S. 11–58

[238] –––, Studien zur Sprechakttheorie, Frankfurt (M.) 1976 (Suhrkamp-Taschenbücher Wissenschaft, 172)

– Zarnikov, A., siehe SYNTAX [109]

VIII TEXTLINGUISTIK

[239] Beaugrande, R.-A. de/Dressler, W.U., Einführung in die Textlinguistik, Tübingen 1981 (Konzepte der Sprach- und Literaturwissenschaft, 28)

[240] Beisbart, O. u.a., Textlinguistik und ihre Didaktik, Donauwörth 1976

[241] Beneš, E., „Thema-Rhema-Gliederung und Textlinguistik", in: Sitta, H. (siehe TEXTLINGUISTIK [280]), S. 42–62

– Bergmann, R./Pauly, P., siehe SYNTAX [9]

[242] Brinker, K., „Aufgaben und Methoden der Textlinguistik: Kritischer Überblick über den Forschungsstand einer neuen linguistischen Teildisziplin", Wirkendes Wort 21 (1971) S. 217–237

[243] –––, „Zum Textbegriff in der heutigen Linguistik", in: Sitta, H. (siehe TEXTLINGUISTIK [280]), S. 9–41

– Brinkmann, H., siehe SYNTAX [15]

– Bußmann, H., siehe SYNTAX [18]

[244] Coseriu, E., Textlinguistik: Eine Einführung, (hg.) bearb. von Albrecht, J., 2. Aufl., Tübingen 1981 (Tübinger Beiträge zur Linguistik, 109)

[245] Daneš, F., „Zur linguistischen Analyse der Textstruktur", in: Dressler, W.U. (Hg.), Textlinguistik (siehe TEXTLINGUISTIK [247]), S. 185–192 (= Folia Linguistica 4 (1970) S. 72–78)

[246] –––, „Functional sentence perspective and the organization of

330 Bibliographie

the text [Vorlage für das Symposium ‚Functional Sentence Perspective‘, Marienbad 1970] ", in: Daneš, F. (Hg.), Papers on functional sentence perspective, The Hague/Paris 1974 (Janua linguarum: series minor, 147), S. 106–128

[247] Dressler, W.U., Einführung in die Textlinguistik, 2. Aufl., Tübingen 1973 (Konzepte der Sprach- und Literaturwissenschaft, 13)

[248] – – – (Hg.), Textlinguistik, Darmstadt 1978 (Wege der Forschung, 427)

– Duden: Grammatik, siehe SYNTAX [28]

– Erben, J., Deutsche Syntax, siehe SYNTAX [38]

[249] Eroms, H.-W., „Beobachtungen zur textuellen Funktion des Passivs", in: Schmidt, E.-J. (Hg.), Kritische Bewahrung: Beiträge zur deutschen Philologie: Festschrift für Schröder, W. zum 60. Geburtstag, Berlin 1974, S. 162–184

[250] – – –, „Textkonstitution", in: Beisbart, O. (siehe TEXTLINGUISTIK [240]), S. 11–47

[251] – – –, „Zur Analyse kompakter Texte", Sprachwissenschaft 7 (1982) S. 329–347

[252] – – –, „Stilistik", in: Gorschenek, M./Rucktäschel, A. (Hg.), Kritische Stichwörter zur Sprachdidaktik, München 1983 (Kritische Stichwörter, 11), S. 235–245

[253] Firbas, J., „On defining the theme in functional sentence analysis", Travaux linguistique de Prague 1 (1964) S. 267–280

[254] Fleischer, W., „Lexikalische Stilelemente", in: Fleischer, W. (siehe TEXTLINGUISTIK [255]), S. 69–119

[255] Fleischer, W./Michel, G., Stilistik der deutschen Gegenwartssprache, unter Mitarbeit von Gläser, R. u.a., 2. Aufl., Leipzig 1977

– Greimas, A.J., Sémantique, siehe SEMANTIK [192a,b]

[256] – – –, „Die Isotopie der Rede", in: Kallmeyer, W. (siehe TEXTLINGUISTIK [266]), S. 126–152

[257] Gülich, E./Raible, W., Linguistische Textmodelle: Grundlagen und Möglichkeiten, München 1977 (Uni-Taschenbücher, 130)

[258] Haftka, B., „Bekanntheit und Neuheit als Kriterien für die Anordnung von Satzgliedern", Deutsch als Fremdsprache 15 (1978) S. 157–164

[259] – – –, „Bewußtseinspräsenz und aktuelle Gliederung von Äußerungen", in: Linguistische Studien, A: Arbeitsberichte, 68: Untersuchungen zur deutschen Grammatik II, Berlin 1980, S. 1–90

– – – –, „Reihenfolgebeziehungen", siehe SYNTAX [58]

[260] Harweg, R., Pronomina und Textkonstitution, 2. Aufl., München 1979 (Beihefte: Poetica, 2)

[261] Heinemann, W., „Das Problem der Darstellungsarten", in: Fleischer, W. (siehe TEXTLINGUISTIK [255]), S. 268–300

[262] Hennig, J./Huth, L., Kommunikation als Problem der Linguistik: Eine Einführung, Göttingen 1975 (Kleine Vandenhoeck-Reihe, 1406)

[263] Isačenko, A./Schädlich, H.-J., A model of standard German intonation, The Hague/Paris 1970 (Janua linguarum: series practica, 113)

[264] Isenberg, H., Überlegungen zur Texttheorie, Berlin 1968 (Bericht Nr. 2 der Arbeitsgruppe Strukturelle Grammatik, Deutsche Aka-

Bibliographie 331

demie der Wissenschaften zu Berlin, Zentralinstitut für Sprachwissenschaft)

[265] – – –, Der Begriff „Text" in der Sprachtheorie, Berlin 1970 (Bericht Nr. 8 der Arbeitsgruppe Strukturelle Grammatik, Deutsche Akademie der Wissenschaften zu Berlin, Zentralinstitut für Sprachwissenschaft)

[266] Kallmeyer, W. (Hg.), Lektürekolleg zur Textlinguistik, 2: Reader, Frankfurt (M.) 1974 (Fischer Athenäum Taschenbücher, 2051)

[267] Kallmeyer, W./Meyer-Hermann, R., „Textlinguistik", in: Althaus, H.P. (siehe SYNTAX [3]), S. 242−258

[268] Kalverkämper, H., Orientierung zur Textlinguistik, Tübingen 1981 (Linguistische Arbeiten, 100)

[269] Literaturkunde: Beiträge zu Wesen und Formen der Dichtung, 3. Aufl., Leipzig 1965

[270] Lötscher, A., Satzakzent und funktionale Satzperspektive im Deutschen, Tübingen 1983 (Linguistische Arbeiten, 127)

[271] Lutz, L., Zum Thema „Thema": Einführung in die Thema-Rhema-Theorie, Hamburg 1981 (Hamburger Arbeiten zur Linguistik und Texttheorie, 1)

– Lyons, J., Semantics, siehe SEMANTIK [198a,b; 199a,b]

[272] Mathesius, V., „Zur Satzperspektive im modernen Englisch", Archiv für das Studium der neueren Sprachen und Literaturen 155 (1929) S. 202−210

[273] Morgenthaler, E., Kommunikationsorientierte Textgrammatik: Ein Versuch, die kommunikative Kompetenz zur Textbildung und -rezeption aus natürlichem Sprachvorkommen zu erschließen, Düsseldorf 1980 (Sprache der Gegenwart, 51)

[274] Nickel, G., „Kontextuelle Beziehungen zwischen Sätzen im Englischen", in: Dressler, W.U., siehe TEXTLINGUISTIK [248], S. 147−166 (= Praxis des neusprachlichen Unterrichts 15 (1968) S. 15−25)

[275] Pheby, J., Intonation und Grammatik im Deutschen, 2. Aufl., Berlin 1980 (Sammlung Akademie-Verlag, 19)

[276] Püschel, U., „Linguistische Stilistik", in: Althaus, H.P. (siehe SYNTAX [3]), S. 304−313

[277] Rosengren, I., „Texttheorie", in: Althaus, H.P. (siehe SYNTAX [3]), S. 275−286

[278] Scherner, M., „Textkonstitution und -rezeption: Zum Aufbau eines Textmodells für den Deutschunterricht", Der Deutschunterricht 25, Heft 6 (1973) S. 60−86

[279] Schmidt, S.J., Texttheorie: Probleme einer Linguistik der sprachlichen Kommunikation, 2. Aufl., München 1976

[280] Sitta, H./Brinker, K. (Hg.), Studien zur Texttheorie und zur deutschen Grammatik: Festgabe für Glinz, H. zum 60. Geburtstag, Düsseldorf 1973 (Sprache der Gegenwart, 30)

[281] Sowinski, B., Deutsche Stilistik: Beobachtungen zur Sprachverwendung und Sprachgestaltung im Deutschen, Frankfurt (M.) 1978

[282] – – –, Textlinguistik: Eine Einführung, Stuttgart/Berlin/Köln/Mainz 1983 (Urban-Taschenbücher, 325)

[283] Starke, G., „Satz- und Textverflechtung", in: Fleischer, W. (siehe

TEXTLINGUISTIK [255]), S. 190–209

[284] Weigand, E., „Zum Zusammenhang von Thema/Rhema und Subjekt/Prädikat", Zeitschrift für germanistische Linguistik 7 (1979) S. 167–189

[285] Weinrich, H., Tempus – Besprochene und erzählte Welt, München 1964

[286] – – –, „Textsyntax des französischen Artikels", in: Kallmeyer, W. (siehe TEXTLINGUISTIK [266]), S. 267–293

[287] – – –, Sprache in Texten, Stuttgart 1976

[288] Werlich, E., Typologie der Texte: Entwurf eines textlinguistischen Modells zur Grundlegung einer Textgrammatik, Heidelberg 1975 (Uni-Taschenbücher, 450)

[289] Wolf, N.R., „Satzkonnektoren im Neuhochdeutschen und Mittelhochdeutschen: Prolegomena zu einer kontrastiven Textsyntax", Sprachwissenschaft 3 (1978) S. 16–48

[290] Zemb, J.M., „Les liaisons dangereuses", in: Fragen der strukturellen Syntax und der kontrastiven Grammatik, Düsseldorf 1971 (Sprache der Gegenwart, 17)

[291] – – –, Satz, Wort, Rede: Semantische Strukturen des deutschen Satzes, Freiburg/Basel/Wien 1972

ANHANG: ZUR ANLAGE WISSENSCHAFTLICHER ARBEITEN

[292] Bangen, G., Die schriftliche Form germanistischer Arbeiten: Empfehlungen für die Anlage und die äußere Gestaltung wissenschaftlicher Manuskripte unter besonderer Berücksichtigung der Titelangaben von Schrifttum. Mit einem Geleitwort von Hass, H.-E., 7. Aufl., Stuttgart 1975 (Sammlung Metzler, 13)

[293] Poenicke, K./Wodke-Repplingen, I., Duden: Wie verfaßt man wissenschaftliche Arbeiten? Systematische Materialsammlung – Bücherbenutzung – Manuskriptgestaltung, Mannheim/Wien/Zürich 1977 (Die Duden-Taschenbücher, 21)

SACHREGISTER

Ablaut 139, 184
Ableitung, explizite 149, 165–174,
   181, implizite 148 f., 183 f.,
   Null– 183
Abstraktum 120
Abtönungspartikel 31 f.
Adhortativ 274
Adjektiv 121 f., prädikativ 56,
   Relativ– 169 f., Stoff– 169
Adposition 124
Adverb 123 f., Adjektiv– 63, 123,
   Konjunktional– 31, Modal– 63,
   Pronominal– 54, Satz– 124
Adverbiale 23, 44, 50, s.a. Angabe
Affix 145
Affixoid 174
Agens 72, 82, 115
Akkusativ 84 f., Akkusativierung
   180 f., s.a. Ergänzung
Aktanten s. Ergänzung
Aktionsarten 103 f., 108, 121,
   179 f.
Aktiv 78–80, 115–117
Akzent, Satz– 204, 286 f., 290,
   293 f., Wort– 141, 150, 154,
   183 f., 204
Allograph 223–226
Allomorph 134 f., 142, 146, 166,
   220
Allophon 203, 218–221
Anakoluth 244
anaphorische Elemente 300–303
Anaphorisierung 53
Angabe 50–52, 61–65, 86 f.
Appellativum 120
Apposition 89 f.
Arbitrarität 197
Argument 267
Artikel 91 f., -wörter 92, 122
Artikulationsart, -ort 216 f.
artikulatorische Merkmale 212–
   214
Asyndese 31
Attribut 23, 88–92, Objekts-,

Subjektsattribuierung 62
Augmentativbildung 176
Ausdruck 195–197, 253
Auslautverhärtung 202, 223
Äußerung 267–269
Autosemantikon 132

Bahuvrīhi s. Kompositum, Possessiv-
Bedeutung 252 f., aktuelle 255f.,
   grammatische 133, 144, lexika-
   lische 144, 255 f., B.-analyse
   247, -expansion 298 f., -kon-
   densation 297 f., -schichten
   253 f., -wandel 256–258,
   Haupt-, Neben- 255f.
Begleitgefühl 254
Begriff 252–254
Behaviorismus 72 f.
Beifügung s. Attribut
Betonung s. Akzent
Bezeichnung 252 f.
Beziehungen, assoziative 26, para-
   digmatische, syntagmatische
   24–26, 142, 203, 261
binäre Analyse 74, 141

Dativ 85, freier 65–67, s.a. Ergän-
   zung
Dehnungs-e/h 224 f., 228
Deixis 245, 265 f.
Deklinationstypen 136 f.
Denotat 163, 254
Dependenz 46
Derivat s. Ableitung
Diachronie 234–236
Dialekt 241
Dialog 278
Dichotomie 233
Diminutiv 167, 170
Diphthonge 212–214, 225
diskontinuierliche Elemente 27,
   145
distinktive Merkmale 214 f.,
   217 f.

Distribution 74, 133 f., 203, 219 f., 236
Dubletten, territoriale 260

Einleitewort, Nebensatz 22
Ellipse 60 f., 244
Empfänger 196, 307
endozentrisch 74, 162
Ergänzung 45, 48, fakultativ, obligatorisch 49, Form 34, 57–60, Klassifizierung 52–60, Akkusativ- 53, 84 f., Art- s. Prädikatsnomen-, Dativ- 53, 65 f., „Direktiv-" 54 f., Genetiv-, Nominativ- 53, „Prädikativ-" s. Prädikatsnomen-, Prädikatsnomen- 28, 55 f., 59, Präpositional- 44, 49 f., 53–56, „Qualitativ-" s. Prädikatsnomen-, „Situativ-" 54 f., „Subsumptiv-" s. Prädikatsnomen-, „Verbativ-" 57, 101
Etymologie 148, Volks- 258
Euphemismus 258
exozentrisch 74, 163
Extension 253

Faktitiv 171
Feinstruktur 85–92
Flexion 131, 135–141, F.-lehre 131
Formationsregeln 76
Forschungsrichtungen, sprachwissenschaftliche 82 f.
Frage, Entscheidungs- 19–21, Ergänzungs- 20 f., Satz- 19–21, Wort- 20
Fugenelemente 150–152, 199
Funktionsverbgefüge 102–104

Gefühlswert s. Begleitgefühl
Genetiv, sächsischer 89, Typen 90, Genetivus objectivus, subjectivus 80, 88, 159, 167, s.a. Ergänzung
Genus 115–117
„Gesetz der wachsenden Glieder" 164
Gleichsetzungsakkusativ s. Ergänzung, Prädikatsnomen-

Gleichsetzungsnominativ s. Ergänzung, Prädikatsnomen-
Gliederungssignale 245
Glossematik 247 f.
Grammatik, normative 76, 243, traditionelle 22, Dependenz- 47, Generative Transformations- 75–82, Kasus- 71 f., 81 f., Phrasenstruktur- 75, Valenz- 44–52, 76
grammatische Kategorien 21
Graph 223–226
Graphem 223
Graphemik 223
Grobstruktur 33, 67

Hochlautung s. Standardaussprache
Homograph 227
Homonym 256 f.
Homophon 227
Hyperbel 297
Hypotaxe 31

idealer Sprecher-Hörer 237
Idiolekt 238 f.
Idiomatisierung 147 f., 153, 169, 177, 183
illokutionäre Indikatoren 271–277
immediate constituents 74, 151
Impersonalia 30, 48
Implikatur 279
Infinitiv, substantivierter 185, „Bindestrich-" 152, Ersatz- 97, -konstruktion 34, 58–60, 64, 86 f.
Infix 145
Inhalt 195–253
Inklusion 297
Instrumentativum 171, 180
Intension 253
Interjektion 124
Intonation 204, 287, 293
Inversion 118
Ironie 279, 297
Isotopie 296–299
Iterativ 170

Jargon 239–241
Junktur 204

Sachregister

Kasus 71 f., Tiefen- 81 f., -rollen
72, Casus obliquus, rectus 23
kataphorische Elemente 300–303
Klammerbildung 117–119
Klammerform, Wortbildung 181 f.
Klassifizierung 74
Koinzidenz 268
Kollektivum 120, 167, 173 f.
kombinatorische Variante 219
Kommunikationsakt 307
Kommutation 58
Kompatibilität 154
Kompetenz 76 f., 237 f., 279, 308
komplementäre Verteilung s. Distribution
Komponentenanalyse s. Sem,
-analyse
Komposition 150
Kompositum 150, Determinativ-
149, 153–164, 176, Distanz-
178, Kopulativ- 149, 153, 164,
Possessiv- 149, 162 f., Rektions-
149, 163 f., Schein- 182
Kongruenz 48
Konjugationstypen 139–141
Konjunktion 31, 124
Konkretum 120, 167 f.
Konnexionen 45 f.
Konnotation 254
Konsonanten 211, 215–218, 225 f.
Kontamination 182
Kontraktion 242, 245
Konventionalität 198
Konversationsmaximen 277–279
Konversion 148 f., 172, 183–185
Koordination, Kompositionsglieder
164, Nebensatz, Prädikatsverband 35
Korpus 73
Korrelat 59
Korrelationen 218

Langage 233, 236
Langue 133, 201, 233–236
Laut s. Phon
Lautschrift 205–209, 221, IPA-
205–207, 221
Lexem 132, 147 f.
Lexikalisierung s. Idiomatisierung
Lexikonregeln 77

Linearität 25 f.
Linguistik 27, 74, Sozio- 266,
Text- 281, 290

Metapher 258, 297
Minimalpaar 202, 211 f., 215, 218
Mitteilungswert 282, 288, 291,
293, 295
Modalfeld 110–114
Modell 194
Modus 110–114, 307
Morph 133–135
Morphem 132–135, 147, 199,
201, 207 f., freies, gebundenes
143–146, 176, grammatisches,
lexikalisches 144, 146, unikales
147, 161, -analyse 141–143,
Basis- 144–146, 153 f.,
Flexions- 135, 141 f., 146, 152,
170, Formations- 145 f., Grund-
s. Basis-, Infinitiv- 183, Kompa-
rations- 139, Portemanteau-
133, 146, Pseudo- 147, 169,
Relations- 135, Wortbildungs- s.
Formations-
Morphemik 131
Morphologie s. Morphemik
Motion 167
Motiviertheit 146–148, 198
Movierung s. Motion
Mundart s. Dialekt

Nebenvorstellung 254
Negation 63 f.
Nomen, relationales 159, Nominal-
form 33, Nominalphrase 75 f.,
Nomen acti, actionis, agentis,
loci, objecti, patientis, qualitatis
167 f.
Norm 236 f.
Null-Elemente 134 f.
Numerale 122

Oberflächenstruktur 79 f.
Objekt 23, 34, 58 f., 77, 84 f., s.a.
Ergänzung
Onomasiologie 260–264
Onomatopoetikon 198

Oppositionen 203, 214, 217 f., 219
ordinary language philosophy 266 f.
Organonmodell 196 f.
Ornativum 171, 179 f.
Orthographie 222–231, -prinzipien 226–228

Paradigma 24–26
Paraphrasen, Wortbildung 154–160
Parataxe 31
Parole 133, 201, 233–236
Partizip 121 f., 140 f., Partizipial-konstruktion 34
Passiv 78–80, 115–117, -varianten 100–102, 104, 116 f., Adressa-ten- 84
Pause 204
Pejorativ 170, 172 f.
Performanz 237 f.
Personifikation 297
Pertinenzakkusativ, -dativ 66 f.
Phon 201, 224–226
Phonem 201–203, 215, 223–226, -inventar 210–218, -system 213 f., Archi- 219 f.
Phonematik s. Phonemik
Phonemik 202
Phonetik 205–210
Phonologie s. Phonemik
Platzhalter 30
Polysemie 255, 257
Postposition 124
Postverbale 183 f.
Prädikat 23, 267, 270, 282, ein-faches, komplexes 33, 97, 139 f. P.-teile 33, 97–104, -verband 43 f., 50, 75
Prädikatsnomen 28, 55 f., 59, s.a. Ergänzung
Präfix 140 f., 145 f., 175–181, Akzent 141, 204, Trennbarkeit 178 f., -bildung 149, 175–181, Fremd- 175, 177, Halb- s, Prä-fixoid
Präfixoid 174, 178
Pragmatik 265
Präposition 124

Präsuppositionen 286 f.
Privativum 180
Probe s. Test
Pronomen 122 f.
Pronominalisierung 52–57
Proposition 270, 277
Prosodie 204
Proverb 20

Rahmen s. Klammerbildung
Rede 236 f., direkte 38, indirekte 111 f.
Referenz 266, 296–303
Reflexivpronomen, Satzgliedstatus 29 f.
Regens 46
Reihenbildung 173, 175
Rekurrenz s. Repetition
Repetition 296
Rhema 282–296, -bereich 285–289
Rotwelsch 240 f.

Satz 19, 281 f., einfacher 35, gram-matischer 76, komplexer 35–38, „situierter" 267, Adverbial- s. Angabe-, Angabe- 22, 33 f., 62, Attribut- 36–38, 90 f., Auffor-derungs- 19–21, 275, Ausrufe-20, Aussage- 19–21, 275, Basis-281, Ergänzungs- 22, 33 f., 57–60, „Existenz-" 292, Frage- 19–21, 275, Glied- 33, Haupt- 21 f., 57 f., Imperativ- 22, Kern- 21 f., Matrix- 63, Nach- 36, 119, Ne-ben- 21 f., 57 f., 87, „Ober-" 57, Objekt- 22, 33 f., 57–60, Prädikativ- 59 f., Relativ- 90 f., weiterführender Relativ- 38, Spann-, Stirn- 22, Subjekt- 33 f., 58, „Unter-" 57, Vergleichs- 22, 112 f., Vorder- 22, 36, Wunsch-20, Zwischen- 36, -analyse 36, -äquivalent 124, -art 19–21, 112–114, -aussage s. Prädikat, -bauplan 45, -ergänzung s. Ob-jekt, -felder 117–119, s. -förmig 33, 86, S.-formen 35–38, -frage s. Frage, -gegenstand s. Subjekt, -grammatik 290, -intonation 21,

Sachregister

-konnektoren 303–305, -konstitution 23, 43–45, 48, 85, -lehre s. Syntax, -perspektive, funktionale 282, -reihe, 31, 35, -semantik 83 f., 290, -stellung 22, 36 f., 119, -typen 21 f.
Satzglied 22–34, Häufung 85, Nicht- 29–33, -analyse, operationale 24 f., -ermittlung 23–28, -konstitution 85, -teile 23, 32, 85–92
Satzgliedstellung 25, 77 f., 289–292, 294
Satzwort 153
Segmentierung 74 f., 133, 142
Sem 248 f., -analyse 248–250
Semantik 247
Semasiologie 261 f.
Semem 248, Archi- 249
Semiotik 193, 265
Sender 196, 307
Serialisierung s. Satzgliedstellung
Signal 197
Silbe 207–209
Skopus 123
Soziolekt 239–241
Sprache 233, 243 f., 267, geschriebene, gesprochene 244 f., Alltags- s. Umgangs-, Berufs- 239, Fach- 239–241, Geheim- 241, Gemein- 243, Gruppen- s. Soziolekt, Hoch- s. Standard-, Kunst- 266 f., Meta- 249 f., National- 242 f., Objekt- 249 f., Schrift- 243, Sonder- 239, Standard- 242 f., 245, Umgangs- 241 f., s.a. Langue
Spracherwerb 81
Sprechakte 269–271, 307, indirekte 275–277, initiative 277, reaktive 277 f., Äußerungsakt 270, illokutionärer Akt 269–277, lokutionärer, perlokutionärer Akt 269–271, propositionaler Akt 270
Sprechakttheorie 266–268, 271
Sprechen 233 f., 266 f., s.a. Parole
Sprechwerkzeuge 210 f.
Spurentheorie 80
Stamm 143–145, 154

Standardaussprache 205–207, 221
Stemma 45, 47
Stil 259, 296 f., 308
Stimmbeteiligung 216 f.
Stimmungsgehalt s. Begleitgefühl
Stimulus-Reaktions-Mechanismen 73
Struktur 24 f., 44 f.
Strukturalismus 25 f., 72–83, 202, 247 f.
Strukturbaum 77 f.
strukturelles Minimum 49
strukturelles Zentrum 44 f.
Subjekt 23, 34, 44 f., 47–49, 58, 75, 77, 267, 270, 282, Schein- 30, s.a. Ergänzung
Subjunktion 31, 124
Substantiv 120
Substantivierung 153, 185
Suffix 145 f., 165–174, -tilgung 182, Diminutiv- 146, Fremd- 166, 168, 170, Halb- s. Suffixoid
Suffixoid 173 f.
Suppletion 131
suprasegmentale Merkmale 204
Symbol 193, 196 f.
Symptom 196 f.
Synchronie 234–236
Syndese 31
Synonym 258–260, 297
Synsemantikon 132
Syntax 19
System 26, 233–244

Tempus 104–110, 305 f.
Test, Funktionsverbgefüge 102, Sprechakttheorie 268–270, Verbzusatz 102, Adverbialsatz- 50–52, Eliminierungs- 49, Ergänzungsfragen- 51 f., Ersatz- s. Kommutations-, Erweiterungs- 33, Frage- s. Interrogativierungs-, Geschehens- 51 f., Infinitiv- 50, 124, Interrogativierungs- 23, 43, 52, 283, Kommutations- 24, 43, Nektions- 29, Permutations- 24 f., 28, Pronominalisierungs- 288, Spitzenstellungs- 27 f., *und*

338 Sachregister

-zwar- 51 f., Verbindungs- s.
Nektions-, Verschiebe- s. Permu-
tations-, Weglaß- s. Eliminie-
rungs-
Text 281, 307, -intention 308,
-konstitution, pragmatisch
307 f., -sorte 308, -thema 281
Thema 282−286, -bereich 285−
289
Thema-Rhemagliederung 282−296
thematische Progression 295 f.
Tiefenstruktur 79−82, 155
Trace-Theory s. Spurentheorie
Trägerstruktur 57
Transformation 79
Translation 47
transphrastische Mittel 282
Tropen 297

Überschrift 291 f.
Umlaut 139, 173
Umstandsbestimmung s. Adverbiale
Unikat 284 f.
Universalien 71 f., 80 f.
unpersönliche Konstruktion 30,
48 f., 115 f.
Valenz, Adjektiv, Substantiv 85−
88, Verb 44−47, -erhöhung 181,
-reduktion 61
Verb 120, effizierendes 171, finites 21, infinites 21. Infinitiv, intransitives 74, lokatives 171,
passivfähiges 116, performatives
268, reflexives 29, reziprokes
29 f., transitives 74, Stammformen 139 f., -stellung 21 f., 30,
-zusätze 102, „Abstraktions-"
171, Hilfs- 97, Kopulativ- 28,
Modal- 97−101, Modalitäts-
100 f., Präfix- 140 f., Voll- 60,
Verbalknoten 45−47, Verbalphrase 75 f., Verbum substantivum 54

Verflechtung, lexikalisch-semantische 296
Vokale 211−215, 224 f., Murmelv.
213
Vokativ 23

Wertigkeit 60 f.
Wörterbuch, Bild-, Begriffs-, Syno-
nym- 260 f.
Wort 131 f., -arten 33, 47, 120−
126, 283−285, -form 141, -kern
166, -semantik 83, Bestim-
mungs- 153, Funktions- 124,
132, Grund- 153, Initial-, Kurz-
149, 182, Modal- 63 f., Rela-
tions- 125
Wortbildung 131, 144, 148 f.,
Ausdruckserweiterung 148−
181, Ausdruckskürzung 148 f.,
181−183, Produktivität 185 f.,
Verzweigung 161 f., W.-lehre
131, Ad-hoc-W. 158
Wortfeld 250−252
Wortkreuzung, -verschmelzung
s. Kontamination
Wortschatz, Sachgruppen 262−264
Wortstellung 21 f., 25, 27, 30

Zeichen 193−199, 235, -modell
194−197
Zeitenfolge 109
Zeitstufen 105−109, s.a. Tempus
Zirkumfix 145, -bildung 141,
172 f., 181
Zirkumposition 124
Zirkumstanten s. Angabe
Zusammenbildung 172
Zusammenrückung 152 f., 185
Zusammensetzung 149−164, 178,
181 f.
zweifache Gliederung der Sprache
201

pro Studium Germanistik

■ Rüdiger Brandt
Grundkurs germanistische Mediävistik/Literaturwissenschaft
UTB 2071
ISBN 3-8252-**2071**-0
W. Fink. 1999.
320 Seiten,
DM 36,-, öS 263,-, sfr 33,-

■ Kurt Braunmüller
Die skandinavischen Sprachen im Überblick
UTB 1635
ISBN 3-8252-**1635**-7
A. Francke. 2., überarb. Aufl. 1999.
DM 34,80, öS 254,-, sfr 32,50

■ Heikki J. Hakkarainen
Phonetik des Deutschen
UTB 1835
ISBN 3-8252-**1835**-X
W. Fink. 1995.
198 Seiten,
45 Abb.,
DM 24,80, öS 181,-, sfr 23,-

■ Gerhard Köbler
Taschenwörterbuch des althochdeutschen Sprachschatzes
UTB 1823
ISBN 3-8252-**1823**-6
F. Schöningh. 1994.
451 S.,
DM 39,80, öS 291,-, sfr 37,-

■ Johannes Singer
Grundzüge einer rezeptiven Grammatik des Mittelhochdeutschen
UTB 8114
ISBN 3-8252-**8114**-0
F. Schöningh. 1996.
309 Seiten, 2 Abb., 118 Tab.,
DM 39,80, öS 291,-, sfr 37,-

■ Astrid Stedje
Deutsche Sprache gestern und heute
UTB 1499
ISBN 3-8252-**1499**-0
W. Fink. 4. Aufl. 1999.
224 Seiten,
DM 26,80, öS 196,-, sfr 25,-

■ Walther von der Vogelweide
Sämtliche Lieder
UTB 167
ISBN 3-8252-**0167**-8
W. Fink. 6. Aufl. 1995.
299 Seiten,
DM 24,80, öS 181,-, sfr 23,-

pro Studium Sprachwissenschaft

■ Eugenio Coseriu
Einführung in die Allgemeine Sprachwissenschaft
UTB 1372
ISBN 3-8252-**1372**-2
A. Francke. 2. Aufl. 1992.
239 Seiten,
DM 32,80, öS 239,-, sfr 30,50

■ Umberto Eco
Einführung in die Semiotik
Deutsch von Jürgen Trabant
UTB 105
ISBN 3-8252-**0105**-8
W. Fink. 8. Aufl. 1994. 474 Seiten,
DM 32,80, öS 239,-, sfr 30,50

■ G. Fanselow/S. W. Felix
Sprachtheorie Band 1 - 2
UTB 1441 Bd. 1
ISBN 3-8252-**1441**-9
UTB 1442 Bd. 2
ISBN 3-8252-1442-7
A. Francke. 3. Aufl. 1993.
301 u. 282 Seiten,
je Bd. DM 29,80, öS 218,-, sfr 27,50

■ Hanspeter Gadler
Praktische Linguistik
UTB 1411
8252-**1411**-7
3. Aufl. 1998.

181,-, sfr 23,-

■ Karl-Heinz Ramers
Einführung in die Phonologie
UTB 2008
ISBN 3-8252-**2008**-7
W. Fink. 1998.
152 Seiten, div. Abb.,
DM 19,80, öS 145,-, sfr 19,-

■ Heinz Vater
Einführung in die Sprachwissenschaft
UTB 1799
ISBN 3-8252-**1799**-X
W. Fink. 2. Aufl. 1996.
296 Seiten, div. Abb. u. Tab.,
DM 26,80, öS 196,-, sfr 25,-

■ Johannes Volmert
Grundkurs Sprachwissenschaft
UTB 1879
ISBN 3-8252-**1879**-1
W. Fink. 3. Aufl. 1999.
270 Seiten, div. Abb. u. Tab.,
DM 26,80, öS 196,-, sfr 25,-

■ Gerhart Wolff
Deutsche Sprachgeschichte
UTB 1581
ISBN 3-8252-**1581**-4
A. Francke. 4. Aufl. 1999.
312 Seiten,
DM 29,80, öS 218,-, sfr 27,50